ESV

GRUNDLAGEN DER GERMANISTIK

Herausgegeben von Detlef Kremer, Ulrich Schmitz,
Martina Wagner-Egelhaaf und Klaus-Peter Wegera

45

Stil und Stilistik

Eine Einführung

von

Hans-Werner Eroms

ERICH SCHMIDT VERLAG

Bibliografische Information der Deutschen Bibliothek
Die Deutsche Bibliothek verzeichnet diese Publikation in der Deutschen Nationalbibliografie; detaillierte bibliografische Daten sind im Internet über dnb.ddb.de abrufbar.

Weitere Informationen zu diesem Titel finden Sie im Internet unter
ESV.info/978 3 503 09823 1

ISBN 978 3 503 09823 1

Dieses Papier erfüllt die Frankfurter Forderungen der Deutschen Bibliothek und der Gesellschaft für das Buch bezüglich der Alterungsbeständigkeit und entspricht sowohl den strengen Bestimmungen der US Norm Ansi/Niso Z 39.48-1992 als auch der ISO-Norm 9706.

Gesamtherstellung: Danuvia Druckhaus, Neuburg a. d. Donau

Vorwort

Stil ist ein ambivalenter Begriff. Einerseits werden damit Texte und Diskurse vor dem Hintergrund des Erwartbaren in ihrem Gelingen bewertet. Andererseits gibt Stil das Signal, dass etwas Eigenständiges in einer gewählten Formulierung vorliegt. In dieser Doppelgesichtigkeit zeigen sich zwei Strömungen der Stilistik mit alter Tradition. Sie haben dazu geführt, dass der Stilbegriff schillernd ist.

In die unterschiedlichen Zugangsmöglichkeiten zum Stil und die unterschiedlichen Ansätze der Wissenschaftsdisziplin der Stilistik führt das erste Kapitel ein und zieht dabei auch außersprachliche Verwendungen des Stilbegriffs heran. Überall zeigt sich, dass der Stil zwei Pole aufweist, eine normbezogene und eine individuelle Komponente. Erst in ihrem Zusammenwirken bieten sie die Gewähr für stilistisches Gelingen. Wahl und Abweichung sind dabei die zentralen Kategorien. Die im ersten Kapitel aufgeworfenen Fragestellungen werden in den folgenden Kapiteln schrittweise beantwortet.

Zu den unabdingbaren Geboten für die Stilbestimmung gehören die textuellen Voraussetzungen, daher wird im zweiten Kapitel ein kurzer Abriss der Textlinguistik gegeben, der die Schnittstellen zur Stilistik heraushebt. Im dritten Kapitel geht es um die genauere Bestimmung der Wahlmöglichkeiten. Dies wird am Wortschatz gezeigt. Mit einer Dreiteilung der sprachlichen Mittel, die erkennen lässt, wie schrittweise stärker Individuelles hervortritt, wird die stilistische Analyse auf festere Grundlagen gestellt.

Kapitel vier stellt das texttypologische Raster für die stilistische Entscheidung in den Mittelpunkt: die Vertextungsstrategien, die den Bau von Texten steuern. Hier schlagen weitgehend universale Bauprinzipien durch, sie bewahren vor der Fehlannahme, dass alle Texte mit dem gleichen Maßstab zu messen seien. Das fünfte Kapitel ist zweigeteilt. Im ersten Teil werden die unterschiedlichen Kommunikationsbereiche und ihre sprachlichen Anforderungen behandelt. Im zweiten Teil des Kapitels werden die grammatischen Bedingungen, die in den verschiedenen Kommunikationsbereichen gelten, auf ihr stilistisches Potential hin befragt. Hier wie in den anderen Kapiteln auch werden die Beobachtungen an Beispielen verdeutlicht, die jeweils wichtige stilistische Aspekte beleuchten.

Das sechste Kapitel befasst sich mit einem der klassischen Themen zur Stilistik, den Stilfiguren. Sie werden klassifiziert und in ihrer Funktion, dosierte und kontrollierte Stileffekte zu geben, dargestellt. Es wird gezeigt, dass sie nicht nur in literarischen, sondern in so gut wie allen Textsorten begegnen.

Die Stilistik ist seit jeher eine wertende, eine evaluative Disziplin. Alle Aussagen über Stil sind daher Werturteile. Daher rührt unter anderem die hohe Emotionalität, die häufig bei Stilurteilen zu finden ist. Anhand älterer und neuerer normativer Stilistiken wird die Diskussion darüber, was einen guten Stil kennzeichnet, aufgenommen und mit sachlichen Kriterien weitergeführt. Die Ausführungen münden schließlich in eine Reihe von exemplarischen Stilanalysen, bei denen Texte, deren Rang nicht zu bezweifeln ist – und die dadurch stilistisch als vorbildlich gelten – neben alltäglichen stehen, in denen genauso stilistische Regularitäten aufzudecken sind.

Inhaltsverzeichnis

1 Was ist Stil?

Kaum ein linguistischer Begriff wird so häufig verwendet wie der des **Stils**. Er findet sich in einer Fülle von Zusammenhängen, und sein Gebrauch in der Sprachwissenschaft ist nur ein Ausschnitt aus der Verwendung in Bereichen, die weit umfassender sind. Wenn auch die Eingrenzung auf den sprachlichen Bezug aus der Geschichte des Stilbegriffs verständlich ist, wie wir noch sehen werden, so ist bei einer unvoreingenommenen Betrachtung doch die Vielfalt der Verwendungsmöglichkeiten im nichtsprachlichen Bereich wichtig. Denn diese beeinflussen wiederum auch die sprach- und literaturwissenschaftlichen Auffassungen von Stil. Und sie führen dazu, dass die Bestimmung des Stilbegriffs so unterschiedlich, ja kontrovers ist.

Die kontroversen Auffassungen gelten auch für die wissenschaftliche Disziplin, die sich mit dem Stil befasst, die **Stilistik**. Die Stilistik hat eine lange Tradition und erlebt gerade im Augenblick wieder eine Blüte. Aber es ist dabei gar nicht sicher, wohin sie eigentlich gehört: Ist sie eine literaturwissenschaftliche Disziplin, ist sie in der Linguistik anzusiedeln oder ist sie eine eigenständige Disziplin?

Für alle drei Lösungen gibt es gute Argumente. Aber bevor hier eine Entscheidung getroffen wird, soll der Begriff des Stils vorgestellt werden und zwar so, wie er umgangssprachlich verwendet, also nicht terminologisch gefasst wird. *Stilus* ist im Lateinischen ein länglicher, zugespitzter Gegenstand, insbesondere der Schreibgriffel (vgl. Paul 2002, S. 966). Und von daher stammt die Bedeutung „Art des Schreibens", wie sie im Deutschen seit dem 15. Jahrhundert geläufig ist. Der auf die Sprachverwendung deutende Ausgangspunkt ist also unstrittig. Aber die Verwendungen in anderen Zusammenhängen sind so gewichtig, dass sie unsere Vorstellungen auch von sprachlichem Stil ganz entscheidend prägen.

1.1 Aktuelle Auffassungen von „Stil"

Sehen wir uns dazu einen Ausschnitt aus aktuellen Verwendungsweisen von Stil an, wie sie sich bei einem raschen Blick ins Internet darstellen. In großer Fülle begegnet der Begriff im Zusammenhang mit der **Mode**, den aktuellen Trends des gesellschaftlichen Lebens und der Selbstdarstellung. Unter den ersten Belegen erscheint vieles geradezu banal, zeigt aber doch aufschlussreiche Facetten des Begriffs, vor allem, dass es sich dabei um etwas Positives, Erstrebenswertes handelt, nicht zuletzt für die eigene Person.

> Im Internet mit Stil präsent sein (www.ipunkt.biz/images/slogan.swf)
>
> Stil mit Gefühl. Kleider, die zur Seele passen. (www.amazon.de)
>
> Harmonie in Farbe und Stil, Psychologische Farb-, Stil- und Imageberatung, Image und Auftreten, Kosmetische Behandlung. (www.harmonie-in-farbe-und-stil.de)

Geschenkideen, Lifestyle, Dekoration für Haus & Garten – In unserem Online-Shop finden Sie ein interessantes, stilvolles Sortiment an Accessoires (www.axxus.de)

Rasieren mit Stil. 360 Grad mikrooszillierender Scherkopf. (www.stil-fragen.de/archives)

Ambiente & Stil. Sie suchen Harmonie, Ruhe, einen Hauch von Luxus? (www.ambiente-und-stil.de)

Innen mit Stil, außen geschützt. (www.baulinks.de)

Richtiges Leben ist guter Stil. „Maria an Callas" zeigt Götz George als Frauenversteher. (archiv/.bin/dump.fcgi/2006/0504/berlinberlin)

Etikette-Seminar: Heiraten mit Stil. Für alle die mehr Sicherheit mit modernen Umgangsformen auf Hochzeiten oder aber auch im täglichen Leben erlangen möchten. (www.weddix.de/hochzeit/ratgeber-)

Die nächsten Belege zeigen den Geltungsgrad des Begriffes in allgemeinerer Hinsicht, besonders auch im **öffentlichen Leben**, in der Politik:

Die Zeit – Leben: Was, bitte, ist guter Stil? Antworten von einem, der es wissen muss – in einer Zeit, die kaum noch Regeln kennt. Von Gunter Sachs. (www.zeit.de/archiv/1999)

Die italienische Fußballmeisterschaft ist nach Vermutungen der Staatsanwaltschaft Neapel in der vergangenen Saison zu Gunsten von Meister Juventus Turin im großen Stil manipuliert worden. (www.n-tv.de/666805.html)

SPD: Schlechter Stil von CDU und FDP im Jugendhilfeausschuss. (www.spd-stormarn.de)

Pressemitteilung der CSU-Landtagsfraktion Henning Kaul: Schlechter Stil der SPD bei der Aufklärung des Wildfleischskandals. (www.csu-landtag.de/htmlexport/)

Stil-Tipps von Uwe Fenner „Guter Stil in der Politik. Guter Stil setzt Wahrhaftigkeit voraus. Übereinstimmung von Wort und Tat. Das ist auch der Grundsatz guter Öffentlichkeitsarbeit." (www.uwefenner.de)

Ole von Beust spricht dieser Tage gerne vom guten hanseatischen Stil und erwartet Entschuldigungen. (wowarole.blogg.de)

13. 4. 2005 Mieser Stil von SPD und PDS gegenüber der Opposition. Goetze: Nicht Bildung hat bei rot-rot Priorität, sondern Trickserei um Geschäftsordnung. (www.cdu-fraktion.berlin.de/aktuelles/presseerklaerungen)

Schließlich finden sich zahllose Verwendungen für den Begriff in der **Kunst**. Hier seien nur einige aus dem Bereich der bildenden Kunst angeführt. In der Baukunst, in der Musik, im Tanz und im Theater ließen sich vergleichbare Belege finden:

In seiner „blauen Periode" entwickelt **Picasso** seinen ersten eigenen **Stil** mit schwermütigen Figurenbildern, die in verschiedenen Blautönen gehalten sind. (www.dhm.de/lemo/html/biografien)

Skulpturen der ungarischen Künstlerin Zsuzsanna Fried im Stil von Alberto Giacometti. (www.andoo.de/details)

Die Allerheiligen-Hofkirche war im „nazarenischen Stil" ausgemalt worden. (Wikipedia)

Wie man sieht, wird von Stil in den unterschiedlichsten Zusammenhängen gesprochen: In der Politik, in der Mode, in der Lebensführung – wofür sich derzeit der Anglizismus *Lifestyle* einbürgert –, in der Kunst und vielen anderen Bereichen. Als gemeinsamer Nenner bei allen diesen Verwendungen lassen sich Konstanten wie Gelungensein, Passendes, Akzeptiertes, in jedem Fall **positiv Bewertetes** ausmachen. Bei negativen Einschätzungen finden sich explizite Zusätze, wie *schlechter* Stil, *unpassender* Stil, *mieser* Stil.

Ganz besonders deutlich wird dies nun bei der Bestimmung des **Sprachstils**. Hier wird sehr häufig davon gesprochen, dass etwas stilistisch misslingt. „An was erkennt man schlechten Stil?" wird in einer Spiegel-Online-Kolumne gefragt. (www.spiegel.de/unispiegel/schule/0,1518,376735,00.html). Im Folgenden wird dem mit genaueren Fragen nachgegangen: „Auf was kommt es beim Sprechen besonders an? Über was sollte man sich mehr Gedanken machen? Gegen was sollte man sich wehren? Das sind Fragen, die es in sich haben! Menschliches Sagen und Ver-sagen spielt dabei eine entscheidende Rolle". Und in der Ausgangsfrage wird selber schlechter Stil vermutet: Es dürfe nicht *an was*, sondern müsse *woran* und nicht *über was*, sondern *worüber* heißen.

Hier könnte man sich bereits in eine kontroverse Diskussion verbeißen. Denn *an was* und *über was* gegenüber *woran* und *worüber* sind **Varianten von Ausdrucksmöglichkeiten**, die im Deutschen beide begegnen, wovon die eine, *an was*, aber für manche Textsorten als nicht angemessen kritisiert wird. Ob sie aber in bestimmten Situationen nicht doch passend ist und weiter, ob sich mit dem „Ersatz" von *woran* durch *an was* nicht sogar bestimmte Tendenzen im Sprachsystem zeigen, müsste erst noch untersucht werden. „Die Fehler von heute sind die Regeln von morgen" heißt es im ‚Sprachreport' des Instituts für Deutsche Sprache (Sprachreport 4, 1997). Wie dem auch sei, es ist deutlich zu sehen, dass im Bereich der Stilistik gewertet wird und dass bei Stilbestimmungen dem Problem der **Wertung** nicht ausgewichen werden kann. Daher ist es eine unverzichtbare Aufgabe der Stilistik, die Kriterien für die Bewertung zu benennen.

Bei aller Unterschiedlichkeit des Zugangs, in einem Punkt sind sich alle neueren Stildefinitionen doch einig: Aussagen zum Stil beziehen sich nicht auf einzelne sprachliche Phänomene, sondern stets auf den Text. Schon 1981 formulierte Gotthard Lerchner: „Die meisten der vorliegenden Stildefinitionen lassen eine Auffassung des Stilistischen als einer – irgendwie gearteten – Texteigenschaft zu." (Lerchner 1981/2002, S. 86).

1.2 Ansätze in der Stilistik

In der herkömmlichen Stilistik, die eine Teildisziplin der **Rhetorik** war, ist der Gesichtspunkt der individuellen Wahl weniger stark betont gewesen. Dafür stand die adäquate Abstimmung auf die Erreichung der sprachlichen Zwecke im Vordergrund. Stilistik wie Rhetorik waren didaktische Disziplinen. Noch bis in die jüngste Zeit folgte daraus eine normative Komponente. Guter Stil ist vielfach gleichbedeutend mit „den Vorschriften entsprechender, die Normen beachtender Sprachgebrauch". Welches diese Normen sind, wird uns sogleich und in Kapitel 7 ausführlicher beschäftigen. Wenn Stil in erster Linie als verbindliches, normatives Phänomen des Ausdrucks begriffen wird, wird damit zwangsläufig der Bereich der sogenannten „schönen Literatur“ als einziger reserviert für die individuellen Gestaltungsmöglichkeiten. Spricht man im Zusammenhang mit Dichtung von Stil, ist damit ein ästhetisches Phänomen gemeint. Die Stilzüge, die eingesetzt werden, erscheinen dann als bewusste Ab-Wahl der Norm. Wenn Günter Grass in der Novelle ‚Das Treffen in Telgte‘ Sätze verwendet wie *Die Städte und Länder Deutschlands* seien *noch immer oder schon wieder verwüstet, mit Nesseln und Disteln verkrautet, von Pestilenz zersiedelt* (S. 7), wo das Wort *zersiedelt* in seinem Kontext anachronistisch verwendet wird, oder wenn es heißt: *Schroff abgewiesen kam Dach zurück. Die starken Dummen. Ihre gepanzerte Leere. Ihr ödes Grinsen. Keinem der schwedischen Herren waren ihre Namen bekannt* (S. 10), wo normativ gesprochen unvollständige Sätze vorliegen, dann lässt sich sagen: Diese Stilelemente der Erzählung sind zunächst zu verbuchen als Abweichungen von der Normalsprache – oder etwas vorsichtiger formuliert: Abweichungen von einer Sprache, wie sie – um den gleichen abzubildenden Sachverhalt, ein Literatentreffen am Ende des dreißigjährigen Krieges, zu schildern – in einer nichtpoetischen Sprache vermieden würden.

Damit stoßen wir auf ein grundsätzliches **Paradox** von Stil: Wenn die eingangs angeführten Beispiele ein Einhalten von Normen, Mustern und Konventionen einfordern, dann ist zu erkennen, dass wir hier – und das gilt nicht nur für die herausragenden Schriftsteller – gerade das Gegenteil davon finden: Überschreiten, Abweichungen vom Erwarteten, Durchbrechung der Normen. Ganz gleich, wie man sich dazu stellen mag: Wir registrieren sie als zu seinem literarischen Stil gehörig. Und mehr noch: Im Gegensatz zu einer historischen Abhandlung oder zu einem Schulaufsatz über den 30jährigen Krieg, wo derartige Abweichungen als negativ, als Störungen, gar als Fehler zu beanstanden wären, ist der Leser dieser Geschichte geneigt, diese Abweichungen gerade als besonders positiv zu bewerten. Er wird sie als Stilzüge einordnen, die den „Sinn der Erzählung“ – über den er bis dahin nur Vermutungen anstellen kann – betreffen, ja, besonders betonen.

So hat einer der in dieser Textpassage registrierten Stilzüge, der Anachronismus, eine individuelle Funktion in Grass' Erzählung, die bei ihm durchgängig nachzuweisen ist und damit seinen Stil generell kennzeichnet: Er ist ein Anzeichen für die Verschränkung der Zeiten, über die in der Erzählung berichtet wird. Hier ist es das Thema der Nachkriegs-Situation mit ihren Auswirkungen auf die deutsche Sprache, dargestellt an der Situation des Jahres 1647 und zu übertragen auf die des Jahres 1947. Und so beginnt die Erzählung:

> Gestern wird sein, was morgen gewesen ist. Unsere Geschichten von heute müssen sich nicht jetzt zugetragen haben. Diese fing vor mehr als dreihundert Jahren an. Andere Geschichten auch. So lange rührt jede Geschichte her, die in Deutschland handelt. (S. 7)

Bringen nun Anachronismen Zeitbrüche zur Sprache und steigern durch diese Auffälligkeit die Aussageabsicht, so liegt in der Verwendung bei Grass nicht einfach diese generelle Funktion vor, nämlich eine nachdrückliche Markierung des beschriebenen oder erzählten Geschehens, sondern eine folgerichtige Anwendung der sprachlichen Elemente der letzten dreihundert Jahre. Das wird in dieser Erzählung konsequent durchgehalten.

Mit dieser Nutzung sind die ästhetisch zu bewertenden Stilzüge wieder vergleichbar den stilistischen Mitteln, die jedermann verwenden darf und muss. Denn die Auswahl von Mitteln und die Bewertung ihres Gelingens bemessen sich danach, ob sie angemessen und damit akzeptierbar sind, auch wenn sie Abweichungen zeigen, und letztlich ob sie **effektiv** sind.

Für den Gesichtspunkt der Effektivität finden wir wieder Anknüpfungspunkte in der Rhetorik, die sich unter diesem Aspekt auffassen lässt als die Lehre vom optimalen Einsatz sprachlicher Mittel. So ist die ‚Rhetorik' von Aristoteles ein Lehrbuch, wie man überzeugend argumentieren und reden lernen kann (vgl. Göttert/Jungen 2004, S. 58–60).

Aber auch die moderne Stilistik betont diesen Gedanken. In der ‚Deutschen Stilistik' von Riesel/Schendels (1975, S. 6) etwa wird davon gesprochen, dass „Stil" darauf abziele, „einen beliebigen Sachverhalt oder Gedanken eindringlich-überzeugend" darzubieten.

Das könnte allerdings zu der Annahme führen, dass Stil etwas „Aufgesetztes", etwas Sekundäres, die eigentliche „Mitteilung" Überlagerndes sei. Stil wäre dann etwas Zweitrangiges, nicht etwas in der Kommunikation primär Relevantes.

Doch diese Folgerung muss man keineswegs ziehen. Denn die genannten Autoren entwickeln diesen Gedanken gerade in der Auseinandersetzung mit einem bloß ästhetischen Stilbegriff. Sie sagen: „Stil ist vielmehr jeder Rede immanent, Stil ist die Art und Weise, *wie* bestimmte Gedanken, Gefühle und Willensäußerungen dem Gesprächspartner dargeboten werden" (Riesel/Schendels 1975, S. 6). Sie nennen das sogar „Sprach-Kunst" und meinen damit die Beherrschung und geglückte Anwendung sprachlicher Regeln, die auf die Vermittlung abzielen und damit primär auf den Partnerbezug ausgerichtet sind.

In diesem Sinne ist der Gesichtspunkt der Effektivität zu verstehen: die bestmögliche Verwirklichung der in einer Kommunikationssituation angestrebten Ziele. Die Mitteilungsabsicht der Sprecher und Schreiber als Ausgangspunkt und die angestrebte maximale Wirkung auf die Empfänger wird über den Stil einer Äußerung vermittelt. Die dazu nötigen Mittel werden vom Sprecher oder Schreiber für den bestimmten Zweck aus allen zur Verfügung stehenden Mitteln ausgewählt. Stil ist damit als ein Phänomen der **Wahl** zu begreifen.

Aus diesem Grunde ist Stil nicht etwas Äußerliches, „Aufgeklebtes", sondern muss von vornherein in eine Äußerungssituation eingeplant werden.

Dabei darf allerdings nicht außer Acht gelassen werden, dass uns in sehr vielen Äußerungssituationen die sozio-kulturelle Norm die Entscheidung, wie wir einen kommunikativen Zweck erreichen können, abgenommen hat. Wir kommuniz ren häufig mit kommunikativen Schablonen, die gleichsam für uns berei dem Gesamtsystem der Sprache ausgewählt sind. Sie sind zu Normen der Kommunikation geworden. Das gilt etwa für Gruß-Situationen, aber auch für Gesprächseröffnungen und anderes formelhaftes Sprechen.

In solchen kommunikativen Situationen sind die Sprecher und Sprecherinnen fast vollständig festgelegt. Oder mit anderen Worten: bei der Begrüßung und bei ähnlichen Situationen bleibt den Sprechern und Sprecherinnen keine andere als die normativ verbindliche Wahl. Wenn man sich daran hält, gelingt die Kommunikation.

1.3 Das Janusgesicht des Stils

Wertung, aktuelle Geltung, Gelingen sind also Kategorien, die mit dem Begriff des Stils verbunden sind. So viele Rhetoriker, Linguisten oder Literaturwissenschaftler sich mit Stil auch befasst haben, und so viele Konzeptionen auch vorgeschlagen worden sind, mit ganz grundsätzlichen Vorentscheidungen haben die meisten ihre Schwierigkeiten. Diese hängen mit dem oben angesprochenen paradoxen Aspekt des Stilbegriffs zusammen, nämlich dass wir einerseits die Einhaltung der Normen, andererseits aber bis zu einem gewissen Grade gerade deren Durchbrechung erwarten. Dieser Doppelcharakter des Stils lässt sich als das **Janusgesicht des Stils** bezeichnen. Darin laufen auch zwei Traditionsströme der Stilistik zusammen. Die eine geht auf die ältere rhetorische Tradition zurück. Sie hat für das Deutsche mit dem Werk von Johann Christoph Adelung ‚Ueber den deutschen Styl' (1785) ihren Abschluss gefunden, aber noch lange nachgewirkt und ist in die normativen Stilistiken eingegangen. Diese Richtung betont die Lehr- und Lernbarkeit von Stil. Die andere Richtung manifestiert sich in Adelungs Zeitgenossen Karl Philipp Moritz und seinen ‚Vorlesungen über den Styl' (1793 f.) und wird als die Begründung der Individualstilistik im Deutschen angesehen (Sanders 2000, S. 19). Kollektive und individuelle Ausprägung des Stils müssen sich aber gar nicht widersprechen. Sie gehören zusammen wie die beiden Seiten einer Medaille, wenn dabei auch einmal die eine, ein andermal die andere Seite stärker beleuchtet wird.

Um sich das klarzumachen, lässt sich am besten wieder von nichtsprachlichen Bereichen ausgehen. Denn auch dort wird der Begriff Stil verwendet, und zwar wie unser Überblick über aktuelle Verwendungsbereiche gezeigt hat, außerordentlich häufig. Ganz besonders ist das in der Kunstgeschichte der Fall, für die der Stilbegriff geradezu konstitutiv ist. Es gibt ganze Kompendien, die Kunst unter Stilgesichtspunkten behandeln, ‚Belsers Stilgeschichte' (Wetzel 1999) etwa ist ein solcher Zugang. In solchen Kompendien hat es den Anschein, als ob die primäre, die sinnvollste Möglichkeit, über Kunst zu sprechen, die Orientierung am Stilbegriff wäre. Auch hier begegnet uns das Janus-Gesicht des Stilbegriffs.

Die zwei Auffassungen sind die folgenden:

1. Es werden die Gemeinsamkeiten von Phänomenen der verschiedensten künstlerischen Bereiche in den Mittelpunkt gestellt, in der Malerei, der Baukunst, der

Plastik, der Goldschmiedekunst, aber auch im Kunstgewerbe und in der „Gebrauchskunst“ im weitesten Sinne. Daraus ergeben sich Ausdrucksweisen wie ‚Stil der Gotik‘, ‚barocker Stil‘, ‚Stil des 19. Jahrhunderts‘, ‚Jugendstil‘, ‚Art Deco‘ usw. In diesen **Epochenstilen** wird die Einheit einer Aussageabsicht manifest, fassbar an äußeren Merkmalen. Jedermann kennt sie oder sollte sie erkennen lernen.

Um eine Epoche als stilistisch einheitlich beurteilen zu können, ist eine gewisse Distanz nötig. Dies gilt für die Divergenzen, die sich bei der Betrachtung der Kunst des 19. Jahrhunderts einstellen, die auf den ersten Blick die Einheitlichkeit gerade nicht erkennen lässt. Man hat sogar den Eindruck, als ob Stil etwas Beliebiges geworden sei oder dass man gar zwischen verschiedenen Stilen wählen könne. Dafür gibt es vor allem in der Baugeschichte viele prominente Beispiele. Ein solches ist etwa die Gestaltung der „Ruhmeshalle der Teutschen“, wie sie vom bayerischen König Ludwig I. benannt wurde, der Walhalla bei Regensburg, für die Entwürfe im gotischen wie im klassizistischen Stil vorgelegt worden waren. König Ludwig entschied sich bekanntlich, durch Leo von Klenze klassizistisch bauen zu lassen. Aber beleibe nicht nur, weil er – wie seine Zeitgenossen – antikebesessen war. Der Grund liegt darin, dass mit dem klassizistischen Bauwerk im Zusammenhang mit den übrigen in der dortigen Landschaft befindlichen Bauten, einer Burgruine im Vordergrund und dem Dom von Regensburg in der Ferne, Elemente der Antike und des Mittelalters *zusammen* vorliegen.[1] Dieses **Ensemble**, dieses Gesamtkunstwerk, ist nur zu verstehen aus dem Geist des 19. Jahrhunderts. Es ist ein Kompendium der Kunstgeschichte, wie das 19. Jahrhundert historistisch ist. Stilmerkmale sind also nicht einfach Rundbögen, Spitzbögen, Schnecken oder gerade Linien wie – auf den ersten Blick – in der Romanik, der Gotik, dem Barock und der Renaissance, sondern integrative Ideen-Konzepte, die (nur) historisierend ihren Ausdruck finden. Beim Bau der Walhalla hat also eine individuelle Stilentscheidung Ausdruck gefunden, die sich dennoch wieder in die Gesamtvorstellung der Zeit einpasst. Die Einheitlichkeit ist mithin nicht „Äußerlichkeit“, sondern Spiegel einer Haltung, die dann, wenn sie als überzeugend bewertet wird, in ihrer zeittypischen Ausprägung als gelungen, als stilistisch gelungen aufgefasst wird.

Die Epochen-Stile sind nicht auf die hohe Kunst, die überragende Qualität festgelegt. Was den Zeitstil betrifft, so gehorchen ihm in gewisser Weise alle Erzeugnisse. Doch hat sich für die Bereiche des Alltäglichen eher der Begriff der Mode herausgebildet. Was wir als zeittypisch gültig ansehen, ist dann das, was der jeweiligen Mode entspricht.

Hier nun kann die Linguistik in der Beschreibung weiterhelfen: das „augenblicklich Gültige“, das eine Epoche – wobei deren Ausdehnung beliebig ist – Kennzeichnende ist das synchron Verbindliche. Das ist generell für die Stilbestimmung

1 Zur Walhalla vgl. Traeger (1980).

festzuhalten: Gemeinsamkeiten, die Einheitlichkeit von Elementen, ihre **synchrone Verbindlichkeit** – das kennzeichnet Stil.

2. Aber das angeführte kunsthistorische Beispiel zeigt noch etwas anderes. Trotz der Verbindlichkeit eines Epochenstils bleibt der künstlerischen Gestaltungsfreiheit Raum. Und auch die Festlegung des Zeittypischen auf die Mode der jeweiligen Zeit klammert den anderen Aspekt von Stil nicht aus: das individuell Gelungene. Erst wenn wir eine individuelle Künstlerpersönlichkeit fassen, sprechen wir von stilistischem Gelingen. Große Künstler werden gerne als den gesamten Stil einer Epoche prägend oder aber als Überwinder eines Epochenstils hingestellt. Ein Künstler, der sich zu stark an den Stil seiner Epoche hält, ist nur ein Künstler zweiten Ranges, ein Genrekünstler, vielleicht gar nur ein Epigone. Und auch im anderen Fall vergeben wir endgültig die Qualifizierung als „stilistisch gelungen" nur, wenn sich eine eigenständige Gestaltungsabsicht erkennen lässt.

Widerspricht dieser Anspruch, den wir an den individuellen Stil stellen, nicht dem synchron Verbindlichen, von außen gesetzten, auf die Norm bezogenen Stil-Anspruch? Oder liegen hier zwei divergierende Stilbegriffe vor?

Offensichtlich nicht. Im Gegenteil, wir können darin eine dialektische Spannung ausmachen, die wir in dem Falle, dass ein Künstler einen neuen Epochenstil schafft, als **Synthese** der normativen Thesis und der individuellen Antithese auffassen. Auch hier zeigt sich das Janusgesicht des Stils. Dies lässt sich in andere Gestaltungsbereiche analog übertragen.

Unsere Entscheidungen stützen sich dabei ebenfalls auf synthetische Operationen: Wir registrieren stilistische Phänomene und integrieren sie zu einer Gesamtaussage, die wir gerne schlagwortartig verkürzen in bewertende Stilepitheta: stilistisch gut oder stilistisch gelungen.

Diese allgemeinen Überlegungen zum Begriff des Stils können wir zunächst einmal abbrechen: es geht im Folgenden ja nicht um Stil schlechthin und schon gar nicht um Stil in der bildenden Kunst, sondern um den linguistischen Stilbegriff. Die eben angestellten Überlegungen wollen wir aber nutzen und sie zunächst in das Medium der Sprache übertragen.

1.4 Voraussetzungen für „Stil": Einheitlichkeit

Zuerst zum Phänomen der Einheitlichkeit und der Rechtfertigung der Instanz, auf die wir die Einheitlichkeit gründen. Texte als die obersten Bezugsrahmen für die stilistische Bewertung und die gerade jetzt gültigen Auffassungen über stilistisches Gelungensein sind die Pole, die miteinander zu verbinden sind. Auch hier hilft es, wenn wir zunächst auffällige Fälle markieren, etwa wenn wir in einem Fachtext den Blick auf ein Wort lenken, das uns aus der Alltagssprache nicht bekannt ist.

> Der Bräuberg gehört wie Mittelberg, Burgberg und Scheuchenberg zu einem jungtertiären Staffelbruch der Donaurandstörung und ist aus mylonitischen Gesteinen aufgebaut. Das sind

feinkörnige, durch die tektonische Bewegung des Donaurandbruchs zermahlene Granite mit eingelagerten Gneisbruchstücken, die sogenannten Winzergesteine. Das Gestein zerfällt durch die Verwitterung zu einem sandigen Sediment, auf dem sich ein poröser, trockener Boden bildet. Diese Bodenstruktur führt besonders auf dem Südhang zu einer Gefährdung nicht trockenresistenter Pflanzen in heißen Sommern. So starben im Jahre 1911 fast sämtliche Fichten auf dem Südhang des Bräuberges ab. (Die Walhalla, S. 94)

Wenn wir in diesem offensichtlichen Fachtext ein Syntagma, zum Beispiel *nicht trockenresistenter Pflanzen* ersetzen durch *Pflanzen, die bei Trockenheit kaputt gehen,* hätten wir einen starken Stilbruch zu verzeichnen. Durch diesen nicht hierher passenden Ausdruck würde der ganze Text gestört, er würde zerstört in seiner fachsprachlichen Einheitlichkeit. **Fachsprache** richtet sich gemeinhin nur an Fachleute. Dieser Text enthält aber auch Elemente, die den Text ausweisen als einen, der auch einen „weiteren Leserkreis" anspricht: So wird uns hier der nur fachsprachliche Ausdruck *mylonitisches Gestein* erklärt. Insgesamt ist der Text mit und trotz seiner Häufung von spezifischen Fachwörtern, Wortbildungen und Syntagmen auch für den geologischen Laien noch gut verständlich, und stilistisch müssen wir ihn als gelungen auffassen, weil er die Leser durch überschaubare Sätze und verständliche Verknüpfungen führt.

Nun wäre es stilistisch weniger auffällig, wenn wir den oben markierten Fachausdruck *trockenresistent* nicht durch einen gänzlich unpassenden, sondern durch einen anderen passenden ersetzt hätten: *Pflanzen, die die Trockenheit nicht aushalten können.* Dieser Ausdruck ist neutral: Er unterstützt den Fachtext-Charakter zwar nicht, aber er stört ihn auch nicht.

Wenn wir den Text noch einmal prüfen, sehen wir, dass von dieser Sorte viele Ausdrücke vorliegen: neutrale Ausdrücke, die stilistisch weder positiv noch negativ zu bewerten sind.

Dieser geologischen Fachtext gewinnt seine Einheitlichkeit mithin aus sachlich passenden Fachwörtern, die auf der Folie neutraler Ausdrücke stehen.

Auch der folgende Text ist einheitlich, aber aus einem ganz anderen Grunde:

Dax oben – Stimmung unten
Der neue Boom an der Börse täuscht über die tiefen Probleme in Deutschland hinweg
von Marc Beise
Eine Zukunftsvision: Die Deutschen stecken tief im Pessimismus, aber nicht mehr lange. Es lockt die politische Wende, und große Gestaltungsmöglichkeiten tun sich auf. Die Börsianer haben das längst erkannt. Weshalb der deutsche Aktienindex stramm nach oben marschiert. Auch die Stimmung in der Wirtschaft hellt sich auf, und bald kommt Konsumfreude auf; der Abbau der Arbeitslosigkeit dürfte dann nicht mehr lange auf sich warten lassen. [...] Wenn erst nach dem Wahltag die Erwartungen enttäuscht werden, ist es auch an der Börse mit der Aufbruchsstimmung ganz schnell vorbei. Von einem Merkel-Aufschwung, wie ihn manche in der CDU hinausposaunen, sollten die Konservativen besser nicht reden. Der ist noch weit, und er muss hart erarbeitet werden. (Süddeutsche Zeitung, 30./31. 7. 2005, S. 4)

Dieser Artikel aus der Meinungsseite einer Tageszeitung befasst sich mit einem gewichtigen Thema, der allgemeinen düsteren Stimmung in Deutschland im Jahre

2005, an der auch die positiven Ausblicke an der Börse nichts ändern könnten. Abgehandelt aber wird die Thematik mit Ausdrücken und Wendungen, die noch vor wenigen Jahrzehnten in einem solchen Artikel tabu waren: Diese sind:

- „Unvollständige" Sätze, die noch dazu gleich mehrere umgangssprachliche Wendungen enthalten, z.B.: *Weshalb der deutsche Aktienindex stramm nach oben marschiert.*
- Modische Wortbildungen: der *Merkelaufschwung.*
- Abwandlung einer aktuellen umgangssprachlichen Wendung *da kommt Freude auf: bald kommt Konsumfreude auf.*
- Klassische Stilfiguren, nämlich Antithesen: *Dax oben – Stimmung unten* und Metaphern: *die Stimmung in der Wirtschaft hellt sich auf.*

Diese Mischung aus „unpassenden" Ausdrücken und sachlichem Berichts-Stil charakterisiert große Teile des gegenwärtigen Zeitungsstils. Bis zu einem gewissen Grade lässt sich sagen, dass hier eine neue Norm der Pressesprache vorliegt, die auch stilistisch von Relevanz ist: Offenbar tolerieren, ja erwarten wir eine gewisse **Lockerheit** in solchen Texten.

Die Einheitlichkeit des Textes ergibt sich also aus der Einhaltung gegenwärtig geltender aktueller Stilnormen. Ob diese von jedermann gebilligt werden, ist damit noch nicht gesagt.

1.5 Erfassungsraster für Stilzüge

Mit den Beschreibungsmitteln der Linguistik gesprochen lässt sich sagen, dass die genannten Ausdrücke des Textes ‚Dax oben – Stimmung unten' **markiert** sind. Aber damit ist nicht behauptet, dass alle anderen in diesem Zeitungstext vorkommenden unmarkiert seien. Ob mit einer einfachen Zweiteilung des Wortschatzes überhaupt bereits fundierte stilistische Aussagen möglich sind, ist sehr die Frage. Denn die Stilbestimmung speist sich nicht ausschließlich aus der Bewertung sprachlicher Formen nach der Dichotomie: herkömmlich, normgemäß, erwartet einerseits und aktuell, individuell, unerwartet andererseits. Da Stilbewertungen immer nur vor dem Hintergrund des Vorkommens in größeren Einheiten, den Texten und Diskursen, vorgenommen werden können, sind diese Einheiten als Bezugsgrößen auf ihre stilistischen Potentiale zu befragen. In Rechnung zu stellen sind dabei in erster Linie die spezifischen Vorkommensbedingungen der Texte. Sie werden gewöhnlich über die **„Textsorten"** erfasst. Textsorten legen wesentliche Anforderungen an ihre Gestaltung fest, denen sich die Sprecher und Schreiber nicht entziehen können. Und diese sind auch aus anderen Gründen nicht gänzlich frei in ihrer sprachlichen Wahl. Sie verhalten sich je nach Alter, nach Beruf, nach ihrer Herkunft unterschiedlich, bevor ihre ganz persönliche, ihre eigentlich individuelle Sprachhaltung zum Tragen kommt. In der Linguistik wird konsequenterweise auch von **Gruppenstilen** gesprochen. Diese manifestieren sich u.a. in den Stilen der Jugendsprache (vgl. Androutsopoulos 1998 und Neuland 2003), in Stilen der Erwachsenengeneration, im Stil der Rheinländer oder der Berliner, im Stil der Fußballfans, der Werftarbeiter, in den politischen Stilen der CDU oder der Grünen, im nörgelnden Stil der Leserbriefschreiber oder im pathetischen Stil der Sonntagsredner, schließlich im Stil der Fremdwortbenutzer oder der Sprachreiniger und in vielen anderen Gruppierungen.

Im folgenden Beispiel findet sich zunächst ein „unpassender" Ausdruck, der aber die Einstellung des Sprechers zum Gesagten besonders deutlich zum Ausdruck bringt: das Wort *Hütte* für eine teure Villa:

> Haben Sie die Hütte von der Jurasic Helene gesehen? Was glauben Sie, was so ein Bungalow am Roten Berg kostet?
>
> Der junge Löschenkohl hat es mit *a* ausgesprochen, also Bangalow. Da hat es ja immer diese zwei Gruppen gegeben, die einen haben es mit u und die anderen mit a gesagt, und vielleicht ist das der Grund, daß das Wort aus der Mode gekommen ist.
>
> (Wolf Haas, Der Knochenmann, S. 93)

Für alle diese und viele andere Bereiche haben wir bei der Bewertung des sprachlichen Verhaltens von Menschen, die wir eindeutig solchen Gruppen zuordnen, bestimmte Stilerwartungen. Diese Vorerwartungen machen deutlich, dass wir Äußerungen stets in einen größeren Horizont einordnen. Außer der Charakterisierung der Sprecher und Sprecherinnen ist es die Situation, in der die Äußerungen gemacht werden, der Zweck, den wir dahinter erkennen oder vermuten und schließlich die Texte und Diskurse selber in ihren Eigenarten und Klassifikationsmöglichkeiten.

Texte lassen sich, wie schon unsere wenigen Beispiele gezeigt haben, nach den Bereichen, in denen sie vorkommen, subklassifizieren. Außer den angeführten zeitungs- und fachsprachlichen Texten gibt es u.a. solche der Alltagssprache – deren Verschränkung mit den Texten aus den genannten Bereichen wir schon kurz benannt haben –, und vor allem literarische Texte, um die sich die herkömmliche Stilistik mit Erfolg bemüht hat. Von diesen stiltheoretischen Zugängen wird für eine linguistische Stilistik viel zu übernehmen sein, besonders was die individuellen Faktoren betrifft. Die allgemeineren, die systematischen Bezugsgrößen für Stil und Stilistik sind dagegen auf dem Hintergrund neuerer linguistischer Zugänge im Wesentlichen erst noch zu entwickeln.

Mit dem Ausdruck *Hütte* statt *Bungalow* oder *Villa* verwendet der Sprecher eine Stilfigur, ein Understatement, und er erzielt damit einen klaren **Stileffekt**. Er hätte auch andere, synonyme Ausdrücke dafür wählen können, etwa *bescheidenes Heim* oder *Häuschen im Grünen*. Der Hörer weiß nicht nur, was mit dem Ausdruck gemeint ist, er registriert auch, was der Sprecher damit noch zusätzlich zum Ausdruck bringen will. Dieser „Zusatznutzen" von Stilelementen zeigt sich bei solchen Ausdrücken, die Stileffekte abgeben, besonders deutlich. Es ist aber zu fragen, ob diese Möglichkeit, über stilistische Entscheidungen Zusätzliches zu signalisieren, nicht auch auf andere Weise geleistet werden kann.

Hier ist zunächst zu sehen, dass Stileffekte mit ihrer starken Markierung nur auf der Folie von unmarkierten Ausdrucksweisen ihre Wirkung entfalten. Aber wie schon angedeutet, eine einfache Zweiteilung aller Mittel in markierte und unmarkierte wäre viel zu grobmaschig. So ist es auch nicht ausreichend, wenn man alle Ausdrücke, die stilistisches Potential in einem bestimmten Text nutzen und zur Entfaltung bringen, als mit Stilwerten behaftet kennzeichnet, wie es etwa Fleischer/Michel/Starke tun, wenn auch ihre Auffassung, dass damit eine interpretatorische Wertung verbunden ist, zu beherzigen ist: „Unter dem Gesichtspunkt, daß es sich bei stilistischen Informationen um Wertzuschreibungen handelt, verwenden wir für diese Art Information den Terminus Stilwert." Fleischer/Michel/Starke (1993, S. 27).

Nicht eine einfache Zweiteilung Stilneutralität versus Stilwerte reicht aus, sondern, wie die angeführten Beispiele gezeigt haben, es müssen noch andere Faktoren für die Festmachung von Stilmerkmalen einbezogen werden. Wenn Stileffekte die auffälligen, individuellen Stilmerkmale sind, dann wird der Ausdruck **Stilwert** frei für eine Zuschreibung an die vielen Bereiche, die wir pauschal oben benannt haben und die dem Konventionellen, dem Vorgeprägten zugehören. Die Ausdrücke, mit denen eine auffällige Markierung der Ausdrucksabsicht erreicht wird, lassen sich als solche bezeichnen, die **Stileffekte** abgeben.

Wie sich die Wirkung von Stileffekten vor dem Hintergrund von Stilwerten und Stilneutralität entfalten kann, wird vor allem im Kapitel 3 am Beispiel des Wortschatzes genauer dargestellt. Hier zunächst so viel:

Auf die **Dreiteilung in Stilneutralitität, Stilwerte und Stileffekte** gründet sich der folgende terminologische Vorschlag für die Beschreibung von Stilphänomenen:

Alle Ausdrücke, die in einem Text zu erwarten sind und seine kommunikative Funktion in natürlicher und zu erwartender Weise betreffen, geben **Stilwerte** ab.

Alle Ausdrucksweisen, die auch in beliebigen anderen Texten vorkommen können, sind demgegenüber **stilneutral**.

Alle Ausdrucksweisen, die offensichtlich nicht in einen bestimmten Text „hineingehören", aber doch seine kommunikative Funktion unterstützen, und zwar in auffälliger Weise, ergeben **Stileffekte**.

Alle in einer kommunikativen Situation verwendeten Ausdrücke, die zur Erreichung eines bestimmten kommunikativen Zweckes ausgewählt worden sind, sind aus **Paradigmen** genommen worden, entweder durch eine Vor-Auswahl, die sich durch eingeschliffenen Gebrauch ergeben hat oder durch gänzlich individuelle Auswahl. Stilelemente sind stets als Wahlphänomene zu verstehen.

1.6 Stil als Wahl

Die Auffassung von Stil als Ergebnis eines Wahl-Aktes hat eine lange Tradition. Damit wird der Ansicht Rechnung getragen, dass Stil sich nicht gleichsam von selbst einstellt, sondern dass er das Ergebnis eines Entscheidungsprozesses ist. Die Entscheidung kann bewusst gefällt sein, sie kann aber auch in der Übernahme von Formulierungen liegen, die schon vorher von der Sprechergemeinschaft gewählt worden sind, um ein Kommunikationsziel adäquat zu erreichen. Dieser letztere Aspekt von Stilistik ist in der neueren Forschung besonders nachdrücklich betont worden. Mit der Annahme einer Formulierungsweise, die sich bewährt hat, geben die Emittenten, wie die Sprecher/Sprecherinnen und Schreiber/Schreiberinnen zusammenfassend genannt werden, auch ihre Zugehörigkeit zu einer bestimmten Gruppe zu erkennen. In Kapitel 5 werden die sprachlichen Bereiche, die darin vorkommenden Textsorten und Formulierungsweisen näher betrachtet.

Die **stilistische Prozedur** ist jedenfalls ein Wahlakt (vgl. Guiraud und Kuentz 1975, S. 121ff.). Stil bezieht sich auf die „Art der Handlungsdurchführung" (Sandig 1986, S. 23). Es wird auch die Auffassung vertreten, dass von abstrakten sprachlichen Ebenen ausgegangen werden kann, auf denen stilistische Differenzierungen erst greifen (Ohmann 1964, Jacobs/Rosenbaum 1971). Mit der stilistisch bedingten Auswahl aus den Möglichkeiten des Sprachsystems trifft der Sprecher oder Schreiber eine Entscheidung, die seine geplante kommunikative Handlung über ihr bloßes Angemessensein hinaus in besonderem Maße zum Gelingen führen soll. Dies gilt nicht nur für sprachliche Stile, sondern für sozial relevante Verhaltensweisen schlechthin, wie den Eingangsbeispielen schon zu entnehmen war. Es wird von Wahlkampfstil, Stil in der Werbung, der Mode, weiter von Baustilen, von Epochenstilen, Fahrstilen und Behandlungsstilen, Gesprächsstilen (Sandig (Hrsg.) (1983)), und vielen anderen -stilen gesprochen. Stil bezieht sich nie auf ein einzelnes sprachliches Phänomen, sondern immer auf größere Komplexe, die in ihrem syntagmatischen Aspekt nach einheitlichen Stilprinzipien gerade erst ausgewählt sind (vgl. Trabant 1986). Immer aber muss der passende Ausdruck in einer konkreten kommunikativen Situation gewählt werden. Das gilt selbst für den Fall, dass nur ein Ausdruck zur Verfügung steht, auch dann lässt sich von Wahl sprechen: Denn alle Ausdrücke stehen in so **komplexem gegenseitigen Wechselverhältnis**, dass die Auswahl der Paradigmen immer ein Eingriff in ein kommunikatives Ganzes ist: Geht man nur genügend weit „nach oben" in der Bestimmung der Bezugsebene, dann lässt sich jeder Ausdruck als „ausgewählt" auffassen. Jedes Element einer beliebigen Stufe kann durch Paraphrase mit Kombinationen von Elementen niedrigerer oder durch Integration in Elemente höherer Stufen abgewählt werden. So kommt systematisch gesehen allen Elementen Stil zu. Einfach ausgedrückt heißt das: durch Ersetzung eines Verbs (z.B. *rennen*) gegen eine Verb-

Adverb-Fügung (*schnell laufen*) oder durch Ersetzung eines Substantivs durch eine Adjektiv-Substantiv-Gruppe (*Schafskopf – dummer Kerl*) oder eines Syntagmas durch einen Satz (*Lucas kam gestern sehr spät. Lucas kam gestern. Es war (aber) schon sehr spät, als er eintraf.*) usw. lässt sich das Stilphänomen durch jeden Text hindurch verfolgen. Deswegen muss Stilbestimmung immer diese oberste Bezugsebene, nämlich den konkreten Text in seinem konkreten kommunikativen Bezugsfeld, im Auge behalten.

1.7 Stilanforderungen und „Stilattribute"

1.7.1 Das Variationsgebot

Der Doppelcharakter des Stils, sein Janusgesicht, besagt: Stil hat eine normbezogene, verbindliche Komponente, Stil hat aber auch eine individuelle, die Norm, die Vorgabe gerade überschreitende Bedeutung. Immer muss dabei ein leitender Gesichtspunkt gegeben sein. Stilmerkmale müssen zentriert sein, sie dürfen nicht vereinzelte oder willkürliche Bezüge haben.

Eine Voraussetzung ist bei allen Ersetzungen zu nennen: Es muss das gleiche Denotat in der Wirklichkeit gegeben sein; es muss, mit anderen Worten, die gleiche Sache, die gleiche Person oder der gleiche Sachverhalt gemeint sein. Dass es problematisch ist, diese Entscheidung zu treffen, wird uns noch beschäftigen. (Vgl. Kapitel 3). Hier stößt die Stilistik auf das heikle **Synonymie-Problem**. Ist es wirklich ein sachlicher Unterschied, ob jemand *schläft, schlummert, ruht, pennt* oder *ein Nickerchen macht*? Der Schlaf lässt sich sicherlich zum Beispiel nach seiner Intensität differenzieren, aber die lässt sich vom Beobachter oft gerade nicht beurteilen. Und aus der Synonymreihe wird auch nach ganz anderen Gesichtspunkten ausgewählt. Eine dieser Kategorien ist uns in den angeführten Beispielen bereits ständig begegnet. Es ist das Erfordernis der Anschaulichkeit. Ein anderes Erfordernis ist ein noch allgemeineres. Es ist das Gebot der Variation.

Bei der Wahl von Mitteln, die in einem Text das Stilpotential kollektiv und individuell bestimmen, wird seit je darauf geachtet, dass eine gewisse **Ausgewogenheit der Mittel** vorliegt. Nur stilistisch markierte Mittel zu wählen, würde zu einer Überfülle an auffälligen Ausdrücken führen. Andererseits würde eine Kumulation von lauter neutralen Ausdrücken eine gewisse Öde bewirken. Die Bewertung wäre: „langweilig", „stilistisch monoton". Offenbar verlangen wir zumindest eine gewisse Balance zwischen stilistischen Mitteln, die neutral, stilwertgebend und auch stileffekterzielend sind. Monotonie ist das, was am wenigsten geduldet wird. Wenn wir vor allem in den Kapiteln 3 und 5 den Quellen für die Stilwerte nachspüren, werden wir noch genauer sehen, wie diese Monotonie kompensiert werden kann. Denn zumindest die Verwendung der Mittel, die Stileffekte bezwecken, lässt sich als Vermeidung von Monotonie auffassen. „Variation", als positiver Begriff, ist denn auch ein in der Stilforschung gängiger Begriff, der die Anforderungen an Texte beschreiben will.

So enthält der geologische Text über die Walhalla (S. 18 f.) auf den ersten Blick ausschließlich Fachwörter. Da diese aber kaum Konkurrenten haben, wirkt der ganze Text ausgesprochen trocken. Nüchterne, unanschauliche Texte werden derzeit fast nur noch von Behörden ausgegeben. Ein Beispiel dafür ist der Text „Bewohnerparkausweis". (Das Wort *Bewohner* ist dabei eines, das behördensprachliche Beckmesserei gegen das ältere und passendere *Anwohner* ersetzt hat.) Texte mit ähnlicher Intention von sich modern gebenden Institutionen lassen fast immer mindestens irgendein Wort erkennen, das einen Stileffekt aufweist. Im ersten Text der Bahn ist es das umgangssprachliche Wort *toll*, im folgenden strotzt der ganze Text von stilistischen Maßnahmen, die den schlichten Werbetext aufwerten sollen:

> Der Parkausweis gibt das Recht nur mit dem darin angegebenen PKW in eingeschränktem Halteverbot mit dem Zusatz „Bewohner mit Parkausweis mit Buchstaben A frei" und an Verkehrszeichen „Parkplatz" mit gleichem Zusatzschild zu parken. Der Buchstabe auf dem Zusatzschild und der Buchstabe auf dem Parkausweis müssen übereinstimmen. Gibt ein Zusatzschild eine zeitliche Beschränkung an, so gilt die Parkerlaubnis nur für die angegebene Zeit.
> (Bewohnerparkausweis)

> Seit September gibt es „bahn.bonus – das Prämienprogramm für Bahnfahrer". BahnCard-Kunden sammeln auf jeder Fahrt wertvolle Prämienpunkte. Für die gesammelten Punkte gibt es viele tolle Prämien. Sind Sie schon dabei? Sonst melden Sie sich am besten gleich an.
> (BahnCard Broschüre)

> Witzig, kitschig, tragisch, verrucht, verrückt...nur eines ist das St. Pauli-Musical nicht: langweilig. Ganz St. Pauli trifft sich am Imbiss „Heiße Ecke". Dem Marktplatz für schwere Jungs, leichte Mädchen und andere schräge Typen. Erleben Sie großartige Songs, einmaliges Ambiente und eine mitreißende, temporeiche Bühnenshow. [...] Das Stichwort „BahnCard" eröffnet Ihnen die 20% Ermäßigung. (BahnCard News 1/2006)

Dass die angeführten Texte sich auch sonst noch erheblich unterscheiden, sei hier nur angemerkt: Nur die ‚BahnCard Texte' weisen aktuelle Wortbildungen und von den Rechtschreibregeln (noch) nicht gedeckte Schreibweisen auf (*bahn.bonus, BahnCard*), die verwendeten Adjektive sind auf Lautähnlichkeit hin ausgesucht, mit den Ausdrücken *schwere Jungs, leichte Mädchen* liegt eine Stilfigur vor (die Antithese), und der Leser wird, im Gegensatz zum Behördentext, der eine vollkommen neutrale Form wählt, direkt angeredet.

Schließlich gibt es Texte, die durch die Überfülle von stileffekt-beabsichtigenden Mitteln gekennzeichnet sind. Ein Text, der in jedem Satz einen Stileffekt enthält, ist die Beschreibung des Münsterschen Domplatzes, der am Ende dieses Abschnitts behandelt wird.

Was die **Variation** betrifft, so handelt es sich um ein ungemein wichtiges stilistisches Gesetz. Wir erwarten, dass abgewechselt wird, oder mit anderen Worten: In einem Text dürfen bis auf die neutralsten Fälle Wiederaufnahmen nur über pragmatische Variation erfolgen. Die Gesetze sind im einzelnen sehr kompliziert (vgl. Kapitel 2.1.1). Meistens wird sich ihnen intuitiv genähert.

Typisch ist der folgende Fall: In einem Schulaufsatz schreibt ein Schüler: *An der Straßenkreuzung stieß ein Radfahrer mit einem Auto zusammen. Das Auto konnte nicht mehr bremsen.* Die Lehrerin verbessert am Rand: *beim zweitenmal bitte statt Auto Wagen nehmen.*

Zu fragen ist, ob die Variation stets zu fordern ist. Dass sie das in der Kommunikation Normale ist, zeigt sich immerhin daran, dass Wiederholung eine Stilfigur (also eine „erlaubte Abweichung", vgl. Kapitel 6) ist.

Dafür ein kurzes Beispiel aus einer Erzählung von Thomas Mann: *Seltsame Orte gibt es, seltsame Gehirne, seltsame Regionen des Geistes, hoch und ärmlich* (Thomas Mann, Beim Propheten, S. 286). Hier hat die Wiederholungsfigur eine Funktion: Die an das wiederholte Wort *seltsam* angeschlossenen Ausdrücke treten dadurch umso plastischer hervor.

Das stilistische Gesetz der Variation lässt sich auf die konversationelle Maxime, dass stets Relevantes und kommunikativ Neues erwartet wird, zurückführen (vgl. Kapitel 4.1).

Ob die gewählten Mittel eines Textes angemessen und einheitlich sind, ergibt sich stets durch Bezug auf den gesamten Text. Auch wenn es sich bei registrierten Eigentümlichkeiten eines Textes um Abweichungen vom Erwarteten handelt, sein Gelungensein oder aber sein Misslingen wird unter einer höheren Perspektive akzeptiert oder verworfen. Dabei haben sich die Leser und Leserinnen auf den Text einzulassen und, nach der Registrierung von Auffälligkeiten, erst einmal abzuwarten, ob es sich dabei um Ausrutscher oder um bewusste Strategien handelt, die sich zum Schluss vielleicht zu einer gelungenen Einheit zusammenschließen.

1.7.2 Angemessenheit und Bildkraft

Ob die Integration von stilneutralen Elementen, Ausdrücken mit Stilwerten und Stileffekten gelingt, lässt sich daran prüfen, ob die Mittel den in der stilistischen Literatur immer wieder genannten drei stilistischen (Haupt-)Anforderungen genügen. Diese sind

> Sachangemessenheit (Logik), Expressivität und Anschaulichkeit (Bildlichkeit)

In der ‚Deutschen Stilistik' von Riesel/Schendels heißt es:

> Diese drei Stilzüge enthalten eine Reihe von Komponenten, die den Stilcharakter der jeweiligen Aussage präzisieren. So umfaßt der Stilzug Logik ein ganzes Bündel von Teilfaktoren wie: Klarheit und Sachlichkeit des Gedankenganges, Genauigkeit (Exaktheit) der Beweisführung, Abstraktionsvermögen u.a. […].
>
> Als zweiten allgemeinen Stilzug mit großem Geltungsbereich sehen wir die für alle Typen und Sorten sprachlicher Aussage so relevante Kategorie der Expressivität an. Ohne Verwendung logischer oder/und emotionaler Mittel der Expressivität in all ihren Spielarten ist kein einziger Verständigungsbereich denkbar.

> Zweifellos gehört noch eine dritte stilistische Grundkategorie von großem Begriffsumfang zu den grundlegenden allgemeinen Stilzügen: die Bildkraft mit ihren beiden Hauptkomponenten – Bildhaftigkeit (synonym: Anschaulichkeit, Sinnfähigkeit) und Bildlichkeit. Die Anschaulichkeit der Wortwahl (und in gewisser Hinsicht auch der grammatischen und phonetischen Ausdrucksgestaltung) ist allen Äußerungen der Sprachwirklichkeit in höherem oder geringerem Maße eigen. (Riesel/Schendels 1975, S. 25)

Riesel/Schendels sprechen beim ersten Stilzug von „Logik". Doch ist der allgemeinere Begriff der **Sachangemessenheit** passender. „Logik" engt diesen Stilzug etwas ein auf bestimmte Textsorten, in denen das Argumentieren eine Hauptrolle spielt. Sachangemessenheit ist nun nicht so zu verstehen, als ob mit einem Text ein kommunikativ relevanter Sachverhalt bloß abgebildet würde, sondern der kommunikative Zweck muss angemessen angesteuert werden. Dies bedeutet zweierlei: Einmal ist davon auszugehen, dass jedem Verwendungsbereich von Sprache ein bestimmter „natürlicher" Ausdrucksraum zur Verfügung steht. Wie das zu verstehen ist, wird vor allem in Kapitel 3 und Kapitel 5 genauer ausgeführt. Die bislang angeführten Beispiele können aber schon zeigen, worauf es dabei ankommt: Die jeweiligen kommunikativen Bedingungen legen den Rahmen der Sachangemessenheit fest. Doch darf daraus nicht geschlossen werden, dass nur neutrale Züge und Stilwerte zu fordern sind. „Angemessenheit" unterstellt ein Mischungsverhältnis, auch mit Stileffekten. Aber dieses Kriterium ist allein genommen noch zu vage.

Der bei Riesel/Schendels angeführte Stilzug der **Expressivität** ist dafür aber wiederum etwas zu speziell formuliert. Eher bietet es sich an, von Anschaulichkeit zu sprechen und damit einen individuell gefärbten Sprecher-Hörer-Bezug ins Auge zu fassen, der den kommunikativen Effekt betrifft. Emotionalität ist dabei nur ein Gesichtspunkt. Die verwendeten Bilder zur Erhöhung der Anschaulichkeit gehören dazu, sind aber nicht ausschließlicher Bestandteil. Solche Bildlichkeit findet sich sehr oft in den Überschriften von Zeitungsartikeln:

Einige Artikelüberschriften der Süddeutschen Zeitung vom Mai 2007 zeigen die gegenwärtig aktuellen Formen der **Bildlichkeit**:

> *Strammer Max* (über den Van von Ford: C-Max)
>
> mit einer Bildunterschrift: *Rachen-Futter: Dem neuen C-Max spendierte Ford ein großes Maul in Form eines Trapez-Kühlergrills und einen feinen Lidstrich aus Leuchtdioden* (5./6. Mai 2007, S. V2/3)
>
> *Das blaue Wunder* (5./6. Mai 2007, S. V2/3) (über den VW Passat BlueMotion)
>
> *Abschied ohne Handschlag. Weidener Stadtrat entlässt OB Schröpf in Ruhestand* (11.5.2007, S. 37)
>
> *Durch die Hintertüre zum Boden-Recycling* (S. 46) (über einen umstrittenen Bebauungsplan)
>
> *Abgesang auf eine Idee. Die Industrie zieht sich aus dem Aufbau des Satellitensystems Galileo zurück* (S. 21)
>
> *Amerika ist weich gelandet. Abschwächung der Konjunktur in den Vereinigten Staaten* (S. 24)
>
> *Der letzte Zug. Die Deutsche Bahn will von September an das Rauchen in Zügen und Bahnhöfen verbieten* (5./6. 5. 2007, S. 12)

Die Weltstadtbadewanne. Das Strandbad Wannsee wird 100 Jahre alt (11. 5. 2007, S. 11)

Wie es euch zerfällt (S. 15) (über eine Shakespeare-Inszenierung)

Während gegenwärtig die Bilder aus allgemeinen Verwendungsbereichen gewählt werden, waren in den achtziger Jahren Bilder modisch, die noch stärker auf einen inhaltlichen Bezug abhoben:

Sowjets würden bei Embargo den Gashahn zudrehen (Süddeutsche Zeitung, 19./20. 4. 1980, S. 34)

Maschinen auf Herz und Nieren geprüft (17. 4. 80 S. 17)

Klima in Hannover: Heiter bis wolkig. Industrie erwartet Abschwächung, aber keine Rezession (16. 4. 80)

Die bundesdeutsche Hochsee-Fischerei funkt SOS (30. 4./1. 5. 80)

Hier legt man sich mit Geschirr ins Zeug. Neu eingerichtete Abteilung Hafnerkunst im Nationalmuseum (3./4. 5. 1980)

Mädchen drücken mit Erfolg die Werkbank (30. 4./1. 5. 80)

Amerikas Autoindustrie muss auf die Bremse treten (5./6./7. 4. 1980, S. 31)

Wo Bäume im Katasterblatt verewigt werden. Mitglieder des Bürgerforums zählen den Bestand (5./6./7. 4. 1980, S. 22)

Solarenergie – wärmstens empfohlen. (29. 4. 1980, S. 19)

Stadt am Fuß eines Schuldenbergs (24. 4. 1980, S. 17)

Zum Streich gegen Stadtstreicher ausgeholt (23. 4., S. 13)

„Blütengeschäft" florierte nicht. Falsche Dollarnoten importiert (16. 4. 1980, S. 17)

„Mahagonny" aus bestem Holz. Vorzüglicher Auftakt der Wiesbadener Maifestspiele (Münstersche Zeitung 3. 5. 1980)

Diese direkt auf den Inhalt der Artikel bezogene Bildlichkeit verstärkt die Aussage. Die Ausdrucksmittel entsprechen damit dem Inhalt in spielerischer Weise und erzielen Stileffekte, die im Einklang mit dem Inhalt stehen. Sie wiederholen den Inhalt gleichsam noch einmal. Sie lassen sich damit als **ikonisch** verstehen. Wenn dies auch eine zugespitzte Form des Zusatznutzens von Stilmitteln ist, so ist die dadurch hervorgerufene Spiegelung des Inhalts auf der Ausdrucksseite doch konsequent. Auf diese Weise zeigt sich besonders nachdrücklich die Korrespondenz von Inhalt und Form. Die in den obigen Beispielen zu findenden Stilfiguren liegen an der Grenze des zu Akzeptierenden. Man darf aber unterstellen, dass es für die sprachliche Form der Textüberschrift Sonderbedingungen gibt, die eine wesentlich größere Menge stilistischer Mittel mit Effekten zulassen, ja geradezu vorschreiben, im Vergleich mit den Mitteln, die in kohärenten Texten erlaubt sind.

1.7.3 Das Sparsamkeitsgebot

Dass Texte ausgewogen zu sein haben, ist oben schon gesagt worden. So könnte man die in den vorigen Abschnitten behandelten Gebote der Variation, der Anschaulichkeit und Bildlichkeit etwas kritisch betrachten, weil sie Prinzipien sind, die Texte mit stilistischen Mitteln gerade anreichern wollen. **Sparsamkeit** und Behutsamkeit im Umgang mit den stilistischen Mitteln sind erforderlich. Das lässt sich am besten mit einem Beispiel belegen, das das genaue Gegenteil zeigt. Denn vor allem, was die Bildlichkeit betrifft, wird häufig des Guten zu viel getan, wie der folgende Text zeigen kann:

> Das ist der ‚Spiegelturm' mit den beiden Domtürmen. Rudolf Predeek schreibt über ihn unter anderem: ‚Zum Dome hin heben sich hoch und höher Hänge der roten Pfannendächer. Wie eine Bastion klettert das Gemäuer auf, rote Kurien, die Wächter des Domes, Vasallen des bischöflichen Hofes. Und darüber türmt sich, wie vom Weihrauch der Bäume umgeben, wie von Ewigkeit für Ewigkeit hingebaut, die herrliche Pracht der Kathedrale. Wie goldene Posaunen steigen die Türme hinan, zwei Mahner in eindringlicher Inbrunst. Unübersehbar ist das Gezack der Mauern und Giebel, kreuz und quer; so wie es just kam, ist das Gewirr entstanden. Und gleißend und glitzernd in glühendem Glanz glimmt wie Verheißung das betörende Grün des Daches. Bäume ringsum tupfen ihre Köpfe in dieses Bild von trunkener Schönheit.'
>
> (Münster in alten Ansichten, S. 24)

Der Text strotzt vor Bildern, Personifikationen und ungewöhnlichen Ausdrucksweisen. Der Schreiber stellt den Domplatz so dar, als wäre der Dom von Wächtern und Vasallen umgeben, die damit auch die bischöfliche Macht unterstreichen. Die einzelnen Elemente werden mit Vergleichen aus dem kirchlichen Bereich geschildert (*Weihrauch, Posaunen, Inbrunst*). Dennoch ist es ein weltliches Bild, das hier gezeichnet wird, das in seiner *trunkenen Schönheit* den Besucher gefangen nehmen soll. Als Beleg dafür, dass hier übertrieben viele stilistische Mittel eingesetzt werden, sei nur noch auf die Alliterationen im Satz *Und gleißend und glitzernd in glühendem Glanz glimmt wie Verheißung das betörende Grün des Daches* hingewiesen. Spätestens damit rutscht der Text in die Kategorie des **Kitsches** ab, mit dem wir stilistisch gesehen eine Übertreibung des Variationsgebotes und hier der Bildlichkeit fassen. Es wird abgewichen vom Normalen, vom Erwarteten, und zwar in einer so krassen Weise, dass die Verstöße als unangenehm, als anstößig empfunden werden.

Hier fällt weiter auf, dass die eigentliche Beschreibung eingebettet ist in den Bericht – und das ist textuell gesehen eine Erzählung – darüber, wie der Dom vom Autor betrachtet wird. So sind die topologischen Prädikate (hier: *heben sich, ist, türmt sich*) angebunden an solche Ausdrucksweisen, die den Betrachterbezug abbilden: *Wie goldene Posaunen steigen die Türme hinan, zwei Mahner in eindringlicher Inbrunst. Unüberschaubar ist das Gezack der Mauern und Giebel* .... Dadurch kann einmal die explizite topologische Prädikation ganz unterdrückt werden (*auch von unten angesehen ein kleines Bildchen*), zum andern aber – und das ist für die hier vorliegende Textsorte ‚kunsthistorische Beschreibung' noch wichtiger – kann die Beschreibung konsequent und Zug um Zug als Entdeckung vorgeführt werden. Es versteht sich, dass das Identifikationsangebot des Autors an den Leser dadurch erheblich verstärkt wird. Auf diese Formen der Vertextung und ihre stilistischen Bedingungen wird in Kapitel 4 ausführlich eingegangen.

Abweichung vom Normalen, wie wir es hier finden, aber ist nun gerade etwas, das wir bei Texten erwarten, die wir als gelungene, als individuell gestaltete auffassen. Dies gilt insbesondere für die Dichtung, bei der wir uns gerade daran stören würden, wenn sie sich nur konventioneller Mittel bedienen würde.

1.8 Sprachgebrauch und Abweichung

So ist in der Forschung zur Stilistik die Abweichung geradezu zu einem Prinzip des Gelungenseins geworden. Als „Abweichungsstilistik" hat das Ausreizen der Ausdrucksmöglichkeiten seinen prägnantesten Ausdruck gefunden (vgl. Püschel 1985, Michel 2001, S. 432–436). Bei Riffaterre (1973) wird die stilistische Analyse damit begonnen, dass die Leser nach Auffälligkeiten suchen, diese markieren, den Text daraufhin wieder und wieder lesen und versuchen sollen, aus den Abweichungen ein positiv zu bewertendes konstantes Moment zu erkennen.

Dies zeigt zweierlei: Einmal werden derartige Abweichungen nicht als Verstöße aufgefasst, die es zu brandmarken gilt, sondern als besonders effektive Mittel, die den Inhalt des Textes betreffen, die ihn verstärken und mit ihm in Einklang stehen. Auch dies wird in den folgenden Kapiteln genauer herauszuarbeiten sein.

Zum andern gilt, dass die Abweichungen im Zusammenhang mit anderen sprachlichen Mitteln des Textes zusammenzusehen sind. Die Mittel müssen solche sein, die eine Kohärenz erkennen lassen. Sandig (1978) spricht davon, dass einmal angefangene Mittel „fortgeführt" werden. **„Fortführen"** ist ihre Ausdrucksweise für die Kohärenz der Mittel, die sich in einem Text unter stilistischer Perspektive erkennen lassen. „Durch Fortführen wird Stil als individuelles oder konventionelles Handlungsmuster, als Aspekt von Text oder Textmuster beschreibbar. Ein Stil ist deshalb beschreibbar als erwartbares Fortführen eines Zusammenhangs von Handlungs- und Äußerungsarten." (Sandig 1978, S. 32).

Abweichungen, die stilistisch konsequent sind, also eine Funktion erkennen lassen, können sich in allen denkbaren sprachlichen Äußerungen finden, in trivialen Texten wie in ausgefeilten literarischen. Für den ersten Fall soll das folgende Beispiel aus einem Internet-Chat über Autoreparaturen stehen:

> Wo sollte ich da jetzt reinpusten?
> >>Ich hab einfach mal in die beiden schwarzen Abgänger gepustet oder sollte ich jetzt in das dickere Teil pusten auf jeden Fall ist das Ding dicht gewesen Motor war handwarm
> >>Ach und fehlt da irgendein Schlauch oder so bei dem Teil unter dem Thermoventil? [...]
> >Hast Du probiert, ob es in beide Richtungen gegen Vakuum sperrt (kalt und heiß)?
> >Der Gartenschlauchanschluss darunter ist normal. Ich habe aber leider noch nicht rausgefunden, wofür man ihn braucht.
> >Gruß, Sixten
> da unten wird das wasser abgelassen.
> damits keine sauerei gibt wird da bei volvo ein schlauch übergestülpt und in ein fass oÄ geleitet.
> gruß
> Fredy (Auto-Chat http://f8.parsimony.net, 25. 10. 2003)

Hier finden sich für Leser, die in schriftlicher Kommunikation herkömmliche Normen erwarten, deutliche Abweichungen. Die Schreiber halten sich hier ganz an die Sprechweisen, die sich in der jüngsten Zeit etabliert haben. Da sie so neu sind, ist es schwer, hier die individuellen, vielleicht schon wieder normdurchbrechenden von den etablierten Normen zu unterscheiden. Allerdings darf vermutet werden, dass die gewählte „lockere" Schreibweise signalisieren soll: „Ich bin kein großer Fachmann, sondern wir gehören zusammen, ich spreche so wie ein ganz gewöhnlicher Mensch in dieser Situation."

Ganz anders sind die auffälligen, abweichenden Merkmale im folgenden Text zu beurteilen. Hier hat es die stilistische Analyse leichter, die Abweichungen zu bewerten, denn sie darf unterstellen, dass alles Auffällige bewusst eingesetzt ist. Bei einem Text von **Thomas Mann** dürfen wir davon ausgehen, dass nichts dem Zufall überlassen ist. Dafür als Beispiel eine Passage aus der Erzählung ‚Tristan'.

Das Sanatorium ‚Einfried' ist den Lesern im 1. Kapitel vorgestellt worden. Es beginnt Kapitel 2. Die jetzt eintreffende Person kennen wir noch nicht.

Hier registrieren wir als ungewöhnlich im ersten Absatz vielleicht die Fügung *rührte die Glocke* und einige Zeilen weiter das Adjektiv *vereinsamt*. Denn eine Beschreibung lässt eine gewisse Nüchternheit oder Distanz erwarten, diese Ausdrücke aber sind markiert mit dem Merkmal [+emotional]. Doch sind dies noch subtile Abweichungen vom Erwarteten. Danach setzen gravierendere Auffälligkeiten ein:

> Anfang Januar brachte Großkaufmann Klöterjahn – in Firma A.C. Klöterjahn & Comp. – seine Gattin nach ‚Einfried': der Portier rührte die Glocke, und Fräulein von Osterloh begrüßte die weither gereisten Herrschaften im Empfangszimmer zu ebener Erde, das, wie beinahe das ganze vornehme alte Haus, in wunderbar reinem Empirestil eingerichtet war. Gleich darauf erschien auch Doktor Leander; er verbeugte sich, und es entspann sich eine erste, für beide Teile orientierende Konversation. Draußen lag der winterliche Garten mit Matten über den Beeten, verschneiten Grotten und vereinsamten Tempelchen, und zwei Hausknechte schleppten vom Wagen her, der auf der Chaussee vor der Gatterpforte hielt – denn es führte keine Anfahrt zum Hause –, die Koffer der neuen Gäste herbei. „Langsam, Gabriele, take care, mein Engel, und halte den Mund zu", hatte Herr Klöterjahn gesagt, als er seine Frau durch den Garten führte; und in dieses „take care" mußte zärtlichen und zitternden Herzens jedermann innerlich einstimmen, der sie erblickte, – wenn auch nicht zu leugnen ist, daß Herr Klöterjahn es anstandslos auf deutsch hätte sagen können. [...] Die junge Frau litt an der Luftröhre, wie ausdrücklich in dem anmeldenden Schreiben zu lesen stand, das Herr Klöterjahn vom Strande der Ostsee aus an den dirigierenden Arzt von ‚Einfried' gerichtet hatte, und Gott sei Dank, daß es nicht die Lunge war! Wenn es aber dennoch die Lunge gewesen wäre, – diese neue Patientin hätte keinen holderen und veredelteren, keinen entrückteren und unstofflicheren Anblick gewähren können als jetzt, da sie an der Seite ihres stämmigen Gatten, weich und ermüdet in den weißlackierten, gradlinigen Armsessel zurückgelehnt, dem Gespräche folgte. [...] „Hüstle nicht, Gabriele", sagte Herr Klöterjahn. „Du weißt, daß Doktor Hinzpeter zu Hause es dir extra verboten hat, darling, und es ist bloß, daß man sich zusammennimmt, mein Engel. Es ist, wie gesagt, die Luftröhre", wiederholte er. „Ich glaubte wahrhaftig, es wäre die Lunge, als es losging, und kriegte, weiß Gott, einen Schreck. Aber es ist nicht die Lunge, nee, Deubel noch mal, auf so was lassen wir uns nicht ein, was, Gabriele? hö, hö!"

„Zweifelsohne", sagte Doktor Leander und funkelte sie mit seinen Brillengläsern an. Hierauf verlangte Herr Klöterjahn Kaffee, – Kaffee und Buttersemmeln, und er hatte eine anschauliche Art, den K-Laut ganz hinten im Schlunde zu bilden und „Bottersemmeln" zu sagen, daß jedermann Appetit bekommen mußte. Er bekam, was er wünschte, bekam auch Zimmer für sich und seine Gattin, und man richtete sich ein. Übrigens übernahm Doktor Leander selbst die Behandlung, ohne Doktor Müller für den Fall in Anspruch zu nehmen. (Thomas Mann, Tristan, S. 171 f.)

Das Auffälligste an diesem Text sind zweifellos die englischen Wörter, die Herr Klöterjahn an seine Gattin richtet, darüber hinaus wird diese Sprechhaltung vom Dichter kommentiert: *wenn auch nicht zu leugnen ist, daß Herr Klöterjahn es anstandslos auf deutsch hätte sagen können.* Diesem Erzählerkommentar geht aber noch etwas anderes voran. Es heißt: *In dieses „take care" mußte zärtlichen und zitternden Herzens jedermann innerlich einstimmen, der sie erblickte.* Die Leser und Leserinnen werden hier in den Text gleichsam mit hineingenommen. Diese Anteilnahme mit der zerbrechlichen Person wird also unterstellt, und wenn dann etwas später ihr *stämmiger Gatte* mit Mitteln der Groteske (die ja bekanntlich eine besonders krasse, aber auch normierte Form der Effekterzielung ist) geschildert wird, schließt sich das als auffällig und abweichend Markierte bereits zu einer Vermutung über die kohärente Struktur zusammen. Die zarte, zerbrechliche, sensible Frau Klöterjahn ist in dieser Eingangsszene die Integrationsinstanz für die registrierten Stilmerkmale. Und diese Dame muss den Namen *Klöterjahn* tragen, fast möchte man sagen „ertragen". Doch steht Klöterjahns Name nun ganz im Einklang mit dem Ton, in dem er mit seiner Gattin umgeht:

„Hüstle nicht, Gabriele", sagte Herr Klöterjahn. „Du weißt, dass Doktor Hinzpeter zu Hause es dir extra verboten hat, darling, und es ist bloß, dass man sich zusammennimmt, mein Engel. Es ist, wie gesagt, die Luftröhre", wiederholte er. „Ich glaube wahrhaftig, es wäre die Lunge, als es losging, und kriegte, weiß Gott, einen Schreck. Aber es ist nicht die Lunge, nee, Deubel noch mal, auf so was lassen wir uns nicht ein, was, Gabriele?, hö, hö!"

Herrn Klöterjahns Redeweise seiner Gattin gegenüber beschränkt sich also nicht auf englische Floskeln, sondern er mischt umgangssprachliche Wendungen ein: *extra verboten* – stilneutral wäre: *ausdrücklich*; *es ist bloß, dass man sich zusammennimmt*; *kriegte* – stilneutral wäre: *bekam*; *nee* – stilneutral wäre: *nein*; *Deubel noch mal*; *auf so was* (neutral: *etwas*); *höhö*: Nur in der Alltagssprache finden sich normalerweise derartige Äußerungen.

Umgangssprachliche Redeweise wird hier eingesetzt, das ist eindeutig. In der Häufung auf so engem Raum wird damit ein starker stilistischer Effekt erzielt.

Solche stilistischen Kunstgriffe finden sich bei Thomas Mann häufiger. Sie gehören zu seinem individuellen Stil, zu seinem **Personalstil**. In der Novelle ‚Die vertauschten Köpfe' etwa bezeichnet die indische Göttin Durga-Dewi die Verwirrung und das Unheil, das die Hauptperson der Erzählung, Sita, angerichtet hat, weil sie sich zwischen Ehemann und Freund, Schridaman und Nanda, nicht entscheiden kann – Schridaman und Nanda haben sich gegenseitig umgebracht –:

„Du richtest mir hier dies Kuddel-Muddel an und sagst mir zudem noch Ungezogenheiten." (S. 607)

Sita darf später die Köpfe wieder aufsetzen, verwechselt sie aber, da fragt der Erzähler:

„Sita, was hast du gemacht? Oder, was ist geschehen? Oder was hast du geschehen machen mit deiner Huschlichkeit?" Etwas weiter: *„Welch eine Bescherung – als Folge der Übereilung!"* (S. 609)

Hier werden Ausdrücke der Alltagssprache für den Bericht über eine Begebenheit, die großes Unheil anrichtet, verwendet. Aber das Kriterium der Angemessenheit, das Gelingen, gilt für die Stileffekte genauso wie für die Stilwerte. Und die Ironie, die über der ganzen Erzählung liegt, lassen die Leser und Leserinnen eines solchen Textes von Rang die Abweichungen akzeptieren. Mehr, wir erwarten, dass sie – sparsam gesetzt – die Aussageabsicht ganz besonders zum Ausdruck bringen. Es sind Verstöße, Abweichungen, die wir annehmen, weil sie bewusst gewählt werden.

Es ist offensichtlich, dass diese „Abweichungen" für den Text ganz besonders wichtig sind. Wie sie im Zusammenhang mit allen anderen stilistischen Merkmalen ihre Wirkung entfalten, ist Gegenstand der folgenden Kapitel.

Aber auch in alltagssprachlichen Texten lassen sich die Konsequenzen erkennen, die sich bei Abweichungen ergeben.

Schauen wir dazu auf die Eröffnungssignale, in schriftlicher Kommunikation etwa bei der Anrede. Eine Behörde wird heute gewöhnlich so angesprochen:

Sehr geehrte Damen und Herren,

ganz neu sind Anreden wie: *Guten Tag, Frau Müller*, während die im lockeren Schriftverkehr, etwa in SMS sich findenden Formen *Hallo* oder gar *hi*, noch keinen Eingang in die akzeptierten Register gefunden haben. Noch vor wenigen Jahren begnügte man sich mit *Sehr geehrte Herren.*

Die verbindlichen Normen können sich also schon innerhalb kurzer Zeit wandeln. So würde man diese letzte Anrede wahrscheinlich heute als **Stilbruch** empfinden – man würde jedenfalls darüber rätseln, was der Schreiber beabsichtigt, wenn er diese veraltete, jetzt abweichende Form wählt. Ein Stilbruch läge aber mit Sicherheit vor bei der Anrede *Sehr geehrtes Finanzamt!* oder noch stärker *Liebes Finanzamt!*

Die letztere Formulierung lässt sich allenfalls als sarkastisch gemeint auffassen. Aber selbst dafür lässt sich ein Beleg im Internet finden:

> Liebes Finanzamt [...] Ihr wollt also echt und im Ernst, weil ich die Steuer 3 Tage (in Worten: drei) später überwiesen habe, als das Euer unverschämter Termin vorsah, 1 % Säumnisgebühr. EIN Prozent? [...] Ich mein, gut, dass ich nicht viel verdiene, da komm ich mit 1 % noch gut weg,

aber vom Prinzip her, wollt ihr mich noch auspeitschen und meinen kleinen Finger abhacken? Weil ich 3 Tage zu spät überwiesen habe? (www.st0rz.net)

Hier macht ein Zeitgenosse seinem Ärger über die Behörde Luft, die mit Klammern markierten Auslassungsstellen enthalten sogar veritable Verbalinjurien. Der Text ist in sich durchaus einheitlich, ob er angemessen ist, darf bezweifelt werden. Der Schreiber hat eine bewusste Abweichung vom Normalen gewählt und trifft stilistisch markierte Entscheidungen. Diese sind bei Briefen an Behörden aber nicht angebracht, während sie bei privaten Briefen dagegen geradezu erwartet werden. Hier sind zumindest **Signale für Individualität** angezeigt.

1.9 Stil als individuelles Merkmal

Damit ist nun die letzte noch vorweg anzugebende Kategorie angesprochen, die bei der Überlegung, was Stil ist, genannt werden muss: die persönliche, unverwechselbare Note in der sprachlichen Gestaltung, und zwar eine solche, die wiederum nicht beliebig oder punktuell erfolgt, sondern eine Konstante erkennen lässt. Nicht nur Dichtern wird ein persönlicher Stil zugestanden, sondern von jedermann wird ein individueller Stil erwartet; denn den Stil betrachten wir eben nicht als bloße Äußerlichkeit, sondern wir unterstellen, dass die äußere Form adäquat, richtig und effektiv gewählt ist. Und so steht zu Beginn vieler Untersuchungen zum Stilbegriff der berühmte Satz des Grafen George Louis Leclerc de Buffon (1707–1788) aus seiner Antrittsrede in der Académie Française vom 25. August 1753 (vgl. Sowinski 1991, S. 20):

Le style est l'homme même

Zwar ist das bei ihm auf den Schriftsteller bezogen: Nur wenn etwas gut geschrieben sei, überdauere es die Jahrhunderte, das gelte für die Dichtkunst, aber auch Erkenntnisse, Entdeckungen und wissenschaftliche Abhandlungen müssten unverwechselbar und gut geschrieben sein, damit ihnen die Durchsetzung gelinge. Er schließt mit seiner Forderung also auch die Sachprosa ein. Ja, sie lässt sich auf so gut wie alle Texte erweitern, mit Ausnahme vielleicht der oben genannten formellen Schreiben.

Denn Buffon als Mensch der Aufklärung lebte in einem Jahrhundert, das die Persönlichkeit schlechthin, nicht nur die herausragende, in ihrer Individualität zu erfassen sucht. Und so sagt sein Zeitgenosse Lessing etwa: „Jeder Mensch hat seinen eigenen Stil, so wie seine eigene Nase." (Lessing, Gesammelte Werke, Band 8, S. 211). In diesem Zusammenhang wird auch gern **Goethe** zitiert, der sich zu Eckermann so geäußert hat: „Im ganzen ist der Stil eines Schriftstellers ein treuer Abdruck seines Innern." (Eckermann, Gespräche mit Goethe, S. 115 [14. 4. 1824]).

Stil also als adäquate, nicht aufgesetzte, individuell geprägte Äußerungsform. Die Stilforscher haben sich meist damit befasst, die in den letzten Überlegungen zutage getretenen individuellen Ausprägungen zu rechtfertigen. Zur ersten Gruppe gehören die Kommentierungen von Äußerungen wie die folgenden:

Schopenhauer: „Der Stil ist die Physiognomie des Geistes." (Schopenhauer 1851, § 282). Anders ist die Auffassung von Bally (1970) zu beurteilen, dass der Stil eine Hinzufügung eines „contenue affectif" zum Ausdruck sei, was von Enkvist (1972, S. 16) kritisiert wird. Enkvist selber definiert den Stil ganz quantitativ: „Der Stil eines Textes ist eine Funktion des Aggregates der Verhältnisse zwischen den Häufigkeitswerten der phonologischen, grammatischen und lexikalischen Größen und den Häufigkeitswerten der entsprechenden Größen in einer kontextverwandten Norm." (Enkvist 1972, S. 26).

In neueren Veröffentlichungen zur Stilistik treten sowohl die Auffassungen von Stil meist zurück, die den individuellen Anteil ausschließlich betonen, als auch solche, bei denen der Stil als automatisch errechenbare Größe angesehen wird. Wenn aber versucht wird, bei der Bestimmung des Stils gänzlich von der individuellen Komponente abzusehen, dann werden die Sprecher und Schreiber nur als Vollzieher einer sprachlichen Norm aufgefasst. So weit darf man nicht gehen. Vielmehr sollte in eine zu erstellenden Definition von Stil das eingehen, was an Stilanforderungen aus den verschiedenen Überlegungen zusammengestellt worden ist; der Stellenwert des einzelnen Elements jedoch ist durch eine weitere Prozedur genauer anzugeben. Denn es mag sein, dass die herangezogenen einseitigen, verabsolutierenden Aussagen über „Stil" immer nur Aspekte des Stils bezeichnen und somit eine weitere Unterscheidung innerhalb der Mittel nötig machen, die zur Erzielung des kommunikativen Zweckes eingesetzt werden.

1.10 System und Norm

Dazu ist nun auf das Verhältnis System: Norm näher einzugehen. Unbezweifelbar ist, dass das System einer Sprache die Vorgabe für die Normen in allen kommunikativen Bereichen darstellt. Das „System" ist die Vereinigung der Menge der Möglichkeiten. Die Norm schneidet aus dem System für bestimmte Zwecke, in bestimmten Situationen gewisse Möglichkeiten heraus (vgl. Coseriu 1974). Es gibt regionale, altersspezifische, funktionale, textsortenspezifische Normen, die einzuhalten sind, wenn man sich an die von der Sprechergemeinschaft getroffene Wahl halten will. Auf dieses normgerechte sprachliche Verhalten und die möglichen Abweichungen davon ist in den vorangegangenen Abschnitten schon eingegangen worden.

Aus den vielen grammatischen Normkonflikten, die stilistisch relevant sind, sei ein Streitfall herausgegriffen, der seit geraumer Zeit die linguistische Fachliteratur, aber auch die allgemeine Presse beschäftigt: Das Vordringen der ***weil*-Sätze** mit Hauptsatzwortstellung, also Verwendungen wie:

> Hat er jetzt das Hendl gemeint, oder hat er gemeint, ob der Brenner den Auftrag annimmt? Weil das ist natürlich ein Auftrag gewesen wo du es dir dreimal überlegst, ob du ihn annimmst. Aber „ja" hätte der Brenner so oder so nicht antworten können, weil das Hendl ist von einer zentimeterdicken Panier überzogen gewesen, und geschmeckt hat es nach allem möglichen, nur nicht nach Hühnerfleisch. (Wolf Haas, Der Knochenmann, S. 7)

In solchen Verwendungen der Konjunktion *weil* hat man zunächst – wie kaum anders zu erwarten – einen Normverstoß gesehen, der zu brandmarken sei. *Weil* sei auf die Verwendung in Nebensätzen zu beschränken, im Hauptsatz habe die begründende Konjunktion *denn* einzutreten. Noch in der 6. Auflage der Dudengrammatik etwa wird die Verwendung von *weil*-Sätzen in Hauptsatzfunktion getadelt: „Standardsprachlich nicht korrekt ist der in der gesprochenen Umgangssprache zunehmende Gebrauch von *weil* mit Voranstellung des finiten Verbs: *Sie konnte nicht trainieren, weil sie war verletzt.*" (Duden 1998, S. 406). In der deskriptiven Sprachwissenschaft werden die Formen seit den achtziger Jahren des letzten Jahrhunderts untersucht und sodann gründlicher in ihrem Systemcharakter erklärt. Auf die Einzelheiten kann hier nicht eingegangen werden, obwohl der Fall der „falschen *weil*-Sätze" ein Lehrstück für den Konflikt von System und Norm darstellt. Die Hypothesen und Erklärungen formulieren sehr weitgehende Annahmen über die Natur des deutschen Sprachsystems, etwa, dass hier ein Symptom vorliege für ein Aufgeben der Haupt- und Nebensatzunterscheidung oder dass sich das Deutsche damit den Verhältnissen im Englischen oder Französischen nähere, wo es diese Unterscheidung nicht gibt. Andere Erklärungen sehen die Erscheinung auf die Dialekte beschränkt. Unser Beispieltext wäre dafür ein Beleg, denn in der Kriminalgeschichte von Wolf Haas wird die Sprechweise der Menschen aus dem südlichen Österreich nachgeahmt. Andere Erklärungen suchen die Erscheinung mit dem Phänomen zu begründen, dass hier ein Faktum der Mündlichkeit in das schriftsprachliche Register vordringe.

Was das deutsche Sprachsystem und die Kennzeichnung von Begründungssätzen betrifft, so sind hier zwei Dinge zu beachten: So gut wie alle Sprachen, vor allem aber das Deutsche in seiner Sprachgeschichte zeigen, dass es für den in der Sprache so häufigen **Handlungstyp des „Begründens"** zwei prototypische Formen gibt, die sich als „Sachverhaltsbegründungen" und als „Äußerungsbegründungen" fassen lassen (vgl. Eroms 1980a). Die ersteren sind auf den propositionalen Teil des Satzes begrenzt, sie sind im Satz eingelagerte Angaben von Gründen. Die herkömmliche Schulgrammatik bezeichnet sie als Umstandsangaben des Grundes, in der Valenztheorie haben sie den Status von „Angaben". Syntaktisch gesehen sind sie unselbständig. Sie werden standardsprachlich mit *weil* (oder mit *da*) zum Ausdruck gebracht. Die anderen Begründungstypen liegen auf einer hierarchisch höheren Stufe, sie begründen eine Aussage, die der Sprecher trifft. Nur sie sind selbständig und sprechakttheoretisch gesehen eigene Sprechhandlungen. Sie werden in der Standardsprache mit *denn* eingeführt. *Denn* ist eine Hauptsatzkonjunktion und steht an der Spitze des Satzes.

Nun lässt sich aber beobachten, dass die deutschen **Regionalsprachen** die Konjunktion *denn* meist gar nicht enthalten. Daher tritt auch für den zweiten Begründungstyp dort die Konjunktion *weil* ein. Weiter zeigt sich – und das ist für die stilistische Bewertung unter Normgesichtspunkten besonders wichtig –, dass die Abgrenzung der medialen Bereiche – hier gesprochene Sprache, dort geschriebene – in der deutschen Gegenwartssprache viel weicher geworden ist, als noch vor einigen Jahrzehnten. Die Beispieltexte in diesem und im vorangegangenen Abschnitt zeigen das sehr deutlich. *Weil* dringt daher auch in die schriftsprachlichen Register ein. Neben *weil* drängen vermehrt auch andere Konjunktionen in die Hauptsatzstellung, vor allem *obwohl* (vgl. Günthner 1999).

Für die Beurteilung des **Normkonfliktes** ist es aufschlussreich, dass die breite Öffentlichkeit großen Anteil an dieser Problematik nimmt. Nicht nur sind die Zeitungen voll von Glossen und Leserbriefen, die den hier zu konstatierenden „Sprachverfall" rügen. In Hamburg hat sich sogar ein Verein zur Rettung des Kausalsatzes gebildet, dem allerdings Peter Eisenberg eine Belehrung gegeben hat (Eisenberg 1993, vgl. auch Glück/Sauer 1990 und Rath 2001).

Vor einer endgültigen Bewertung der Erscheinung ist nun noch ein zweites Faktum in Rechnung zu stellen: Das Deutsche kennzeichnet Haupt- und Nebensätze ja nicht ausschließlich durch zwei unterschiedliche Arten von Konjunktionen, sondern vor allem durch die Wortstellung. Dass die Nebensatzwortstellung als solche nicht aufgegeben wird, ist klar erwiesen. Das gilt für die Standardsprache und auch für die Dialekte. Was die Begründungssätze betrifft, so kommen etwa im Bairischen mehr Hauptsatz-, also Äußerungsbegründungen vor als in der Standardsprache, was daran liegt, dass die gesprochene Sprache generell mehr Haupt- als Nebensätze verwendet.[2] Aber die Sachverhaltsbegründungen, also *weil*-Sätze mit Endstellung des finiten Verbs, begegnen eben auch. Wenn ein Autor wie Wolf Haas die *weil*-Sätze mit Hauptsatzwortstellung konstruiert, dann tut er das aus stilistischen Gründen, nämlich um ein auffälliges Lokalkolorit zu geben. Daneben verwendet er aber auch kausale Nebensätze mit *weil*, was sich als Beweis dafür anführen lässt, dass beide Begründungstypen weiterleben: *Da sag ich: Das ist kein Geschäft, weil da reib ich mir mehr von den Schuhsohlen herunter.* [...] *Und weil jetzt keiner mehr gelacht hat, ist er unzufrieden gewesen.* (Wolf Haas, Auferstehung der Toten, S. 49).

Wenn ein Sprecher sich nicht an die Normvorgabe hält und auch schriftsprachlich die *weil*-Sätze mit Hauptsatzwortstellung verwendet, dann kann das verschiedene Gründe haben. Er kann sich damit individualstilistisch als besonders modern geben. Aber er kann damit auch mehr beabsichtigen. Wenn er, wie der Autor Wolf Haas, seine Figuren generell so sprechen lässt und auch seine Erzählerkommentare so abfasst, gibt er seinen Texten damit eine durchgehende Färbung. Er führt eine regionale Norm, die er meist noch mit anderen Eigenheiten dieser Region verbindet, konsequent durch, führt (in der Ausdrucksweise von Barbara Sandig) die gewählten Mittel fort und schafft so einen einheitlich gestalteten Text.

2 In einer Untersuchung der bairischen Dialekte in Böhmen hat Nicole Eller (2006, S. 121) für die weil-Sätze ein Verhältnis von 55,1% mit Hauptsatzwortstellung gegenüber 44,9% mit Nebensatzwortstellung festgestellt.

Abweichung, immer dann wenn sie einheitlich ist, ist Voraussetzung der individuellen Seite des Stilbegriffs. Systembeschränkung zur Festigung einer bestimmten Norm ist die andere Seite des Janusgesichts des Stils. Zwar darf jeder so reden, „wie ihm der Schnabel gewachsen ist", aber der Schnabel ist ihm nach seinen Vorvätern gewachsen. Außerdem hat man damit einen ganz bestimmten Anwendungsbereich der Sprache im Auge: den des ungezwungenen, nichtoffiziellen Bereichs.

Alltagssprache versus förmliche, amtliche Sprache sind also normative Pole. In Kapitel 5 wird ein genaueres Raster entwickelt, das die Sprache nach ihren Vorkommensbereichen auf die darin geltenden Normen hin untersucht.

Für den Stilbegriff ist Norm so zu verstehen, dass die Verwendungsbereiche von Sprache immer dann als normativ anzusehen sind, wenn dadurch alternative Möglichkeiten oder Varianten ausgeschlossen werden. Normen regeln also die Auswahl paradigmatischer Varianten aus dem System der Sprache.

Deswegen sind Normen immer **beschränkende Maßnahmen**. Das System umfasst erheblich mehr Möglichkeiten. So ist auch die Norm der deutschen Hochsprache eine Beschränkung des Systems der deutschen Sprache, auch wenn die Norm eine Überlappung der Regeln für verschiedene Verwendungsbereiche ermöglicht. Es wird also umso notwendiger sein, die Verwendungsbereiche zu bestimmen.

Dass systemgesteuerte Regeln vorliegen, fasst man am leichtesten dann, wenn sie verletzt werden. Wir verstoßen aber praktisch nie gegen die Verbstellung (wenn ja, ergeben sich sofort weitreichende Hypothesen über die Gültigkeit des Systems). Wir verstoßen auch nicht gegen die Kongruenzregeln im Verbgebrauch und ebenso nicht gegen die sonstigen morphologischen Regeln. Positiv lässt sich das nur so formulieren, dass diese kommunikativen Regeln einen höheren, ja absoluten Verbindlichkeitsgrad haben. Deswegen ist ihre Einhaltung auch nicht mit bestimmten kommunikativen Zwecken zu verbinden. Sie sind sozusagen die Basis der Kommunikation.

Die gänzlich unmarkierten Ausdrucksweisen geben die **Folie** ab, auf denen sich die stilistisch relevanten entfalten können. Alle die sprachlichen Elemente, die konventionell nur in bestimmten Verwendungsbereichen begegnen, also nicht in allen Verwendungsbereichen vorkommen, tragen im Zusammenwirken mit anderen Elementen zur Einheitlichkeit eines Textes bei.

Gänzlich konventionell geregelte Bereiche sind Gruß und Verabschiedung, Kontaktaufnahme, Gespräch über das Wetter und ähnliche Situationen. Sie sind soweit normiert und schematisiert, dass die ganze kommunikative Situation als kommunikative Schablone erlernt wird. Hier sind Abweichungen, das Abgehen von den Normen, höchst ungewöhnlich. Aber sie sind durchaus möglich und führen dann zu krassen Stileffekten. Denn Abweichung (vgl. Abschnitt 1.8) ist es, was den Stilbegriff über alle divergierenden Auffassungen hin bestimmt. Abweichung ist ein Ausfluss des Prinzips der Wahl. Wahl aber setzt voraus, dass Paradigmen vorliegen, aus denen ausgewählt werden kann. Erfolgt die Auswahl im Einklang mit der Norm, ergeben sich die Stilwerte. Dazu gehört auch, dass man sich an die Wortwahl, den Satzbau und die Textbedingungen hält, die über die kommunikativen Schablonen hinaus die jeweils herkömmlichen Normen darstellen. Damit erzielt man zwar einheitliche Stilwerte, gibt seiner Sprache aber noch kein individuelles Gepräge. Werden bewusste Abwahlen oder Ersetzungen vorgenommen, ergeben sich Stileffekte. Diese dürfen nicht willkürlich gesetzt sein, sondern müssen im Einklang mit dem Textinhalt stehen und so auf höherer Ebene **Einheitlichkeit** schaffen. Welches die Bereiche sind, die Stilwerte abgeben, ist Gegenstand der Kapitel 3, 4 und 5. Welches die Kategorien sind, die zu Stileffekten führen, behandeln die Kapitel 3 und 6. Die Kapitel 7 und 8 prüfen die entwickelten Ansätze an traditionellen und neueren Konzeptionen der Stilistik.

So lässt sich jetzt festhalten:

Stil ist das auf paradigmatischer Opposition der Ausdrucksvarianten beruhende, syntagmatisch fassbare, effektive, einheitliche und je ausgewählte und unverwechselbare Merkmal von Sprache in je bestimmten Funktionsbereichen.

Zusammenfassung

Obwohl „Stil" aus dem Bereich der Linguistik stammt, beziehungsweise aus einer ihrer Vorgängerwissenschaften, der Rhetorik, ist der Begriff zunächst einfacher durch seine Bedeutung zu verstehen, die er in anderen kulturellen Bereichen hat. Vor allem die Verwendung in der Kunstgeschichte zeigt, dass Stil als Spiegel eines inneren Konzepts aufgefasst wird. Er ist die adäquate Form des Inhaltes und soll einheitlich und effektiv sein.

In der Sprache zeigt sich klarer, dass und wie Stil auf einer bestimmten Auswahl an Elementen beruht. Nur wo gewählt werden kann, lässt sich von Stil sprechen. Der positiv bestimmte Begriff der Wahl lässt sich leichter durch sein Gegenteil erkennen, die Ab-Wahl. Im Abweichen vom Erwarteten, im Abgehen von der Norm, zeigt die Nutzung des Systems einer Sprache den Reichtum seiner Möglichkeiten, riskiert aber auch das Misslingen. Zwischen den Polen der festgelegten kommunikativen Schablonen, in denen die Wahl der Kommunikationspartner völlig determiniert ist und Normvorgaben so gut wie nie außer Acht gelassen werden und den dichterischen Texten mit der reichhaltigsten Nutzung der Systemmöglichkeiten bewegen sich alle Texte und Diskurse. „Stil" kommt dabei allen sprachlichen Erzeugnissen zu. Die Bewertungskategorien dazu werden in den folgenden Kapiteln genauer entwickelt.

Weiterführende Literatur: Es gibt eine Vielzahl älterer und neuerer Einführungen in die Stilistik. Frühere Ansätze verfolgten meist normative Intentionen, so etwa **Engel (1914)** und **Reiners (1976)**. Neuere Arbeiten, vor allem seit dem Aufkommen des Strukturalismus, betonen die Regelhaftigkeit des Stils, auch wenn er als „Abweichung" begriffen wird **(Enkvist 1973, Riffaterre 1973)**. Umfassende Einführungen in die Stilistik, die konzeptionell immer noch von Interesse sind und gute Analysen enthalten, sind in der osteuropäischen Linguistik verfasst worden **(Riesel/Schendels 1975)**, Gleiches gilt für die Stilistik der DDR **(Fleischer/Michel 1975)**. Die nach 1990 erschienenen Arbeiten, vor allem **Fleischer/Michel/Starke (1993), Fix (1992)** und **Fix (1996)**, sowie **Fix/Wellmann (1997)** und **Michel (2001)** erarbeiten theoretische Grundlagen der Stilistik und nehmen eingehende Analysen, vor allem literarischer Werke vor. Darin führen sie auch die Ansätze von **Lerchner (1986, 2002)** fort. Eine Einführung in die Stilistik in Verklammerung mit der Textlinguistik ist **Fix/Poethe/Yos (2001)**. – Die Einführungen von **Sowinski (1988** und **1991)** mustern die vorliegenden Konzeptionen und arbeiten vor allem die grammatischen Grundlagen in eine Stilkonzeption ein. Wichtige Einsichten sind auch **Sanders (1973** und **1976)** zu verdanken. Eine kompakte Einführung in alle Bereiche der Stilistik gibt **Sanders (2000). Püschel (2000)** thematisiert das Verhältnis von Text und Stil. Die neueste erschöpfende Einführung ist **Sandig (2006)**, die den prozeduralen Charakter von Stil in den Mittelpunkt stellt (vgl. auch die früheren Arbeiten der Verfasserin, vor allem **Sandig (1978** und **1986)**. Über die Entwicklung des Stilbegriffs in der Deutschdidaktik unterrichtet **Abraham (1996)**. Neuere stilistische Konzeptionen werden u.a. bei **Spillner (1984)**, **Stickel (1995)** und **Jacobs/Rothkegel (2001)** behandelt.

2 Textuelle Voraussetzungen der Stilistik

Wie die Eingangsbeispiele gezeigt haben, lässt sich Stil immer nur in einem Gesamtrahmen bestimmen. Bei isolierten Phänomenen können wir nur vermuten, welchen Beitrag sie zum Stil eines Textes oder eines Diskursausschnittes leisten. Alle Aussagen zum Stil müssten daher eingebettet werden in eine text- oder diskurslinguistische Analyse, mit der der Bezugsrahmen für stilrelevante Aussagen abgesteckt wird. So wäre eigentlich eine gründliche Einführung in die **Textlinguistik** nötig, um den Platz von Stilistik in diesem Rahmen verständlich zu machen. Abgesehen davon, dass dies ein sehr aufwendiges Verfahren wäre, würden wir damit auch dem Stellenwert von Stil und Stilistik nicht gerecht werden, denn selbstverständlich hat eine so alte und ausgefeilte Disziplin wie die Stilistik, trotz oder gerade wegen ihrer kontroversen Beurteilung, eine eigene Sichtweise, die sich aus den Einbettungsfeldern herauslösen lässt. Stil kann und muss auf der Folie text- und diskurslinguistischer Kategorien gesehen werden, aber diese brauchen nicht in ihrer gesamten Komplexität aufgeführt zu werden, das stilistisch Relevante würde darin untergehen. Stil ist ein übergreifendes Phänomen, der Begriff stammt aus der abendländischen **rhetorischen Tradition** und ist erst im Laufe der letzten Jahrhunderte auch auf andere als sprachliche Bereiche übertragen worden. Stil wird heute als ein Begriff aufgefasst, der einen Zugriff auf ein umfassendes, komplexes Phänomen ermöglicht. Dies zeigt sich in außerlinguistischen Bereichen deutlicher als in den sprachlichen, etwa wenn wir von Fahrstil, Malstil oder Musikstil sprechen. Auch hier thematisieren wir nicht jeweils die technischen, künstlerischen oder musikalischen Kategorien, auf denen die Aussagen zum Stil beruhen. In der Sprache sind Aussagen zum Stil ebenfalls globale Zugriffe, die eine **Gesamtbewertung** im Auge haben. Diese Gesamtbewertung auf festere Grundlagen als bisher zu stellen, die der Stilistik häufig vorgeworfen werden, ist eines der Ziele dieses Buches. Wie schon angedeutet, sollen stilistische Phänomene schrittweise auf jeweils isolierbare Bezugsrahmen hin behandelt werden. Dabei gilt es, die jeweils ausgeklammerten nicht aus den Augen zu verlieren. Zunächst muss in aller Kürze auf den obersten Bezugsrahmen eingegangen werden. Dies ist der Text. Er ist die Folie, auf der sich stilistische Phänomene abheben.

Wie schon betont, ist die Textlinguistik eine linguistische Disziplin, die das Wesen und die Leistung von Texten zu erfassen versucht. Dabei lassen sich forschungsgeschichtlich zwei Wege unterscheiden: Der eine geht von der nächstniedrigeren sprachlichen Einheit aus, dem Satz, und versucht zu erfassen, was „über den Satz hinaus" sprachlich-analytisch und handlungstheoretisch relevant ist. Der zweite nimmt den handlungstheoretischen Ansatz zum Ausgang und versucht, die textuellen Zusammenhänge mit den jeweiligen Kommunikationszielen zu erfassen. Der eine Weg geht von unten, der andere von oben vor. Treffen sollten sie sich gleichsam in der Mitte, doch ist die Textlinguistik noch weit entfernt davon, diese

Schnittstelle unkontrovers zu markieren. Die in eine komplette Textlinguistik einzubeziehenden Beschreibungskategorien sind so vielfältig, dass auch hier immer nur einzelne Wege exakter verfolgt und die anderen allenfalls erwähnt werden können.

2.1 Transphrastische Zugänge

Forschungsgeschichtlich gesehen ist der erste Weg der ältere. Er begründet die sogenannte **Transphrastik** und ist aus dem Unbehagen entstanden, dass mit der Betrachtung einzelner Sätze in einem größeren Ensemble über ihre bloße Verkettung hinaus nichts Kohärentes gewonnen werden kann. Die Konstitution eines Textes aber ist ein Prozess, der vom Sprecher/Schreiber vorgenommen wird, um in einem konventionellen Rahmen eine Nachricht zu übermitteln, einen Sachverhalt zu beschreiben oder eine Anweisung zu geben. Der Hörer/Leser soll diese kommunikative Einheit aufnehmen, verarbeiten und die entsprechenden Folgerungen daraus ziehen. Die Sprecher/Schreiber werden in der textlinguistischen Fachliteratur als **Emittenten**, die Hörer/Leser als **Rezipienten** bezeichnet.

So ausgedrückt, ist die Textkonstitution allerdings bereits handlungstheoretisch begründet, die ältere Forschung, die hier in ihren Einzelheiten nicht nachgezeichnet zu werden braucht, hat sich zunächst auf eher äußerliche, wenn auch für die Textkonstitution unverzichtbare Linien beschränkt.

Zur Textkonstitution trägt eine Reihe von Faktoren bei. Wir gehen dabei davon aus, dass wir in Texten miteinander kommunizieren und dass die nächstniedrigeren Einheiten der Texte die Sätze sind. Die Sätze haben innerhalb der Texte bestimmte Funktionen: Sie treiben schrittweise die Kommunikation voran. Wenn wir uns dieses Voranschreiten wie auf einer Zeitachse vorstellen, dann sind die Sätze Unterbrechungen des Zeitkontinuums. Punktweise springt der Text weiter, indem die Sätze die Zeit gleichsam in sich aufheben. Was das bedeutet, ist nicht Gegenstand unserer Überlegungen, sondern gehört in die Textlinguistik. Das Phänomen selber ist systembedingt und damit stilneutral.

2.1.1 Kohäsion

Die Sätze stehen nun aber nicht willkürlich nebeneinander. Sie sind vielmehr mit ihren Vorgänger- und Nachfolgersätzen verbunden. Die Verbindung untereinander ist ein wesentliches Moment der Textkonstitution und zunächst ebenfalls stilneutral. Zu fragen ist aber: Welches sind nun diese Verbindungsstellen der Sätze untereinander?

Roland Harweg (1968) sieht sie in der von ihm so benannten „pronominalen Verknüpfung“. In jedem Satz eines Textes muss sich nach dieser Ansicht mindestens ein Ausdruck finden, der den Satz nach rückwärts anschließt. Dieser Ausdruck wird als **Substituens**, ersetzender Ausdruck, bezeichnet. Weiter muss sich mindestens ein Ausdruck in jedem Satz finden, der die Möglichkeit bereitstellt, dass ein Nachfolgesatz sich an diesen Satz anschließen kann. Dieser Ausdruck wird als **Substituendum**, als ersetzbarer, bezeichnet. Der Musterfall in unserer Sprache ist die **Substitution** – so heißt der gesamte Vorgang – durch **Pronomina**.

Dies lässt zum Beispiel ein Märchentext gut erkennen:

Es war einmal ein König. Der hatte eine Tochter. Die war sehr schön. …

Im ersten Satz dieses Textstückes finden wir nur ein Substituendum: *ein König*, im zweiten Satz ein Substituens: *der* und ein Substituendum: *eine Tochter*, im dritten Satz desgleichen und in dieser Weise durch den ganzen Märchentext bis zum letzten Satz:

Und wenn sie nicht gestorben sind, so leben sie noch heute.

Dort ist ein Substituendum nicht mehr nötig. Insgesamt ergibt sich eine „ununterbrochene pronominale Verkettung", und die sichert nach Harweg die Konstitution des Textes. Dass sie vorliegt, ist stilneutral, weil sie systembedingt ist. Aber *wie* die Verkettung im einzelnen vorgenommen wird, ist stilistisch hoch relevant.

Denn die pronominale Verkettung ist nicht etwas rein Formales, sondern Ausdruck tieferliegender Bedingungen. So ist der letzte Satz eines Märchens ein Schlusssignal, das wir richtig deuten, weil wir die Textsorte „Märchen" kennen. Aber auch, wenn wir diesen Satz zum erstenmal hören, wissen wir, dass das ein Schlusssignal ist, denn es ist ein – sehr deutlicher – Umschalter aus der fiktiven Welt des Märchens in unsere reale Welt. Die pronominale Verknüpfung kann also nur die äußere Form eines tieferliegenden „Inhaltes" sein – aber das hatten wir als Voraussetzung für Stilelemente ja zuvor angegeben.

Nun lassen sich die Arten der pronominalen Verkettungsmöglichkeiten insgesamt auflisten. Es lässt sich ein Paradigma erstellen. Die einzelnen Elemente dieses Paradigmas könnten – ausgehend von unserem Beispiel – so aussehen:

> *Der* hatte eine Tochter. Die war …
> *Dieser*
> *Dieser Herrscher*
> *Er*
> *König Ludwig, so wollen wir ihn nennen, …*

An einem aktuellen Beispieltext, aber nicht an einem Märchen, sondern an einer Zeitungsmeldung aus dem „Vermischten" sollen die verschiedenen Möglichkeiten der pronominalen Verknüpfung gezeigt werden:

Riesenschildkröte adoptiert Flusspferd

Nairobi (dpa) – (1) Eine Riesenschildkröte hat in Kenia ein kleines verwaistet Flusspferd adoptiert. (2) „Das Jungtier hat sich nach dem Verlust seiner Familie vermutlich allein gefühlt und Gesellschaft gesucht", sagte die Direktorin des Haller Parks bei Mombasa, Paula Kahumbu, der Zeitung *Daily Nation*. (3) Das kleine Hippo war kurz vor Weihnachten aus einem Fluss nahe des Küstenortes Malindi ins Meer gespült worden. (4) Im Salzwasser hätte es nicht lange überleben können. (5) Die kenianische Tierschutzbehörde rettete das Tier und benannte es Owen, nach einem jungen Franzosen, der bei der Bergung geholfen hatte. (6) Als Owen in den Park gebracht worden sei, sei er sofort auf die 100 Jahre alte und 300 Kilogramm schwere Riesenschildkröte zugelaufen. (7) „Owen konnte nicht wissen, dass die Schildkröte männlich ist", sagte eine Expertin des Kenya Wildlife Service. (8) „Eigentlich sucht er eine Mutterfigur". (9) Die Schildkröte habe sich nur anfangs unwillig gezeigt, dann habe der Kleine ihr Herz erobert. (10) Mittlerweile schlafen und essen sie gemeinsam, und Owen leckt der Schildkröte zärtlich den Panzer. (11) In Kürze soll die ungewöhnliche Verbindung aber enden, da Owen mit einem einsamen Flusspferdweibchen zusammengebracht werden soll. (12) Dies ist nicht die erste ungewöhnliche Tierfreundschaft in Kenia. (13) Vor drei Jahren nahm eine Löwin im Samburu-Nationalpark eine junge Gazelle an Kindes statt an. (14) Doch auch diese Verbindung währte nicht lange. (15) Die kleine Gazelle wurde von einem anderen Löwen gerissen, als ihre Adoptivmutter Mittagsschlaf machte. (Süddeutsche Zeitung, 7. Januar 2005, S. 10)

Der erste Satz weist den unbestimmten Artikel auf, der zweite Satz den bestimmten. Diese Wiederaufnahmen zeigen, dass das damit verknüpfte Wort *Jungtier* ein textuelles Synonym zu *ein kleines verwaistet Flusspferd* ist. Ebenfalls ein textuelles Synonym ist der Ausdruck *das kleine Hippo* in Satz (3), während das Pronomen *es* in Satz (4) den völlig unmarkierten Fall in der Wiederaufnahme darstellt, wie das Pronomen *er* in Satz (8), nachdem der Name des Tiers, *Owen*, eingeführt worden ist, und *sie* in Satz (10). Das Wort *Schildkröte* in Satz (9) ist eine identische Wiederaufnahme, während die Nominalphrase *das Tier* in Satz (5) den Oberbegriff zu *Flusspferd* darstellt, eine Wiederaufnahme, die nur in dieser Richtung, nicht aber umgekehrt (also Unterbegriff als Wiederaufnahme des Oberbegriffes) zulässig ist.

Es liegt auf der Hand, dass die pronominale Verknüpfung trotz ihrer strikten Regularitäten mit ihren fast unbegrenzten Möglichkeiten ein großes stilistisches Potential birgt. Zunächst aber ist sie eine unverzichtbare Bedingung für die Kohäsion eines Textes. Ohne die Einhaltung der damit verbundenen systematischen Regeln wäre weder eine Orientierung der Leser und Leserinnen auf die Dinge und Sachverhalte, von denen im Text die Rede ist, möglich, noch vor allem die Verifizierung des Textes als sinntragender Einheit überhaupt, dass er eben mehr ist als eine Ansammlung von Sätzen. Mit der pronominalen Verknüpfung wird die **Textualität** gleichsam ständig geprüft. Der Rezipient vergewissert sich kontinuierlich, dass die verbundenen Sätze zusammengehören, indem sie die einmal eingeführten Diskursobjekte behandeln, neue geregelt einführen und nachvollziehbare Aussagen an sie anknüpfen.

Damit aber wird bereits deutlich, dass die pronominale Verknüpfung als Indikator für den tieferliegenden Zusammenhang in einem Text gesehen werden kann und gesehen werden muss. Ein Text ist ja nicht ein Gebilde, das sich selbst genügt, sondern eine Form, die einen Inhalt mit einem bestimmten kommunikativen Zweck transportiert. Zu den formalen Merkmalen, an denen sich eine solche Bestimmung festmachen lässt, gehört jedoch noch viel mehr als die geregelte Verknüpfung der Diskursausdrücke. Es gehören u.a. dazu:

- ein kohärentes Tempus
- steuernde Konnektoren
- ein erkennbares Thema

Auch für diese Bereiche ist das damit verbundene stilistische Potential offensichtlich. Greifen wir hier zunächst nur das **Tempus** heraus. Abweichungen von der erwartbaren Tempusverwendung führen, von klaren Fehlern einmal abgesehen, zu deutlichen Auffälligkeiten, wenn zum Beispiel ein Zeitungsbericht über eine aktuelle Begebenheit nicht im Präteritum, sondern im Präsens vorgenommen wird. In unserem Beispieltext könnten die Sätze 5 und 6 etwa so lauten:

> (5) Die kenianische Tierschutzbehörde rettet das Tier und benennt es Owen, nach einem jungen Franzosen, der bei der Bergung geholfen hatte. (6) Als Owen in den Park gebracht wird, läuft er sofort auf die 100 Jahre alte und 300 Kilogramm schwere Riesenschildkröte zu.

Da wir geneigt sind, allen Abweichungen zunächst einmal eine bestimmte Absicht zu unterlegen, nehmen wir hier an, dass das Berichtete durch das Präsens lebendiger gemacht werden soll. Auf die stilistische Relevanz derartiger Tempusänderungen wird in Kapitel 5.5.3.2 näher eingegangen.

Die genannten textkonstitutiven Faktoren sind solche der **Kohäsion**. Dieser Ausdruck hat sich für die Gesamtheit der an der Textoberfläche direkt zu registrierenden Merkmale eingebürgert, die die Verknüpfung bewerkstelligen. Demgegenüber werden die Mittel, mit denen der Zusammenhang auf einer tieferliegenden oder abstrakteren Ebene erfasst wird, als solche der **Kohärenz** bezeichnet. Kohäsion ist der ausdrucksseitige Bereich, Kohärenz der inhaltsseitige. Es liegt auf der Hand, dass alle Kohäsionsmittel als im Dienst der inhaltlichen Kohärenzstiftung anzusehen sind. Sie sind gleichsam Symptome für die übermittelten Texteigenschaften.

2.1.2 Die Thema-Rhema-Gliederung

Eine Schnittstelle zwischen Kohäsion und Kohärenz bildet die Betrachtung der **Thema-Rhema-Gliederung** eines Textes. Dies ist ein „Interface" zwischen Satz- und Textlinguistik, bei der die Satz-für-Satz-Beziehungen nicht, wie bei der pronominalen Verknüpfung, nur in der Markierung der Ausdrücke, die direkten Bezug aufeinander nehmen, gesehen werden, sondern darin, in welcher Weise das Darunterliegende erfasst wird, wie also die Sätze mit ihren deiktischen Ausdrücken und nun vor allem mit ihren Prädikaten direkt aufeinander bezogen sind.

Die Thema-Rhema-Gliederung (TRG) ist ein eigener Forschungszweig in der Textlinguistik und kann hier nicht in ihren Einzelheiten dargestellt werden. In aller Kürze lässt sich sagen, dass das prototypische Thema das Satzsubjekt darstellt und das prototypische Rhema das verbale Prädikat. Aber es wäre eine radikale Verkürzung sowohl der Satz- als auch der Textlinguistik, wenn dies als der Normalfall ausgegeben würde. Es ist nur der neutrale Fall, von dem aus sich die viel reizvolleren anderen Möglichkeiten verstehen lassen, zugleich zeigt sich hier die transphrastische Sichtweise dieses frühen Zweigs der Textlinguistik: An den Sätzen wird versucht, textuelle Bedingungen aufzuzeigen. Und stilistisch ist es interessant, die unterschiedlichen Möglichkeiten in ihrem Vorkommen in unterschiedlichen Textsorten und als individuelle Möglichkeiten zu prüfen.

2.1.3 Die Thematische Progression

Als besonders wichtige Teildisziplin der TRG hat sich die Erforschung der „thematischen Progression" erwiesen. Diese von dem tschechischen Linguisten F. Daneš (vgl. Daneš 1970/1996) entwickelte Lehre verfolgt die Wiederaufnahmebeziehungen der Sätze unter TRG-Gesichtspunkten. Es lassen sich vier Haupttypen unterscheiden:

1. Die einfache lineare Progression

Hier wird aus dem Rhema des Vorgängersatzes das Thema des folgenden Satzes entwickelt:

> (1) Eine Riesenschildkröte hat in Kenia *ein kleines verwaistet Flusspferd* adoptiert. (2) „*Das Jungtier* hat sich nach dem Verlust seiner Familie vermutlich allein gefühlt und Gesellschaft gesucht", sagte die Direktorin des Haller Parks bei Mombasa, Paula Kahumbu, der Zeitung ‚Daily Nation'.

Dieser Typ herrscht in vielen Erzähltexten vor, er nutzt die Prädikate in ihrer Fülle, stellt auf die Dauer aber hohe Anforderungen an die Verarbeitungskapazitäten der Rezipienten, weil er keine konstante thematische Basis setzt.

2. Progression mit durchlaufendem Thema

Dies ist der Fall beim zweiten Progressionstyp. Hier bleibt das Thema konstant, neue Aussagen werden rhematisch daran angefügt. Die stilistischen Nutzungsmöglichkeiten liegen einerseits darin, dass sinnvolle Prädikate daran angeschlossen werden, andererseits in den Variationsmöglichkeiten der pronominalen Verknüpfung, wie sie oben mit dem Eröffnungssatz eines Märchens gezeigt wurden.

> (2) „*Das Jungtier* hat sich nach dem Verlust seiner Familie vermutlich allein gefühlt und Gesellschaft gesucht", sagte die Direktorin des Haller Parks bei Mombasa, Paula Kahumbu, der Zeitung ‚Daily Nation'. (3) *Das kleine Hippo* war kurz vor Weihnachten aus einem Fluss nahe des Küstenortes Malindi ins Meer gespült worden. (4) Im Salzwasser hätte *es* nicht lange überleben können. (5) Die kenianische Tierschutzbehörde rettete *das Tier* und benannte *es* Owen, nach einem jungen Franzosen, der bei der Bergung geholfen hatte.

Die Konstanz des Thema bedeutet nicht, dass immer genau derselbe Ausdruck zu nehmen wäre, die Variationsmöglichkeiten der pronominalen Verknüpfung lassen Abwechslung in reichem Maße zu, eine Voraussetzung für alle stilistischen Nutzungen.

3. Progression mit abgeleitetem Thema

Eine solche liegt vor, wenn Unterthemen aus Oberthemen entwickelt werden. In unserem Text könnte das der Fall sein, wenn er etwa so fortgesetzt würde:

> *Schildkröten* sind Land- oder Wasserbewohner. Die *Galapagosschildkröte* ist die bekannteste große Meeresschildkröte, die *Europäische Wasserschildkröte* wird dagegen erheblich kleiner. *Landschildkröten* kommen im südlichen Europa vor.

Ein Text, der durchgängig eine Progression mit einem abgeleiteten Thema aufweist, ist der Text „Fahrrad“, S. 91.

4. Progression mit gespaltenem Rhema

Diese Progressionsform ist der eben angeführten komplementär. Hier wird ein „Hyperrhema“ in seine Bestandteile zerlegt:

> In Wahrheit tummeln sich auf dieser Straße *Milliarden Lebewesen*. Nur drei davon sind *Menschen*. Eines ist ein *Hund*. Außer den drei *Vögeln* sitzen noch 57 weitere Vögel in den *Bäumen*, die ich nicht sehe. Die Bäume selber sind Lebewesen, in deren Blattwerk und Borke Myriaden von *Insekten* wohnen. (Frank Schätzing, Der Schwarm, S. 957)

5. Progression mit einem thematischen Sprung

In diesem – sehr häufigen – Fall existiert zwar ein Hyperthema, aber die Einzelthemen sind nicht so ohne weiteres zugänglich oder sie sind durch Einlagerungen getrennt.

> Wir haben die Mathematik als Basis entdeckt. Vorsicht! Das ist etwas völlig anderes. Es gibt keinen Variantenspielraum in der Berechnung des pythagoreischen Quadrats. Die Lichtgeschwindigkeit bleibt immer die Lichtgeschwindigkeit. Mathematische Formeln sind unverrückbar, solange sie denselben physikalischen Raum beschreiben. Mathematik lässt keinerlei Wertung zu. Die mathematische Formel ist nichts, das in einer Höhle oder auf einem Baum lebt, das man streicheln kann oder das die Zähne fletscht, wenn man ihm zu nahe kommt. Es gibt kein durchschnittliches Gravitationsgesetz unter vielen ähnlichen, sondern nur das eine.
> (Frank Schätzing, Der Schwarm, S. 955)

Hier geht es um „mathematische Gesetzlichkeiten“, das muss der Leser aus den Sätzen „herausrechnen“ und mit den übrigen naturwissenschaftlichen Aussagen verrechnen, um die Kohäsion des Textstückes zu verifizieren.

Insgesamt lässt sich die Thema-Rhema-Gliederung als textlinguistisches Kernstück auffassen, mit dem von der Oberfläche des Textes auf seinen inneren Bau vorgestoßen, also von der Kohäsion zur Kohärenz fortgeschritten wird. Aber auch bei allen anderen Kohäsionsmitteln ist die Frage bestimmend, in welcher Weise sie zur Kohärenz beitragen. Eine Isolierung der Ausdrucksmittel führt zu nichts, denn Texte sind immer als Einheiten zu begreifen, bei denen alle Mittel aufeinander bezogen sind, wenn sie gelingen. Zugleich wird deutlich, dass alle diese Mittel stilistisches Potential aufweisen. Um dieses zu benennen und analytisch zu deuten, ist dieser kurze Überblick über die textlinguistischen Kategorien unverzichtbar.

Hier brauchen nicht alle Kohäsionsmittel angeführt zu werden, denn viele lassen sich auch unter funktionalstilistischer Perspektive erfassen, der das Kapitel 5 gewidmet ist. Stets ist jedoch bei den mikrostrukturellen Analysezugängen der makrostrukturelle im Auge zu behalten. Genannt werden sollen hier deswegen noch die steuernden Konnektoren und die Diathesen, weil sie die makrostrukturellen Bezüge besonders gut erkennen lassen.

Die steuernden **Konnektoren** kommen nicht in allen Textsorten vor; wo sie aber begegnen, wie etwa in Leitartikeln und anderen argumentativen Texten, machen sie die Rezipienten besonders deutlich darauf aufmerksam, dass sie den Text in einer bestimmten Weise aufnehmen sollen, eben in der Sichtweise, wie der Emittent es beabsichtigt (vgl. Christl 2004).

In unserem Schildkrötentext findet sich nur ein Beispiel für eine Konnektorenverwendung: (14) *Doch auch diese Verbindung währte nicht lange.* Ein solcher Satz zieht einen anderen nach sich, in dem die Erwartung, die sich mit dem adversativen Konnektor aufbaut, eingelöst wird. In Erzähltexten sind Konnektoren dieser Art selten, Konnektoren haben ihre Domäne in argumentativen Texten, die in den Kapiteln 4.3.1 und 5.4.3.2 genauer behandelt werden.

Das ***werden*-Passiv** als wichtigste Diathesenkategorie findet sich in den Sätzen (6), (11) und (15): (6) *Als Owen in den Park gebracht worden sei, sei er sofort auf die 100 Jahre alte und 300 Kilogramm schwere Riesenschildkröte zugelaufen.* – (11) *In Kürze soll die ungewöhnliche Verbindung aber enden, da Owen mit einem einsamen Flusspferdweibchen zusammengebracht werden soll.* – (15) *Die kleine Gazelle wurde von einem anderen Löwen gerissen, als ihre Adoptivmutter Mittagsschlaf machte.* In allen diesen Fällen führt die Wahl des Passivs zu einer organischeren Anknüpfung des jeweiligen Satzes als mit dem Aktiv. Aktiv- und Passivwechsel ist ein klassisches Thema der Stilistik, denn hier liegen die bestehenden Wahlmöglichkeiten deutlich auf der Hand. – Auf das Passiv wird deswegen unter stilistischen Gesichtspunkten noch genauer eingegangen (vgl. Kapitel 5.5.3.2).

2.1.4 Kohärenz

Die Kohäsionsmittel müssen auf ihre Funktion im konkreten Text bezogen werden. Sie sind im Grunde nur zu verstehen, wenn man eine transphrastische Sichtweise aufgibt und sich einer pragmatisch angelegten ganzheitlichen Betrachtung der Texte zuwendet. Dennoch ist es sinnvoll, die wichtigsten Kohärenzmittel hier wenigstens zu nennen, weil sie ihrerseits wichtige stilistische Entscheidungen motivieren können.

2.1.4.1 Isotopie

Unter Isotopie wird in der Textlinguistik die Identität semantischer Merkmale, die sich in den Wörtern finden lassen, verstanden. Das Konzept geht auf den litauischen Forscher Algirdas Greimas (1986) zurück. Damit werden nicht nur einzelne Bedeutungslinien in den Texten über identische semantische Merkmale aufgezeigt, sondern auch die Einbettung und Verschränkung verschiedener semantischer Ketten verfolgt. Unser Schildkrötentext lässt als wichtigste Isotopiekette die Wiederkehr des semantischen Merkmals ‚Meeresbewohner' erkennen, das sich mit den Merkmalen ‚Mutterfunktion' und ‚Tierfreundschaft' schneidet. Da dies eine relativ unerwartete Kreuzung ist, ergibt sich eine markante Auffälligkeit – eine wichtige Voraussetzung für die Prüfung stilistischen Gelingens.

2.1.4.2 Präsuppositionen

Anknüpfend an das eben Gesagte können die in den Texten enthaltenen Präsuppositionen aufgezeigt werden. Präsuppositionen sind nicht explizit gemachte Voraussetzungen, die aber eindeutig und logisch nachweisbar sein müssen. Hier geht es weniger um die isolierten satzbezogenen Präsuppositionen wie:

Ich mache für heute Schluss mit der Arbeit.

Dieser Satz präsupponiert einen Satz wie ‚Ich habe bis jetzt gearbeitet'.

sondern solche Präsuppositionen, die sich auf die Relevanz der verwendeten Begriffe beziehen. Es sind entweder Existenzpräsuppositionen oder semantische Präsuppositionen.[1] Für den ersten Fall wird in den logischen Lehrbüchern gern der Satz angeführt:

Der König von Frankreich hat eine Glatze.

Gleichgültig, ob dieser Satz nun in Bezug auf die Kahlköpfigkeit des Königs wahr oder falsch ist, er setzt in jedem Fall voraus, dass es einen König von Frankreich gibt.

In unserem Schildkrötentext wird z.B. präsupponiert, dass das Jungtier auf die Schildkröte als vermeintliches *Mutter*tier zuläuft, womit gleichzeitig die Begebenheit, das berichtete Ereignis, stark vermenschlicht wird, worauf gleich noch näher einzugehen ist.

In jedem Fall ermöglichen Präsuppositionen erhebliche **Ersparungen an textuellem Material**. Stilistisch gesehen ist es aber durchaus nicht nötig, dass dieses Potential genutzt wird. In unserem Schildkrötentext wird eine Menge eigentlich unnötiger Einzelzüge berichtet. Dass das verwaiste Jungtier eine *Mutterfigur* sucht, wie die Wildlife-Expertin erklärt, hätte sich ohne weiteres erschließen lassen. Dass dieses redundante Faktum aber doch angeführt wird, hat damit zu tun, dass im Folgenden die erzählte Geschichte in eine vermenschlichte „Familienstory“ umgepolt wird.

2.1.4.3 Frames und Scripts

Haben die eben genannten Züge bereits erkennen lassen, in welch starkem Maße Sprachliches an Wissensbestände geknüpft ist, die in der Kommunikation aktiviert werden müssen, so ist mit der Frame- und Script-Theorie[2], die in die Linguistik Eingang gefunden hat, die Schnittstelle zwischen Handlungswissen und ihrer Versprachlichung zu kommunikativen Handlungen überschritten. Daher bilden die knappen Ausführungen zu diesen Aspekten der Textlinguistik den

1 Zu Präsuppositionen und anderen Formen impliziten Sprechens vgl. Linke/Nussbaumer/Portmann (2000).

2 Zur Frames- und Script-Theorie vgl. Linke/Nussbaumer/Portmann (2004, S. 265–267).

Übergang zu einer prozeduralen oder handlungsorientierten Textlinguistik, auf die in aller Kürze dann im nächsten Abschnitt eingegangen wird.

Mit **Frames** sind globale Handlungsfelder gemeint, die bei der Versprachlichung als Ganze aufgerufen werden und das Verstehen steuern. So lassen sich mit Themenfeldern wie ‚Gericht', ‚Krankenhaus' oder ‚Schule' Texte als kohärent verstehen, in denen einzelne erwartbare kommunikative Situationen aus diesen Bereichen vertextet werden. Insofern berühren sich diese Zugänge mit der Isotopielehre. Doch während diese eher statisch aufzufassen ist, sind die Frames dynamisch zu sehen, vor allem sind sie so gedacht, dass von ihnen aus assoziativ ganze Handlungsblöcke aufgerufen werden können. Die Rezipienten vergleichen dann den zunächst grob eingeordneten Text mit den Prototypen, die im kulturellen Speicher vorhanden sind. Da die Textbildung sich aber an eingeführte Textsorten zu halten hat, müssen enger geschnittene Bezugssysteme aktiviert werden. Diesen entsprechen psycholinguistisch gesehen die sogenannten **Scripts**, die sich eher als „Szenen", die konventionell versprachlicht werden können, verstehen lassen. Die Frames-Schule etwa lässt Szenen wie ‚Unterrichtseröffnung', ‚Aufgabenstellung' oder ‚Pausengespräch' zu. Unser Schildkrötentext lässt sich verschiedenen Frames zuordnen: ‚Wildlife' oder ‚Verantwortung für die Natur', das Interface zwischen diesen beiden Bereichen könnte ein Script ‚Tiergeschichten à la Disney' sein. Das würde u.a. die Vermenschlichung der Erzählzüge erklären.

Wie angedeutet, lassen sich textlinguistisch gesehen solche Deutungsstränge aber ebenso gut mit dem Abheben auf die hier eintretenden Textsorten oder Diskursformen erklären. Vor allem sind die stilistischen Züge, die damit verbunden sind, stets vor einem solchen konkreten Hintergrund zu bestimmen, eben den Textsorten, die wiederum globalen Bereichen, den Funktionalstilen, angehören. Das wird im Kapitel 5 näher ausgeführt. Hier war es nötig, die generellen Vertextungsbedingungen zu benennen, weil sie das Potential abgeben, mit dem die stilistischen Variationsmöglichkeiten zu deuten sind.

2.2 Pragmatische Texttheorie

Die Ausführungen zur transphrastischen Textlinguistik haben durchgängig erkennen lassen, dass so gut wie alle textuellen Phänomene sich letztlich nur vor dem Hintergrund übergreifender Bezüge verstehen lassen. Diese betreffen die jeweilige Texteinheit als Ganzes. So hat sich neben der transphrastischen Textlinguistik konsequent auch sehr schnell eine pragmatisch orientierte entwickelt, die die Texte in die jeweilige Situation, in der sie ihre Funktion haben, einbettet. Dies führt zu einer Textlinguistik „von oben", mit der die textuellen Phänomene schrittweise hierarchisch absteigend erfasst und gedeutet werden. Es haben sich dabei sehr unterschiedliche Ansätze herausgebildet, auf die hier nicht im Einzelnen eingegangen werden kann. Unter der Perspektive des Stils leuchtet es ein, dass die textuellen Vorgaben für eine Bewertung immer als umgreifender Deutungsbereich zu berücksichtigen sind. Auf den Text bzw. auf den Diskurs in seiner Äußerungssituation sind nicht nur alle textuellen, sondern auch alle stilistischen Beobachtungen und Deutungen zu beziehen.

Als pragmatisch relevant haben sich für die Textlinguistik vor allem die folgenden Bereiche erwiesen: die Thematik des Textes, die Intention des Textes, die Informationsstruktur, der Äußerungsbezug und die Intertextualität. Darauf sei hier anhand unseres Schildkrötentextes eingegangen; wir beschränken uns an dieser Stelle damit auf schriftlich konzipierte Texte.

2.2.1 Textthema

Bei einem Zeitungstext könnte man annehmen, dass das Thema des Textes sich in der Überschrift findet. Häufig ist das auch der Fall. Die Überschrift unseres Beispieltextes gibt ein inhaltliches Konzentrat des Textes, grenzt dabei aber manche der schon bei der transphrastischen Analyse gefundenen Texteigenschaften aus, so die Faktoren, die auf die Vermenschlichung, das „human interest", an der Geschichte abheben. Überschriften sind nicht immer direkt auf die Thematik des Textes bezogen, häufig sollen sie nur das Interesse der Leser für die Lektüre des Textes wecken, manchmal sind sie plakative Aufrufe dazu, wie es z.B. die „berühmteste" Überschrift des Jahres 2005 erkennen ließ: Die Bildzeitung berichtete bekanntlich über die Wahl Kardinal Ratzingers zum Papst mit der Überschrift *Wir sind Papst.* – Bei der mikrostrukturellen Betrachtung der Thema-Rhema-Bezüge des Textes ließ sich erkennen, dass das Thema eines einzelnen Textsatzes sich häufig, aber nicht immer, auf die Gesamtthematik des Textes beziehen lässt. In jedem Fall ist die Rekonstruktion des Textthemas ein anspruchsvoller, interaktiver Prozess. Überschriften, Hervorhebungen im Text, die Feingliederungen sind Hilfen dazu, führen aber nicht automatisch zur Auffindung des Themas als des pragmatisch relevanten Bereiches, „um den es im Text geht". Weiter ist in Rechnung zu stellen, dass die einzelnen Textsorten sehr unterschiedlich zu bewerten sind. Das zeigt sich besonders deutlich an den Zeitungstexten. Ein Leitartikel, der eine bestimmte These präsentiert, argumentativ untermauert und zu einer für die Leser nachzuvollziehenden Schlussfolgerung führt, weist einen viel ernsthafteren Themenbezug auf als unser Schildkrötentext, der mit ganz anderer Absicht gelesen wird: Er soll die Leser und Leserinnen mit einer interessanten Nachricht vor allem unterhalten und weist deswegen auch ganz andere stilistische Merkmale auf. Diese im einzelnen zu beschreiben ist Aufgabe der folgenden Kapitel.

2.2.2 Intention des Textes

Texte werden zu ganz unterschiedlichen Zwecken verfasst. Auch dies lässt sich an Zeitungstexten gut erkennen. Die Leitartikel und die Nachrichten aus dem Vermischten zeigen polare Bereiche. Texte aus dem Wirtschaftsteil und aus dem Feuilleton verfolgen wieder andere Ziele. Doch lassen sich die ganz unterschiedlichen Zeitungstexte in ihren Intentionen als in gewisser Hinsicht einheitlich auffassen, sie machen ein breites Publikum mit aktuellen Begebenheiten bekannt. Dies ist ein Thema der Funktionalstilistik, wo die Grundintention von Medientexten thematisiert wird (vgl. Kapitel 5).

Als ein vielversprechender Ansatz in der Textlinguistik hat sich nach dem Aufkommen der **Sprechakttheorie** der Weg erwiesen, zwischen Satz und Text auch in dem Sinne eine Analogie anzunehmen, dass die Aufgliederung des Satzes in Lokution, Illokution und Perlokution auf den Text übertragen wurde (Sandig 1986, S. 128–136). Mit der Illokution eines Textes sind dann Vorstellungen verbunden, die ihn als mit einer einheitlichen Zwecksetzung behaftet ansehen. Mit der Perlokution – dem greifbaren Effekt eines Satzes – ließe sich dann auf der Textebene die Akzeptierung oder Verwerfung des gesamten Textes prüfen.

Die Schwierigkeit bei einem solchen Vorgehen liegt darin, dass die Einheitlichkeit eines Textes sich nicht direkt mit der eines Satzes vergleichen lässt. Für die klassische Sprechakttheorie ist aber die Geschlossenheit des Satzes unabdingbare Voraussetzung: Jedem Satz lässt sich danach in seiner Lokution mit referentiellem und prädikativem Material eine und nur eine Illokution zuweisen. Diese wird aus dem konventionellen Wissen errechnet, das sich aus dem lexikalischen Wissen und aus dem mit Sätzen in bestimmten Situationen erworbenen konventionellen Wissen speist. So ist die in Satz (2) unseres Textes zitierte Äußerung der Tierparkdirektorin eine ‚Vermutung', während fast alle anderen Sätze des Textes ‚Berichte' (nach Searle 1976/1982 eine Unterkategorie „repräsentativer" Sprechakte) sind. Auf den Text übertragen ließe sich vielleicht ‚Bericht' verallgemeinern, die ‚Vermutung' und alle sonstigen Satzillokutionen würden aber unter den Tisch fallen. Eine mechanische Übertragung des Sprechaktkonzeptes auf den Text verbietet sich daher, doch sind die Analogien in einem weiteren Rahmen durchaus tragfähig, wenn auf die thematische Bindung der Sätze abgehoben wird.

Thema und Intention eines Textes sind aufeinander bezogen. Analytisch lassen sich die beiden Kategorien so trennen, dass die Intention als letztendlicher Zweck des Textes anzusehen ist. Diese ist vom Rezipienten aufzudecken, wenn er den Text so aufnehmen soll, wie er vom Produzenten gemeint ist. Der Weg dazu führt über die Erfassung der Information eines Textes und wird über sein Thema gesteuert.

2.2.3 Textuelle Informationsstruktur

Zeitungstexte richten sich an eine breite und uneinheitliche Leserschaft. So ist es nicht auszuschließen, dass die Leser und Leserinnen aus einem Zeitungstext ganz unterschiedliche Dinge aufnehmen oder herauslesen. Denn die Vorstellung, dass sozusagen automatisch die Informationsmenge eines Textes in die Köpfe der Leser fließt, ist illusorisch. Die aufgenommene Information wird stets mit der bei den Rezipienten vorhandenen verrechnet. Was beim Rezipienten ankommt, kann ganz unterschiedlich sein. So wird unser Schildkrötentext, je nachdem, welche Einstellung die Leserschaft zu Tieren in Tierparks hat, ganz unterschiedlich aufgenommen werden, entweder wohlwollend als Beweis der anzuerkennenden Zuwendung zu Wildtieren, oder aber kritisch als typische Inanspruchnahme der Tierwelt zu Unterhaltungszwecken. Bei Zeitungstexten, die kontroverse Themen behandeln, zeigen etwa die Leserbriefe, wie weit das Spektrum ist, allein schon wenn man sich nur auf die „Informationsseite" beruft. So kann die Erfassung der Kerninformation eines Textes auch immer nur eine Hypothese sein.

Dennoch sind die seit langem in der Textlinguistik praktizierten Verfahren, einen Text auf seine informationelle Basisstruktur zu reduzieren, linguistisch gesehen von großem Interesse. Es finden sich in der Textlinguistik früh Versuche, Texte auf einen **Basissatz** zu verdichten (Agricola 1972). In den kommerziellen Textverarbeitungsprogrammen sind zunehmend automatische Verfahren zur Zusammenfassung eingebaut. So unterschiedlich diese Verfahren sind, sie haben eines gemeinsam: Es wird versucht, die wesentliche Information in ihrem Bezug auf ein im Text erkennbares Thema zu erfassen. Dadurch kann letztlich ein Text schrittweise auf einen Satz herabgedrückt werden, es gelten aber die im vorigen Abschnitt angeführten Vorbehalte.

Aber diese Verfahren sind dennoch nicht ohne Wert. Denn pragmatisch gesehen ist das, was bei der Fülle von Texten, die den Rezipienten ständig begegnen, nach einiger Zeit davon übrigbleibt, meist nicht mehr als eine Kerninformation oder eine These. Diese kann in den sich anschließenden Diskursen aufgenommen, weiterverarbeitet und zu individuellen Zwecken eingesetzt werden. So werden ausführliche Meldungen über die Steuerpolitik in den Medien gerne mit dem Satz plakativ zusammengefasst: „Die Regierung plant (schon wieder) Steuererhöhungen", ohne dass die Einzelheiten überhaupt nur angeführt werden.

Allerdings muss man sich hüten, diese - kritische - Sicht auf die Erfassung von Texten zu verallgemeinern. Und unter stilistischer Perspektive müssen die Elemente eines Textes unser Interesse finden, die gerade mehr als die pauschale Zusammenfassung bewirken. Denn die Stilistika sind ebenfalls nicht Selbstzweck, sondern sollen die Botschaft eines Textes verstärken, wie unsere Beispiele im ersten Kapitel bereits erkennen ließen.

2.2.4 Äußerungsbezug

Dass Texte nicht Selbstzweck sind oder im luftleeren Raum produziert werden, lässt sich als Voraussetzung für ihre Produktion und Rezeption ansetzen. Hier bestehen allerdings große Unterschiede. Während Texte im privaten Bereich, etwa Briefe, E-Mails und SMS sich normalerweise an einen einzelnen Empfänger oder eine einzelne Empfängerin richten, stellen Medientexte eine diffuse Empfängerschaft in Rechnung. Dennoch müssen auch sie die jeweilige Äußerungssituation genau beachten, was unter stilistischen Gesichtspunkten die Bewertung stilistischer Faktoren erheblich beeinflusst: So lassen sich „aktuelle" Ausdruckweisen bereits so erklären, dass damit die jeweils verbindlichen Ausdrucksnormen getroffen werden sollen und damit eine zeitliche Festmachung des Textes nicht nur analytisch möglich ist, sondern real seinen Verbindlichkeitscharakter unterstützt. So bettet unser Schildkrötentext die erzählte Begebenheit nicht nur in einen aktuellen Kontext ein, in dem Freizeit und Wildlifeparks eine Rolle spielen, sondern verwendet auch Ausdrucksweisen, die auf derzeit aktuelle „ungewöhnliche Tierfreundschaften" abheben.

In jedem Fall wäre eine Betrachtung und Bewertung stilistischer Merkmale, die die jeweiligen aktuellen Äußerungsbezüge außer Acht lässt, unangemessen. Im Kapitel 7 wird an Hand älterer stilistischer Konzeptionen gezeigt, wie sehr dies die traditionelle Stilistik behindert hat, wenn sie versucht hat, vermeintlich allgemeingültige Kriterien zu benennen und anzuwenden. Dabei werden sehr häufig pragmatische Kategorien, vor allem die Angemessenheit in einer bestimmten Äußerungssituation nicht beachtet.

2.2.5 Intertextualität

Erst relativ spät ist in der Textlinguistik erkannt worden, dass Texte untereinander Beziehungen aufweisen, dass sie Elemente anderer Texte aufnehmen und dass sie, abgelöst von einer konkreten Äußerungssituation, in einem Geflecht stehen, kurz, dass sie selber, gleichsam auf einer höheren Ebene, vertextet sind. Evident ist es bei solchen Texten, die explizit **Bezug aufeinander** nehmen. Dazu sind nicht nur ausgefeilte literarische Formen zu rechnen, etwa Rezensionen, Repliken oder von verschiedenen Autoren gemeinsam verfasste Texte, sondern auch individuelle Bezugnahmen auf mediale Äußerungen, etwa Leserbriefe. Im privaten Bereich sind es Briefe, die auf einen erhaltenen antworten oder Dokumente und Urkunden, die sich auf andere beziehen, z.B. geänderte Testamente, Gutachten oder Schreiben an Behörden.

Stilistisch gesehen ist hier vor allem von Interesse, welche sprachlichen Formen wieder aufgegriffen, abgewandelt, parodiert oder sonstwie verändert werden. Da die sprachlichen Bezüge auf vorliegende Formulierungen eine große Rolle spielen, indem nicht nur Texte als Ganze aufeinander Bezug nehmen, sondern häufig nur Textsplitter, Zitate und Anspielungen solche Bezüge herstellen und sich damit systematisch in Formulierungsweisen stellen, die sich unter dem Abweichungsgesichtspunkt erfassen lassen, werden sie hier zunächst im Kapitel 3 ‚Die stilistisch relevante Ordnung des Wortschatzes und die Markierung von Stilphänomenen' behandelt. Denn es sind in jedem Fall markierte Formen, auch oder gerade wenn es sich bei **Zitaten** und Schablonen um Formulierungstraditionen handelt, deren Anführung häufig nicht gerade originell ist. Es sind immer auch andere, neutralere Ausdrucksweisen möglich. Andererseits sind damit intertextuelle Bezüge gegeben, die darauf verweisen, dass die Formulierungen schlechthin sich an Vorformuliertes anlehnen und dass sich bei der Wahl von stilistischen Alternativen nicht automatisch Individuelles einstellt. Jedes Element eines Textes ist daraufhin zu überprüfen, ob es die Botschaft eines Textes unterstützt – dann ist es stilistisch gelungen – oder nur aufgesetzt und überflüssig ist.

Zusammenfassung

Stil entfaltet sich nur in größeren Zusammenhängen, die Bezugsgröße für den Sprachstil ist der Text. Daher sind für die Stilistik textlinguistische Grundlagen unverzichtbar. Sowohl transphrastische, die Verknüpfung von Sätzen in den Mittelpunkt stellende, als auch handlungstheoretische Zugänge zum Text sind für die Stilistik wichtig. Die Mittel der Kohäsion, vor allem die pronominale Verknüpfung, die Thema-Rhema-Gliederung mit der Thematischen Progression, und die der Kohärenz (Isotopie, Präsuppositionen, Frames und Scripts), schließlich textpragmatische Zugänge verweisen auf stilistische Potentiale des Textes.

Weiterführende Literatur: In die Textlinguistik führen u.a. ein: **de Beaugrande/Dressler (1981)**, **Brinker (2006)**, **Vater (2001)** und **Fix/Poethe/Yos (2001)**, das letztere Werk richtet sich ausdrücklich an Anfänger. Auf das Wesentliche verdichtet sind die ‚Grundzüge der Textlinguistik' von **Fix (2001)**. Eine Übersicht über die Entwicklungen der Textlinguistik in Deutschland gibt **Schoenke (2000)**. Die beiden umfangreichen Handbücher **Brinker/Antos/Heinemann/Sager (Hrsg.) (2000)** und **(2001)** behandeln so gut wie alle Bereiche der Textlinguistik. Einzelne textlinguistische Aspekte werden unterschiedlich ausführlich dargestellt. Den Verbindungen zwischen Text und Stil geht **Püschel (2000)** genauer nach. Präsuppositionen behandeln **Linke/Nussbaumer (2000)**. Für die Sinn-Konstitution von Texten gibt die Konzeption von **Coseriu (2006)** den besten Einstieg. Die Kohäsionsleistung der Konnektoren, der Pronomina und Artikelwörter sowie des Tempus und der Diathesen wird ausführlich bei **Fritz (2005**, S. 1067–1174**)** behandelt. Auf die pragmatische Wende in der Linguistik geht **Feilke (2000)** ein. Die fremdsprachlichen Bedingungen bei der Rezeption deutscher Texte sind das Thema von **Sisák (2003)**.

3 Die stilistisch relevante Ordnung der sprachlichen Mittel am Beispiel des Wortschatzes und die Markierung von Stilphänomenen

Stil ist in jedem Text und auf jeder sprachlichen Ebene immer nur durch ein Abwägen zwischen dem Einhalten der Konventionen und ihrer Durchbrechung zu bestimmen. Um eine solche **Bewertungsprozedur** möglichst objektiv zu machen, lässt sich dabei ansetzen, dass alle einzelnen sprachlichen Mittel ein virtuelles stilistisches Potential mitbringen. Dies wird bei der Verwendung in konkreten Texten in Kraft gesetzt. Konkrete Texte bilden den Rahmen, auf die alle erkennbaren Stilelemente integrativ zu beziehen sind, auch dann, wenn sie herauszufallen scheinen. In diesem Fall suchen wir sofort nach der Absicht des Emittenten. Eine endgültige Bewertung aber ergibt sich erst über den Einbezug des gesamten Textes, und die Zuordnung von stilistischen Faktoren kann sich dabei ganz erheblich ändern. Das lässt sich am besten am Wortschatz zeigen. Hier haben die herkömmlichen Wörterbücher das **Stilpotential** teilweise so erfasst, dass sie den Wörterbucheinträgen Charakteristiken mitgegeben haben wie „gehoben", „umgangssprachlich", „regional", „salopp", „veraltet", „fachsprachlich" usw. Das deutet darauf hin, dass man sich der stilistischen Ebene durchaus bewusst ist. Auf jeden Fall kann man daraus erkennen, dass Wörter, die im Wörterbuch derartige Einträge aufweisen, nicht als neutral empfunden werden. Für die generelle stilistische Bewertung von Wörtern soll nun nicht eine einfache Zweiteilung in neutrale und stilistisch markierte Wörter angenommen, sondern ein komplexeres und variableres Modell zugrunde gelegt werden.

Der folgende Text soll dazu als Einstieg dienen. Die einzelnen Sätze werden durchnummeriert.

Wie die Alten sungen

(1) Nach 30 Jahren wieder entdeckte Beatles-Tonbänder sind echt
(2) Hurra, sie sind echt! (3) Die *Beatles*-Tonbänder. (4) Die so lange weg waren. (5) Sie können sich gar nicht mehr erinnern, dass Ihnen welche abhanden gekommen wären? (6) Das passiert schon mal zwischen den Feiertagen, dass mit all dem zusammengeknüllten Geschenkpapier und den Bratenresten was rausgetragen wird, das später drinnen arg vermisst wird. (7) Also, aufgemerkt: Sie sind doch *Beatles*-Fan. (8) Wie wir andern alle auch. (9) Okay. (10) Und Neunzehnhundertweißnichtmehr haben die vier „Pilzköpfe", wie sich einige Agenturen nicht entblöden zu dichten, haben also „John, Paul, George und Ringo", wie wir uns nicht entblöden hier hinzuschreiben, haben die vier Liverpudel (gut, oder?) also mal so ein wenig rumgedaddelt, man hat ja sonst nichts gelernt, aber wegen Zickenkrieg und Guru-Sorgen wurde einfach kein zweites „Sergeant Pepper's" draus, nicht einmal ein „Private Ryan". (11) Nun hätte man auch den Löschknopf drücken oder die von BASF hergestellten Bänder ins Kaminfeuer werfen können, wenn schon damals klar war, dass nichts zu hören ist, was die Veröffentlichung lohnt – aber das ging nicht mehr, denn da waren die Spulen schon weg, gemopst, in unbefugten Händen.

(12) Und da blieben sie auch, bis vor zwei Jahren jemand bemerkt hat, dass ihm doch was fehlt. (13) Wo sind bloß meine *Beatles*-Tapes? (14) Ich denke mir das jeden Morgen, den der Herr werden lässt. (15) Während allerdings meine Wenigkeit den Gedanken sofort wieder vergisst und seine verlorenen Dylan-Bänder sucht, hat besagter Jemand die Polizei alarmiert. (16) Kommissar: „Constable, schau'n Sie doch mal in diesem Lagerhaus in Amsterdam nach, ob Sie nicht die *Beatles*-Tapes finden können, welche dieser Herr hier seit 35 Jahren vermisst!" (17) Constable: „Wird gemacht, Sir!" (18) Und was glauben Sie: Tatsächlich gammelten da fünfhundertweißnichtwieviele Spulen, Songs, Minuten Eins-A-*Beatles*-Abfall in diversen Pappkartons vor sich hin, auf die ein Schwarzmarkthändler mit dickem Filzer „400 000 Dollar" gekrakelt hatte. (Süddeutsche Zeitung, 4. Januar 2006, S. 11)

Der Text aus dem Feuilletonteil der Süddeutschen Zeitung berichtet vom Wiederauffinden verlorengegangener Beatles-Tonbänder in stark ironischer Form. Das erklärt die Überfülle von Stilmitteln, die dem Leser sofort auffallen. Besonders springen Ausdrücke ins Auge, die in irgendeiner Weise witzig sind, **Anspielungen** enthalten oder gar nicht in den Text zu gehören scheinen, auch wenn man unterstellen darf, dass das Feuilleton einer Zeitung ein Tummelplatz für stilistische Ambitionen der Journalisten ist. Hier ist es bereits die Überschrift, die mit der Ausdrucksweise *Wie die alten sungen* an das bekannte **Sprichwort** anknüpft *Wie die Alten sungen, so zwitschern auch die Jungen*, was allerdings bei der Lektüre des Artikels so zu interpretieren ist, dass die *Alten* die damals *Jungen* sind.

Der eigentliche Text beginnt mit einem Ausruf: *Hurra, sie sind echt!* Dies wird man in einer seriösen Zeitung weniger erwarten. Die folgenden Sätze sind „unvollständig", sie enthalten kein Verb. Der Journalist wendet sich dann mit Fragen direkt an den Leser. Dies lässt sich als eine Stilfigur auffassen. Im Folgenden finden sich zahlreiche weitere Abweichungen vom Erwarteten:

- umgangssprachliche Wendungen: *Das passiert schon mal zwischen den Feiertagen, dass ... was rausgetragen wird* (6), *gemopst* (11), *gammelten da* (18), *Filzer* (18), *gekrakelt* (18),
- Anglizismen: *okay* (9), *Constable* (16, 17), *Sir* (17),
- aktuelle Ausdrucksweisen: *Zickenkrieg* (10),
- Individuelle Wortbildungen: *Neunzehnhundertweißnichtmehr* (10), *Liverpudel* (10) (worauf der Schreiber sichtlich stolz ist (*gut, oder?*)),
- Redewendungen: *jeden Morgen, den der Herr werden lässt* (14), *meine Wenigkeit* (15).

Der Leser/die Leserin, die sich auf den Text einlässt, wird die gewählten Ausdrucksweisen so verstehen wollen, dass sie für den Inhalt ein **passendes Kolorit** abgeben. Die Anglizismen verstärken dann die Bezüge auf die berühmte englische Popgruppe, die umgangssprachlichen und die aktuellen Wendungen bilden sprachlich gleichsam die Such- und Wiederauffindeaktion im Chaos der Wegwerfgesellschaft ab oder assoziieren zumindest solche Bezüge.

Zweifellos ginge der Charme des Artikels – trotz der Überfülle der Stilmittel, die allerdings in der spezifischen Zeitungsseite nichts Ungewöhnliches sind – verloren, wenn man die markierten Ausdrücke durch weniger auffällige, durch neutrale, ersetzen würde. Diese wären, versuchsweise in einer besonders neutralen Form, z.B. die folgenden:

Hurra, sie sind echt! = Die Echtheit ist festgestellt worden;

dass ... was rausgetragen wird = dass ... etwas herausgetragen wird;

gemopst = gestohlen; gammelten da = lagen unbemerkt herum; Filzer = Filzstift; gekrakelt = unleserlich geschrieben;

okay = gut; Constable = Wachtmeister; Sir = mein Herr;

Zickenkrieg = Streit unter weiblichen Prominenten; Neunzehnhundertweißnichtmehr = Neunzehnhundertund ...; Liverpudel = Liverpooler Popsänger, Beatle;

jeden Morgen, den der Herr werden lässt = immer aufs Neue;

meine Wenigkeit = Ich.

Wie gesagt, diese Ersetzungen würden den Reiz des Artikels zerstören. Der Schreiber hat sich bemüht, den an sich nicht aufregenden Stoff mit den gewählten Mitteln attraktiver zu formulieren. Teilweise stehen die stilistischen Mittel auf einer höheren Ebene im Einklang mit dem Berichteten, andererseits findet sich eine Reihe von Mitteln, die in ihrem Status nicht sofort zu klären sind. Wichtig ist aber vor allem, dass die auffallenden Stileigentümlichkeiten des Textes auf der Folie einer gewissen Normalerwartung gelesen werden, was nicht heißt – um es zu wiederholen –, dass sie dadurch zu ersetzen wären.

3.1 Die Schichtung des Wortschatzes

Für eine stilistische Bewertung müssen nun aber die Schichtungen genauer geklärt werden. Um das zu leisten, richten wir unser Augenmerk auf den Wortschatz, andere sprachliche Bereiche sind dann analog zu behandeln.

Auffällige Elemente sind im Allgemeinen nicht gerade häufig. Sie sind in jedem Fall markiert. Wir unterstellen, dass sie zum Gelingen der kommunikativen Absicht beitragen sollen. Tun sie das nicht, misslingt die Absicht. Derartige stilistische Mittel beabsichtigen **Effekte**. Sie weisen ein Kolorit auf.

Mittel mit Koloriten, die Effekte bewirken, stehen auf der Folie von Stilmitteln, die eine (natürliche) Färbung aufweisen. Diese erzielen **Stilwerte**. Diese Mittel wiederum stehen auf dem Hintergrund der **neutralen Mittel**. Die neutralen Mittel sind gegen die Stilwerte unmarkiert, und die Stilwerte sind mit ihnen zusammen unmarkiert gegenüber den Effekten.

Stil kann sich nur vor dem Hintergrund von neutralen, unmarkierten Formen entfalten. Wahl und Abweichung haben notwendig zur Voraussetzung, dass eine Basis vorhanden ist, auf der diese Kategorien operieren können. Wie angedeutet, gibt es aber keine einfache Dichotomie und auch keine einfache gleitende Skala, sondern es muss ein anderer Weg eingeschlagen werden, um die Wahlmöglichkeiten zu bestimmen. Vor allem kann die in den Wörterbüchern gegebene Charakterisierung nicht einfach übernommen werden. Wörterbücher sind normalerweise Thesauri einer Sprache und sammeln den gesamten Wortschatz. Verwendet werden die Wörter zunächst nach den globalen funktionalen Kategorien, den Funktionalstilen, die in Kapitel 5 im einzelnen behandelt werden. Funktionalstile repräsentieren in erster Linie die sprachlichen Normen einer Sprechergemeinschaft. Unsere Vorstellung ist dabei meist auf eine hierarchische Normebene festgelegt. Die Sprache der Schriftsteller oder hervorragender Journalisten wird als beispielgebend angesehen und prägt das Bewusstsein der Menschen in Hinsicht darauf, was verbindliches, gutes Deutsch ist. Für die Alltagssprache gelten nun aber ebenfalls Normen; und die Charakterisierung eines Wortes in einem Wörterbuch als „salopp" bedeutet eigentlich nur: „nicht für die ‚höheren Funktionalstile' geeignet, in der Alltagssprache aber durchaus angebracht". Denn dieser Funktionalstil ist generell „salopp", im Sinne von „ungezwungen".

Unser sprachliches Gesamt-System soll für alle Normbereiche gelten. Daher wird folgendermaßen vorgegangen: Wörter, die in allen Funktionalstilen uneingeschränkt vorkommen können, also einzig durch das System bedingt sind (folglich zum Deutschen schlechthin gehören), sind stilistisch **neutral**. Alle Wörter, die in mindestens einem Funktionalstil *nicht* vorkommen können, geben einen **Stilwert** ab, und zwar genau in dem Funktionalstil, in dem sie vorkommen können. Wenn ein solcher Ausdruck in einem Funktionalstil begegnet, in dem er nicht beheimatet ist, führt dies zu einem **Stileffekt**.

3.1.1 Der neutrale Wortschatz

Auszugehen ist von (virtueller) Neutralität. **Neutralität** kann auf zweierlei Weise zustande kommen:

- durch **Systemzwang**
- durch **Systemneutralisierung**

Systemzwang bedeutet: Das Paradigma ist einelementig, es gibt keine Varianten.

Systemneutralisierung bedeutet: Es kann aus einem Paradigma ausgewählt werden.

Systemzwang liegt dann vor, wenn überhaupt nur ein Ausdruck zur Verfügung steht. Dies ist im Bereich der Funktionswörter, der Konjunktionen, der Präpositionen, der Adverbien und Pronomina, aber auch in großen Bereichen des Grundwortschatzes im Allgemeinen der Fall. So hat die Konjunktion *und* keinen Konkurrenten, sie ist immer neutral. Wenn man sie aus irgendeinem Grund vermeiden, sie abwählen will, muss man eine gänzlich andere Textstrategie wählen, jedenfalls in den syntaktischen Bereich ausweichen. Für die Präpositionen gilt dies im Großen und Ganzen analog: *Mit, für, bei, vor, auf, wegen* usw. sind ebenfalls neutral.

Systemneutralisierung: Neutral ist auch die Präposition *wegen*. Sie hat aber ein Synonym: *zwecks*. Dieses Wort ist aber für den Funktionalstil der Behördensprache festgelegt. Dort gibt sie einen Stilwert ab, d.h. sie gibt über ihre denotative Bedeutung ‚durch, mithilfe' hinaus das Signal, dass es sich hier um den **Behördenstil** handelt. Wenn sie aber in einen Privatbrief oder in die Alltagssprache wandern sollte, resultiert dort ein starkes Abweichungssignal, eben ein Stileffekt.

Also:

Stil-Neutralität		Stilwerte		Stileffekte
unmarkiert	←	markiert		
	unmarkiert		←	markiert

Dies soll so gelesen werden: Stilwerte sind gegenüber Stilneutralität markiert, und Stileffekte sind gegenüber den beiden anderen Kategorien, also gegenüber Stilwerten und Stilneutralität zusammen markiert. Wie das zu deuten ist, wird im nächsten Abschnitt ausgeführt. Alle derartigen Bestimmungen beruhen auf paradigmatischen Aussagen: Nur wenn aus einem **Paradigma** – und sei es nur potentiell – gewählt werden kann, lässt sich von Stil sprechen. Da aber bei einem Ansatz „von oben" jedes Element einer beliebigen Stufe durch Paraphrase mit Kombinationen von Elementen niedrigerer oder durch Integration in Elemente höherer Stufen abgewählt werden kann, kommt systematisch gesehen allen Elementen Stil zu (vgl. Kapitel 1.6).

3.1.2 Das „treffende Wort"

Die Kategorien für die Bewertung des Wortschatzes lassen sich in ein Schema bringen, bei dem das „treffende Wort" in der Mitte angeordnet ist und alle potentiellen Ersetzungsmöglichkeiten angegeben werden[1]. Das **„treffende Wort"** muss dabei in Anführungszeichen gesetzt werden. Denn es ergibt sich gerade nicht automatisch, sondern muss in jedem Fall gewählt werden, auch wenn die Wahl zum allergrößten Teil vorgegeben ist; die Abwahl eines Ausdrucks und seine Ersetzung durch einen anderen ist fast ausnahmslos möglich.

Das Schema führt die Funktionalstile unten rechts als alternative Wahlkategorien auf. Oben links stehen die Stilfiguren. Sie bieten ebenfalls alternative Wahlmöglichkeiten an und führen ebenfalls zu Stileffekten. Horizontal und vertikal finden sich nun weitere Wahlmöglichkeiten. Die horizontale Linie symbolisiert die Zeitachse (x), die vertikale, die sich als Raumachse auffassen lässt (y), die anderen Kategorien, aus denen Wörter ausgewählt werden können.

1 Dargestellt in Eroms (1986), hier etwas modifiziert.

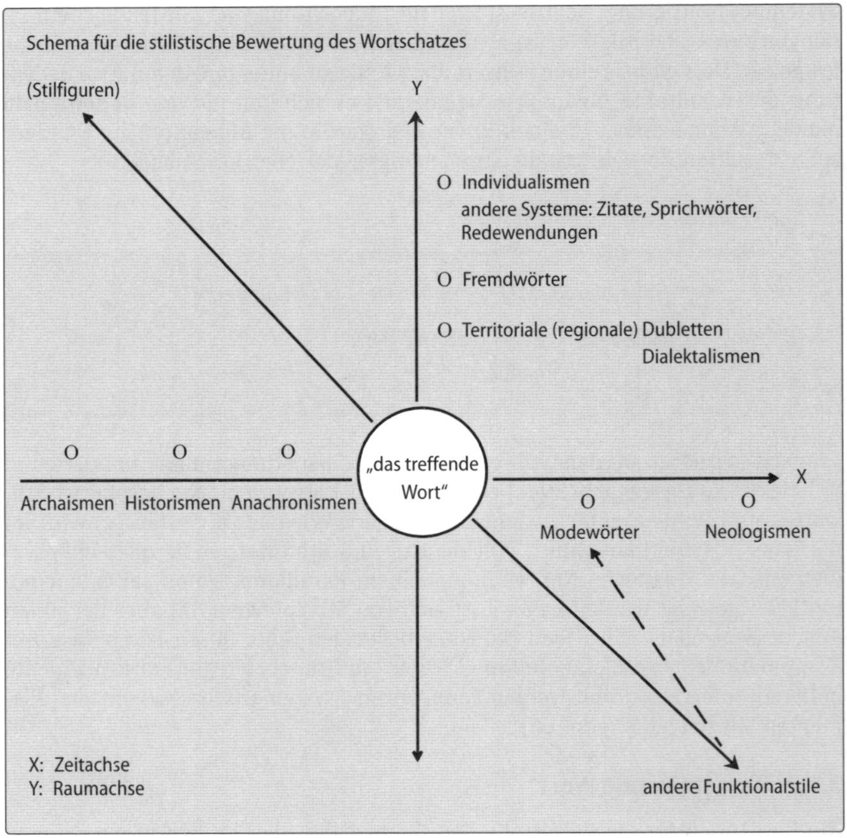

Voraussetzung für die Wahl ist eine Synonymenreihe. Dabei wird gefordert, dass die **Synonyme** das gleiche Denotat haben, sich also auf die gleichen Dinge, Personen und Sachverhalte in der Wirklichkeit beziehen. Dass es nicht unproblematisch ist, diese Entscheidung zu treffen, wird uns noch beschäftigen.

Substantive

Als Beispiele seien zunächst Bezeichnungen von Dingen angeführt, weil dabei das Problem des gleichen Denotats nicht so gravierend ist. In dem Paradigma „Zahlungsmittel" lässt sich folgendes Wortfeld ausmachen:

Geld / Zahlungsmittel / Mäuse / Zaster / Pinkepinke / Moneten / Schoten / Kohle / Kies …

Die Ausdrücke zusammen bilden ein Paradigma. (Unter anderen Gesichtspunkten spricht man auch von Wortfeld). Daraus wird nun in einem konkreten Fall, zur

Erreichung eines bestimmten kommunikativen Zwecks, ein Ausdruck gewählt. Die Auswahl kann nicht beliebig erfolgen, sondern wird nach bestimmten Verwendungsbereichen gesteuert. In jedem Fall dürfen wir allerdings das Wort *Geld* nehmen. Dieser Ausdruck ist neutral. Er ist damit auch **stilneutral**.

Man kann sagen:

Mir ist das Geld ausgegangen.
Ich habe kein ausländisches Geld.
Geldgeschäfte werden von der Bank abgewickelt.

Die Bank wird aber auch sagen können:

Ausländische Zahlungsmittel müssen bei größeren Beträgen vorher schriftlich angefordert werden.

Diesen Ausdruck verwenden wir selber in alltäglichen kommunikativen Situationen sicher nicht. Aber im Gespräch mit einem Bankbeamten wäre der Ausdruck wohl zulässig. Merkmal dieses Ausdrucks ist: Er ist nicht neutral. Er signalisiert ganz bestimmte Zusammenhänge, nämlich das fachliche, berufliche Umgehen mit Geld. Wir weisen ihm deshalb einen bestimmten **Stilwert** zu.

Stilwerte sind in Hinblick auf das Sprach*system* nicht neutral, sie sind aber unauffällige, normale Verwendungen in bestimmten sprachlichen Sektoren die wir als funktionale Kommunikationsbereiche ansehen können. Wichtig ist weiter, dass nur im Zusammenwirken mit anderen sprachlichen und situationellen Gegebenheiten Stilwerte auftreten und registriert werden können: Sie sind Komponenten der Texte, die deren Einheitlichkeit in natürlicher, organischer Weise herstellen. Je umfassender der Zusammenhang ist, aus dem heraus einem Ausdruck ein bestimmter Stilwert zugewiesen wird, desto sicherer und richtiger ist die Entscheidung.

In diesem Fall ist der konkrete Stilwert das Signal für die Fachsprache der Banken.

Etwas anders steht es um einige andere, aktuelle Ausdrücke aus dem Paradigma:

Ich habe keine Moneten.
Die kriegen ja die Schoten zugeschoben.
Die schieben die fette Kohle ein.

Das sind zwar sehr „saloppe" Ausdrucksweisen. Aber sie sind „richtig", weil sie in bestimmten Situationen angemessen sind. Und nur das ist zunächst zu leisten: eine Registrierung der Angemessenheit. Die Linguistik ist in erster Linie eine deskriptive Wissenschaft. Sie registriert die Normen, aber sie setzt sie nicht.

Die hier mit den Ausdrücken verbundenen Stilwerte sind eindeutig solche der Umgangssprache.

Wenn allerdings in einem anderen Texttyp der Ausdruck *Moneten* erschiene, dann würde er dort einen auffälligen **Effekt** erzielen. Der Effekt kann positiv zu verstehen sein: Ein Ausdruck dieser Art kann besonderen Nachdruck verleihen.

Das Gemeinte wird unterstützt durch ein krasses Ausdrucksmittel – allerdings eines, das auch sehr leicht falsch eingesetzt werden kann. Dann wird kein positiv zu verstehender Stileffekt erzielt, sondern es resultiert eine **Stilblüte**.

Adjektive

Bei Adjektiven ist in viel höherem Grade als bei Substantiven von vornherein eine Wertung, ein Bezugsmaßstab impliziert. Das zeigt sich zum Beispiel, wenn ein aktuelles Modewort verwendet wird, etwa *das ist stark* im Sinne von ‚das ist ausgezeichnet'. Dieser Ausdruck gehört in ein Paradigma, in dem u.a. die folgenden Wörter zu finden sind:

Stark, dufte, knorke, sehr gut, ausgezeichnet, toll (*doll*), *phänomenal, super, irre.*

Eine Bemerkung vorweg: *sehr gut* und *ausgezeichnet* würde man sicher in eine Rangskala einordnen, wenn man ein objektiv gemeintes Bewertungssystem im Auge hat. Das ist aber hier nicht gemeint: Alle hier angeführten Adjektive sind superlativische Ausdrücke, die eine „höchste Bewertung" wiedergeben sollen. Da wäre es wirklich schwer, eine Rangfolge innerhalb der Ausdrücke herauszufinden. So sind sie alle unter dieser Maßgabe gleichwertig. Das heißt, auch hier liegt Denotatgleichheit vor, was als Voraussetzung für die Bestimmung der Ausdrücke eines Paradigmas zu gelten hat. Neutral sind hier *sehr gut* und *ausgezeichnet.* Diese Ausdrücke wären dann in allen Textsorten einsetzbar. Oder, umgekehrt, wenn sie eingesetzt werden, soll kein Stileffekt intendiert sein. Das System wird neutralisiert, es wird der unmarkierte Ausdruck gewählt. Insofern ist hier kein Unterschied zu dem Wortfeld aus dem nominalen Bereich auszumachen.

Aber ein Unterschied lässt sich in anderer Weise erkennen: Hier sind die anderen Ausdrücke markiert. Sie stammen alle aus der Umgangssprache. Zu fragen ist, ob sie dort gleichwertig sind. Das sind sie sicher nicht. Der Stilwert ‚neutral in der Umgangssprache' kommt offenbar nur *toll* (*doll*) zu. Alle anderen Ausdrücke weisen darüber hinaus bestimmte Stileffekte auf, die wir nun zu bestimmen haben:

Stark ist aktuelles Modewort.
Dufte / knorke sind veraltete Modewörter.
Phänomenal ist mit einem Stileffekt behaftet, weil es aus einem anderen Bereich stammt.
Super / irre sind aktuelle Modewörter.

Schließlich wären noch die ‚aktuellen Modewörter' zu differenzieren:

Stark ist ein fachsprachlich gebundenes Wort, das aus anderen semantischen Zusammenhängen stammt, wahrscheinlich im Sinne von ‚unerhört', was selber wieder ein fest gewordener übertragener Ausdruck ist: ‚kräftig' im Sinne von ‚übertrieben'.

Super ist ein ursprünglich fachsprachlich gebundenes Wort, besser ein gebundenes Morphem, das zur Bezeichnung von Spitzenangaben (*superschnell, superheiß, super HiFi, Super-Shell...*) verwendet wird und den Status eines freien Morphems gewonnen hat.

Irre hat die gleiche Bedeutungsgeschichte wie *toll*, es ist ein fachsprachliches Wort, das aus anderen Bedeutungszusammenhängen in die Umgangssprache eingegangen ist.

Das ganze Wortfeld ist in starker Bewegung; deswegen tun wir uns mit der Bewertung auch viel schwerer als bei dem nominalen Wortfeld. Aber auch das nominale ist nicht statisch. Es ist Veränderungen unterworfen. ‚Geld' ist eine Sache, zu der man zudem ein emotionales Verhältnis hat oder doch haben kann. Und beide Beispielbereiche zeigen, dass es emotionale, expressive Komponenten der Wörter sind, die für die Verwendung, und damit auch für die Beschreibung, eine Rolle spielen.

Noch etwas anderes lässt sich hier feststellen, und das ist in der Stilforschung von jeher von großer Bedeutung gewesen: Die Ausdrücke, die nicht neutral und nicht stilwertgebend sind, sind Ausdrücke, die eigentlich **abweichend** sind; ja, die zum Teil geradezu falsch sind: Als der erste, der eine Sache ausgezeichnet fand, sie als *toll* bezeichnete, beging er einen Bezeichnungsfehler: trotzdem wurde er verstanden. Weil diese Ausdrucksweise „passend" erschien, übernahm ihn die Sprachgemeinschaft. Und der „Verstoß", der hier begangen worden ist, ist einer, der sozusagen zulässig ist. Es ist die Stilfigur des übertreibenden Ausdrucks, die **Hyperbel**, die hier gewählt wurde. Offenbar sind die Stilfiguren zulässige Abweichungsmuster, also eigentlich etwas Paradoxes, das eine starke universale Komponente hat. In anderen Sprachen sind es nämlich ähnliche Muster, die immer wieder auftauchen. Die Stilfiguren führen generell zu Stileffekten. Sie werden in Kapitel 6 systematisch behandelt.

Nicht nur in diesem Bereich, auch sonst ist der Wortschatz einer Sprache mit Ausdrücken durchsetzt, mit denen die neutralen umgangen werden können. Die Kumulation von lauter neutralen Ausdrücken würde zu einer gewissen Öde führen. Die Bewertung wäre: „langweilig", „stilistisch monoton". Offenbar verlangen wir zumindest eine gewisse Ausgewogenheit zwischen stilistischen Mitteln, die neutral, stilwertgebend und auch stileffekt-erzielend sind. **Monotonie** ist das, was am wenigsten geduldet wird. Die in den folgenden Kapiteln betrachteten weiteren Quellen zeigen weitere Möglichkeiten, wie diese Monotonie kompensiert werden kann. Denn zumindest die Verwendung der Mittel, die Stileffekte bezwecken, lässt sich als Vermeidung von Monotonie auffassen. „**Variation**", als positiver Wert, ist denn auch ein in der Stilforschung gängiger Begriff, der die Anforderungen an Texte beschreiben will, worauf in Kapitel 1.7.1 schon eingegangen worden ist.

Wie es monotone Texte gibt, gibt es andererseits Texte, die durch die Überfülle von stileffekt-beabsichtigenden Mitteln gekennzeichnet sind. Ein solcher Text ist etwa der Einstiegstext zu diesem Kapitel. Gleiches gilt aber auch für Texte, die andere als die Stilfiguren innerhalb der stileffektgebenden Mittel in einer Überfülle verwenden. Eben sind die emotional markierten Ausdrücke besprochen worden: Eine Redeweise, die ständig hyperbolisch ist, schleift sich schnell ab, die Mittel müssen ständig neu geschaffen werden, um den gewünschten Effekt erzielen zu können. Das Schema auf S. 62 zeigt die Ersetzungsmöglichkeiten, die die Sprache bereithält.

3.2 Stilwerte und Stileffekte bei Wörtern mit systematisch oder regional eingegrenztem Geltungsgrad

3.2.1 Fremdwörter und Fachsprachen

Zunächst zur y-Achse des Schemas: Ein viel behandeltes Gebiet, bei dem sich die stilistische Bewertung der erzielten Effekte bemerkbar macht, ist die Verwendung von Fremdwörtern.[2] Auch Fremdwörter sind – zunächst – als effekterzielende Mittel zu begreifen. Bis zum gewissen Grade kann man davon sprechen, dass sie das eigentlich passende deutsche Wort ersetzen. Effekte beruhen immer auf Ersetzungen, oder mit anderen Worten: auf bewusster Abwahl des neutral Passenden. Sie ersetzen es allerdings nur dann, wenn es wirklich vorhanden ist. Das aber ist der Streitpunkt zwischen Fremdwortbefürwortern und Fremdwortgegnern. Letztere behaupten bisweilen, dass es für jedes Fremdwort ein deutsches Wort gäbe.

Schauen wir uns diese radikale Position zunächst an: Sprachreiniger, die den *Pullover* durch *Überschlupf* oder *Nase* durch *Gesichtserker* ausgetauscht haben wollen, sehen nicht, dass sie selber einen starken Stileffekt mit einer derartigen Ersetzung erzielen. Stilistisch gesehen wird hier nur, wenn man so will, der Teufel mit Beelzebub ausgetrieben, immer unterstellt, dass die Fremdwörter in solchen Fällen entbehrlich sind. Das sind sie aber sicher nicht. Zwar ist beim Fremdwort die Herkunft unverkennbar; aber in den Fällen, wo sich kein Paradigma bilden lässt (also keine synonymen Ausdrücke bestehen), ist das Fremdwort durch Systemzwang stilneutral. Das gilt erst recht für das **Lehnwort**, das soweit eingedeutscht ist, dass es wie ein Wort der deutschen Sprache erscheint. Bei diesem kommt hinzu, dass es auch in einem Paradigma stilneutral sein kann, was dem Fremdwort abgeht. Beim Lehnwort soll die Herkunft aus einer fremden Sprache dem nicht sprachwissenschaftlich Vorgebildeten nicht erkennbar sein. Das ist eine rein synchron-funktionale Bestimmung. Über eine diachrone Bestimmung, etwa eine Feingliederung nach Lehnwort, Lehnübersetzung oder Lehnbildung, vgl. z. B. Glück (2005, S. 375), ist damit noch nichts ausgesagt, worauf hier nicht weiter eingegangen werden kann.

Stilistisch gesehen können aber auch Fremdwörter, die in einem Paradigma stehen, und für die es kein entsprechendes deutsches Wort, also kein deutsches Synonym gibt, Stileffekte erzielen. Das ist immer dann der Fall, wenn die Fremd-

2 Auf die Fremdwortdebatte kann hier nicht in den Einzelheiten eingegangen werden. Zur Bewertung der Fremdwörter in diachroner Sicht vgl. Munske (2001), in synchroner Sicht Zifonun (2002).

wörter einer bestimmten Fachsprache zukommen. Da das aber der Normalfall ist, resultiert die verbreitete Auffassung, dass das Fremdwort, das kein deutsches Synonym aufweist, qua Fremdwort bereits einen Stileffekt erzielt. Das ist aber nicht der Fall. Dafür einige Beispiele aus dem Bereich der **Mode**:

Pullover, Pullunder, T-Shirt, Jeans, Trench(coat), Overall, Spencer, Petticoat, Jet-Hose, Long-Jacket, Bermuda-Shorts, Leggings

Zu bemerken wäre, dass man vor einiger Zeit für *Jeans* zum Teil *Nietenhose* sagen konnte. Aber gegenwärtig ist *Jeans* synonymlos, das heißt, es muss als stilneutral aufgefasst werden. Bei den anderen Ausdrücken handelt es sich zum Teil um sehr spezielle Bezeichnungen. Es sind Benennungen für Dinge, die neu sind (oder waren) und die Bezeichnung gleichsam aus dem Land, in dem sie entstanden sind, mitgebracht haben. Hier wäre also ein deutscher Ausdruck bereits eine Übersetzung, eine „Ersetzung". Auf den Status dieser „Mode-Wörter" als **Modewörter** wird weiter unten noch eingegangen.

Außer der Mode trifft ähnliches für Bereiche wie das Verkaufswesen (*Discount, CC* (*Cash-and-Carry*), *Mail-Order* (Postversand)), die Computertechnik und anderes zu. Bei der Fachsprache der **Computertechnologie** lassen sich drei Gruppen unterscheiden:

a) *Computer, Datenverarbeitungsanlage, Elektronische Rechenanlage, Rechner ...*

b) *Hardware, Software, bit, byte, Terminal, on-line, off-line, Operator, Systemadministrator ...*

c) *Realtime / Echtzeit, Keyboard / Tastatur, backup copy / Sicherungskopie, default / Standard ...*

Die Gruppe a) ist dadurch gekennzeichnet, dass *Computer* heute als stilneutraler Ausdruck anzunehmen ist, *Rechner* dagegen (noch) einen Stilwert abgibt: Der Ausdruck ist im Wortschatz-Corpus der Universität Leipzig mit 6591 Belegen deutlich seltener als *Computer* mit 35910 Belegen[3]. Es ist ein Ausdruck, der sich zunehmend als „gehobener" bei Fachleuten durchsetzt, aber auch einen Computer bezeichnet, der der höheren Preisklasse zuzurechnen ist. Dann wäre er allerdings kein Synonym mehr zu *Computer*, weil er eine unterschiedliche Sachbezeichnung darstellen würde, während *Elektronische Rechenanlage* gar einen Effekt ergibt: Diese Ausdrucksweise wirkt bereits leicht archaisch.

b) Diese Ausdrücke sind fachsprachlich gebunden. *Operator* wird anscheinend stets englisch ausgesprochen, ein untrügliches Kennzeichen der fachsprachlichen Gebundenheit.

c) *Realtime* gegen *Echtzeit* und die anderen angeführten Begriffe lassen eine Tendenz erkennen, in der Fachsprache noch einmal nach internen und externen

3 www.wortschatz-leipzig.de, Zugriff: 22. 5. 2007.

Fachbegriffen zu unterscheiden. *Echtzeit* wäre als Lehnübersetzung von *Realtime* aufzufassen.

Systematisch interessant ist, dass es in solchen Fällen zwei konkurrierende Bezeichnungssysteme gibt, deren Verbreitung und damit deren stiltheoretische Bewertung nicht leicht zu beschreiben ist. Das lässt sich aber vielleicht einfacher an anderen Fachsprachen zeigen.

a) Die Fachsprache des **Fußballs**: Im Deutschen und zwar auf dem Staatsgebiet der Bundesrepublik sind die ursprünglich englischen Ausdrücke *Goal, Goalkeeper, Corner, out, outside* lehnübersetzt in *Tor, Torhüter, Ecke, aus, außerhalb*. Im Österreichischen haben sie sich teilweise gehalten und werden dort nur phonetisch eingedeutscht. In beiden Fällen haben sich die ursprünglichen Effekte soweit abgeschwächt, dass die Ausdrücke in ihren Funktionsbereichen keine Effekte mehr, sondern Stilwerte abgeben.

b) Die Sprache des **Eisenbahnwesens**: Hier lag im Deutschen früher ein ziemlich geschlossenes französisches System vor: *Coupé, Perron, Kondukteur, Billet, Retourbillet,* wofür man heute *Abteil, Bahnsteig, Schaffner, Fahrkarte, Rückfahrkarte* sagt. Diese deutschen Ausdrücke sind bereits im 19. Jahrhundert durch Verordnung der Ministerialbürokratie eingeführt worden. Sie haben sich durchgesetzt, so dass die fremdsprachigen heute archaisch wirken.

Wenn man die einzelnen Ausdrücke dieser Systemreihen vergleicht, dann sind die der zweiten Reihe ‚neutral durch Systemneutralisierung', die der ersten Reihe sind markiert, und zwar als Historismen oder Archaismen, die genauer im folgenden Abschnitt behandelt werden.

Die „alten" Eisenbahnausdrücke sind in der Schweiz teilweise aber noch heute in Geltung. Da die schweizerdeutsche Hochsprache aber eine Variante des „plurizentrischen" Deutschen ist, ergeben sich so regionale Varianten und man muss fragen, ob man dann noch einfach von Unmarkiertheit versus Markiertheit sprechen kann. Die hochsprachlichen regionalen Varianten sind zweifellos als gleichberechtigt anzusehen. Um derartigen Problemen ihren gebührenden Platz zuzuweisen, tun wir uns am leichtesten, wenn wir nur je die staatssprachliche Variante zugrunde legen. Dann sind in der Schweiz *Coupé, Perron, Kondukteur* usw. unmarkiert, in der Bundesrepublik *Abteil, Bahnsteig, Schaffner.*

Wenn aber in einem Text aus der Bundesrepublik schweizerdeutsche Sprechweisen charakterisiert werden sollen und die schweizerdeutschen Ausdrücke eingesetzt werden oder umgekehrt die bundesdeutschen in einen in der Schweiz formulierten Text, dann verfremden diese den Text in auffälliger Weise. Sie bringen ein Lokalkolorit hinein und dieses ist als Effekt zu werten, der im folgenden Abschnitt behandelt wird.

3.2.2 Regionale Varianten und Dialektalismen

Analog den staatlichen Regionalvarianten in Bezug auf ihre stilistische Bestimmung lassen sich die innerstaatlichen regionalen Varianten bewerten. Also etwa norddeutsch gegen süddeutsch

Brötchen - Semmel
Junge - Bub
Meerrettich - Kren
Guten Morgen, Guten Tag - Grüß Gott, Servus
dieses Jahr - heuer

Als die „alte DDR“ noch existierte, ließen sich Dubletten der folgenden Art feststellen:

Supermarkt - Kaufhalle
Industrie-Konzern - Kombinat
Mähdrescher - Kombine
Taxifahrer - Taxist
restaurieren - rekonstruieren
Notizzettel - Konspekt

Die regionalen Varianten geben generell Stilwerte und nur dann Stileffekte ab, wenn sie nicht in ihren Heimatbereichen verwendet werden.

Die **Dialektalismen** sind wieder etwas anders zu beurteilen. In Bayern spricht man von *Spezeln* als von guten Freunden, mit denen man Geschäfte macht, *Döskopp* im Norddeutschen, *Depp* im Süddeutschen zeigen ganz gut die generelle Funktion von Dialektwörtern, wenn sie in standardsprachlichen Redesituationen verwendet werden: Es sind meist Euphemismen, Hüllwörter. Damit erzielen sie Stileffekte.

Als systemgebundene Bezeichnungen unterliegen sie den jeweiligen funktionalstilistischen Bewertungen. Aber wenn sie in anderen als ihren Heimatsystemen verwendet werden, bekommen sie Kolorite, und daraus resultieren Stileffekte. Verwendet werden sie in den meisten Fällen, um die regionale oder dialektale Sprechweise von Sprechern zu kennzeichnen, wie es Thomas Mann z.B. für den Großkaufmann Klöterjahn tut, oder um Lokalkolorit zu zeichnen: Denn dafür ließen sich auch eigene Bezeichnungen, also Synonyme einsetzen. In den Fällen, wo das Synonymproblem vorliegt, also Zweifel, ob überhaupt eine andere als die territoriale Bezeichnung statthaft ist, liegt ein treffendes Fachwort vor: sicher etwa bei *LPG*, vielleicht auch bei *Kombinat*, *Funktionär*, *Sekretär*, *Zentralkomitee*.

Zu fragen ist wiederum, ob es sich bei der Verwendung dieser Ausdrücke um stilistisch markierte oder stilistisch neutrale handelt. Hierauf lässt sich keine Pauschalantwort geben, obwohl im Grunde dieselben Verhältnisse gelten. Auch hier ist an die Grundannahme bei der Stilbestimmung zu erinnern: Es muss die Möglichkeit zur Wahl vorliegen. Bei *dieses Jahr/heuer* hat der norddeutsche oder der süddeutsche Sprecher keine Wahl, also ist der Ausdruck, den er verwendet,

‚neutral durch Systemzwang'. Bei *Junge/Bub* lässt sich für das Süddeutsche ähnlich argumentieren, für andere Regionen ist differenzierter vorzugehen, denn der Ausdruck *kleiner Bub* ist über das Süddeutsche hinaus nicht unbekannt. In Ludwig Harigs Erinnerungsbuch ‚Weh dem der aus der Reihe tanzt', das im Saarland spielt, verwenden die meisten Personen den Ausdruck *Junge*, die Mutter der Hauptfigur sagt *Bub*. Bei *Brötchen/Semmel* gilt ähnliches. Hier ist nun wieder eine genauere Denotatsbestimmung vorzunehmen, denn auch der Ausdruck *Semmel* ist im Norddeutschen durchaus bekannt, bezeichnet dort aber ein anderes Gebäck als im Süddeutschen. Bei *Guten Morgen, Guten Tag/Grüß Gott* verhält es sich wiederum etwas anders. Im Norddeutschen liegt ein Grußsystem nach anderen Gesichtspunkten vor als im Süddeutschen. Das heißt, wir vergleichen hier Ausdrücke, die erst in ihr System eingeordnet werden müssen. Aber auch hier gilt: Regional beschränkte Ausdrücke werden nur dann in anderen Bereichen verwendet, wenn sie offensichtlich ein Lokalkolorit erzielen sollen, sonst aber sind sie unmarkiert. Aber vom Gesamtsystem des Deutschen betrachtet tragen sie selbstverständlich zur Stilwertbildung bei: Sie summieren die Stilwerte von Texten mit regionaler Geltung.

Ähnliches zeigt sich bei den Verabschiedungsformeln. Auch sie sind hochgradig stereotypisiert, vor allem sind sie im deutschen Sprachgebiet regional gebunden. So ist im ganzen deutschen Sprachgebiet *Auf Wiedersehen* möglich, im Norden gilt ferner *mach's gut, machen Sie's gut*, besonders aber *tschüss*. Gegen das Vordringen dieses Wortes gibt es streckenweise großen Widerstand. So hat im Februar 2006 der Vorsitzende des „Fördervereins Bairisch" die Gemeinde Gotzing im oberbayerischen Kreis Miesbach zur „Tschüssfreien Zone" erklärt und ein Pseudoverkehrsschild am Ortseingang mit diesem Spruch aufgestellt (was er am Tage darauf aber auf Weisung der Verkehrsbehörde wieder entfernen musste). Die Passauer Neue Presse berichtete am 24.2. 2006, S. 46 über diesen Sprachstreit und zitiert den Initiator: „In Bayern seien allein ‚Pfüad di', ‚Habe die Ehre' oder ‚Servus' beim Verabschieden üblich, schrieb er seinen Landsleuten ins Stammbuch." Da werden allerdings bereits die bayerischen Franken und teilweise auch die Schwaben vergessen, die sich mit *ade* verabschieden.

In jedem Fall zeigt sich hier, dass die Wahl eines regional gebundenen Ausdrucks in dieser Region einen Stilwert abgibt, Abweichungen davon werden als Verstöße empfunden und sanktioniert. Regionale Dubletten lassen sich stiltheoretisch als kollektiv verbindliche Wahlentscheidungen verstehen, bei deren Abwahl starke Stileffekte entstehen, die im Allgemeinen nicht akzeptiert werden.

3.3 Stilwerte und Stileffekte bei zeitverschobenen Ausdrücken

3.3.1 Archaismen, Historismen und Anachronismen

Als Ersatzausdrücke des „treffenden Wortes" stehen auf der x-Achse des Schemas nach links, das heißt zeitlich rückwärts gerechnet, mehrere Möglichkeiten zur

Verfügung. Anstelle des passenden Wortes kann das veraltete oder veraltende genommen werden, zum Beispiel:

Trottoir statt *Bürgersteig*, *Füllfederhalter* statt *Füller*, *Chaiselongue* statt *Sofa*.

In diesen Fällen handelt es sich um **Archaismen**. Der resultierende Stileffekt ist altertümelnd.

Auch hier ist es so, dass Synonymie „über die Zeiten hinweg" nur als ‚partielle' verstanden werden darf: Denn es sind die Dinge und Sachverhalte, die sich in den meisten Fällen geändert haben. Der andere – stilistisch nicht relevante, kulturhistorisch jedoch interessante – Fall ist der, dass die Bezeichnung bleibt, die Sache sich ändert. So ist unser Wortschatz ja ein Thesaurus der Kulturgeschichte: der *Federhalter* zeigt noch seine Herkunft: Es gibt ihn seit dem Mittelalter. Dass der *Hammer* und das *Messer* ursprünglich Steinwerkzeuge waren, also aus der Steinzeit stammen, weiß dagegen nur der Etymologe. (*Hammer* ist mit slaw. *kamen* verwandt, das ‚Stein' bedeutet; in *Messer*, germ. *mati-sahs, ‚Fleisch-Schneidewerkzeug', ist der zweite Wortteil mit lat. *saxum* ‚Stein, Fels' verwandt.)

Andere als solche erkennbaren Archaismen haben den Stileffekt des Feierlichen: *Ich ersuche Sie*, statt *Ich bitte Sie*. Altertümlichkeit oder Feierlichkeit kann auch zu parodistischen Zwecken eingesetzt werden: *Sintemal – schier – selbander – teutsch*.

Die **Historismen** haben eine ganz andere Funktion: Sie sind in entsprechenden (Beschreibungs-, Erzähl- und argumentativen) Texten Ausdrücke, die Zeitkolorit geben, und zwar ein gleichsam natürliches. In den Fällen, wo sie das ‚zeitlich treffende Wort' sind, für das kein synonymer gegenwärtiger Ausdruck zur Verfügung steht, muss ihnen auch die Erzielung von Stileffekten abgesprochen werden. So sind in Berichten über die französische Revolution *Guillotine*, in Beschreibungen mittelalterlicher Verhältnisse *Lehnsmann*, *Vasall*, in Abhandlungen über die Nazizeit *Gauleiter*, *Rottenführer*, *HJ*, *Jungvolk* usw. treffende Wörter. Deswegen ist auch die ‚synchrone' Beschreibung anderer gesellschaftlicher oder politischer Zustände systematisch gleichartig aufzufassen: die *Knesseth*, das *Folketing*, der *Ombudsmann* sind Bezeichnungen für staatliche Institutionen fremder Länder, die ‚treffend' sind – sie müssten sonst durch einen zwar ähnlichen, aber die Sachverhältnisse eben nicht ganz genau bezeichnenden Ausdruck umschrieben werden.

Historismen erzielen immer dann Stileffekte, wenn sie offensichtlich um des Zeitkolorits willen eingesetzt werden. So finden sich im Eingangskapitel von Thomas Manns ‚Lotte in Weimar' Ausdrücke wie *Frauenzimmer* (= *Damen*), *Kammerkatze* (= *Kammermädchen*), *Schwager* (*Postillion*), *jetzo* (= *jetzt*), die so zu beurteilen sind. Die in der gleichen Passage vorkommenden Wörter *Zofe*, *Hausknecht*, *Zimmerkellner*, *Portchaise* sind anders zu deuten: Es sind ebenfalls Historismen, aber solche, die nicht ersetzbar sind.

Schließlich die **Anachronismen**:

In Walter Kempowskis Roman ‚Aus großer Zeit' heißt es über ein Bild, das Jesus bei der Austreibung der Wechsler aus dem Tempel zeigt:

> Das viele Geld, das von den Tischen rollt, tut einem direkt leid, und: daß sie sich nicht wehren, diese sehr kräftig geratenen Wechslertypen mit den dunklen Bärten, und daß der milde Jesus derart in Rage gerät, das wundert einen. (Walter Kempowski, Aus großer Zeit, S. 37)

In Rage geraten oder, wie beim nächsten Beleg, der den Kaiserbesuch in Warnemünde im Jahre 1903 schildert, *mit harten Bandagen kämpfen*, sind Ausdrucksweisen, die um 1900 noch nicht gebräuchlich waren:

> Jeder hatte Angst, ihm könnte der Kaiser entgehen. Es wurde mit harten Bandagen gekämpft, so würde man heute sagen. (Walter Kempowski, Aus großer Zeit, S. 68)

Diese letztere, linguistische, Qualifikation sparen sich die Schriftsteller natürlich meist (mit gutem Grund).

Archaismen finden sich nicht nur in der Literatur. In einem Artikel eines Wochenblattes über Lucas Cranach, „den Maler der Reformation", kann man lesen: *Der weise [Kurfürst] Friedrich [...] wollte sein aufstrebendes Land auch kulturell in Schwung bringen, wovon die Uni-Gründung in Wittenberg zeugt.* [...] *Eine ideale Chance für den ehrgeizigen und flexiblen Aufsteiger Lucas Cranach.* [...] *Seit 1519 war der erfolgreiche Wirtschafts-Migrant auch im Stadtrat.* (Sonntagsblatt, 25. 2. 2007, S. 5) Die Ausdrücke *Uni-Gründung*, *flexibler Aufsteiger* und *Wirtschafts-Migrant* sind für die Beschreibung von Verhältnissen des 16. Jahrhunderts „unpassende", aber dadurch umso wirkungsvollere Ausdrücke.

Anachronismen sind also zeitverschobene, jedoch passende Ausdrücke nach rückwärts, und doch andererseits wiederum „vorausweisend". Sie haben den Status, den Neologismen heute haben. Dafür einige Beispiele aus der „Bänkelballade von Kaiser Nero" von Erich Weinert, die auch Riesel/Schendels (1975, S. 71) anführen:

> Der Kaiser Nero saß an voller Tafel,
> Doch ohne Appetit und sorgenvoll.
> Er klingelte nach seiner Leibschutzstaffel
> Und sprach: „Ich weiß nicht, was das werden soll!
> Gefährlich agitieren diese Christen,
> Doch jetzt ist Schluss mit diesen Kommunisten!
> [...]
> Und morgen ist es jedem klar,
> Dass das die Untermenschheit war."
> [...]
> Jetzt heißt die Losung: Rom erwache!
> Schon heute ist es jedem klar,
> Dass das ein Werk der Christen war."
> [...]
> O Nero, das geht nicht gut aus,
> Denn schließlich kommt es doch mal raus!
> Trotz Schutzhaft und Zensurbehörden

> Kann's doch nicht mehr verheimlicht werden.
> Man flüstert schon in jeder Bar:
> Ob das nicht Nero selber war?" (www.politikforum.de, 16. 5. 2007)

Ausdrücke wie *Leibschutzstaffel, Kommunisten, Untermenschheit, Rom erwache* spielen auf den Terror der Nationalsozialisten an. Zeitkritik ist generell sehr oft die Funktion der Anachronismen.

3.3.2 Modewörter und Neologismen

Die gegenläufige Bewegung zu den nach rückwärts zeitverschobenen Wörtern stellen die der Zeitachse gleichsam vorauslaufenden dar, die **Modewörter** und **Neologismen**, bei denen die Integrierung ins System noch nicht abgeschlossen ist.

Mit **Modewörtern** sind modische Ausdrucksweisen gemeint, die hochaktuell sind, also sich bereits voll im Umlauf befinden, aber in ihrer Neuartigkeit, Abweichung und Allgegenwärtigkeit von der Sprechergemeinschaft vielfach kritisch beurteilt werden. Für die Fülle des auf diesem Gebiet zu Beobachtenden seien zwei Auszüge aus aktuellen Internetlisten mit modischen Wörtern und Fügungen angeführt:

Wörter:

> Corporate Identity, flexible Fertigung, Ganzheitlichkeit, Gestaltungskompetenz, Lernfeld, Projekt, Schlüssselqualifikation, Strukturorientierte Didaktik
>
> (www.learn-line.nrw.de, 23. 5. 2007)
>
> Atemberaubend, aufzeigen, auslasten, Ausmaß, auswerten, authentisch, bedingen, Befindlichkeit, beispielhaft, bombensicher, brutalstmöglich, schick, darstellen, durchführen (eine Maßnahme durchführen), Ebene (auf Länderebene), echt, eminent, erneut, Faktor, fieberhaft, Fingerspitzengefühl, fraglos, Fremdbestimmung, fungieren, Gespräch (die Politiker führten ein angeregtes Gespräch), Gespür, Gewinnwarnung (Warnung vor einem Gewinn?), hemmungslos, hinterfragen, hochspielen, hundertprozentig, keinerlei, eine Lawine (der Hilfsbereitschaft usw.), legitim, Masche (Eigenart), nachbessern, neuzeitlich, phänomenal, praktikabel, preisgünstig, prominent, richtig gehend, schmissig, Sektor, Stellenwert, tätigen, tiefschürfend, sich umstellen, unabdingbar, untragbar, verankern, vertieft, vollinhaltlich.

Wendungen:

> Das Beispiel, das sich bietet; es geht ihm blendend; Brustton der Überzeugung; etwas dahingestellt sein lassen; etwas erhärten; Fakt ist ...; ein Fingerzeichen für etwas sein; es liegt auf der Hand; Hand in Hand mit etwas gehen; von der Hand weisen; in etwa; in erster Linie; eine Lücke ausfüllen; Mantel der Nächstenliebe; nicht drin sein (mehr ist nicht drin); echt in Ordnung; kein Raum, der für einen Gedanken bleibt; selten schön; auf jemanden zukommen; etwas ist von eigenem Reiz; eine Sache, der man Rechnung trägt; verhaftet sein in etwas; ein Versprechen, das man einlöst; bloßer Verstand; nackte Wahrheit; wissen um; ein Zeichen von etwas sein. (juttas-schreibtipps.blogspot.com/2006_07_01)

Weitere wären z.B.: *Das hat mich echt gefreut. Ich denke mal. Das ist jetzt angesagt. Das ist in.*

Diese Listen ließen sich beliebig verlängern. Wie man sieht, ist das hier Angeführte sehr heterogen, zum Teil sind Ausdrucksweisen genannt, die schon länger im Deutschen üblich sind. In jedem Fall geben die Wörter und Wendungen starke Stileffekte ab, was allein schon dadurch zu Tage tritt, dass sie in unzähligen Sprachglossen und kritischen Beiträgen immer wieder angeführt werden.

Zu den Modewörtern sind auch viele der von der Gesellschaft für deutsche Sprache gekürten „Wörter des Jahres" zu rechnen, etwa *Fanmeile* (2006), *Reformstau* (1997) oder *Sparpaket* (1996).

Bei den Modewörtern ist im Schema (S. 62) ein gestrichelter Pfeil von „anderen Funktionalstilen" her gezeichnet. Das soll bedeuten: die Modewörter sind in vielen, wenn nicht in den meisten Fällen Ausdrücke aus Funktionalstilen mit hohem und/oder aktuellem Prestige-Wert. Das eine Sachlage schlagend bezeichnende Wort ist ja immer ein solches, das sozusagen in seinen allseitigen Zusammenhängen „richtig" eingesetzt ist. Deswegen sollte man mit der Kritik an den Modewörtern zunächst auch vorsichtig sein. Denn die allgemeine Stilanforderung der Angemessenheit wird durch Anschaulichkeit und Einheitlichkeit ergänzt. Wer ein Modewort verwendet, verhält sich also zunächst so, dass er damit sein Wissen um die Aktualität eines Ausdrucks dokumentiert. Erst danach (wenn man das akzeptiert hat), sollte Kritik einsetzen: Durch Häufung verstoßen Modewörter gegen das Prinzip der Variation. Dadurch, dass sie Stileffekte erzielen, müssen sie von vornherein mit einer gewissen **Sparsamkeit** verwendet werden. Was die Ausdrücke mit hohem Prestige-Wert betrifft, so wandeln sich die Herkunftsbereiche. Man darf nicht vergessen, dass nach Verblassen der Herkunft ein Ausdruck ja nur noch Stilwerte aufweist oder aber sogar gänzlich neutral ist. Denn alle Ausdrücke sind einmal neu, also in gewissem Sinne Modewörter. Die Prestige-Bereiche sind häufig Wissenschaftsdisziplinen. So war es vor einiger Zeit die Politologie mit Ausdrücken wie: *frei*, *Freiheit*, die im gebrauchssprachlichen Bereich so verwendet werden: *Klingel dich frei* (Werbeslogan) oder *Freie Fahrt für freie Bürger* (Verbandsslogan). Danach folgte die Soziologie: *Gruppe*, *Vergesellschaftung*, *Kontakt*. Gegenwärtig ist anscheinend die Verhaltensforschung die Prestige-Wissenschaft schlechthin und hat Ausdrücke abgegeben wie: *Stress*, *Anpassung*, *Verhalten*, *Bedürfnisse*, die in den unterschiedlichsten Zusammenhängen verwendet werden.

> *Er steht unter Stress. Die Partei X ist total angepasst. Die Politik muss sich auf die Bedürfnisse der Bürger einstellen.*

Die eigentlichen **Neologismen** dagegen sind meist aus einem echten Bezeichnungsnotstand geboren. Sie sind deswegen auch präziser als die Modewörter: *Kosmonaut*, *Astronaut*, *Drehzahlmesser*, *Flugsicherung*. Andere Neologismen, bei denen der ‚Modewortcharakter' auch naheliegt, sind etwa: *Supermarkt*, *Haarspray*, *Paperback*, *Hobby*, *Show*. Im Nachhinein lässt sich oft erkennen, wie kurzlebig Modewörter waren. Ausdrücke wie *Warmduscher*, *Geld-in-die-Parkuhr-Stecker* oder *Generation Golf*, die um das Jahr 2000 in aller Munde waren, sind schon wieder am Veralten.

Der Unterschied zwischen Modewörtern und Neologismen lässt sich so fassen, dass die Neologismen in den Wortbestand, d.h. in das System bereits gerade eingegangen sind, die Modewörter aber trotz ihrer häufigen Verwendung noch nicht. Die Abgrenzung ist schwierig, unter stilistischer Perspektive aber nicht so erheblich. Ein Beispiel: Das Modewort *Peanuts*, ein „Unwort" des Jahres 1994, kann in der abfälligen Bedeutung ‚Kleinigkeit für Wohlhabende' inzwischen als in den Bestand des Deutschen eingegangen aufgefasst werden. Es gibt aber immer noch einen merklichen Stileffekt ab, weil der Bezug auf die Prägesituation noch gegenwärtig ist, d.h. man spürt noch die „Übertragung", die Abweichung, bzw. das Zitat. Außerdem ist es ein Fremdwort, das seine Herkunft noch deutlich zu erkennen gibt.

Fremdwörter sind Ausdrücke, die aus anderen Kultur- oder Nationalsprachen stammen. Sie haben im Augenblick der Übernahme den Status der Neologismen oder gar der Modewörter. Mit ihren Koloriten erzielen sie Stileffekte. Nach der Integration in einen Verwendungsbereich werden sie wie Wörter des Deutschen behandelt. Sie werden ja auch zum Beispiel morphologisch angeglichen, Substantive bekommen stets einen Artikel. Bei längeren Zeiträumen können sie sich auch lautlich angleichen. Sie werden dann zu Lehnwörtern. So sind sie in den meisten Fällen also zumindest mit Färbung behaftet und erzielen Stilwerte, wenn andere Ausdrücke bereitliegen. Zum Beispiel: *Supermarkt* (neutral: *Laden*), *Paperback* (neutral: *Taschenbuch*). Vielleicht gehört *Show* hierher, das außerordentlich häufig ist. Doch gibt es auch noch Synonyme dazu: etwa *Veranstaltung* oder *Vorstellung*. Vielfach werden solche Wörter schnell stilneutral, weil sie in ihrem Wortfeld neutral sind oder sich kein anderer Ausdruck anbietet, was etwa bei *Alarm*, *Haarspray*, *Tendenz* oder *Klasse* der Fall ist. Dann liegt Stilneutralität durch Systemzwang vor, es lässt sich kein Synonym finden. Bei einem Wort wie *Hobby* übrigens ist das Synonym *Steckenpferd* sicher nur noch literarisch oder als Archaismus verwendbar. Deswegen ist *Hobby* unmarkiert durch Systemneutralisierung.

Um die Wahlkategorien insgesamt noch einmal zu verdeutlichen, sollen aus dem Bereich der Substantive die Bezeichnungen für das ‚Automobil' und für ‚Jugendliche' herausgegriffen werden: Hier lässt sich gut beobachten, dass Stileffekte auch noch auf andere Weise als durch den Abruf aus einem anderen Funktionalstil erzielt werden können.

1. ***Auto*** ist im Wortfeld ‚Automobil' das neutrale Wort. Wenn es gewählt wird, ist das System neutralisiert. *Kfz* ist behördensprachlich, *Wagen* ‚gehoben, veraltet', *Kiste* umgangssprachlich. Man könnte das gesamte Wortfeld durchsehen und würde vor allem folgendes finden: Die Synonymenreihe ist hier besonders in der Umgangssprache reich besetzt: *Karre*, *Kalesche*, *fahrbarer Untersatz*, *Schlitten*. Es finden sich archaische Ausdrücke: *Kutsche*, *Wagen* und neue Bezeichnungen: *Flitzer*, *Rennwagen*. Auch diese geben einen Stileffekt ab. Denn die Geltung des Systems wird immer synchron erwartet. Dies gilt nach rückwärts und nach vorwärts. Für beides haben wir ein gutes Gespür: Veraltete Ausdrücke sind markiert, weil sie als *nicht mehr* zum funktionierenden System gehörig empfunden werden, neue Ausdrücke dagegen, weil sie *noch nicht* ins System integriert sind. Sie haben nur die Option aufs System. Die Verteilung von solchen der Zeitachse nach- oder

vorauslaufenden Ausdrücken ist aber nicht symmetrisch. Einmal finden sich Archaismen meist viel seltener als neue Modeausdrücke. Zum andern lässt der Funktionalstil der Umgangssprache eher Modeausdrücke zu als z.B. der Wissenschaftsstil, dieser toleriert dafür eher Archaismen.

2. Bei den Bezeichnungen für die **Jugendlichen** zeigt sich folgendes: *Heranwachsende, Teenager, Teens, Kids* werden für beide Geschlechter verwendet; *Mädchen, Girl, Dirndl, Deern* für die weiblichen; *Junge, Boy, Bub, Bursch* für die männlichen Jugendlichen. Dabei lässt sich feststellen, dass *Kids* in der Werbesprache dominiert, damit wäre das Wort stilistisch bereits ausreichend bewertet: In der Werbesprache gibt es einen Stilwert ab, überall sonst aber einen Stileffekt. Dass es ein fremdsprachliches Wort ist, wäre nur relevant, wenn es überall gleichmäßig vorkäme. Interessanter ist unter stilistischer Perspektive weiter: Unter den veraltenden Bezeichnungen für *Mädchen* finden sich auch *Backfisch* und *Gör.* Diese Ausdrücke werden von der jüngeren Generation nicht mehr verwendet, ja z.T. gar nicht mehr verstanden. In einem Artikel in der Süddeutschen Zeitung vom 14./15. Juni 2003, S. 13, heißt es: „Als die Schauspielerin Uschi Glas noch nicht berühmt, sondern nur ein braunhäutiges niederbayrisches Gör war, las sie wie alle niederbayrischen Gören heimlich *Bravo*." Da das Wort *Gör* bereits ein Archaismus ist, gibt es einen Stileffekt ab, und zwar hier einen, den auch die Historismen erzielen: Es vermittelt das Zeitkolorit der sechziger Jahre. Nahegelegen hätte es im Übrigen, hier ein Lokalkolorit zu evozieren, dazu hätte der Verfasser *Dirndl* wählen können. Das tut er aber nicht. Hätte er *Girl* gewählt, wäre der Stileffekt genauso wenig kontrollierbar gewesen, wie wenn er das norddeutsche *Deern* genommen hätte. Die Suchrichtung für die Interpretation wäre unklar gewesen: Weltoffenheit, Modernität bei *Girl* – wohl eher nicht – *Deern* schon gar nicht, denn Uschi Glas ist eine prototypische Süddeutsche. *Girl* wäre zudem als Anachronismus zu interpretieren, in den sechziger Jahren ist das Wort noch kein gängiger Ausdruck im Deutschen. Anachronismen sind, wie oben ausgeführt, Ausdrucksweisen, die für vergangene Zeiträume Ausdrücke aktivieren, die dort noch nicht aktuell sind.

3.3.3 Weitere Ersetzungsmöglichkeiten

Individualismen werden auch als Okkasionalismen oder **Gelegenheitsbildungen** bezeichnet. Sie sind in das System aufgenommen worden, weil hier z.B. alle spontanen Wortbildungen untergebracht werden können, wofür hier nur einige Beispiele für die im Deutschen bildbaren Wortgruppen-Lexeme aus der Werbungssprache angeführt werden sollen. Sie werden in der Arbeit von Krieg (2005, S.63f.) angeführt und weiter analysiert: *Wo-ich-schon-immer-mal-hinwollte-Paket*; *„Verbessern Sie Ihre Rente"-Idee*, *Handwasch-Öl*, *Feinfühl-Technik*.

Die weiteren Zugriffsebenen des Schemas liegen darstellungstechnisch in der dritten Dimension, d.h. bei ihnen werden die einfachen linearen Wahl- oder Ersetzungsmöglichkeiten der Ausdrucksweisen verlassen und es wird in umfassendere Register ausgegriffen. Mit den **Stilfiguren** werden universal gültige Ausdrucksweisen aktiviert, die als formale Hüllen von Inhalten zum Traditionsbestand einer Kulturgemeinschaft gehören. Ihnen ist das Kapitel 6 gewidmet.

Sprichwörter, **Zitate** und **Anspielungen** sind inhaltlich gefüllte Ausdruckshülsen, die ebenfalls aus dem tradierten Bestand einer Kulturgemeinschaft genommen werden und jeweils konkrete Vorformulierungen darstellen. Ihre Verwendung setzt bei den Rezipienten die Kenntnis voraus. Sie können also auch ins Leere gehen, wenn die Kenntnis fälschlicherweise unterstellt wird. Dies ist besonders bei Zitaten der Fall. Mit Zitaten wird auch gerne gespielt, und ironische und kontradiktorische Abwandlungen sind ein gern geübtes Verfahren, die mit dem reinen Zitat notwendig gegebene Bildungsbeflissenheit abzuwandeln oder gar zu verkehren, auf jeden Fall aber zu ironisieren. Solche Beispiele sind etwa: *Die Axt im Haus erspart die Ehescheidung. Aller Anfang ist schwer, sagte der Dieb und stahl einen Amboss*. Der spielerische Charakter stilistischer Maßnahmen kommt hier besonders gut zum Tragen.

Zitate und Anspielungen werden gern miteinander verbunden und repräsentieren dann traditionelle und progressive Strömungen zugleich. Zitate werden durch ihre Verwendung in aktuellen Texten verlebendigt, Anspielungen, vor allem auf modische Ausdrucksweisen, sind subtiler in der Wirkung, weil sie die Ausdrucksweisen gleichsam nur indirekt anführen. In jedem Fall geben sie Stileffekte ab und sind damit sehr wirkungsvolle Mittel.

Dafür sei zum Abschluss dieses Kapitels ein Beispiel angeführt, in dem das Wechselspiel der stilistischen Maßnahmen gut zu erkennen ist. In einem Artikel mit der Überschrift *Übel mitgespielt* geht die Süddeutsche Zeitung (22. 2. 2006, S. 11) auf den Frankfurter Theater-Eklat ein, bei dem ein Schauspieler dem Theaterkritiker während der Aufführung das Notizbuch entrissen hatte und wegen dieser Entgleisung von der Theaterleitung entlassen worden war. Die Überschrift ist doppelbödig: Sie nimmt den Phraseologismus ‚jemandem übel mitspielen' wörtlich in der Anwendung auf das Theaterspiel. Eine Zwischenüberschrift spricht vom *Spiralblock der Gewalt* und spielt damit ironisch auf die *Gewaltspirale* an, eine verbreitete modisch-aktuelle Ausdrucksweise. Der beleidigte Kritiker tritt *ins publizistische Rampenlicht*, wird also zum Mitspieler in dieser Tragikomödie. Der Schauspieler andererseits wird mit *Solidaritätsadressen* zu einem *Märtyrer der Kunstfreiheit* und ein anderes Theater *surft auf dem PR-Trittbrett des Vorfalls.* Weiter heißt es: *Das sind eklatante Beispiele einer gespenstischen Tätereinfühlung.* Damit wird die ebenfalls modisch gewendete Täter-Opfer-Debatte assoziiert. Und wenn der Berliner Kultursenator Christoph Stölzl mit den Worten zitiert wird: *Es gehöre zur „Grundvereinbarung" des Theaters, dass Zuschauer „unbehelligt" bleiben* und der Schreiber des Artikels dies mit den Worten kommentiert *Stölzl spricht ein triviales Wort gelassen aus* wird die Banalität dieser Äußerung durch das abgewandelte Goethe-Zitat (*Du sprichst ein großes Wort gelassen aus* aus der ‚Iphigenie') besonders überzeugend zum Ausdruck gebracht. Das Fazit des Autors *dass die*

Bretter nicht die Welt sind, sondern sie nur bedeuten, unterstreicht mit einem Schiller-Zitat die Aussage noch einmal effektiv.

Zusammenfassung

In diesem Kapitel wurde die Schichtung des Wortschatzes nach stilistischen Kategorien erarbeitet. Danach bilden neutrale Wörter, die in allen Bereichen der Sprache vorkommen können, die Grundschicht, auf der sich Wörter abheben, die Stilwerte abgeben, weil sie damit einen bestimmten Vorkommensbereich markieren. Aber erst Wörter, mit denen sich Stileffekte erzielen lassen, sind im eigentlichen Sinne stilistisch auffällig. Sie zeigen individuelle kommunikative Absichten an und müssen im Einklang mit dem Inhalt der Texte oder Diskurse stehen, in denen sie vorkommen. Sie zeigen aber auch deutlich, dass die Stilistik eine bewertende, evaluative Wissenschaftsdisziplin ist, denn die Beurteilung der stilistischen Wirkung eines Textes ergibt sich nicht automatisch.

Was für den Wortschatz gilt, betrifft auch größere sprachliche Komplexe. Alle Einzelbewertungen müssen durch Bezug auf den konkreten Text abgesichert werden.

Weiterführende Literatur: Die Bewertung des Wortschatzes und größerer sprachlicher Einheiten spielt in so gut wie allen Arbeiten zur Stilistik eine große Rolle. Ältere Stilistiken enthalten wertvolles Material **(Engel 1914, Reiners 1976)**, sichern die Analysen allerdings zu wenig durch Bezug auf umgreifende Kategorien ab. **Sowinski (1988)** behandelt ebenfalls viele Einzelheiten, die er in einen größeren Rahmen stellt. **Sandig (2006**, S. 54–69**)** diskutiert die generelle Stilstruktur des Wortschatzes unter Bezug auf Merkmalsbündel. Neologismen der 90er Jahre sind bei **Herberg/Kinne/Steffens (2004)** gesammelt und kommentiert.

4 Vertextungsstrategien

4.1 Textuelle Analyseraster

Für alle stilistischen Bewertungen ist letztlich der Text oder der Diskurs als **umfassende Einheit** die maßgebliche Instanz. Texte und Diskurse sind wie Sätze und ihre paradigmatischen Varianten, die „Kommunikativen Minimaleinheiten" (vgl. Zifonun/Hoffmann/Strecker 1997, S. 85–92), vor allem die verblosen, die Grundlage, auf der sich die stilrelevanten Phänomene entfalten können.

Textologisches gehört wie Syntaktisches, Morphologisches und alle weiteren sprachlichen Kategorien zu dem Potential, das als normgerechtes oder systematisch vorgegebenes in eine individuelle stilistische Strategie einzubeziehen ist und nicht „abgewählt" werden kann. In den meisten Fällen kann z.B. nicht eine beliebige Textsorte gewählt werden, sondern es muss die in einer kommunikativen Situation obligatorisch verbindliche genommen werden. Dies gilt etwa für Textsorten wie die folgenden: den Behördenbrief, das Telefonat mit einer Verwandten oder die Antwort auf eine SMS. Damit sind die je spezifischen Regularitäten, auch die ganz äußerlichen, für den Beginn, die Länge und das Ende vorgegeben. Textsorten lassen sich als Feingliederungen von Funktionalstilen auffassen. Dieses normativ-funktionale Raster wird in Kapitel 5 genauer dargestellt. Zunächst muss ein anderer Beschreibungszugriff behandelt werden, der der normativ-konventionellen Seite der Sprache vorausliegt, ein weitgehend universales Raster nämlich, das der Systemseite der Sprache näher ist, also textologisch im eigentlichen Sinne zu begründen ist. Gemeint sind hier die sogenannten „Vertextungsstrategien". Sie werden auch als „Textmuster" oder „Vertextungsmuster" bezeichnet (Heinemann 2000a und Hausendorf 2000). In der Stilistik von Fleischer und Michel (1975, S. 268–300) werden sie „Darstellungsarten" genannt. Mit den Vertextungsstrategien befinden wir uns auf einer sprachlichen Ebene, die globale Handlungsregularitäten betrifft.

Auch die **Konversationspostulate** von Grice (1975) formulieren bekanntlich allgemeine Anforderungen für das Gelingen der Kommunikation. Die Konversationspostulate (Konversationsmaximen) sind auch für die Stilistik wichtig. Grice fordert:

1. Mache deinen Gesprächsbeitrag so informativ wie nötig.
2. Mache ihn so, dass er wahr ist.
3. Sage nur Relevantes.
4. Vermeide Unklarheiten, Mehrdeutigkeiten, Weitschweifigkeiten und Ungeordnetheit.

Aus der ersten Maxime folgt, dass ein Redebeitrag nicht informativer als nötig sein soll. Die Maximen drei und vier formulieren dies weiter aus. Aus der Sicht der

Stilistik ist aber in jedem Einzelfall zu fragen, ob nicht „Zusätzliches" auch eine Funktion für die Aufnahme eines Gesprächsbeitrages oder eines Textes hat. Dabei wird Analysearbeit von den Rezipienten verlangt, indem sie die gewählten Formen auf den Inhalt der übermittelten Nachricht zu beziehen haben.

Die Konversationsmaximen formulieren allgemeine sprachliche Anforderungen. Die Vertextungsstrategien sind dagegen konkreter auf sprachliche Muster bezogen, vor allem sind sie paradigmatisch differenziert, indem sie *unterschiedliche* Zugriffsmöglichkeiten für die Textbildung bereitstellen, mit denen kommunikative Aufgaben zu bewältigen sind. Sie lassen sich auch nicht strikt regelhaft fixieren, sondern geben Präferenzen dafür ab (Heinemann 2000, S. 357). Und schließlich stellen sie generelle Muster für die „Versprachlichung der Welt" dar, indem sie auf die Grundleistung der menschlichen Sprache abheben. Sie sind damit auch sprachphilosophisch von Belang.

Ansetzen lässt sich bei den Überlegungen von Werlich (1975), die in der Textlinguistik auf große Resonanz gestoßen sind (vgl. z.B. de Beaugrande/Dressler 1981, S. 188–215, Eroms 1983, Brinker 2006, Kapitel 3).

Nach Werlich lassen sich alle Texte fünf verschiedenen **Typen** zuweisen. Diese sind

Narration, Deskription, Argumentation, Exposition, Instruktion

Diese Aufgliederung ist motiviert durch **wahrnehmungspsychologische Grundkonstellationen**: Der Sprecher oder Schreiber will beim Erzählen das Wahrgenommene weitergeben, ebenso beim Beschreiben; doch bezieht sich das Erzählen auf Abläufe in der Zeit, das Beschreiben auf Raumkoordinaten, auf Statisches. Beim Argumentieren will er das Wahrgenommene beim Rezipienten gleichsam umgesetzt haben durch rational nachvollziehbare Operationen. Beim Anweisen wird auf diese rationale Operation verzichtet. Beim Exponieren beschränkt man sich auf das Erklären.

Die fünf angesetzten Typen lassen sich nun noch jeweils unterteilen in objektive und subjektive Arten, so dass es zehn Grundformen für die Textbildung gibt. Das ist eine idealtypische Aufgliederung und damit auch eine idealtypische Textsortenlehre. Denn die oben genannten gebrauchssprachlichen Textsorten wie der Behördenbrief, das Telefongespräch und die SMS oder solche anspruchsvollen wie die Novelle, der Leitartikel oder die Rezension werden diesen Typen zugewiesen, oder etwas realistischer: es wird der jeweilige dominante Texttyp in ihnen aufgesucht.

Unter stilistischem Aspekt ist es wichtig, ob in einem beliebigen Text ein bestimmtes sprachliches Element stilneutral ist, ob es einen Stilwert aufweist oder aber ob es Stileffekte bewirkt, wie es im vorangegangenen Kapitel gezeigt worden ist.

Nun liegen den Textsorten sicher die genannten Darstellungsarten voraus, die gleichsam eine Zwischeninstanz darstellen zwischen System und funktionalstilistischen oder textsortenspezifischen Regularitäten. Ihre Auswirkungen in den Texten betreffen primär **Stilwerte**. Wir erinnern uns: immer dann, wenn sich Varianten finden lassen, deren spezifische Auswahl erklärt werden kann, liegen Stilwerte vor. Da die Vertextungsstrategien idealtypische Muster sind, dürfen sie nicht allein und ausschließlich für die Bestimmung von Stilwerten herangezogen werden.

Sie beziehen sich weiter auf grundlegende, recht abstrakte Mechanismen. Aber es sind solche, die in hohem Maße die **Konstanz** des Stils sichern. Nicht die Stileffekte sind es, die primär die Stilebene markieren, sondern die Stilwerte. Und bevor sie funktionalstilistisch, d.h. auf ihren realen kommunikativen Zweck hin, bestimmt werden, müssen die idealtypischen Grundbedingungen, die als Filter den funktionalstilistischen Auswirkungen vorgeschaltet sind, in ihrer Leistung betrachtet werden.

Die Vertextungsstrategien sind hierarchisch hochstehende Prinzipien für die Konstitution von Texten. Im Gegensatz etwa zu den Substitutionsbeziehungen, die als ausdrucksseitige Symptome für die Verkettung von Sätzen aufzufassen sind (woraus sich, wenn die jeweils vorherrschenden Typen untersucht werden, durchaus auch eine sinnvolle Textklassifikation ergeben kann), sind die Vertextungsstrategien **steuernde** Zugriffe, die Textpassagen oder ganze Texte prägen. So sind auch gattungsbezeichnende Ausdrücke wie ‚Erzählung', ‚Bildbeschreibung', ‚Beweis' und ‚Plädoyer' – diese beiden als spezielle Argumentationstexte – oder ‚Gebrauchsanweisung' gängig und jedermann verständlich. Das texttheoretisch Bedeutsame daran ist, dass damit nicht Sprechhandlungstypen oder deren Verkettungen gemeint sind. Sprechhandlungen sind an Sätze geknüpft. Der sprechhandlungstheoretische Weg führt nicht durch verrechnende Zusammenbindung der Satzillokutionen oder gar durch deren einfache Addition, gleichsam von unten, zu verschiedenen Textklassen oder zur Bestimmung der Intention eines Textexemplars. Der Weg führt von oben herunter; dabei sind die Vertextungsstrategien steuernde Zwischeninstanzen für den Bau von Textpassagen oder Texten. So können auch diskursive Appelle wie „*Erzähle* den Hergang des Unfalls" oder „*Beschreiben* Sie die Funktionsweise dieser Maschine" mit genauem Verständnis dessen rechnen, was mit solchen Aufforderungen gemeint ist. Etwas anderes ist es, ob sie dann adäquat befolgt werden. Eine jeweilige oberste Intention für das Erzählen, das Beschreiben, das Argumentieren und das Anweisen und auch das Erklären ergibt sich aus den je unterschiedlichen sprachlichen und nichtsprachlichen Daten einer kommunikativen Konstellation. Diese Bedingungen nun sind es auch, die die Vertextungsstrategien als virtuelle, als **ideale Muster** ausweisen. Nur in den seltensten Fällen wird ‚rein' erzählt, beschrieben, argumentiert oder angewiesen, aber solche ‚reinen' Fälle lassen sich für den Strukturvergleich herauslösen. Für die Wirkung der Texte ist es natürlich wichtiger, die jeweiligen Mischungsverhältnisse zu bestimmen und die damit unter Umständen verknüpften Intentionen zu erfassen und stilistisch zu bewerten.

Mit Werlich ist eine lückenlose Abdeckung aller Texte anzunehmen. In der Stilistik von Fleischer/Michel, in dem sich ein umfangreiches Kapitel „Darstellungsarten" findet, wird eine Beschränkung „auf Texte mit sachgerichteter Information" (Fleischer/Michel 1975, S. 271) vorgenommen. Es wird dort aber richtig und weiterführend der prozedurale und der rezeptive Charakter der Kommunikation durch eine terminologische Unterscheidung Darstellen und Darstellung getroffen und betont, dass es „idealtypische Teilstücke von Kommunikationsvorgängen" sind.

Es ist allerdings zu fragen, ob wirklich von fünf derartigen Darstellungsarten auszugehen ist, oder ob der Ansatz von vier Vertextungsstrategien ausreichend ist. Letzteres führt zu einer Vereinfachung: das Erklären, die Exposition, lässt sich auch als eine Unterart des Beschreibens begreifen mit einer speziellen Variante, die dem Argumentieren verwandt ist. Darauf wird bei der Behandlung des Beschreibens noch näher einzugehen sein.

Kohärente monologische Texte unterliegen somit dem folgenden Raster:

Erzählen
Beschreiben
Argumentieren
Anweisen

Das sind „Strategien der Vertextung", das heißt operative Maßnahmen, die die Zusammenbindung von Sätzen steuern. In vierfach unterschiedlicher Weise lässt sich die Wirklichkeit erfassen, abbilden und kommunikativ umsetzen. Archetypisch gesehen will man mit dem Erzählen Sachverhalte der Vergangenheit übermitteln, mit dem Beschreiben Dinge, Personen und Sachverhalte ohne zeitlichen Bezug in ihrem So-Sein abbilden. Mit dem Argumentieren will man rational den Rezipienten zu einer zukünftigen Handlung veranlassen, mit dem Anweisen einen simultanen Handlungsvollzug bewerkstelligen.

Diese vier Typen lassen sich in unterschiedlichen Textsorten als je *dominante* Strategien nachweisen. Damit ist bereits gesagt, dass es „reine" Formen kaum geben wird. Doch ist die Dominanz der Muster fast immer evident, wie gleich zu zeigen sein wird. Daneben aber gibt es Verschränkungen, die sich als „Einlagerungen" oder als „Kompensationen oder Umsetzungen" auffassen lassen.

Aus der archetypischen Bestimmung lassen sich zwei auffällige sprachliche Parameter ableiten, die sich für die strukturelle Differenzierung nutzen lassen: das **Tempus** und der **Verbgebrauch**.

Vertextungs-strategie	**Tempus**	**Funktion**	**Dominanter Verbgebrauch**	**Funktion**
Erzählen	Präteritum	Vergangenes evozieren	Geschehens- und Handlungsprädikate	Chronologische Geschehens-/ Handlungs-wiedergabe
Beschreiben	Präsens (Präteritum)	Zeitloses abbilden	Orientierungsprädikate	Topologische Orientierung/ Phänomen-erklärung
Argumentieren	Präsens (→ Futur)	Zukünftige Handlungen begründen	Logische Verknüpfungsprädikate	Handlungs-begründung
Anweisen	Präsens	Zu simultanen Handlungen auffordern	Handlungsprädikate	Handlungs-vollzug

Wenn die Phänomenbeschreibung und die Funktionserklärung stilistischer Gegebenheiten zwischen das ‚System' der Sprache und die konkreten Textsorten diesen Filter schaltet, dann lassen sich spezifische Textsortenbedingungen besser verstehen und in Zusammenhänge einbetten. Implizit sind derartige universale Überlegungen stets in die Stilistik eingegangen. Darauf gründen sich auch viele normative Aussagen. Es fehlen jedoch gerade Differenzierungen und Gegenüberstellungen von **paarweise vergleichbaren Vertextungsstrategien**, vor allem Unterschiede zwischen Erzählen und Beschreiben.

4.2 Deskriptive Muster: Erzählen und Beschreiben

4.2.1 Erzählen

Prototyp eines Erzähltextes ist das **Märchen**. Der erste Beispieltext weist die typischen Merkmale auf.

Rumpelstilzchen

Es war einmal ein Müller, der war arm, aber er hatte eine schöne Tochter. Nun traf es sich, daß er mit dem König zu sprechen kam, und um sich ein Ansehen zu geben, sagte er zu ihm: „Ich habe eine Tochter, die kann Stroh zu Gold spinnen." Der König sprach zum Müller: „Das ist eine Kunst, die mir wohl gefällt; wenn deine Tochter so geschickt ist, wie du sagst, so bring sie morgen in mein Schloß, da will ich sie auf die Probe stellen." Als nun das Mädchen zu ihm gebracht ward, führte er es in eine Kammer, die ganz voll Stroh lag, gab ihr Rad und Haspel und sprach: „Jetzt mache dich an die Arbeit, und wenn du diese Nacht durch bis morgen früh dieses Stroh nicht zu Gold versponnen hast, so mußt du sterben." Darauf schloß er die Kammer selbst zu, und sie blieb allein darin.

Da saß nun die arme Müllerstochter und wußte um ihr Leben keinen Rat: sie verstand gar nichts davon, wie man Stroh zu Gold spinnen konnte, und ihre Angst ward immer größer, daß sie endlich zu weinen anfing. Da ging auf einmal die Türe auf, und trat ein kleines Männchen

herein und sprach: „Guten Abend, Jungfer Müllerin, warum weint Sie so sehr?" „Ach", antwortete das Mädchen, „ich soll Stroh zu Gold spinnen und verstehe das nicht." Sprach das Männchen: „Was gibst du mir, wenn ich dir's spinne?" – „Mein Halsband", sagte das Mädchen. Das Männchen nahm das Halsband, setzte sich vor das Rädchen, und schnurr, schnurr, schnurr, dreimal gezogen, war die Spule voll. Dann steckte es eine andere auf, und schnurr, schnurr, schnurr, dreimal gezogen, war auch die zweite voll: und so ging's fort bis zum Morgen, da war alles Stroh versponnen, und alle Spulen waren voll Gold. Bei Sonnenaufgang kam schon der König, und als er das Gold erblickte, erstaunte er und freute sich, aber sein Herz ward nur noch goldgieriger. Er ließ die Müllerstochter in eine andere Kammer voll Stroh bringen, die noch viel größer war, und befahl ihr, das auch in einer Nacht zu spinnen, wenn ihr das Leben lieb wäre.
(Brüder Grimm, Kinder- und Hausmärchen, Band 1, S. 285 f.)

In diesem Text wird eine Begebenheit erzählt, die mit einer nur im Märchen begegnenden Schablone, *es war einmal*, aus einer fernen und sagenhaften Vergangenheit in die Gegenwart geholt wird. Das Tempus ist durchgängig Präteritum, Gesprochenes wird als wörtliche Rede im Präsens wiedergegeben. Die Sätze sind kurz und übersichtlich, die Handlung geht schrittweise voran, es gibt keine Raffungen und Einschübe. Elemente der gesprochenen Sprache, wie Partikeln (*ach*), lautmalerische Wörter in dreimaliger Wiederholung (*schnurr, schnurr, schnurr*) tragen zur Verlebendigung bei, gleichzeitig wird das Märchengenre damit weiter aktiviert, unterstützt durch archaische Ausdrucksweisen (*warum weint Sie so sehr? – ward*).

Auch Sagen, Berichte, Unfallmeldungen, Historische Abhandlungen „erzählen", allerdings mit jeweils anderer Intention, was sich an unterschiedlichen Einlagerungen und Verschränkungen zeigen lässt. Das Märchen ist selbstverständlich auch nicht ausschließlich als „zweckfreier" Erzähltext zu begreifen. Didaktische Absichten, Belehrungen können sehr wohl damit verbunden sein. Auch die Benennung zeitlos-archetypischer Verhaltensweisen oder von Handlungskonsequenzen kann das Märchen bezwecken. Dargestellt aber wird derartiges fast ausschließlich, indem Begebenheiten erzählt werden. Das obligatorische Erzähltempus ist im Deutschen bei schriftlichen Texten das **Präteritum**.

Innerhalb der Tempora, genauer: innerhalb der Tempora der Vergangenheit, ist das Präteritum heute gegenüber dem Perfekt allerdings markiert. In der gesprochenen Sprache wird das Präteritum zum großen Teil aufgegeben, und seine Funktionen werden durch das Perfekt übernommen. Ganz besonders gilt das für das Oberdeutsche, aber auch sonst ist im deutschen Sprachgebiet das Perfekt auf Kosten des Präteritums im Vordringen begriffen. Die Gründe dafür sind nicht nur morphologische, phonologische oder sonstige entwicklungsgeschichtliche Bedingungen des Deutschen, sondern solche, die gerade von der Stilistik aus angeführt werden können.

Das **Perfekt** aber, das hat vor allem Weinrich (1964) gezeigt, ist – zusammen mit dem Präsens – das Tempus der Stellungnahme, der „besprochenen Welt". Es ist das Tempus, mit dem das Engagement des Sprechers oder Erzählers signalisiert wird, während er beim Erzählen im Präteritum nach Weinrich „entspannt" ist. Solche Kategorien sind hochgradig stilistische Beschreibungskategorien. Da das

Erzählen, vor allem in der Alltagssprache, aber nicht immer „entspannt" vonstatten geht, wird aus textuellen Gründen das Perfekt genommen: Das Erzählte wird damit obligatorisch engagiert vorgetragen, weil in jedem Satz der Indikator „Engagement" mit dem Perfekt gegeben wird. Natürlich schleift sich das bald ab, und das Perfekt ist heute bereits in der gesprochenen Sprache das unmarkierte Erzähltempus geworden. Aber auch in elaborierten Erzähltexten begegnet es zunehmend. Ein Beispiel aus der jüngsten deutschen Prosa soll das belegen:

> Am Freitag vor Pfingsten hat sich der Stau am Gotthard in Grenzen gehalten, ich bin schon gegen sechs hier angekommen, habe wie üblich zuerst den Wasserhahn aufgedreht, die Sicherungsschalter gekippt, Boiler und Kühlschrank angestellt und mich dann kalt geduscht. Wie üblich habe ich die leeren Flaschen, die mein Anwaltskollege und Miteigentümer des Hauses an Ostern hier zurückgelassen hat, entsorgt. Ein Feuer im Kamin zu machen hat sich nicht aufgedrängt, der Juniabend war lau. (Markus Werner, Am Hang, S. 7)

Dagegen steht der gesamte Märchentext ausnahmslos im Präteritum. Andere Erzähltexte beginnen meist mit einem Tempus der **„besprochenen Welt"**. Unmittelbar danach erfolgt der Umschlag in die **„erzählte Welt"**. Zum Beispiel wenn es heißt: „Heute will ich euch einmal eine Geschichte erzählen ..." – Oder wie in der ‚Regentrude' von Theodor Storm mit dem Perfekt oder dem Beginn des ‚Doktor Faustus' von Thomas Mann mit dem Präsens:

‚Regentrude'

> Einen so heißen Sommer, wie nun vor hundert Jahren, hat es seitdem nicht wieder gegeben. Kein Grün fast war zu sehen; zahmes und wildes Getier lag verschmachtet auf den Feldern.
>
> Es war an einem Vormittag. Die Dorfstraßen standen leer; was nur konnte, war ins Innerste der Häuser geflüchtet; selbst die Dorfkläffer hatten sich verkrochen. Nur der dicke Wiesenbauer stand breitspurig in der Torfahrt seines stattlichen Hauses und rauchte im Schweiße seines Angesichts aus seinem großen Meerschaumkopfe ...
>
> (Theodor Storm, Sämtliche Werke, 2. Band, S. 3)

‚Doktor Faustus'

> Mit aller Bestimmtheit will ich versichern, daß es keineswegs aus dem Wunsche geschieht, meine Person in den Vordergrund zu schieben, wenn ich diesen Mitteilungen über das Leben des verewigten Adrian Leverkühn [...] einige Worte über mich selbst und meine Bewandtnisse vorausschicke.
>
> (Thomas Mann, Doktor Faustus, S. 9)

Funktion dieser „besprechenden Tempora" ist, den Rahmen abzustecken für die Erzählung. Sie betten ihre Erzählung ein. Zwingend nötig ist das aber nicht. Rahmenlose Erzählungen begegnen auch. Ferner kann der Rahmen unvollständig sein: Die ‚Regentrude' endet im Präteritum, der ‚Doktor Faustus' weist dagegen den Rahmen auf, er endet im Präsens: *Ein einsamer Mann faltet seine Hände und spricht: Gott sei euerer armen Seele gnädig, mein Freund, mein Vaterland.* (S. 676). Auch die Märchen tendieren am Schluss stärker zur Einbettung: *Und wenn sie nicht gestorben sind, so leben sie noch heute.* An dieser Formel wird die Schablone des Rahmens mit dem anderen Tempus besonders deutlich.

Sodann weist das Märchen, wie andere Erzähltexte auch, wörtliche Rede auf. **Wörtliche Rede** begegnet nicht in historischen Abhandlungen, Chroniken oder sachlichen Berichten. Denn die wörtliche Rede ist eine Evozierungs-Form, die einen starken Stileffekt erzielt.

Nun zu den **Prädikaten**:

Es begegnen Verben und Kopula + Adjektiv-Fügungen des Seins, des Habens, des Geschehens und der Tätigkeit.

Der Rumpelstilzchentext beginnt, wie gesagt, mit der Märchenschablone *Es war einmal*. Die nächsten Prädikate sind: *war arm – hatte eine ... Tochter – traf es sich, dass – zu sprechen kam – sagte – habe eine Tochter – die kann – sprach.*

Gleichzeitig sehen wir bereits in diesem kurzen Textstück, wie über die Prädikate und deren Wiederaufnahme im Zusammenwirken mit dem Tempus ein kohärentes chronologisches Wirklichkeitsbild entsteht: Orientierungshilfen dafür sind weiterhin die Begründung, warum der Müller die Angaben macht, angedrohte Handlungskonsequenzen, später Rede und Gegenrede und vieles mehr. Die Struktur des Textes ist einfach. Hier zeigt sich sehr klar, was alle Erzähltexte auszeichnet: Durch die prinzipiell uneingeschränkte Möglichkeit des Prädikatsgebrauchs sind keinerlei komplizierte Kompensationsmechanismen nötig, um den Text etwa „farbiger" zu gestalten. Ja, es ist sogar sehr sinnvoll, den Bericht über vergangene Geschehnisse einfach an der chronologischen Abbildung zu orientieren. Das ist auch für eine **Didaktik des Stils** wichtig. Erzähltexte eignen sich, zum Beispiel in der Form von Berichten, gut, um die Wiedergabe von Geschehnissen einzuüben. Da das Erzählen Ereignisse abbildet, die in natürlicher Weise variiert sind, genügt diese Strategie auch ganz direkt der Anforderung der Anschaulichkeit.

Mit dem Erzählen wird also Vergangenes in eine gegenwärtige diskursive Situation eingebracht. Grundeinheit des Erzählens ist das ‚Ereignis'. Das ‚Vergangene' kann real oder fiktiv sein, der Wahrheitsgehalt muss über die erzählend verketteten Ereignisse nachprüfbar sein können. Temporale Perspektivierungen, etwa durch das Plusquamperfekt, und Ereignisumordnungen durch Verschachtelung, wozu in erster Linie temporale Subjunktionen dienen, tragen zur stilistischen Variation bei. Besonders auffällig für die indogermanischen Sprachen, die verbal konstituiert sind, ist es, dass die Ereignis- oder Geschehensverben die Masse des verbalen Wortschatzes ausmachen. Diese Verben sind vielfältig, und so kann eine abwechslungsreiche Ausdrucksweise allein durch eine chronologisch passende Vertextung erzielt werden, indem entweder die Ereignisse linear nachgezeichnet oder allenfalls mit temporalen Adverbien unterstützt werden. Doch stehen so gut wie alle stilistischen Mittel zu Gebote, um Erzähltexte farbiger zu gestalten. Ein Beispiel aus einem kunsthistorischen Text, aus Jacob Burckhardts Aufsatz über Rembrandt, mag das verdeutlichen:

> Seit dem 15. Jahrhundert hatte die Malerei ihre Gestalten und Szenen beleuchten gelernt mit Annahme eines von bestimmter Stelle ausgehenden Lichtes in oder außerhalb des Bildes; erst nun erreichte man vermöge der Modellierung im Schatten und Halbschatten die völlige Run-

> dung der Körper; der Schlagschatten sodann half den Raum verdeutlichen; früh schon, seit Filippo Lippi und den Flandrern, lernte man auch den Wert des geschlossenen Lichtes für Kraft und Deutlichkeit der ganzen Erscheinung schätzen; bald melden sich auch die Reflexe und das Helldunkel und zugleich die Luftperspektive, das heißt die Abtönung der Farben nach Nähe und Ferne. Die Vollendung wurde erreicht schon mit Lionardo und die nie mehr zu erreichende Fülle aller hieher gehörenden Mittel mit Coreggio und Tizian.
> (Jacob Burckhardt, Die Kunst der Betrachtung, S. 384 f.)

In diesem Abschnitt finden sich zum Erzähltempus des Präteritums Reliefgebungen durch das Plusquamperfekt (*hatte beleuchten gelernt*), „Tempusmetaphern" nach Weinrich (1964), hier das Präsens historicum (*melden sich*), Personifikationen, bzw. Quasipersonifikationen: (*der Schlagschatten sodann half ..., bald melden sich auch die Reflexe und das Halbdunkel*), vor allem auch temporale Partikeln (*erst nun, sodann, früh schon, bald, schon, nie mehr*).

Wie sich Präteritum und Plusquamperfekt zueinander verhalten, kann gut der Beginn der Novelle ‚Der Tod in Venedig' von Thomas Mann zeigen. Es handelt sich dabei nicht um den allerersten Einstieg in die Erzählung, vorangegangen ist eine Schilderung der Gewohnheiten des Schriftstellers Gustav von Aschenbach. Dann heißt es:

> Es war Anfang Mai und, nach naßkalten Wochen, ein falscher Hochsommer eingefallen. Der Englische Garten, obgleich nur erst zart belaubt, war dumpfig wie im August und in der Nähe der Stadt voller Wagen und Spaziergänger gewesen. Beim Aumeister, wohin stillere und stillere Wege ihn geführt, hatte Aschenbach eine kleine Weile den volkstümlich belebten Wirtsgarten überblickt, an dessen Rand einige Droschken und Equipagen hielten, hatte von dort bei sinkender Sonne seinen Heimweg außerhalb des Parks über die offene Flur genommen und erwartete, da er sich müde fühlte und über Föhring Gewitter drohte, am Nördlichen Friedhof die Tram, die ihn in gerader Linie zur Stadt zurückbringen sollte.
> Zufällig fand er den Halteplatz und seine Umgebung von Menschen leer. [...]
> (Thomas Mann, Der Tod in Venedig, S. 353)

Das **Plusquamperfekt** als reliefgebendes Tempus, als Hintergrundstempus, signalisiert Vorzeitigkeit zum Orientierungszeitpunkt. In unserem Textstück finden sich die Formen: *war eingefallen, war dürftig gewesen, war voller Spaziergänger gewesen, Aschenbach hatte* [...] *überblickt.* Nach diesem Rückblick geht die Novelle fast unmerklich in eine lineare chronologische Erzählung über: *Droschken und Equipagen hielten..., da er sich müde fühlte..., ein Gewitter drohte..., zufällig fand er.*

Auch hier ist zu sehen: Die Hauptprädikate der Sätze ergeben eine natürliche, reichhaltige Stilfärbung: sie benötigen keine Kompensation. Insofern ist ‚Erzählen' auch die einfachste Vertextungsstrategie. Rückblicke können dabei, wie man an diesem kunstvollen Textstück sehen kann, im Prinzip genauso formuliert werden, nur dass dabei ein zusätzliches Signal benötigt wird. Für die Erfassung der Zeitverhältnisse ist nicht der Äußerungszeitpunkt, sondern ein in der Vergangenheit liegender Orientierungspunkt maßgeblich.

Bei Fleischer/Michel (1975, S. 286) wird das Erzählen als Vorgangsdarstellung, die primär auf Information aus ist, behandelt, und von Berichten als objektiver Form abgehoben. Das ist durchaus sinnvoll. Da hier aber Idealtypisches zur Debatte steht und die Vertextungsstrategien ohnehin noch den Filter der Textsorten durchlaufen, sollte man Berichten und Erzählen nicht unbedingt trennen, sondern das, was die „subjektive" und was die „objektive" Seite betrifft, als Schwerpunktsetzung ansehen; dabei ist die objektive Abbildung der Ausgangspunkt. Die subjektive Seite ist als Maßnahme zur Erhöhung der Anschaulichkeit, d.h. vor allem durch bewusstes Einsetzen von Stileffekten zu erfassen, wie es der zuletzt angeführte Text besonders gut erkennen lässt.

Hausendorf stellt folgende Charakteristiken des Erzählens in den Mittelpunkt: „Erzählen ist eine kommunikative und eine rekonstruktive Tätigkeit." (Hausendorf 2000, S. 369) und gibt folgende Definition: „Eine ‚Erzählung' ist die in Form einer Diskurseinheit realisierte verbale Rekonstruktion eines Ablaufs realer oder fiktiver Handlungen oder Ereignisse, die im Verhältnis zum Zeitpunkt des Erzählens zurückliegen oder zumindest (wie z.B. in Zukunftsromanen) als zurückliegend dargestellt werden." (Hausendorf 2000, S. 373). ‚Erzählen' hat so immer erstens einen konkreten Anlass, den der Erzähler oder die Erzählerin sich auch selber schaffen kann. Zweitens werden Handlungen und Ereignisse in ihrem Ablauf „rekonstruiert". Damit ist gesagt, dass sie immer perspektiviert sind. *Wie* die Handlungen und Ereignisse präsentiert werden, ist wichtig. Durch Perspektivierungen lassen sich mit den Stilwerten des Erzählens Stileffekte verbinden. Entscheidendes Merkmal des Erzählens ist jedenfalls die Orientierung an der Chronologie.

4.2.2 Beschreiben

Ganz anders verhält sich dies beim Beschreiben. Während Erzähltexte zeitlich strukturiert sind, sind Beschreibungstexte im Prinzip räumlich orientiert. Dabei ist „räumlich" zunächst ganz wörtlich, sodann aber auch metaphorisch zu verstehen, wenn es darum geht, wissenschaftliche, auf Hypothesen gegründete Beschreibungen zu verstehen, etwa ein Modell der Struktur der Materie, das Atommodell oder ähnliches. Da ist zwar „Beschreiben" ebenfalls die zugrundeliegende Vertextungsstrategie, aber die damit verknüpften Hypothesen sind meist argumentativ auf früher vorgeschlagene Thesen bezogen, in der Weise etwa, dass ein Atommodell in Form eines neuen, besseren Modells präsentiert wird. Argumentationen sind jedenfalls in starkem Maße eingelagert.

In anderen Beschreibungstexten sind andere Einlagerungen gegeben, meist sind es Erzählungen. Musterfälle sind kunsthistorische Beschreibungen, wo das, was sich dem Auge präsentiert, nicht schlicht beschrieben, sondern in dem, wie es aussieht, erklärt wird aus seiner Geschichte, wie das folgende Beispiel zeigen kann:

> *Passau*, die **Dreiflüssestadt, wird seit alters als eine der schönsten Städte Deutschlands bezeichnet. Im Südosten der Bundesrepublik auf 31 Grad 9' östliche Länge und 48 Grad 26' nördlicher Breite gelegen, hat es auf 12 Kilometer Anteil an der deutsch-österreichischen Landesgrenze. Zur bayerischen Hauptstadt sind es 190 Bahnkilometer, zur Regierung Niederbayern in Landshut 90, nach Wien 299. Mit sieben Fernstraßen, davon zwei österreichische

Bundesstraßen, und die [...] Autobahn ist es ein Wegestern, der von der Donauwasserstraße durchströmt wird. Seine einzigartige Lage am Zusammenfluß von Donau und Inn, denen von Norden die Ilz zufließt, hat Passau zur Handelsstadt bestimmt und ihr den gern gebrauchten Beinamen gegeben.

Die drei Flüsse haben sich in erdgeschichtlicher Zeit tief in einen Gneisrücken eingegraben, den eine frühtertiäre Erdbewegung ihnen in den Weg legte. Auf der Halbinsel vor dem ‚Dreiflußeck' bot ein Gneisfelsen, in frühen Zeiten bei Hochwasser eine Insel, am Ausgang der Steinzeit geschützte Wohnsitze. Die mittelalterliche Stadt verharrte auf der Talsohle und den sechs Uferstreifen. Erst im 19. Jahrhundert besiedelte die zunehmende Bewohnerzahl die einst mit dichtem Laubwald bestandenen Abhänge, Leiten genannt, und breitete sich auf den welligen Hochflächen ringsum aus. Wohlgepflegte Dörfer, Weiler und Einzelhöfe, sogenannte Einöden, umschließen als Kranz die Stadt zwischen Wäldern, von denen südlich der Donau der Neuburger Wald und im Osten der ins österreichische Innviertel greifende Sauwald die größten sind. Äcker, Wiesen und Obstanger reichen oft unvermittelt an Talabbrüche heran, die von Buchen, Erlen, Birken und Weiden dicht bestanden sind. In den Gärten und Friedhöfen der Stadt gedeiht der Lebensbaum, zum Kontinentalklima gehörig. (Baedeker, Passau, S. 6)

Das Tempus des Textstücks ist das Präsens. Nur wenn Vergangenes beschrieben wird, tritt Präteritum ein. Hier ist das im 2. Absatz zu sehen. Aber eingelagerte Präteritumsformen können auch andere Gründe haben, nämlich, wenn die gegenwärtige Gestalt von der geschichtlichen Gewordenheit her erzählend erklärt wird. Aber auch wenn, wie hier, die Geschichte wirklich erzählt wird, ist das nicht der primäre Zweck. Es soll vielmehr die Stadtgestalt *beschrieben* werden. Man sieht das klar daran, dass nach dem Satz *Erst im 19. Jahrhundert ... breitete sich ... aus ...* die Beschreibung weitergeht: *Wohlgepflegte Dörfer, Weiler und Einzelhöfe ... umschließen ... die Stadt.* Das heißt, den Schluss, dass die zu sehende Stadtgestalt teils älter, teils jünger ist, sich aber dem Auge so darstellt, soll der Rezipient ziehen.

Der Textbeginn zeigt nun besonders eindringlich, dass die Auffassung, Beschreibungstexte bezögen sich auf topographische Koordinaten, berechtigt ist: Hier werden die geographischen Koordinaten genau angegeben!

Weiter sieht man hier, dass der Bezug auf derartige Koordinaten und überhaupt die Beschreibung, wenn nichts Erzählendes eingelagert ist, sehr schnell sehr monoton werden kann. Denn im Grunde sind es nur ganz wenige Prädikate, die eintreten können: *liegen, benachbart sein, angrenzen, im Norden/Süden/Osten/Westen sich befinden.* Deswegen also drängt die Strategie des Beschreibens geradezu zur Kompensation, indem Einlagerungen von anderen Vertextungsstrategien vorgenommen und Stilfiguren eingesetzt werden. Hier z.B.: *Wohlgepflegte Dörfer ... umschließen als Kranz die Stadt.*

In diesem Text halten sich die **stilistischen Kompensationen** des zur Eintönigkeit neigenden Beschreibens in Grenzen. Zum Vergleich sei ein anderer Text abgedruckt, der eine Überfülle an Stilistika aufweist:

(1) In unvergleichlicher Schönheit blüht die alte Stadt durch die Jahrhunderte. Ihr Zauber umfing schon den römischen Legionär, der an ihren stromumrauschten Toren wachte. Und sie prangt heute noch frühlingsjung in einer waldfrischen, wasserbeseelten Berglandschaft. Wer

die Stadt betritt, ist entzückt von Natur und Architektur. Doch nicht jedem offenbart sie ihr innerstes Wesen.

(2) In den Schatten der alten Stadt lebt eine tiefere Welt, die man nicht erlauscht durch registrierendes Beobachten, durch ein bloßes Sehen mit den Augen.

(3) Auch Buchwissen entdeckt nicht, was hinter alten Mauern webt und lebt. Kenntnisse verbürgen nicht volle Erkenntnis.

(4) Es muß etwas in uns schwingen für das Unwägbare, für die Stimmung einer alten Gasse, für das Malerische eines Brunnens vor dem Tore, für das Feierliche von Kuppeln und Glocken, für das Romantische einer Burganlage. Dann blüht das Poetische auf im Alltag der alten Stadt. In hoher Stimmung fällt Häßliches, Niederes und Klangloses ab von Menschen.

(5) Es muß ein Funke in uns zünden, der die Schaukraft beschwingt. Dann erkennen wir, daß jede Gasse ihr eigenes Gesicht hat, ihren Charakter, gestaltet von jenen, die vor uns da waren. Nun regt sich etwas im Gemüt, das an den Heimatboden bindet und den deutschen Urtrieb des Wanderns bändigt.

(6) Es muß der Geist der alten Kulturstätte uns sichtbar werden in ihren Symbolen. Dann sehen wir in Dom und Burg, in den stolzen Wahrzeichen von Glaube und Macht, Zeugen kraftvoller Aufbauarbeit, die uns erheben.

(7) In den hohen Häuserzeilen der Altstadt spüren wir bürgerlich-aristokratische Wohlhabenheit und frommen Stiftersinn – eine Welt der Ehrbarkeit.

(8) Am Residenzplatz flattern mit den Tauben Erinnerungsbilder auf von Empfängen und höfischen Festen, vom Schaugepränge absoluter Fürstenherrlichkeit. Da weitet sich der Blick für Staatsform und Staatsbürgerpflicht. [...]

(9) Wenn so die Steine reden, mit denen die Baumeister der Jahrhunderte das Stadtbildnis aufgerichtet, dann vernehmen wir die Seele der alten Stadt. Sie spricht aus den Schatten der träumenden Winkel wie aus einer anderen Welt, spricht vom Schicksal der Väter, von Großem und Schönem, von Tiefem und Heiligem und bewegt unser Innerstes. So gewinnt Vergangenheit Gegenwartskraft. (Wilhelm Leidl, Passau, S. 7 f.)

Auf den ersten Blick sieht man, dass dieser Text erheblich weiter geht als der Baedekertext: Hier wird nicht nur die Wirkung auf den gegenwärtigen Betrachter beschrieben, sondern sogar für den römischen Legionär von einst unterstellt. Von den verwendeten Stilmitteln sollen hier nur einige wenige herausgegriffen werden. Es finden sich Archaismen: zum Beispiel *prangt* (1), „konstruierte" Archaismen: *frühlingsjung, waldfrisch, wasserbeseelt* (1). Als konstruiert lassen sie sich deswegen bezeichnen, weil hier ein Wortbildungstyp der Goethezeit, der in der Gebrauchssprache nicht mehr gängig ist, verwendet wird. Ein weiterer solcher Anachronismus ist die Auslassung des finiten Verbs in (9): *aufgerichtet*, es findet sich Artikellosigkeit, dabei handelt es sich ebenfalls um unterstellte Archaismen: *Buchwissen* (3), *Häßliches, Niederes und Klangloses* (4). Es kommen Reime vor: *webt und lebt* (10 f.) und Alliterationen, z.B.: *-boden bindet, ... bändigt* (5). Von den vielen Bildern sei eines herausgegriffen: *flattern mit den Tauben Erinnerungsbilder auf...* (8). Hier wird mit *aufflattern* ein Bild verwendet, das sich aus der beschriebenen Situation (‚Tauben flattern auf') ergibt und den Betrachter einbindet. Das Sich-Hineinversetzen wird immer stärker und konsequenter gesteigert – aber es ist des Guten erheblich zu viel. Dennoch sieht man an diesem Text deutlich, dass es ein Beschreibungstext ist: Wir sollen die Geschichte am Ort nacherleben (9), dazu wird uns das *Bild* der Altstadt „lebendig" beschrieben.

Weitere Textsorten, in denen das Beschreiben dominiert, sind geographische Beschreibungen, physikalische Versuchsbeschreibungen, **Modellbeschreibungen** gegenständlicher und abstrakter Art bis hin zu philosophischen Weltentwürfen und kunstgeschichtliche Beschreibungen.

Typische Beschreibungstexte sind weiterhin **informierende Sachtexte**, wie sie etwa in Lexika vorliegen. Der folgende Beispieltext aus der Brockhausenzyklopädie beschreibt das *Fahrrad.*

> **Fahrrad**, ein zweirädriges, einspuriges Fahrzeug, das der Fahrer mit eigener Kraft durch Tretkurbeln fortbewegt. Das Gleichgewicht beim Fahren wird durch Verlagerung des Körpergewichts sowie durch Lenken des Vorderrades gehalten. Die Räder haben eine Kreiselwirkung, die hauptsächlich beim Lenken des Vorderrades in Erscheinung tritt und die Lenkbewegung unterstützt.
>
> Der *Rahmen* aus nahtlos gezogenen Stahlrohren hat die Form eines Dreieck-Fachwerks. Beim Damenrad ist zum bequemeren Aufsteigen das Oberrohr heruntergezogen und zur Erhöhung der Festigkeit durch Stege mit dem Unterrohr verbunden. Die mit der *Lenkstange* drehbare Vorderradgabel hat eine Kröpfung, durch die das Vorderrad einen → Nachlauf erhält, der für die Stabilisierung des F. sehr wichtig ist und ein leichtes Lenken ermöglicht. An der Lenkstange wird die Vorderradbremse, eine Gestänge- oder Felgenbremse, betätigt, die neben der Rücktrittbremse als zweite Bremse polizeilich vorgeschrieben ist.
>
> An den Naben der beiden Laufräder sind die Speichen tangential befestigt und gekreuzt, um die Drehkräfte aufzunehmen; zur Aufnahme von Seitenkräften sind sie schräg zur Radebene ausgerichtet. Um eine Verformung der Felge zu vermeiden, müssen alle Speichen durch Nippel an der Felge gleich gespannt sein. Die Felgen bestehen aus Stahl, vereinzelt aus Aluminium. Sie tragen Schlauch und Mantel der Bereifung (→ Reifen).
>
> Das Hinterrad wird angetrieben durch eine Kettenübersetzung 1:2 bis 1:4 des Tretkurbelantriebs (einer Kurbelumdrehung entsprechen zwei bis vier Radumdrehungen). Die Kette ist eine einfache Rollenkette. Neuere F. erhalten meist Gangschaltungen (drei bis fünf Gänge); die Getriebe bestehen aus mehreren Planetenzahnradsätzen (Nabenübersetzung) oder mehreren Kettenrädern von verschieden großem Durchmesser (Kettenschaltung). Die ‚überlange' Kette wird durch einen federbelasteten Leitrollenhebel gespannt.
>
> Der → Freilauf des Hinterrades ermöglicht das Rollen des F. ohne Bewegung der Tretkurbeln; er ist mit der → Rücktrittbremse verbunden. (Brockhaus Enzyklopädie, Band 6, S. 24)

Im ersten Satz des ersten Absatzes wird zunächst eine Definition des Fahrrads gegeben. Ob Definitionen sich als Minimalformen von Beschreibungen verstehen lassen, sei dahingestellt. Denn Einzelsätze – und Definitionen werden normalerweise so gegeben – müssen ja erst vertextet werden. Die beiden folgenden Sätze führen die Definition etwas weiter. Während der erste Satz verblos ist, stehen die folgenden Prädikate im Präsens der Immergültigkeit. In den nächsten Absätzen wird ebenfalls das Präsens verwendet. Die Prädikate sind entweder die typischen orientierenden Beschreibungsprädikate (*haben, sein, bestehen aus*) oder **Passivformen** (*ist heruntergezogen, ist verbunden, wird betätigt, ist vorgeschrieben, sind befestigt, sind gekreuzt, sind ausgerichtet, wird angetrieben, wird gespannt, ist verbunden*). Die übergroße Zahl von Passivformen lässt sich auf unterschiedliche Weise erklären. Aus der Sicht der Thema-Rhema-Gliederung liegt ein Text mit „durchlaufendem, konstantem Thema" vor (vgl. Kapitel 2.1.2), dabei wird dieses entweder direkt ausgedrückt oder durch „Kontiguitätssubstitution" gefasst, hier durch einfache Teil-Ganzes-Beziehungen: alle Einzelheiten, die beschrieben werden, sind Teile des Fahrrades. Unter funktionalstilistischer Perspektive ist der ganze Text ein Sachtext, bei dem etwa Handelnde in den Hintergrund treten und eben „die Sache" im Vordergrund steht. Das ist die Domäne der Passivverwendungen. Unter Vertextungsgesichtspunkten – und das interessiert an dieser Stelle besonders – ist das Passiv mit seinen beiden Hilfsverben auf der syntaktisch höchsten Hierarchiestufe dependenzgrammatisch gesehen ebenfalls eine einfache *sein-* oder *werden*-Prädikation. Die inhaltliche Füllung des Prädikats erfolgt durch das Perfektpartizip, das von seiner Bildeweise her gesehen ein Adjektiv ist.

Wegen solcher Prädikatstypen wirken Beschreibungstexte häufig monoton. Im Lexikon wird man keine stilistischen Kompensationsmaßnahmen wie in den angeführten Stadt-Beschreibungen erwarten. Aber es finden sich hier immerhin einige Einlagerungen anderer Ausdrucksweisen, mit denen das Funktionieren der beschriebenen Teile erläutert wird, zweimal kommt die Verbform *ermöglicht* vor.

Beim Beschreiben werden wahrgenommene Gegebenheiten abgebildet. Dafür wird das tempusneutrale Präsens verwendet. Vergangenheitsbezogene Beschreibungen stellen sich so dar, dass sie auf einen realen oder fiktiven Beschreibungs- (oder Erzähl-)Zeitpunkt bezogen sind und dann im Präteritum erzählt werden. Das ist aber die Ausnahme. Beschrieben werden Gegebenheiten, das sind Sachverhalte und Zustände in ihrem So-Sein, nicht in ihrer Veränderung: das wird erzählt.

Unweigerlich stellt sich beim Beschreiben **Monotonie** ein, wenn die wenigen zulässigen Orientierungsprädikate verwendet werden. **Kompensationsmaßnahmen** sind nicht leicht zu bewerkstelligen. Sie machen große Umwege nötig, z.B. die Beschreibung des Effekts auf den Betrachter oder die Umsetzung in „geblümten" Stil. Dabei ist die Gefahr des Scheiterns, des Fehlschlags viel stärker gegeben als beim Erzählen, wo die natürliche Reichhaltigkeit der Geschehensprädikate von selbst zur Farbigkeit des Stils führt.

An dieser Stelle soll noch darauf eingegangen werden, ob es angebracht ist, eine eigene Vertextungsstrategie **„Erklären (Exposition)"** anzusetzen. Wie oben schon angedeutet, ist dies nicht unbedingt nötig. Zwar lässt sich von Erklärungstexten, expositorischen Texten, sprechen (vgl. z.B. Glück (Hrsg.) 2005, S. 186), aber dies sind eher funktionalstilistische Bestimmungen. So gehören die meisten Erklärungstexte zur wissenschaftlichen Fachprosa, auch wenn es sich um populärwissenschaftliche oder didaktische handelt. Der Schwierigkeitsgrad ist nicht der Maßstab für die externe Bestimmung eines Funktionalstils, er ist eher für die interne Differenzierung maßgeblich. Für die funktionalstilistische Bestimmung ist die kommunikativ-pragmatische Zwecksetzung verantwortlich, wie in Kapitel 5 näher ausgeführt wird. Die Bestimmung der Vertextungsstrategien ist dagegen von der archetypischen unterschiedlichen Weltabbildung her zu verstehen.

Was das Erklären betrifft, so sind z.B. die dafür in Anspruch genommenen **Gesetzestexte** im Grunde spezielle Beschreibungstexte. Sie erfassen durch Beschreibung eines gültigen Zustandes einen rechtsverbindlichen Bereich. Derartige Texte gewinnen ihre pragmatische Funktion zudem erst in dem Augenblick, wo sie für einen bestimmten Handlungszweck herangezogen und dann argumentativ etwa in einen Beweisgang, eine Anklage, eine Verteidigung oder eine Rechtfertigung eingebunden werden. Dass Gesetzestexte den Anforderungen an Beschreibungstexte genügen, kann etwa der folgende Paragraph aus dem Bürgerlichen Gesetzbuch zeigen:

> **§ 905**
> **Begrenzung des Eigentums**
>
> Das Recht des Eigentümers eines Grundstücks erstreckt sich auf den Raum über der Oberfläche und auf den Erdkörper unter der Oberfläche. Der Eigentümer kann jedoch Einwirkungen nicht verbieten, die in solcher Höhe oder Tiefe vorgenommen werden, dass er an der Ausschließung kein Interesse hat.

Die „topologische" Orientierung, die alle Beschreibungstexte kennzeichnet, ist auch hier real und übertragen zu erkennen: Es wird im ersten Satz dieses Paragraphen über die *Erstreckung* des Eigentümerrechtes gesprochen. Der zweite Satz beschreibt weitere sich ergebende Möglichkeiten. (Dass dieser Text für den juristischen Laien nicht zu verstehen ist, soll allerdings nicht als Gegengrund für seinen möglichen Erklärungscharakter herangezogen werden. Auf das Problem der Verständlichkeit juristischer Texte wird in Kapitel 5.4.3.1 noch eingegangen.)

4.3 Handlungsorientierte Muster: Argumentieren und Anweisen

Die beiden eben charakterisierten Vertextungsstrategien dienen der Weltwiedergabe. Beide weisen mimetische, nachahmende Qualitäten auf. Die beiden nun zu besprechenden Vertextungsstrategien, das Argumentieren und das Anweisen, sind ganz anders zu charakterisieren, sie sind direkt **handlungsorientiert**. Sie sind also auf den ersten Blick viel engagierter als die ersten beiden. Unterschieden sind sie darin, dass Argumentieren zum rational eingesehenen Handlungsvollzug führen soll, beim Anweisen aber auf Argumentation verzichtet wird. Entweder sind die Sachverhalte zu trivial, etwa bei Gebrauchsanweisungen oder Rezepten, bei denen nicht zu verlangen ist, dass jemand „einsieht", beim Kuchenbacken zum Beispiel 250 g Zucker zu nehmen: Das probiert man eben aus, schlägt die Anweisung fehl, dann ist der Schaden gering. Oder aber es herrschen stark asymmetrische Rollenkonstellationen, zum Beispiel beim militärischen Befehl. Anders ist es beim Argumentieren: Dies ist die Vertextungsstrategie, die am aufwendigsten ist. Sie ist die sozial verbindlichste, denn sie will den Rezipienten durch Einsicht zum Handeln bringen.

4.3.1 Argumentieren

Mit dem Argumentieren werden vergangene, gegenwärtige oder zukünftige Handlungen rational einsehbar begründet. Dabei können eigene oder fremde Handlungen gemeint sein. Die dominierenden Prädikate sind logischer Art, Verknüpfungsoperatoren signalisieren explizit, Wertausdrücke implizit logische Stringenz.

Der Tempusbezug ist eigentlich die Zukunft, aber die Argumentation vollzieht sich simultan durch das Eingehen der Rezipienten darauf, daher herrscht das Präsens: Künftige Handlungen werden vorbereitet. Da dies in der Kommunikation an unzähligen Stellen begegnet, verwundert es nicht, dass die Zahl der Textsorten, die entweder durch Dominanz der Vertextungsstrategie des Argumentierens gekennzeichnet sind oder bei denen argumentative Einlagerungen zu verzeichnen sind, sehr groß ist. Einige Beispiele seien hier angeführt:

Leitartikel: eine mittellange Form, die an eine bestimmte Publikationsform gebunden ist.

Mathematischer Beweis: eine Form, die minimalen Aufwand anstrebt, nur Axiome und Deduktionsschritte zulässt und die Schlussfolgerung dem Rezipienten überlässt.

Logischer Beweis: mit den mathematischen weitgehend identisch. Es werden aber umgangssprachliche Formulierungen zugelassen. Die bekannteste Form ist der Modus ponens. Ihr liegt das folgende Schema zugrunde:

$$\frac{\begin{array}{l} A \rightarrow B \\ A \end{array}}{B}$$

Zu lesen als: Wenn A, dann B. Nun aber A, also B.

So sind unsere alltäglichen Argumentationen meist beschaffen. Zum Beispiel, wenn über jemand, der ständig nach der Mode gekleidet ist, gesagt wird: *Ja, der hat ja auch das nötige Kleingeld.* In dieser „Argumentation" steckt ein Argumentationsindikator: *ja*, sodann ein umgangssprachlicher Ausdruck für ‚viel Geld zur Verfügung haben': *das nötige Kleingeld haben.* (Mit der Stilfigur des Understatements.)

Dieses Beispiel zeigt, dass es nicht immer leicht ist, die Argumentation zunächst einmal überhaupt zu entdecken. Denn zum Wesen der alltagssprachlichen Argumentation gehört die **Kaschierung**. Nur mathematische und logische Beweise sind stets obligatorisch explizit. Sonst ist Offenlegung der Argumentation höchstens fakultativ.

Bei unserem umgangssprachlichen Beispiel wäre die explizite Form:

Wenn jemand stets nach der Mode gekleidet ist (A), dann (→) hat er auch viel Geld (B).
Der ist nach der Mode gekleidet (A),
folglich hat er auch viel Geld (B).
In diesem Fall wird nur die (reduktive) Schlussfolgerung genannt. Die Wenn-dann-Verknüpfung (das Gesetz) bleibt ungenannt.

Die sogenannte Volksweisheit, die sich in **Sprichwörtern** und **Redensarten** kundtut, nennt meist nur das Gesetz, in Bildern, Metaphern oder Vergleichen verpackt. Die Argumentationsausführung unterbleibt häufig:

> Morgenstunde hat Gold im Munde.
> Jeder ist seines Glückes Schmied.
> Wasser hat keine Balken.
> Was Hänschen nicht lernt, lernt Hans nimmermehr.

Die darunter liegenden Gesetzlichkeiten, die Wenn-dann-Verknüpfungen, könnten so lauten:

> Wenn einer rechtzeitig mit der Arbeit beginnt, dann schafft er etwas.
> Wenn einer sich auf sich selbst verlässt, dann bringt er es zu etwas.
> Wenn einer sich den unsicheren Elementen aussetzt, dann riskiert er sein Leben.
> Wenn einer nicht frühzeitig lernt, dann ist es für immer verpasst.

Es sind die wechselnden Situationen des Alltags, die doch immer wieder gleich sind, und die zu diesen Argumentationsbrocken Anlass geben und die auch aktuelle, modische Formulierungen hervorrufen, wie die von Gorbatschow: *Wer zu spät kommt, den bestraft das Leben*, deren Zitataufnahme nicht zu zählen ist.

Schulbeispiele für Argumentations*texte* sind mathematische oder logische Beweise, weil sie am besten erkennen lassen, dass die Konklusion sich vom Rezipienten zu eigen gemacht oder aber selber gezogen werden soll. In politischen oder marktwirtschaftlichen Werbetexten tritt dagegen am ehesten zutage, dass mit dem angezielten sprachlich vermittelten Handlungsvollzug eine reale Tätigkeit gemeint ist.

4.3.1.1 Wissenschaftliche Argumentation

Argumentieren ist auch die grundlegende Vertextungsstrategie der **wissenschaftlichen Sprache**. Da dabei stets über wissenschaftliche Tätigkeit zu berichten ist, indem etwa Versuchsanordnungen zu beschreiben sind, und immer bestimmte Zwecke damit verbunden sind, z.B. eine These zu beweisen oder zu widerlegen, treten erzählende und beschreibende Textpassagen angebunden an argumentierende in wissenschaftlichen Texten auf. Argumentation ist die dominierende Strategie, für die sich aus so gut wie jedem wissenschaftlichen Text Beispiele erbringen lassen. Für eine wissenschaftliche Argumentation mögen die folgenden Stellen aus Jacob Burckhardts Abhandlungen ‚Andeutungen zur Geschichte der christlichen Skulptur' und ‚Die Akademie von Antwerpen' dienen. Nach einer Beschreibung der italienischen Skulptur des 15. Jahrhunderts, bei dem als das sie kennzeichnende Element das Dekorative herausgestellt worden ist, heißt es:

> Es ist nicht schwer, die Ursache dieses Übergewichtes der dekorierten Architekturen einzusehen. Ein schon oben berührter Grundzug der christlichen Kunst ist es, welcher hier nachwirkt: Die Richtung auf das Bezugreiche, die Entwicklung einer Reihe zusammengehöriger Gedanken durch einen Zyklus von Gestalten und Bildern. An jenen Grabmälern ist der Tote in

> Beziehung gesetzt mit den höchsten Tröstungen; ihn umstehen, in den Seitennischen, seine Schutzpatrone und die symbolischen Gestalten der Tugenden, die der Überlebende an dem Verstorbenen rühmen will. (Jacob Burckhardt, Die Kunst der Betrachtung, S. 156)

In der folgenden Passage wird ein Vergleich vorgenommen:

> Wenn wir bei Rubens haben anerkennen müssen, daß sein Stil wesentlich sein Eigentum und seine Schöpfung war, so ist dies in beinahe ebenso hohem Grade der Fall bei seinem besten Schüler *Anton van Dyck* (geboren in Antwerpen 1599, starb 1641), und wenn derselbe auch in seinen frühern Bildern der gewaltsamen, oft prunkhaften Art seines Meisters folgte, so sind doch die hier befindlichen Werke seiner Hand völlig eigentümlich in ihrer Art. Er verläßt jenes Hauptelement des Rubensschen Stiles, *das bewegte Leben*; während Rubens *Taten* darstellt, malt van Dyck *Situationen.* (Jacob Burckhardt, Die Kunst der Betrachtung, S. 90 f.)

Jacob Burckhardt wählt in beiden Fällen als argumentative Taktik den **Appell** an die Bereitschaft des Lesers, die Argumentation mitzuvollziehen. Im ersten Fall wird eine These aufgestellt, durch die Nennung eines Tatbestandes als *Ursache* für eine Erscheinung wird diese erklärt. Der beweisende Tatbestand wird zunächst als generelles Gesetz (*ein ... Grundzug der christlichen Kunst*) angeführt, sodann angewendet auf die beschriebenen Kunstobjekte (*an jenen Grabmälern*), so dass man annehmen darf, dass hier ein Deduktionsschluss vorliegt. Natürlich ist dieses Schema nur aus der gewählten sprachlichen Form herauszuziehen. Die Tempusform Präsens, die hier als Standardtempus der Argumentation gewählt wird, erweist den simultanen Mitvollzug der Gedankenoperation des Autors durch den Rezipienten. – Im zweiten Fall bedient sich Jacob Burckhardt, ebenso nur andeutend, dadurch aber nicht weniger verbindlich, eines anderen Schlussverfahrens: Zunächst sieht es so aus, als ob der Modus ponens eingesetzt würde: „Wenn ..., ... so, nun aber ..., folglich". Er wird aber nur benutzt, um einen vermeintlichen Gegensatz abzuwehren (*wenn derselbe auch, ... so sind doch*) und den charakteristischen Unterschied der beiden verglichenen Künstler, Rubens und van Dyck, vorzubereiten, ohne ein Qualitätsgefälle ansetzen zu müssen. Der kennzeichnende Unterschied wird als Behauptung aus dem Vergleich entwickelt und im Folgenden dann – auf mehreren Seiten – induktiv belegt. Auch hier ist der Mitvollzug evident.

Dass in der Wissenschaft argumentiert wird, liegt somit auf der Hand. Ebenfalls ist es offensichtlich, dass die Argumentation explizit sein muss: Prämissen, Konklusion, alle **Beweismittel** müssen als solche angegeben sein. Aber welche Beweismittel ausgewählt werden, wie sie präsentiert werden, bzw. an welche anderen sprachlichen Mittel sie angebunden werden, das ist sehr unterschiedlich. Ein Stück populärwissenschaftlicher Argumentation aus unserem Themenbereich, der Beginn von Eduard Engels ‚Deutscher Stilkunst', kann das belegen:

> Dem Durchschnitt des lebenden Geschlechts gebricht das Sprachgefühl so gänzlich wie keiner anderen Generation seit Lessings Tagen. Ja selbst die Deutschen des 17. Jahrhunderts versündigten sich an ihrer Sprache nicht so frech wie die heutigen. – Die heutigen Barbarismen entspringen der Mißachtung, einer Rohheit des Gemüts, die gar nicht mehr weiß, was der Deutsche seiner Muttersprache schuldet. (Treitschke)

Unter allen schreibenden Kulturvölkern sind die Deutschen das Volk mit der schlechtesten Prosa. Diese Tatsache braucht nicht bewiesen zu werden, sie steht nach dem Urteil der berufenen Kenner der Sprache und des Stiles fest, und zum Urteil der deutschen Wissenschaft gesellt sich übereinstimmend das der sprachenkundigen Prosakünstler des Auslandes. Sogar unsre schlechten Schriftsteller haben eine Ahnung vom jetzigen Zustande deutscher Prosa, halten mit verwerfenden Aussprüchen nicht zurück, nehmen freilich sich selbst von ihrem Verdammungsurteil aus. Ein ansehnliches Heft aber ließe sich füllen mit nachdrücklichen Aussprüchen hervorragender Männer über unsre klägliche Prosa, die alle mit Treitschkes obenstehendem Satz im Kern zusammentreffen. Man könnte dabei bis in die Anfänge unsrer neuern Literatur zurückgreifen und würde durch zwei Jahrhunderte fortschreitend immer dieselbe Klage, nahezu in den gleichen Wendungen, hören: [...]

Mir ist aus der ganzen Literaturgeschichte kein Volk bekannt, welches im ganzen so schlecht mit seiner Sprache umgegangen wäre, welches so nachlässig, so unbekümmert um Richtigkeit und Schönheit, ja welches so liederlich geschrieben hätte, als bisher unser deutsches Volk. (Bürger, 1787).

Wie wenig der Deutsche Deutsch kann, liegt am Tage; nicht der Bauer, nicht der Handwerker reden größtenteils ein verworrenes, abscheuliches, verruchtes Deutsch; sondern je höher hinauf, da geht es oft desto schlechter. (Herder, 1798).

Unsere Sprache geht, wenn sie auf dem jetzt betretenen Wege weiter wandelt, nicht nur einer Verschlechterung – denn diese ist gegen das vorige Jahrhundert schon vorhanden –, sondern selbst der Zerrüttung unausbleiblich entgegen. (Der Germanist Moritz Heyne, 1883).

Wir sind das Volk mit einer poetischen Literatur, die sich an Adel und feinstem Reize der Form mit der jedes noch so sprachkünstlerischen Volkes messen kann, und wir sind das Volk mit der sprachlich mangelhaftesten und unkünstlerischsten Prosa. Kaum irgendwo anders ist die Muttersprache Gegenstand so eifriger philologischer Untersuchung, und nirgend wird sie so fehlerhaft, so stümpernd in der ungebundenen Rede behandelt. [...]

Ist dieses Gebrechen auf einem der wichtigsten Gebiete geistiger Feinkultur dem Deutschen angeboren oder durch seine traurige völkische und sprachliche Entwicklung anerzogen? Gewöhnlich entschuldigt man in Deutschland die schlechte Prosa mit der allgemeinen Redensart vom höheren Formensinn andrer Völker, besonders der romanischen. Ihr widerspricht die Vollendung der Kunstform in der deutschen Lyrik: ihr widerspricht aber auch die Schönheit deutscher Prosa von der mittelhochdeutschen Zeit bis fast zur Mitte des 16. Jahrhunderts, also bis zur Deutschverderbung durch die Humanisterei. Die Prosa des Meisters Eckhart, der großen Prediger des 13. Jahrhunderts, Taulers, Geilers, nun gar Luthers steht an sprachlicher Reine und künstlerischem Formenadel nicht zurück hinter den großen zeitgenössischen Prosaschreibern Frankreichs, Englands, Italiens.

(Eduard Engel, Deutsche Stilkunst, S. 9 f.)

Der Text beginnt mit einem Zitat. **Funktion des Zitats** ist es, eine These von vornherein zu belegen, sie als berechtigt zu erweisen. Die These des Autors wird ganz explizit formuliert: *Unter allen schreibenden Kulturvölkern sind die Deutschen das Volk mit der schlechtesten Prosa.* Das ist nach der Meinung des Autors eine Tatsache. Sie brauche *nicht bewiesen zu werden.* Denn sie stehe fest nach dem Urteil *der berufenen Kenner der Sprache und des Stiles.*

Ausdrücke wie *beweisen* sind häufig in argumentativen Texten. Allein die Nennung von derartigen sprachlichen Indikatoren stabilisiert die Argumentation. Aber – schaut man näher hin – wer sind denn „die berufenen Kenner der Sprache und des Stiles“? Das heißt, hier wie auch sonst in populärwissenschaftlicher Argumentation wird die Absicherung der Thesen meist recht willkürlich vorgenommen. In mathematischen Beweisen ist das völlig anders: Dort müssen allgemein akzeptierte Sätze angeführt werden. Das gilt auch für die Axiome (die Sätze, die nicht mehr bewiesen werden müssen).

Dem Autor unseres Textes, der eine These so massiv präsentiert, wird aber doch unwohl bei diesem Schnellverfahren. Deswegen schiebt er weitere Autoritäten nach: *die sprachenkundigen Prosakünstler des Auslandes.* Das ist im Kontext dieses stark deutschtümelnden Buchs ein besonders zugkräftiges Argument. Weitere Gewährspersonen sind: *unsre schlechten (deutschen) Schriftsteller.* Sodann wird auf die erste Beweisstütze zurückgeführt: Die Zitate in der Mitte.

Nach all diesen negativen Ansichten über die deutsche Sprache folgt nun eine Gegenthese: *Wir sind das Volk mit einer poetischen Literatur, die sich an Adel und feinstem Reize der Form mit der jedes noch so sprachkünstlerischen Volkes messen kann ...*

Und trotzdem diese schlechte Prosa!

Man ahnt schon hier, worauf die Argumentation hinauslaufen soll: Die Prosa muss verbessert werden, genauer: sie muss angehoben werden auf das Niveau der poetischen Literatur. Gleich darauf deuten sich die Gründe für die mangelhafte Prosa an: die *Deutschverderbung durch die Humanisterei.* Damit habe der Abstieg begonnen. Die Anlagen sind gut – von außen wird Schlechtes aufgepfropft. Dabei sind hier, in diesem Text, nun besonders krasse herabsetzende Ausdrücke gewählt. Mit negativen, abfälligen Ausdrücken oder mit ironisierenden wird allerdings auch sonst in wissenschaftlichen Argumentationen gearbeitet.

An diesem Textstück lässt sich besonders gut erkennen, worum es sich beim Argumentieren handelt. Die nur beim Argumentieren begegnenden sprachlichen Indikatoren geben Stilwerte ab, nämlich solche, die eben auf diese Vertextungsstrategie führen und sie stabilisieren. Mit anderen Worten: Sie sind die in dieser Darstellungsart zu erwartenden sprachlichen Mittel: Das Nennen von **Thesen**, die – und sei es noch so bruchstückhaft und versteckt – Anführung von **Beweisgängen, Schlussfolgerungen**, die Suggestion von Konklusionen. Ob dies zu einem stilistisch gelungenen Text führt, ist damit noch nicht gesagt, denn dies ist erst die Folie, auf der sich die Textsortenbedingungen und die individuelle Wahl entfalten können.

4.3.1.2 Politische Rede

Die angeführten Texte lassen bereits erkennen, dass das Argumentieren häufig mit anderen Vertextungsformen verknüpft ist. Dies gilt in besonderem Maße für die Sprache in der Politik, wo Argumentationen sich mit Beschreibungen, auch dem Erzählen, hier meist: dem Anführen der eigenen Tätigkeiten, aber auch dem Anweisen verbinden, nämlich einer Gesetzesvorlage oder einer vorgeschlagenen Problemlösung zuzustimmen oder aber, die Partei, der der sprechende Politiker angehört, letztlich (wieder) zu wählen.

Schwierig ist es hier zunächst, die Rezipientengruppe auszumachen. In der politischen Wahlwerbung sind es die Wähler. Aber sie sind es auch meist sonst. Im Parlament etwa richten sich die Argumentationen nicht etwa an die gegnerische Partei – die lässt sich nicht umstimmen. Aber die Öffentlichkeit mag durch die geführten Argumentationen zu gewinnen sein. Der „Beweisgang" selber wird als objektiv, sachlich, an den Fakten orientiert usw. erwartet und ausgegeben. Unterstützungsmittel sind dabei **Bezug auf Autoritäten** (*Schon Helmut Kohl / selbst Willy Brandt hat einmal gesagt ... / Wissenschaftliche Untersuchungen an 1000 amerikanischen Probanden haben ergeben ...*), Verwendung von Hochwertwörtern wie *Freiheit, Demokratie, Solidarität* oder *Umwelt, Lebensqualität, Aufschwung.*

In dem folgenden Textbeispiel, einem Ausschnitt aus einer Rede der Bundesgesundheitsministerin Ulla Schmidt vom 27. September 2006 finden sich alle diese Züge mehr oder weniger ausgeprägt. Letztlich ist aber auch hier zu erkennen, dass der bestimmende Grundzug wirklich die Argumentation ist: Denn es wird an die rationale Einsicht appelliert (*Wenn ... dann*). Es werden logische Überlegungen angestellt (*Das verwundert nicht, wenn man sich einmal anschaut, woher die Debatten kommen*). Stilistisch von besonderem Interesse ist es, dass in Argumentationen der Politiker die „reinen" Formen einerseits besonders stark kaschiert werden, andererseits aber auch besonders krasse Ausdrücke gewählt werden (*lautes Geschrei, Besitzstandswahrer*). Es werden Vorschläge des politischen Gegners mit logischen Überlegungen als nicht tragfähig enthüllt: *Eine solche Aussage spricht nicht dafür, dass dieses System überlegen ist; sie spricht vielmehr dafür, dass weitere Reformen notwendig sind.*

Frau Präsidentin! Liebe Kolleginnen und Kollegen!

Dafür, dass es doch angeblich keine Beratungsgrundlage gibt und dass auch im Arbeitsentwurf nichts festgelegt sei, gibt es in dieser Republik sehr lautes Geschrei. Das verwundert nicht, wenn man sich einmal anschaut, woher die Debatten kommen. Sie werden von Besitzstandswahrern angestoßen, die glauben, dass Reformen auf den Weg gebracht werden können, deren Motto lautet: Wasch mir den Pelz, aber mach mich nicht nass. Das wird hiermit nicht geschehen. Ich kann Sie aber beruhigen: Die Koalition wird die notwendigen Entscheidungen treffen. Wir werden im Oktober im Kabinett beraten. Dann haben wir ausreichend Zeit, den gesellschaftlichen Diskurs, aber auch die Debatten im Deutschen Bundestag – unter anderem in Anhörungen mit den Verbänden und all den anderen Betroffenen – zu führen, sodass das Gesetz zum 1. April 2007 in Kraft treten kann.

Dass wir hier nicht zu übereinstimmenden Auffassungen kommen, ist klar. Sie als FDP wollen, dass das Gesundheitswesen privatisiert wird und dass Menschen mit geringem Einkommen allenfalls eine staatlich garantierte Basisversorgung erhalten. Das unterscheidet sich fundamental von den Zielen, auf denen die Koalition eine Reform aufbaut. [...]

Meine Damen und Herren von der Opposition, Sie halten das System der privaten Krankenversicherung für überlegen. Mir sind aber erst letzte Woche wieder Zweifel gekommen, als ich Folgendes lesen musste: Wenn die Koalition tatsächlich wolle, dass eine private Krankenversicherung auch zur Aufnahme kranker Menschen verpflichtet wird, dann würden die Beiträge um 70 Prozent steigen. Eine solche Aussage spricht nicht dafür, dass dieses System überlegen ist; sie spricht vielmehr dafür, dass weitere Reformen notwendig sind. Denn die gesetzliche Krankenkasse versichert seit ihrem Bestehen Menschen ohne Ansehen des Risikos, ohne dass von einer Erhöhung der Beiträge um 70 Prozent die Rede ist.

> Viertens. Wir wollen mit der Reform erreichen, dass das System und die Gesundheit für die Menschen bezahlbar bleiben. Im Unterschied zu Ihnen verfolgen wir den Weg, dass breitere Schultern mehr tragen als schmale, wobei wir sicherstellen, dass der Einzelne durch unsere Reformen nicht überfordert wird. (www.ulla-schmidt.de)

Was den **persönlichen Redestil** der Ministerin anbetrifft, so verwendet sie kurze, prägnante Sätze, flicht populäre Sprichwörter ein (*Wasch mir den Pelz, aber mach mich nicht nass*), führt unbezweifelbare Wahrheiten an, die wiederum auf in Redensarten geronnene Volksweisheiten zurückgehen (*dass breitere Schultern mehr tragen als schmale*), breitet ihre eigenen Denkprozesse aus (*Mir sind aber erst letzte Woche wieder Zweifel gekommen, als ich...*) und verwendet schließlich die von ihrem Ministerium in die öffentliche Debatte eingeführten Slogans: *Wir wollen mit der Reform erreichen, dass das System und die Gesundheit für die Menschen bezahlbar bleiben.*

Ganz gleich, in welchem Handlungsbereich argumentiert wird, immer geht es um Simultaneität. Der Rezipient soll durch **Mitvollzug** zu den gleichen Folgerungen wie der Emittent geführt werden. Grundstrategie der Argumentation ist es, den Rezipienten in ein Schema hineinzuzwingen. Denn wenn er in das Schema einmal hineingezogen ist, kann er den Folgerungen nicht mehr ausweichen. In argumentativen Kontexten werden diese Schemata selten explizit gemacht. Das wäre nur der Fall in der Logik oder in der Mathematik. In der Alltagskommunikation wird aber implizit damit gearbeitet, und die stilistischen Möglichkeiten sind außerordentlich groß. Daher ist bei der stilistischen Analyse der Bezug auf die Vertextungsform des Argumentierens, wie bei den anderen Vertextungsstrategien auch, immer nur ein, nicht der ausschließliche Zugang.

4.3.1.3 Werbungssprache

In der Werbungssprache zeigt sich besonders deutlich die Verwandtschaft, aber auch der Unterschied zwischen Argumentieren und Anweisen. Bei der Konsumwerbung geht es letztlich nur um ein einziges Ziel: Kauf des angepriesenen Produkts. Im Grunde liegt also eine Kauf-Anweisung vor. Die potentiellen Käufer erhalten „Information" und sollen selbständig daraus die Kauf-Anweisung ableiten. Diese intendierte Schlussfolgerung ist es, die als bestimmende Vertextungsstrategie das Argumentieren rechtfertigt.

Wenn zum Beispiel am Ende einer Zahnpasta-Reklame gesagt wird:

> Die gibt der Zahnarzt seiner Familie.

dann soll das ein argumentatives Schema in Gang setzen:

Wenn ein Fachmann die Zahnpasta selber verwendet, dann kann auch ich sie verwenden.
$(A \rightarrow B)$

In dieser Werbung wird nur ein Element versprachlicht: Die (gezeigte) Zahnpasta wird von einem Zahnarzt verwendet. (Das ist also: „A") Dann läuft der

Schlussprozess beim Rezipienten ab: „also B“: Ich kann sie bedenkenlos auch verwenden.

Auch über Werbungssprache ist hier nicht im Einzelnen zu sprechen, vgl. dazu Kapitel 5.4.8 und 8.5. Hier soll nur darauf hingewiesen werden, dass argumentative Texte sehr oft ihre **Persuasion kaschieren**. Nur aus unserem Wissen über die Grundfunktion der Werbung leiten wir die wahre Intention der Emittenten ab.

4.3.2 Anweisen

Mitvollzug durch den Rezipienten ist auch die Grundintention bei der letzten noch zu nennenden Vertextungsstrategie, dem *Anweisen*. Hier ist jeder einzelne Anweisungszug, der gewöhnlich satzweise erfolgt – falls er nicht durch temporale Staffelung (*nachdem Sie dieses getan haben, tun Sie jenes*) vom Rezipienten in seiner richtigen Reihenfolge erst hergestellt werden muss – sofort zu vollziehen. Entweder handelt es sich bei Anweisungstexten um institutionell völlig Unverbindliches, wie Gebrauchsanweisungen oder Kochrezepte oder aber gerade um etwas, was wegen eines institutionellen Zwanges nicht hinterfragt wird: etwa militärische Befehle, aber auch didaktische Handlungsanweisungen. In jedem Fall wird bei Anweisungstexten eine, wie immer zu rechtfertigende, asymmetrische Kommunikationskonstellation vorausgesetzt, im Gegensatz zu argumentierenden Texten, die, wie wir an den angeführten Beispielen gesehen haben, von der prinzipiellen Gleichheit von Emittent und Rezipient ausgehen.

Diese Vertextungsform ist die rudimentärste Form der Verkettung von Sätzen unter einer primären Zielsetzung. Sie lässt sich gut an militärischen Befehlen verdeutlichen. Der sprachlichen Anweisung soll stets unmittelbar die Ausführung, die Umsetzung in Handlung folgen:

Kompanie – stillgestanden.
Die Augen – links.
Augen gerade – aus.
Kompanie – rührt euch.

So unvermittelt geht es zum Glück sonst nicht zu. Aber es gibt durchaus Textsorten, bei denen gar nicht das Bedürfnis nach Vermittlung besteht, **Kochrezepte** zum Beispiel. Die Nennung der Zutaten zu einer Mahlzeit, eingeführt durch *man nehme*, gibt noch keine Anweisung auf die Einhaltung einer Reihenfolge. Dann jedoch ist die Reihenfolge der Vorgänge zu beachten: *Mehl, Zucker und Milch verrühren, in ein Gefäß geben, bei kleiner Flamme erhitzen. Nach dem Aufkochen vom Feuer nehmen, in eine Sauciere einfüllen, servieren.*

Kochrezepte sind deswegen so gut geeignet, die Strategie des Anweisens erkennen zu lassen, weil die Simultaneität hier offensichtlich ist: Das Rezeptbuch liegt (bei weniger versierten Hobbyköchen) aufgeschlagen neben dem Kochtopf.

Sonstige Textsorten, in denen das Anweisen allein oder wenigstens als dominante Strategie herrscht, sind selten. Aber ein Typ kommt doch relativ häufig vor, die **Betriebsanleitung**.

In dieser Textsorte wird vielfach an die Anweisung eine Gerätebeschreibung angebunden. Aber das ist nicht die einzige Verkomplizierung. Sehr oft wird damit auch noch eine Argumentation verknüpft.

Betriebsanleitung

Aufstellen	Ihr Bauknecht-Gefrierschrank soll möglichst wirtschaftlich arbeiten. Deshalb stellen Sie ihn nicht in der Nähe einer Heizung oder eines Ofens auf. [...] Bitte achten Sie darauf, dass die **Transportsicherung über dem Motor-Kompressor** entfernt wird.
Wandabstand	Beachten Sie bitte, dass Ihr Bauknecht-Gefrierschrank stets waagerecht und fest auf seinen vier Füßen steht. Wenn Sie den Schrank richtig aufgestellt haben, steht er fest und sicher und kann auch durch das Türöffnen und -schließen nicht wegrutschen. Durch die überstehende Abstellplatte ist der Zwischenraum zur Wand gegeben. Die Kompressor-Kapsel darf nicht anliegen, sonst treten Geräusche auf. Bei unsachgemäßem Transport oder durch Unvorsichtigkeit beim Auspacken können sich schon mal die Rohrleitungen im Maschinenraum verbiegen. Ein lautes, störendes Geräusch ist die Folge. Versuchen Sie bitte, bevor Sie den Kundendienst rufen, die Rohrleitungen vorsichtig freizubiegen.
Stromanschluß	Der Gefrierschrank kann an jede geerdete Steckdose angeschlossen werden. Achten Sie darauf, daß die auf dem Typenschild angegebene Spannung mit der Leitungsspannung Ihres Hauses übereinstimmt. Stecken Sie einfach den Stecker in die Steckdose. Jetzt ist das Gerät betriebsfertig. Das zeigt Ihnen das Aufleuchten der grünen Betriebs-Kontroll-Lampe sowie der roten Temperatur-Kontroll-Lampe.
Rundum-Magnet-Verschluß	Ihr Bauknecht-Gefrierschrank ist mit einem Rundum-Magnet-Verschluß ausgestattet. Bitte, achten Sie beim Öffnen darauf, dass Sie die Tür möglichst gleichmäßig nach vorn ziehen. Beim Schließen brauchen Sie die Tür nur leicht anzudrücken. Nach dem Schließen der Tür entsteht durch die Abkühlung der Luft ein Unterdruck im Gefrierraum. Mit dem Öffnen der Tür bitte etwas abwarten oder mit der Hand die Türdichtung eindrücken, daß der Druckausgleich beschleunigt wird. Jetzt läßt sich die Tür ohne Kraftanwendung öffnen.

(Bauknecht Betriebsanleitung für Stand-Gefrierschränke GK 200 und GK 260)

Vorgeschaltet ist eine Orientierung durch Bild, Bezifferung und Benennung, die hier weggelassen worden ist. Das ist die rudimentärste topographische Beschreibung. Der Benützer weiß danach, was *Thermostat-Regler, Abstellplatte, Vorgefrierfach, Frosterschale, Rundum-Magnet-Verschluß* usw. ist.

Erst dann folgt die eigentliche „Betriebsanleitung". Sie beginnt mit einer Argumentation: *Ihr Bauknecht-Gefrierschrank soll möglichst wirtschaftlich arbeiten. Deshalb stellen Sie ihn nicht in der Nähe einer Heizung oder eines Ofens auf.* Umgesetzt in die Wenn-dann-Form könnte der Satz lauten: *Wenn Ihr Bauknecht-Gefrierschrank möglichst wirtschaftlich arbeiten soll, dann soll er nicht in der Nähe einer Heizung oder eines Ofens aufgestellt sein.*

Mit solchen Formen wird eine reine Anweisung umgangen. Sie hätte so lauten können: *Gefrierschrank nicht in der Nähe einer Heizung oder eines Ofens aufstellen!*

Wenn der Text diese Anweisungsformen gewählt hätte, müsste er etwa so weitergehen:
Transportsicherung entfernen!
Gerät waagerecht stellen!
Kompressor-Kapsel nicht an der Wand anliegen lassen!

Im Text ist das ganz anders ausgedrückt: Unter anderem findet sich hier eine argumentierende Wenn-dann-Verknüpfung und das Gerät wird gleichzeitig beschrieben, erklärt und dem Benutzer werden die Vorzüge dieses bestimmten Markengeräts verdeutlicht: Er soll nachträglich seine Kaufentscheidung nicht bereuen. (In der Psychologie spricht man von „kognitiver Dissonanzminderung", vgl. Beckmann 1984). Auch wird hin und wieder auf die Bedienungsfreundlichkeit hingewiesen: *Stecken Sie einfach den Stecker in die Steckdose. Jetzt ist das Gerät betriebsfertig.* Auch die Vorzüge des *Rundum-Magnet-Verschlusses* werden einsichtig gemacht: *Beim Schließen brauchen Sie nur die Tür leicht anzudrücken.* Beim Öffnen könnte man etwas ungeduldig werden: Deswegen wird da eine ausführlichere physikalische Erklärung gegeben.

Hier ist eine pragmatische Entscheidung nötig. Welchen kommunikativen Zweck verfolgt diese wie andere Bedienungsanleitungen? Sicher in erster Linie, die richtige Bedienung des Gerätes zu gewährleisten. Die gleichzeitig mitgelieferte Beschreibung ist genauso ein – willkommenes – Nebenergebnis wie die Einlagerung der Anweisung in eine argumentative Struktur. Die Bewertung der Dominanz stilrelevanter Elemente ist immer, so auch hier, aus verschiedenen Ebenen zu geben.

Auch hier kam es nur darauf an, Grundstrukturen des Anweisens zu verdeutlichen. Wieweit andere Quellen für die auffindbaren Stilwerte und Stileffekte verantwortlich zu machen sind, wird in den nächsten Kapiteln zu zeigen sein.

Anweisungstexte sind auch typisch für die **didaktische Literatur**. In einer Lehrbuchsequenz zu einem Bild von George Grosz gibt es folgende Handlungsanweisungen, die den beabsichtigten Punkt-für-Punkt-Vollzug gut erkennen lassen:

> Überprüfen Sie die Wirkung des Bildes, indem Sie durch Überzeichnung und/oder Collage die Wirkung des Bildes von George Grosz verstärken oder abschwächen.
> Wählen Sie dazu eine der fünf folgenden Möglichkeiten aus:

1. Zeichnen Sie das Bild mit Bleistift, schwarzem Kugelschreiber oder anderen Zeichenmaterialien ‚weich', indem Sie die Schwarz-Weiß-Kontraste abmildern.
2. Zeichnen Sie das Bild härter durch eine Verstärkung der Kontraste.
3. Kolorieren Sie das Bild.
4. Stellen Sie ‚Ordnung' im Bild her! Zerschneiden Sie das Bild und ordnen Sie seine Teile in einer Collage neu an.
5. Stellen Sie durch Hineinzeichnen oder Collagieren ‚Chaos' her.
   Beschreiben Sie die Wirkung Ihrer Umgestaltungen! Vergleichen Sie Ihre Umgestaltungen mit dem Bild von Grosz, und stellen Sie fest, worauf seine spezifische Wirkung beruht.

(Schönemann 1983, S. 45).

Ob man hier noch von einem kohärenten Text sprechen kann, sei dahingestellt. Deutlich wird aber, dass das Anweisen in seiner reinen Form sehr unkonziliant wirkt und, ebenso wie das Beschreiben, das die Monotonie der Prädikate kaschieren muss, nach stilistischen Maßnahmen verlangt, die seine Schwächen kompensieren.

Zusammenfassung

Was sind und was leisten die **Vertextungsstrategien**? Sie sind Filter des Sprachsystems, indem sie aus der Fülle der Möglichkeiten, die eine Sprache besitzt, solche auswählen, die für bestimmte Grundarten der Kommunikation benötigt werden. Diese vier Arten sind: das Erzählen (die Narration), das Beschreiben (die Deskription), das Argumentieren und das Anweisen. Sie bilden ein paradigmatisches Inventar. Das heißt, sie sind mit ihren sprachlichen Mitteln trotz aller Überlappungen im einzelnen grundsätzlich voneinander verschieden. Denn sie erfüllen ganz unterschiedliche sprachliche Aufgaben.

Beim Erzählen soll der Rezipient ein chronologisch kohärentes Bild vergangener Ereignisse erhalten; beim Beschreiben ein topographisch (das kann auch übertragen gemeint sein) kohärentes Bild der Wirklichkeit (oder eines Wirklichkeitsausschnittes). Beim Argumentieren gibt es keine Kohärenz in diesem Sinne: der Rezipient soll eine These des Emittenten als richtig erkennen und demzufolge konsequent handeln. Beim Anweisen ist ein chronologisch kohärentes Handlungsmuster vom Rezipienten abzuarbeiten.

Die Vertextungsstrategien sind Mechanismen für den Textbau. Sie sind Grundmuster der Textbildung. Bei der Analyse bewahrt ihre Beachtung vor der Fehlannahme, dass die gleichen stilistischen Anforderungen an Märchentexte, Gebrauchsanweisungen, Beschreibungen und Leitartikel zu stellen wären. Die Vertextungsstrategien bewirken **Stilwerte**. Diese Stilwerte tragen zur Konstanz eines stilistischen Potentials in hohem Maße bei. Sie sind die eine Quelle für die bei jedem Text erwartete Einheitlichkeit, andere Quellen sind die funktionalstilistischen, normativen Bedingungen und schließlich die individuellen stilistischen Maßnahmen. Diese können sich aber nur entfalten, wenn eine Folie vorhanden ist, auf der sie überhaupt bemerkt werden können.

Weiterführende Literatur: Die „Initialzündung" für die Erfassung von Strategien der Textbildung liegt mit dem Konzept von **Werlich (1975)** vor, er bezeichnet diese Textbildungsmuster als „Texttypen". In der sprachwissenschaftlich orientierten Textlinguistik spricht **Brinker** (**2006**, Kapitel 3) von „Themenentfaltung", er begreift dabei die Textbildung als Ausfaltung aus thematischen Kernen und unterscheidet dabei die deskriptive, die explikative und die argumentative Themenentfaltung. In der Stilistik von **Fleischer/Michel (1975)** werden die den Vertextungsstrategien entsprechenden „Darstellungsarten" behandelt, sie umfassen bei ihnen Beschreiben, Berichten, Erzählen, Erörtern, Schildern, Betrachten und orientieren sich damit stärker an didaktischen Erfordernissen. **Sowinski (1988**, S. 280–298**)** erfasst entsprechende Muster als „Formen" bestimmter Textsorten, z.B. „Beschreibende Formen", „Brieflich mitteilende Formen" oder „Erörternde Texte", wobei er sie als Integrationsinstanzen für die Textbildung ansieht. **Heinemann (2000)** grenzt die „Vertextungsmuster" von anderen globalen Strategien ab. Er nimmt dabei auch Bezug auf das Konzept einer „Vor-Organisation einer komplexen Handlung", was **Rehbein (1977**, S. 162**)** ansetzt. Weiter geht auch er auf die „didaktischen Implikationen" des Konzeptes ein **(Heinemann 2000**, S. 365 f.**)**. „Textuelle Planbildung" behandelt **Antos (1984)**. **De Beaugrande/Dressler (1981)** gehen an verschiedenen Stellen ihres Einführungsbuches in die Textlinguistik auf übergreifende Strategien ein. Die Kategorie der Themenentfaltung wird bei **Hoffmann (2000)** genauer dargestellt. Von den einzelnen Vertextungsmodi gehen **Eggs (2000)** und Wolfgang **Klein (2000)** genauer dem Argumentieren nach, Josef **Klein (2001)** dem Zusammenhang von Erklären und Argumentieren. Für die Stilistik wichtige Züge des Erzählens werden bei **Quasthoff (2001)** behandelt.

5 Funktionalstilistik

5.1 Der Ansatz der Funktionalstilistik

Die Überlegungen des ersten Kapitels hatten in die folgende Stildefinition gemündet: „Stil ist das auf paradigmatischer Opposition der Ausdrucksvarianten beruhende, syntagmatisch fassbare, effektive, einheitliche und je ausgewählte und unverwechselbare Merkmal von Sprache in je bestimmten Funktionsbereichen."

Zur Belegung dieser Definition fehlt uns nun vor allem noch die Bestimmung eben dieser Verwendungsbereiche der Sprache. Stil auf bestimmte **Funktionsbereiche** zuzuschneiden ist der Versuch, die Verwendungsbedingungen der Sprache als bestimmende Instanzen zu fassen.

In den vorangegangenen Kapiteln sind Grundsatzfragen der Stilistik behandelt worden. Wir haben vor allem die in der Sprache bereitliegenden Varianten nach stilrelevanten Kategorien in ihrer universalen Gültigkeit zu beschreiben versucht. Leitender Gesichtspunkt war dabei der Bezug auf die systematischen Möglichkeiten der Sprache, kurz: auf das **System**, wie es sich im Deutschen manifestiert, wobei aber auch immer die universalen Bedingungen in Rechnung gestellt wurden. So sind die Vertextungsstrategien als Filter für die Bestimmung von Stil immergültige Kategorien. Ihre Beachtung bewahrt vor unangemessener Gleichschaltung der sprachlichen Varianten. Die Vertextungsstrategien steuern die Wahl von Sprachformen auf einer hohen Abstraktionsebene.

Mit der jetzt zu besprechenden Funktionalstilistik wird der Bezug auf die **Norm** fassbar: In den verschiedenen funktionalen Verwendungsbereichen ist nach Auffassung der Funktionalstilistik eine je eigene Norm greifbar, der die sprachlichen Mittel genügen müssen, wenn Sprache angemessen (auf den kommunikativen Zweck hin gesehen) verwendet werden soll. Haben wir mit den Vertextungsstrategien ein (teil-)systematisches Raster, so liegt mit den Funktionalstilen ein normatives Raster für die Erklärung von sprachlichen Erscheinungen vor.

Zunächst ist auf die Herkunft dieser stilistischen Konzeption, ihre Bewertung und ihre Reichweite einzugehen. Wenn die Konzeption in einigen Teilen auch ergänzungsbedürftig ist, so ist sie doch ein Zugang zur Stilistik, der pragmatischen Anforderungen im Prinzip gerecht wird, vor allem stellt er die sprachlichen Mittel in ihrer Funktion ins Zentrum und gibt so einen realistischen Ansatz für die Deutung ihrer Leistung auf dem Hintergrund jeweils alternativer Möglichkeiten.

Die Funktionalstilistik hat ihren Ursprung in der **Prager linguistischen Schule**[1] und ist damit ein Abkömmling des klassischen Strukturalismus. Ein vergleich-

1 Vgl. vor allem Havránek [1932] (1976) und Helbig (1974).

barer Ansatz ist später von Halliday (1985) entwickelt worden. Strukturalistische Sichtweisen an den Stilbegriff heranzutragen ist deswegen besonders konsequent, weil auf diese Weise das Vorkommen bestimmter sprachlicher Elemente grundsätzlich auf dem Hintergrund eines paradigmatischen Rahmens gesehen wird. In dieser Sicht sind die primären Auswahlinstanzen für ein bestimmtes Wort oder eine Satzform die Funktionalstile.

In der Prager Linguistischen Schule, der sich zum Teil die Linguistik der DDR angeschlossen hatte[2], werden vier Stile angesetzt:

Direktivstil
Erkenntnisstil
Konversationsstil
Künstlerischer Stil

Ein eigener Stil der Presse wird nicht angenommen, weil er zu uneinheitlich sei.

In der russischen Stilistik, die mit dieser Konzeption besonders intensiv gearbeitet hat, wird folgendermaßen unterschieden (Riesel/Schendels 1975, S. 5):

Stil der Alltagsrede
Stil der Wissenschaft
Stil der öffentlichen Rede
Stil der Presse und Publizistik
Stil der schönen Literatur

Die funktionalstilistischen Zugänge erfassen immer nur einen, wenn auch wichtigen, ja vielfach den dominanten Aspekt der Stilphänomene, sie sind aber nicht, wie es bei Riesel/Schendels den Anschein hat, letztgültige Erklärungen dafür. Stil wird bei Riesel/Schendels so definiert:

„Stil ist ein historisch veränderliches, durch gesellschaftliche Determinanten bedingtes Verwendungssystem der Sprache, objektiv verwirklicht durch eine quantitativ geregelte Gesamtheit sprachlicher Mittel – mit anderen Worten: realisiert aufgrund kodifizierter Normen für die erzielten Kommunikationsbereiche." (Riesel/Schendels 1975, S. 16)

Diese Normen für die eben genannten fünf Verwendungsbereiche der Sprache ergeben sich im Hinblick auf die gesellschaftlich relevanten Zwecke. Das ist hier das Entscheidende: Kommunikation wird angesehen als soziales Verhalten der Indivi-

2 Ein Forschungsabriss bei Fleischer/Michel (1975, S. 23–27).

duen einer Gesellschaft im Hinblick auf **optimale Verständigung**. Daraus leitet sich eine Einteilung der Kommunikationsbereiche ab je nach den Zwecken, die die Kommunikation in diesem Bereich hat. Der „hermeneutische Zirkel", den man hier erkennen kann, wird in den Arbeiten zur Funktionalstilistik jedoch ziemlich vereinfacht so dargestellt, dass den fünf Kommunikationsbereichen jeweils fünf klar umrissene Funktionen zugeordnet werden. Ob das angemessen ist, wird noch zu diskutieren sein.

Dazu müssen erst die kommunikativen Voraussetzungen, so wie sie etwa Riesel/Schendels sehen, betrachtet werden: Sie nennen das „die einzelnen Stadien des Sprach- und Schreibaktes".

```
            4
            3
Sender 1 →  2  → 5 Empfänger
            3
            4
1:      funktionale Spezifik (Aussageabsicht, Intention)
2–3–4:  linguostilistische Spezifik
5:      kommunikativer bzw. stilistischer Eindruckswert
```

Zu 1: Hier liegt ein **Kommunikationsmodell** unter funktionalstilistischem Aspekt vor. Riesel/Schendels führen dazu aus (Riesel/Schendels 1975, S. 22 f.), die Kommunikation sei immer als durch außerlinguistische Gegebenheiten veranlasst zu betrachten. Ausgangspunkt im Sprachverkehr der Menschen seien unter allen Umständen die funktionale Spezifik der Mitteilung im jeweiligen Kommunikationsbereich, ihre Aufgabe und ihr Ziel (mit einbegriffen die individuelle Intention des Senders), die Beziehung zum Gegenstand der Aussage, der Verständigungsweg (= Kanal) und die Verständigungsart (mündlich, schriftlich; Monolog, Dialog, Polylog).

Zwischen Sender und Empfänger machen sich objektive und subjektive stilprägende Faktoren geltend. Diese werden zunächst als Kontaktfaktoren zu erfassen versucht. Objektive Faktoren bezögen sich primär darauf, dass die Mitteilung klar und exakt übermittelt werde, subjektive darauf, dass die Interpretation der Mitteilung durch den Empfänger variabler gestaltet werden kann.

Weiter wird nun allerdings einiges zusammengezogen, was sorgfältig zu trennen ist, wenn gesagt wird: „Die subjektiven kommunikativen Bedingungen, denen gleichfalls stilprägende Funktion eignet, hängen mit der individuellen Beschaffenheit von Sender und Empfänger zusammen, mit deren persönlichem ‚Status': Sozialgruppe, Berufsinteresse und Lebenserfahrung, Schulbildung, Altersstufe, Temperament u. a." (Riesel/Schendels 1975. S. 23).

Hier finden sich soziale Faktoren, die am ehesten mit „Rolle oder Status" zu begreifen sind, und wirklich individuelle. Die **Rollen- und Statusfaktoren** „färben" den Text. „Echt" subjektive Faktoren wie „Temperament" fallen in die individuell zu gestaltende Komponente, die wir als zu berücksichtigende Kategorie vorläufig mit den allgemeinen Stilzügen bereitgestellt haben. Diese sind wirkliche Anforderungen und kein aufgesetzter, überflüssiger „Schmuck" („ornatus") und stehen damit ebenfalls im Dienste der kommunikativen Intention.

So formuliert, sind wir damit allerdings schon etwas vom Ansatz im Sinne von Riesel/Schendels abgewichen. Denn die Kommunikation in Erfüllung ihrer gesellschaftlichen Zwecke wird bei ihnen eher gereinigt und ideal gesehen. Die Kommunikation habe immer gesellschaftliche Aufgaben zu erfüllen, insofern sei das einzelne Individuum gleichsam immer nur „Sprachrohr", „ausführendes Organ" der Gesellschaft.

Zu 2/3: So werden auch die „Stilzüge" (vgl. Kapitel 1.2 und 1.5) in Anpassung an die funktionalstilistische Verwendung gesehen. Die Stilmittel eines beliebigen Textes enthalten zwangsläufig die Varianten, die funktional vorgegeben sind. Riesel/Schendels machen das am Beispiel eines offiziellen Amtsdokumentes klar: Da falle „selbst dem linguistisch ungeschulten Leser Folgendes sofort auf: offizieller Ton, Unpersönlichkeit, Distanzwahrung zwischen Sender und Empfänger, Mangel an jeglicher emotionalen Expressivität, alles in allem Förmlichkeit als dominierender, stilbildender Zug". Wenn wir selber ein solches Dokument abfassten, hielten wir uns an derartige Normen. (Riesel/Schendels 1975, S. 24).

Wichtig ist die folgende Bemerkung: „Sobald ein spezifischer Stilzug aus seinem ‚Mutterstil' in ein anderes Stilsystem übergeht (z.B. Ungezwungenheit in den Stil der Sachprosa), dient er schon besonderen stilistischen Zwecken." (Riesel/Schendels 1975, S. 26). Dies entspricht der in Kapitel 1 und 3 dargestellten Auffassung, dass sie dann bestimmte stilistische Effekte abgeben.

Zu 4: Hier geht es um den „Ausdruckswert" der Aussage: das Gesamt der Aussage, aber in Betonung der Wirkung auf den Sender.

Zu 5: Hier soll der Ausdruckswert der Aussage – im Idealfall – einen damit identischen Eindruckswert haben. Allerdings ist durch die unterschiedliche Mischung von individuellen Anforderungen und funktionalstilistischer Dominanz das Verhältnis von Ausdruckswert und Eindruckswert differenzierter zu sehen.

Adäquat betont dieses Kommunikationsmodell die Konstellation Sender – Empfänger. Es gründet sich auf funktionale Vorgaben. Damit ist es für eine pragmatische Auffassung von Stilistik sehr nützlich. Ein weiteres Raster wäre danach die Beschreibung der Varianten der Sprache von den Textsorten her, wie es etwa Sanders (1977) ansetzt, worauf in Abschnitt 5.3 eingegangen wird. Textsorten sind funktionalstilistisch als Spezifikationen in bestimmten Funktionsbereichen zu erfassen.

Die funktionalstilistische Klassifikation ist nur eine Rahmengliederung. Das betonen z.B. auch Fleischer/Michel (1975, S. 251). Dennoch haben sie wichtige

Funktionen insbesondere zur Verbesserung der „Sprachkultur" im Rahmen des Sprachunterrichts: Nur nach funktionalstilistischen Gesichtspunkten lasse sich die Angemessenheit der sprachlichen Mittel bewerten. Es gebe zum Beispiel kein „gutes Deutsch schlechthin". Wichtig ist nach Fleischer/Michel (1975) schließlich noch, dass die Stilelemente (meist) nicht als isolierte Erscheinungen funktional differenziert seien, sondern nur im **Zusammenwirken** zu spezifischen Stilzügen bestimmter Funktionalstile würden.

5.2 Zur Bewertung der funktionalstilistischen Theorie

Die Funktionalstile sind normbezogene Erklärungsinstanzen für stilistische Phänomene. Sie sind nach Vorkommensbereichen der Sprache vorgenommene Subklassifizierungen aller Elemente; sie sind textbezogen. Aus dem hier gewählten Gesamtansatz zur Stilistik, nämlich aus seiner „Janusgesichtigkeit", seiner je eigens zu bewertenden Mischung aus überindividuellen und individuellen Merkmalen eines Textes, ergibt sich, dass die Funktionalstilistik nur einen Teil des stilistischen Potentials erklären kann. Ein globaler Erklärungsanspruch kann ihr nicht zukommen. Diesen hat sie sich auch gar nicht angemaßt, er wird ihr aber bisweilen vorgeworfen, besonders nachdrücklich etwa von Antje Porsch (1981, S. 280–307). A. Porsch kritisiert zunächst zu Recht, dass die Abgrenzung der Bereiche schwierig sei. Ihr Haupteinwand dabei ist, dass nicht jeder Funktionalstil „eigenständige sprachliche Mittel auf allen Ebenen des Sprachsystems" habe (S. 282). Dies wäre in der Tat ein viel zu weitgehender Anspruch an die Varianten-Bereitstellung in einer Sprache. Bei der Komplexität der zu bewältigenden sprachlichen Aufgaben wäre Verständigung über die Bereiche hinaus kaum möglich. Es ist gerade das Wesen der funktionalen Differenzierung der sprachlichen Mittel in einer Sprechergemeinschaft, dass die funktionalen Bereiche über ein großes Potential von **Gemeinsamkeiten** verfügen. Die Differenzierungen gehen im Prinzip auf Einzelheiten aus: Wesen des Stils ist es immer, Subtiles bereitzustellen für die Charakterisierung des Textes.

Dennoch ist es sinnvoll, einen oder auch alle Funktionalstile vollständig zu beschreiben. In der Prager Linguistik wird konsequenterweise deswegen von Funktional*sprachen* gesprochen (vgl. Havránek [1932] 1976). Das isolierende Herausgreifen einer Funktionalsprache muss dann alle sprachlichen Eigenschaften erfassen. Erst beim Einbeziehen anderer Funktionalsprachen würden dann die Doppelungen bemerkbar, die sich automatisch ergeben, wenn eine vollständige Beschreibung gegeben wird. Auf diesem Hintergrund lassen sich die in der jüngsten Zeit vorgenommenen Stilbestimmungen verstehen, mit denen in abgegrenzten funktionalen Bereichen die Gesamtheit der dort nachweisbaren sprachlichen Mittel erfasst wird (vgl. z.B. Selting/Sandig 1997).

Stilbeschreibungen gehen immer auf die Erfassung des Wesentlichen, **Charakteristischen** aus. Das betrifft sowohl den individuellen Faktor, d.h. die Markierung der Besonderheiten eines einzelnen Textes, als auch die Charakterisierung globaler Vorgaben, auch der funktionalen. Alle überall gleichen Faktoren und Elemente sind neutral. Sie stellen den Hintergrund dar, auf denen sich die stilistisch genutzten abheben. Bei der Abgrenzung dieser beiden Komplementärmengen kommt man um eine bewertende Analyse nicht herum.

In der Differenzierung der kommunikativen Aufgaben als erkenntnisgeleiteter und handlungstheoretisch adäquater globaler Zugriff aber liegt der Schlüssel zur Bestimmung der Funktionalstile. Diese dürfen allerdings nicht überschätzt werden, denn sie unterliegen einem Bewertungsverfahren, wie es hier vorausgesetzt wird: Der Beitrag der Funktionalstilistik zu einer vollständigen stilistischen Bewertung ist als Eingabe für die Analyse einzelner Texte zu verstehen. Ganz gleich, ob man einen funktionalstilistischen oder einen handlungstheoretischen Zugang wählt: An irgendeiner Stelle der Analyse muss gesagt werden, dass es einen Unterschied macht, ob man einen behördensprachlichen Text, einen Zeitungstext oder ein Gespräch unter Nachbarn der Analyse unterwirft. Die möglichen Überlappungen der Bewertungskriterien, die nicht abzustreiten sind, müssen durch andere Rasterungen ausgeglichen werden, z. B.:

Mündlich – schriftlich,
Monologisch – dialogisch – polylogisch,
Kurze – lange Textformen.

Dies wird in den meisten vorliegenden Stilistiken ganz informell, eben durch einfache Ad-hoc-Ausführungen dieser Kriterien gelöst. Es erscheint aber sinnvoller, davon auszugehen, diese **weiteren Rasterkriterien** zunächst bestimmten Funktionalstilen zuzuschlagen. Also „mündlich" der Alltagssprache, „schriftlich" allen anderen Bereichen, diese umfassen auch so gut wie ausschließlich die monologischen Textformen. Die extrem langen Texte sind auf wenige Funktionalstile beschränkt: In der Belletristik sind es die Romane, in der Wissenschaft die Fach- und Sachbücher, in der Direktive Verordnungen und Gesetzessammlungen, wobei diese sich adäquater als Zusammenstellungen thematisch verwandter kürzerer Texte auffassen lassen.

Das normbezogene funktionale Raster lässt sich als konkretes Funktionsfeld sehen, das in Kreuzklassifikation mit dem idealen, abstraktiv zu gewinnenden Raster der Vertextungsstrategien steht. Trotz dieses zweifachen Zugangs ist im Einzelfall immer noch der Rekurs auf bestimmte Textsorten nötig, um stilistische Phänomene voll zu erklären.

5.3 Ein erweiterter funktionalstilistischer Ansatz

Ein Ansatz, bei dem zentrale Teile der funktionalstilistischen Theorie zusammengefasst und neu geordnet werden, findet sich bei Sanders (1977). Durch **„Dominantsetzen"** bestimmter Elemente gelange man zu einer tragfähigen Stilbestimmung. Sanders unterscheidet nur die folgenden drei Bereiche:

Alltagssprache – Gebrauchssprache – Kunstsprache mit jeweils zugeordneten Stilen und stellt das in dem folgenden Schema dar:

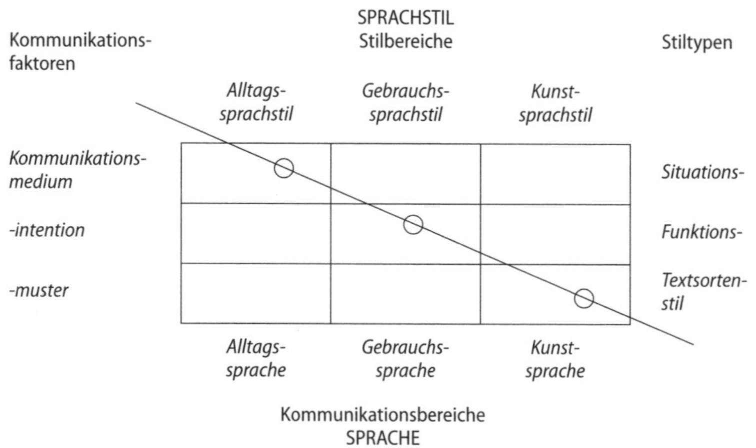

(Sanders 1977, S. 121)

Dabei entsprechen funktionaler Alltagssprachstil und funktionaler Stil der Belletristik den beiden Randkategorien. „Gebrauchssprachstil" ist eine Zusammenfassung der übrigen drei Funktionalstile.

1. Situationsstil[3]

Gemeint ist primär eine Sprachverwendung in dem Bereich, in dem die Situation durch Schaffung einer **Redekonstellation** wirklich konstitutiv ist: eben die mündliche Alltagssprache. Die „äußere" Situation mit ihren paralingualen und extralinguistischen Kommunikationsmitteln: Gestik, Mimik, Intonation sind tragende Bestandteile der Kommunikation in gesprochener Sprache. Die reale Deixis spielt eine große Rolle. Zeigegesten treten neben die sprachlichen Mittel. Die Sprache selber ist situationsentlastet. Von daher erklären sich nach Sanders die Ellipsen, die Tendenz zu Kurzsätzen, zur Parataxe, die Freiheiten des Satzbaues, die Anakoluthe, aber auch die Rekurrenzen, Redundanzen, Interjektionen, Kraftausdrücke, Sprachklischees, kommunikative Partikeln etc., die Wiederholungen. Und nicht zuletzt die Konnotationen: dass nämlich die sprachlichen Mittel eher den emotionalen Bereich als den „logischen" betreffen. Aufschlussreich ist sein Beispiel, dass Sätze wie *Hier brennt es!* oder *Die beiden Autos sind in einen Verkehrsunfall verwickelt,* falls sie im unmittelbaren Wahrnehmungskreis der Sprecher und Hörer ge-

3 Sanders (1977, S. 90–101).

meinsamen Situation erfolgen, nicht nur redundant, sondern im pragmatischen Sinne inadäquat sind.

So lässt sich für den Situationsstil und damit für die kommunikative Rechtfertigung dieses Sprachbereichs sagen: Es handelt sich um solche sprachlichen Texte und Diskurse, bei denen die **Situation sprachentlastend** ist, oder positiv ausgedrückt: um Sprachverwendungen, bei denen die Situation konstitutiver Bestandteil ist.

2. Funktionsstil[4]

Hier findet sich bei Sanders nun zunächst die wichtige Bemerkung, dass „jeder Sprecher sein Sprachverhalten, konkreter seine Ausdrucksweise, je nach Hörer(kreis), Thema, Situation usw., kurz den Bedingungen der ‚Redekonstellation', unterschiedlich regelt" (Sanders 1977, S. 102). Der hier eingehende dominante Bezug auf den Emittenten, woraus sich z.B. seine und die dem Hörer zukommende Rolle ableiten lässt, wird hier jedoch nicht weiter verfolgt, sondern es wird die funktionale Zweckbestimmung der Kommunikation herausgestellt. Von daher gesehen fielen Amtsstil-, publizistischer Stil und wissenschaftlicher Stil weitgehend zusammen: darin dominierten der Gebrauchscharakter, der Gebrauchwert, der „zweckmäßige" Einsatz der Sprachmittel (Sanders 1977, S. 106). Die Unterschiede zwischen den einzelnen Sparten, auf die oben eingegangen worden ist, werden bei ihm so gefasst:

- Der amtliche Stil (Direktivstil) sei gekennzeichnet durch: Eindeutigkeit, Festlegung, Formelhaftigkeit,
- der publizistische Stil durch das oberste Prinzip der Allgemeinverständlichkeit,
- der wissenschaftliche Stil durch den Grundzug weitgehender Abstraktion. Dazu trete Argumentation, die Verwendung von Fachwortschatz. Subjektivität sei dennoch möglich.

3. Textsortenstil[5]

Sanders möchte der dichterischen Sprache mit ihrer Betonung der Formseite eine eigene Kategorie zuweisen, während sonst von strukturellen Ähnlichkeiten aller Funktionalstile und -bereiche ausgegangen wird. Hier gilt es zwei Dinge zu bedenken:

Einerseits ist die dichterische Sprache, die künstlerische Sprache auch noch durch andere Charakteristika von der Alltags- und Gebrauchssprache abgehoben. Diese beiden Kommunikationsbereiche lassen sich zum Zwecke der Abgrenzung dichterischer Sprache auch zusammenfassen.

4 Sanders (1977, S. 101–108).
5 Sanders (1977, S. 109–119).

Zweitens muss die Formseite auch bei den nichtdichterischen Textsorten beachtet werden. Zwar sind es stärker konventionalisierte Kommunikationsmuster, derer wir uns in der alltäglichen und gebrauchssprachlichen Kommunikation bedienen, aber auch der Schriftsteller hat auf überkommene Formen zurückzugreifen, auch wenn er sie „verletzt". Der Unterschied lässt sich aber dem Schema dennoch ganz gut entnehmen, und zwar mit der strukturalistischen Prozedur der negativen Bestimmung: Künstlerische Sprache ist nur sekundär intentional, was nicht heißen soll, dass die Intention „weniger wichtig" sei. Darauf wird im Abschnitt 5.4.6 noch eingegangen. In nichtkünstlerischer Sprache ist die Zweckgerichtetheit dagegen primär, die Form der Kommunikation ist darauf abgestellt, sie ist darauf bezogen: Eine Grußkommunikation, das Telegramm, die SMS sind kurze Formen; der Lebenslauf, die Unfallmeldung sind mittellange, die familiäre Unterhaltung ist eine lange Form, die sich aus der Situation ergibt und den ganz unterschiedlichen **Kommunikationsinteressen** Rechnung trägt. Künstlerische Formen sind dagegen als Formen vorgegeben, in die hinein bestimmte Intentionen integriert werden können, aber nicht müssen. So kann im ‚Tagebuch einer Schnecke' von Günter Grass die Romanform – eine außerordentliche lange Form – benutzt werden, um eine bestimmte Absicht, hier: Wahlwerbung (zur Bundestagswahl 1965) zu verfolgen. Das Postulat der „Zweckfreiheit der Kunst" ist sicher so zu verstehen, dass die formale Gestaltung, die individuelle Lösung eines Formproblems dominiert. Darauf jedenfalls ist stets die Rezipientenreaktion gerichtet.

5.4 Die funktionalen Stiltypen im Einzelnen

Die Konzeption der Funktionalstilistik ist in einer Zeit und in einer Region entwickelt worden, in der bestimmte sprachliche Leistungsbereiche aus Gründen, die hier nicht weiter thematisiert zu werden brauchen, ausgeblendet wurden. Nicht einbezogen wurden vor allem die Werbungssprache und die rituelle bzw. sakrale Sprache. Zumindest diese Bereiche müssen in eine umfassende Klassifikation aufgenommen werden. Darüber hinaus lässt sich die Sprache in Schule und Unterricht kaum zufriedenstellend einem der bisher genannten Funktionalstile zuschlagen. Daher wird hier dafür ein eigener Bereich angesetzt. Weiter soll im Folgenden eine Terminologie gewählt werden, die die Entwicklung der funktionalen Bereiche aufnimmt und neueren Forschungslinien entspricht. Dann ergibt sich eine achtfache Schichtung:

1. Die Alltagssprache
2. Die Wissenschaftssprache
3. Die Öffentliche Kommunikation
4. Die Sprache der Medien
5. Die Sprache der Unterweisung
6. Die literarische Sprache
7. Die sakrale Sprache
8. Die Werbungssprache

5.4.1 Die Alltagssprache

Hier hat die bahnbrechende Arbeit von Elise Riesel, Der Stil der deutschen Alltagsrede, Leipzig 1970, den Blick für die stilistischen Kennzeichen der alltäglichen mündlichen Kommunikation geöffnet[6]. Diese war in so gut wie allen früheren normativen Stilistiken zu kurz gekommen. Das Kommunikationsmedium ist **mündlich**, die Kommunikationsform ist meist dialogisch. Die Alltagssprache ist durch starke und direkte Situationsbezüge gekennzeichnet. Die Auswirkungen davon sind, dass deiktische Ausdrücke vorherrschen und semantisch leere Bezeichnungen, *das Ding da, der da* usw. begegnen. An dieser Stelle jedoch interessieren nicht die Einzelheiten, sondern die gesellschaftliche Grundfunktion, um die Angemessenheit der Alltagssprache beurteilen zu können.

Riesel (1970) sieht die Hauptfunktion darin, ungezwungen-intime Mitteilungen „privater Natur" oder sachliche, aber nicht offizielle Feststellungen aus dem Alltags- und Arbeitsleben im mündlich-dialogischen Verkehr an den Empfänger weiterzugeben. Hier wird der nicht-offizielle Sprachverkehr also als eigener Funktionsbereich voll anerkannt. Sprache erfüllt somit diese wichtige gesellschaftliche Funktion. Riesel nennt als Stilzüge der Alltagsrede:

1. Lockerheit/Ungezwungenheit,
2. Emotionalität, subjektive Bewertung, Jargonismen, Expressivität der Lexik,
3. Bildhaftigkeit,
4. Humor (Spott und Satire),
5. Gewisse Spannung zwischen Umständlichkeit und Kürze.

Dabei sei der Stilzug der Ungezwungenheit und **Lockerheit** der dominante (Riesel 1970, S. 84).

Mit der Nennung solcher Stilzüge stoßen wir, wie in Kapitel 1 und 3 ausgeführt, auf das Erbe der jahrhundertelangen Tradition der Stilistik: Formuliert sind sie für die Alltagssprache im genus humile, das seit der Antike mit den Attributen der Sachlichkeit und Schlichtheit versehen wird.

Als Beispiel für die Merkmale alltagssprachlicher Kommunikationsformen soll das folgende Textstück aus dem Mannheimer Stadtsprachenprojekt dienen.

Text 13 b:
01 EB: da hat sie sich auch wieder so=n di"ng geleistet↓ * wir
02 EB: waren grad ei"nen tag da↑ na denk ich was »i"sch denn los
K #IST#
03 EB: renn vo:r↑ ** na wird der bau:m↑ der auf unserm platz steht↑
04 EB: mit einem rie:sigen kran rausgezogen↓ so ein rie:sig
05 EB: großer kastanienbaum↓ ** na sag ich ← ja sagen sie sind

6 Wichtige neuere Arbeiten zur gesprochenen Sprache sind außer den schon angeführten u.a. Leska (1965), Betten (1976), Schwitalla (2006), Hennig (2006). Vor allem ist hier das zweibändige Handbuch Text- und Gesprächslinguistik (Brinker/Antos/Heinemann/Sager 2000 und 2001) zu nennen.

06 NW: wa: ↑
07 EB: sie wah::nsinnich↑ #der baum gehört uns alle mitnander den
K #VORWURFSVOLL
08 EB: könne se doch hier net rau"sreißen-# ← na sagt ja" die/der
K #
09 EB: frau Kuhn gefällt der nicht mehr- die ham a"ngerufen wir
10 EB: sollen ihn rausmachen
[...]↓
11 EB: dann ka:mse und hat gsagt → -ach go"tt die sind ja schneller
12 EB: wie die feuerwehr↓ * und sie hat gsacht a:ch ich wollt
13 EB: ja eigentlich meine na"chbarn vorher fragen↓ ja die
14 EB: meischde sin ja im u"rlaub↑ die kann se jo gar net fro:ge↑
15 EB: also so ein #witz# ist das ein witz↓ #sie will / der baum
K #SEHR HOCH# #IMITIEREND UNSCHULDIG
16 EB: würde ihr nicht gefallen | # sie wollte einen a"ndern baum↓
K #
17 EB: haben aber den könnt mer ja sowieso erschd im okdober
18 EB: pflanze↓ * jetz ham=mer da: nichts↓

(Schwitalla, Kommunikative Stilistik, S. 246 f.)

(Die verwendeten Zeichen bedeuten: ": auffällige Betonung; ↓ : Stimmsenkung; ↑: Stimmhebung; *: kurze Pause, **: längere Pause, /: Wort- und Konstruktionsabbruch, # #: Kommentar, :: sehr lange Dehnung).

Wie der Verfasser dieses Bandes, Johannes Schwitalla, herausarbeitet, formuliert die Sprecherin EB Aussagen zur Wiedergabe eigener Handlungen im Dialekt (hier: schwäbisch), über die Welt der Nachbarin äußert sie sich standardnäher. Insgesamt wäre es unter stilistischen Gesichtspunkten völlig unangemessen, die Abweichungen von der Standardsprache als Maßstab für die Bewertung des Textes zu nehmen. Die Alltagssprache gehorcht eigenen Bedingungen. Die von Riesel angesetzte Lockerheit und Ungezwungenheit ist immer noch zu sehr auf diesem Hintergrund formuliert. Was die Sprecherin erzählt, zeigt zunächst die generellen Vertextungsstrategien des Erzählens: Temporale Orientierung, so dass die Zuhörenden über den Ablauf des Geschehens informiert werden. Die Handlungs- und Vorgangsschritte werden in chronologischer Reihenfolge erzählt. Die Erzählung hat einen Rahmen (*da hat sie sich wieder so=n di"ng geleistet*, 01), sie wird verlebendigt durch das Präsens der erlebten Rede (*na denk ich was #i"sch# denn los*, 02) und endete mit einer Pointe (*jetz hah=mer da: nichts*↓, 18). Das Erzählen als Vertextungsstrategie wird ständig metasprachlich thematisiert: *sagen sie, sagt die frau, sie hat gsacht.* Das „Alltagssprachliche" liegt erstens an der Thematik, und zwar nicht an der rechtlich fragwürdigen Beseitigung des Baumes an sich (das ließe sich auch in einem juristischen Fachtext abhandeln), sondern in der engagierten Schilderung der Betroffenheit der Nachbarn. Sprachlich schlägt sich das in der schon erwähnten Mischung aus standardnaher und dialektaler Färbung des Gesagten nieder, weiter in der Verwendung formaler deiktischer Ausdrücke (*Ding, Kram*) emotionaler Wertungsausdrücke (*riesigen, wahnsinnig, so ein Witz*) und Ellipsen (*renn vor*).

Wenn man die in diesem Textstück erkennbaren Charakteristika auf dem Hintergrund eines herkömmlichen Stilbegriffs beschreiben wollte, würde vieles als defizitär erscheinen. Es ist die Leistung der Gesprächslinguistik[7] den **Eigenwert der gesprochenen Sprache** herausgearbeitet zu haben. Gesprochensprachliche Texte müssen aus sich heraus beurteilt werden, was inzwischen in der Linguistik nicht mehr gerechtfertigt zu werden braucht. Die neue Sicht auf diesen Funktionsbereich der Sprache zieht zudem eine völlig neue Bewertung der sprachlichen Formen überhaupt nach sich, insbesondere, was die Syntax betrifft.[8] Während der umgangssprachliche Wortschatz schon seit langem in seiner Eigenständigkeit erkannt worden ist[9], sind die Folgerungen für die Syntax meist noch nicht gezogen worden. Hier hält man weitgehend an einem Satzbegriff fest, der sich an der schriftlich konzipierten Form orientiert. Daraus resultiert u.a ein rigider Vollständigkeitsbegriff, die Vernachlässigung der Kontaktpartikeln und die Nichtbeachtung der Intonation. Diese grammatischen Bedingungen sollen hier nur soweit thematisiert werden, als sie für die stilistische Bewertung maßgeblich sind. Was die gesprochene Sprache betrifft, so zeigt das abgedruckte Textstück über die genannten Charakteristika hinaus u.a., dass die Sätze in der gesprochenen Sprache kürzer sind als in der geschriebenen, dass es weniger Nebensätze gibt und dass die Zahl und die Art der Konjunktionen und textverknüpfenden und -steuernden Partikeln anders ist als in geschriebenen Registern. Im Übrigen müssen an die stilistische Beurteilung der Alltagssprache die gleichen Maßstäbe herangetragen werden wie an die anderen Funktionalstile auch: Als stilistisch gelungen kann ein alltagssprachlicher Text nur dann gelten, wenn er zunächst seinen funktionalstilistischen Grundbedingungen genügt. Das ist hier der Fall: Der Text lässt genügend **stilwertgebende Komponenten** erkennen. Darüber hinaus sollten die allgemeinen Stilanforderungen eingehalten werden. Er sollte variantenreich sein, also keine Monotonie aufweisen. Auch das ist hier gegeben. Ob er darüber hinaus eine individuelle Komponente aufweist, die sich vor allem in der dosierten Verwendung von Stileffekte erzielenden Mitteln niederschlägt, kann schlecht beurteilt werden. (Er ist dafür zu kurz.) Erst dadurch könnte er als wirklich gelungen bewertet werden. Immerhin erscheint die in der Erzählung wiedergegebene Gesprächssituation als dramatisierter Dialog einigermaßen individuell zu sein.

Alltagssprachliche Gesprächssituationen können in andere Funktionalstile übertragen werden. Dabei lassen sich ihre Charakteristika übernehmen. Sie erzielen dort Stileffekte, wie schon aus den Eingangsbeispielen aus dem ‚Tristan' von Thomas Mann zu erkennen war (Kapitel 1.8). Ein anderes Beispiel mit Wiederholungen und Ellipsen: *Am nächsten Morgen guckte der Pastor aus dem Fenster und sagte*

7 Vgl. vor allem Brinker/Antos/Heinemann/Sager (2000) und (2001).

8 Das Konzept der „Nähesprache", mit dem Ágel/Hennig (2006) die informellen Sprachregister gegenüber solchen der „Distanz" erfassen, zeigt einen Weg, den unterschiedlichen Anforderungen gerecht zu werden.

9 Z.B. Küpper (1983).

zu Peter, der sich in der Küche wusch: „Schnee, Schnee, Schnee ..." Er tippte an das Barometer und sagte: „Steigt". (Walter Kempowski, Alles umsonst, S. 343).

5.4.2 Die Wissenschaftssprache

Als Grundfunktion dieses Bereichs lässt sich ansetzen: ‚Darstellung theoretischer wie praktischer wissenschaftlich gewonnener Erkenntnisse'. Die Adressatenkreise sind verschieden: Entweder ist es die engere oder aber die weitere Fachgenossenschaft. Im ersten Fall herrscht terminologisch geprägte Sprache vor, für die u.a. der Nominalstil kennzeichnend ist. Bei Textsorten, die sich an Nichtfachleute richten, handelt es sich um populäre Sachprosa, die zwar auch einen hohen Anteil an Nominalstil aufweisen kann, aber stärker von verbalen Mitteln Gebrauch macht. Grundzug dieses Funktionalstils ist **Sachlichkeit**: Die objektiven Zusammenhänge sollen dargelegt werden, das subjektive Moment hat jedenfalls in der reinen Fachsprache zurückzutreten. In der populären Sachprosa darf, ja, soll dagegen Emotionalität eine Rolle spielen. Denn die Verbreitung wissenschaftlicher Erkenntnisse ist eine Grundfunktion der Sprache überhaupt. Deswegen darf der Schreiber in diesem Funktionalbereich genauso engagiert sein wie in anderen Funktionalstilen.

Genauigkeit, Klarheit sind jedoch die obersten Stilanforderungen. – Zu fragen ist erstens, welcher rhetorisch-stilistischen Tradition diese Stilzüge zuzuweisen sind und weiter, welchem allgemeinen Grundzug der Kommunikation die Sprache der Wissenschaften entspricht: Die stilistische Tradition fasst die Wissenschaftssprache als Muster objektiver und nüchterner Schreibweise auf. Unter sprachphilosophischer Perspektive ist die Wissenschaftssprache – als Gegenbild zur Alltagskommunikation, die dem emotionalen Bedürfnis entspricht –, das rationale auf Erkenntnisgewinn und -verbreitung ausgerichtete Kommunikationsbestreben, das ‚Informationsungleichgewicht' in der Gesellschaft auszugleichen.[10]

Die folgenden beiden Texte zeigen die Pole wissenschaftlicher Prosa. Der erste ist ein Fachtext, der sich an die engere Fachgenossenschaft richtet, der zweite ist für Laien geschrieben, die sich für die Thematik interessieren.

> Wasserstoff und Helium sind die bei weitem häufigsten Elemente in unserem Sonnensystem. Dies zeigt die spektrale Analyse von Sonnenlicht sowie die Analyse einer speziellen Meteoritenklasse, den kohligen Chondriten, die vermutlich die weitgehend unveränderte Zusammensetzung des Urnebels widerspiegeln, aus dem das Sonnensystem entstanden ist. Hinsichtlich ihrer generellen Merkmale ist diese Häufigkeitsverteilung repräsentativ für weite Teile unserer Galaxis und des gesamten Universums. Wasserstoff und Helium wurden zusammen mit Spuren von Lithium bereits im Urknall erzeugt – alle schwereren Elemente entstanden erst später in Sternen und Sternexplosionen. Eine Analyse der Kernmassen erklärt, warum im Urknall aus Wasserstoff (^{1}H) und Helium (^{4}He) keine schwereren Elemente entstehen konnten: Die Fusion zweier Wasserstoffkerne ergibt ^{2}He, ein Wasserstoffkern mit Helium liefert ^{5}Li, und die

10 Vgl. Habermas (1988).

Verschmelzung zweier Heliumkerne ergibt ^{8}Be. ^{2}He, ^{5}Li, und ^{8}Be haben eines gemeinsam: Im Gegensatz zu den in Sternen und auf der Erde üblicherweise vorkommenden Isotopen leichter Elemente ist der Zerfall dieser Kerne in ihre kleineren Bausteine energetisch möglich, da die Gesamtmasse der Kernfragmente, d.h. die Summe der Massen der Töchterkerne, kleiner ist als die Masse des Ausgangskerns. Diese Massendifferenz entspricht gemäß Einsteins berühmter Formel $E = mc^2$ gerade der Bindungsenergie, die beim Zerfall frei werden kann.

(Physik Journal 5, Februar 2006, S. 35)

Dieser Text ist einer einschlägigen Fachpublikation entnommen. Was die Vertextungsstrategien betrifft, ist er ein Beschreibungstext. Die Leser werden über einen Sachverhalt in seiner Vorfindlichkeit orientiert, deswegen wird das Präsens gewählt. Die Prädikate sind Orientierungsprädikate (*zeigt, widerspiegelt, entspricht*), bzw. einfache Vorkommmensprädikate (*ist möglich, ist kleiner*) oder sind Handlungsverben in genereller Form, d.h. im Präsens der Immergültigkeit (*erzeugt, liefert*). Der fachsprachliche Charakter ergibt sich zunächst durch den Publikationsort, die Fachzeitschrift. Die sprachlichen Merkmale sind die Fachausdrücke, entweder Simplizia, die fachlich definiert sind (*Isotopen, Zerfall, Elemente*) oder fachlich festgelegte Varianten auch neutraler Ausdrücke darstellen, zumeist nominale Wortbildungen, die fachlich definiert sind (*Meteoritenklassen, Wasserstoff, Sternexplosionen, Häufigkeitsverteilung, Kernfragmente*). Der **nominale Grundcharakter** dieses für die Fachsprachlichkeit typischen Textes ist offensichtlich. Merklich ist aber auch, dass die Fachsprache der Physik nicht ausschließlich aus Formeln und blassen Wortbildungen besteht, sondern sich aussagekräftiger Metaphern bedient: *Urnebel, Urknall, Töchterkerne.* Dies ist in vielen fachlichen Disziplinen der Fall und lässt sich unter stilistischer Perspektive als Zugang auf die Nichtfachleute verstehen, dient also mittelbar dem Grundanliegen der wissenschaftlichen Sprache: Verbreitung gewonnener wissenschaftlicher Erkenntnisse. Dass damit auch sprachspielerische Züge greifbar werden, steht dem nicht entgegen.

Totgeglaubte in der Fotofalle

Angolanische Riesen-Rappenantilope ist nicht ausgestorben

Ein paar Tiere drängen sich um einen Salzstein, eines reckt die langen Hörner stolz in die Luft und die Fotofalle löst aus – auf dem Bild sind Riesen-Rappenantilopen zu sehen. Quasi eine Sensation, denn die prächtigen Tiere mit den eineinhalb Meter langen Hörnern leben nur in Angola und wurden seit 24 Jahren nicht mehr gesehen. Sie galten bereits als ausgestorben. Nur gemunkelt wurde, man habe sie hier und da erblickt.

Doch vor zwei Jahren haben Portugiesen und Briten Kot gefunden, der vermutlich von der Riesen-Rappenantilope stammte. Wissenschaftler um Christian Pitra vom Berliner Leibniz-Institut für Zoo- und Wildtierforschung isolierten die DNS aus dem Kot und verglichen sie mit Erbgut aus Museumsstücken. Das zeigte zweifelsfrei, dass noch Riesen-Rappenantilopen in Angola leben. Nun bewiesen Fotofallen die Existenz von sieben der seltenen Tiere. Eines von ihnen ist trächtig.

„Unser Fund hat große Bedeutung für den regionalen Artenschutz", sagte Pitra. Die Antilope sei eine Flaggschiff-Art. Wenn sie geschützt werde, profitiere das gesamte Ökosystem des Miombos – einer fruchtbaren Waldsavanne, in der auch Kaffernbüffel und Leopard leben. Die Riesen-Rappenantilope war erst 1914 entdeckt worden, doch schon in den 50er Jahren wurde ihr Abschuss verboten, weil es nur noch wenige Tiere gab. Dabei ist diese Antilope für Angola etwas Besonderes: „Sie ist nicht nur National-Ikone sondern auch so eine Art Heiligtum", sagt Pitra. Trophäenjäger interessiert das nicht. Die Betreiber der Wildparks, in denen sie jagen, bieten eine Million Dollar für ein lebendes Tier. (Süddeutsche Zeitung, 14. 2. 2006, S. 20)

Dieser zweite Text ist ein Text, der sich dezidiert an Nichtfachleute richtet. Er beginnt mit einem Bild, einer fotographischen Momentaufnahme, und gibt damit effektiv eine Rückbindung an die Überschrift (*Fotofalle*). Die Meldung wird plakativ aufgewertet durch emotional besetzte Wörter (*Sensation, Flaggschiff, Nationalikone, Heiligtum*) und Formulierungen *wie nur gemunkelt wurde ....* Nach dem szenischen Einstieg erfolgt ein Bericht über die gemachte Entdeckung, verlebendigt durch wörtliche Zitate der beteiligten Wissenschaftler. Die im Text vorkommenden Fachwörter, z.B. *Erbgut, Ökosystem* oder *Waldsavanne*, sind ohne weiteres auch breiteren Leserkreisen verständlich, nicht zuletzt wegen der fortschreitenden Popularisierung medial wirksamer Wissenschaftsbereiche.

Die stilistischen Mittel sind hier reicher als im reinen Fachtext. Dies gilt für die meisten populären Fachtexte. Was den Text zu einem gelungenen macht, ist seine Einheitlichkeit: die verwendeten Mittel nehmen Bezug aufeinander. Trotzdem gehorcht er dem Variationsgebot: sachliche Beschreibungen, szenische Darstellung und wörtliche Zitate von Experten wechseln miteinander ab.

5.4.3 Die Öffentliche Kommunikation

Dieser Stiltyp ist gekennzeichnet durch die Dominanz der ‚Verhaltenssteuerung'. Es lassen sich zwei Gruppen herauslösen: die **unmittelbare** und die **mittelbare Direktive**: der ersteren sind Gesetze, Verordnungen, Anweisungen, Bekanntmachungen und weitere Textsorten der Exekutive zuzurechnen, der anderen gehören alle im weiteren Sinne politischen Textsorten an.

Grundzug des unmittelbaren Direktivstils ist: Eindeutigkeit, Klarheit, **Genauigkeit**, gute Gliederung, Formulierung auf Eventualfälle hin. Daraus resultiert eine gewisse Unpersönlichkeit.

5.4.3.1 Texte der unmittelbaren Direktive

Als Beispiel soll ein Ausschnitt aus der ‚Verordnung über die Überlassung, Rücknahme und umweltverträgliche Entsorgung von Altfahrzeugen' dienen:

§ 1 Anwendungsbereich

(1) Diese Verordnung gilt für Fahrzeuge und Altfahrzeuge einschließlich ihrer Bauteile und Werkstoffe. Unbeschadet von § 3 Abs. 4 gilt dies unabhängig davon, wie das Fahrzeug während seiner Nutzung gewartet oder repariert worden ist und ob es mit vom Hersteller gelieferten Bauteilen oder mit anderen Bauteilen bestückt ist, wenn deren Einbau als Ersatz-, Austausch- oder Nachrüstteile den einschlägigen Vorschriften über die Zulassung von Fahrzeugen zum Verkehr auf öffentlichen Straßen entspricht.

(2) Die §§ 9 und 10 gelten nicht für einen Hersteller, der ausschließlich Fahrzeuge im Sinne von Artikel 8 Abs. 2 Buchstabe a der Richtlinie 70/156/EWG des Rates vom 6. Februar 1970 zur Angleichung der Rechtsvorschriften der Mitgliedstaaten über die Betriebserlaubnis für Kraft-

fahrzeuge und Kraftfahrzeuganhänger (ABl. EG Nr. L 42 S. 1, Nr. L 225 S. 6) herstellt oder importiert, und nicht für die von ihm hergestellten oder importierten Fahrzeuge (Kleinserienregelung). Ob die Voraussetzungen nach Satz 1 zutreffen, entscheidet das Kraftfahrt-Bundesamt auf Antrag. (BGBl. I Nr. 41 vom 28. 6. 2002)

Man erkennt aus diesem typischen Verordnungstext, dass die Gesichtspunkte der Genauigkeit, der Vollständigkeit, der Erfassung aller möglichen Eventualfälle offenbar Vorrang vor allen anderen Formulierungskategorien haben. Es fragt sich zudem, ob man an einen solchen starren und künstlichen Text überhaupt die Kriterien der Allgemeinsprache herantragen kann – falls überhaupt die Verstehbarkeit gesichert ist. Als Anhang dieser Verordnung werden immerhin die fachlichen Ausdrücke, die hier maßgeblich sind, definiert:

§ 2 Begriffsbestimmungen

(1) Im Sinne dieser Verordnung bezeichnet der Begriff

1. „Fahrzeug" Fahrzeuge der Klasse M1 (Fahrzeuge zur Personenbeförderung mit höchstens acht Sitzplätzen außer dem Fahrersitz) oder N1 (Fahrzeuge zur Güterbeförderung mit einem Höchstgewicht bis zu 3,5 Tonnen) gemäß Anhang II Abschnitt A der Richtlinie 70/156/EWG des Rates vom 6. Februar 1970 zur Angleichung der Rechtsvorschriften der Mitgliedstaaten über die Betriebserlaubnis für Kraftfahrzeuge und Kraftfahrzeuganhänger (ABl. EG Nr. L 42 S. 1, Nr. L 225 S. 34) sowie dreirädrige Kraftfahrzeuge gemäß der Richtlinie 92/61/EWG (ABl. EG Nr. L 225 S. 72), jedoch unter Ausschluss von dreirädrigen Krafträdern;
2. „Altfahrzeug" Fahrzeuge, die Abfall nach § 3 Abs. 1 des Kreislaufwirtschafts- und Abfallgesetzes sind;
3. „Hersteller" den Hersteller von Fahrzeugen laut Fahrzeugbrief oder den gewerblichen Importeur eines Fahrzeugs und den Hersteller oder gewerblichen Importeur von Fahrzeugteilen und -werkstoffen sowie deren Rechtsnachfolger. [...] (BGBl. I Nr. 41 vom 28. 6. 2002)

Zwar wird hier dem sachlichen Erklärungsbedürfnis Rechnung getragen. Aber die eingesetzten Mittel sind außerordentlich schwerfällig und stilistisch bedenklich. So ist die überaus kompakte Nominalphrase *Fahrzeuge der Klasse M1 (Fahrzeuge zur Personenbeförderung mit höchstens acht Sitzplätzen außer dem Fahrersitz) oder N1 (Fahrzeuge zur Güterbeförderung mit einem Höchstgewicht bis zu 3,5 Tonnen) gemäß Anhang II Abschnitt A der Richtlinie 70/156/EWG des Rates vom 6. Februar 1970 zur Angleichung der Rechtsvorschriften der Mitgliedstaaten über die Betriebserlaubnis für Kraftfahrzeuge und Kraftfahrzeuganhänger* kaum zu durchschauen.

Wenn die in einem Behördentext verwendeten Begriffe nicht definiert werden, so dass sie der gewöhnliche Rezipient nicht verstehen kann, sind derartige Texte außerhalb der fachlichen Sphäre kaum zu erfassen. Das ist z. B. mit den folgenden Paragraphen aus dem Bürgerlichen Gesetzbuch der Fall:

§ 985
Herausgabeanspruch

Der Eigentümer kann von dem Besitzer die Herausgabe der Sache verlangen.

§ 990
Haftung des Besitzers bei Kenntnis

(1) War der Besitzer bei dem Erwerb des Besitzes nicht in gutem Glauben, so haftet er dem Eigentümer von der Zeit des Erwerbs an nach den §§ 987, 989. Erfährt der Besitzer später, dass

er zum Besitz nicht berechtigt ist, so haftet er in gleicher Weise von der Erlangung der Kenntnis an.

(2) Eine weitergehende Haftung des Besitzers wegen Verzugs bleibt unberührt.

Hier hat der Nichtjurist keine Verstehenschance, denn *Eigentümer*, *Besitzer* und *Sache*, aber auch *Erwerb* und *Verzug* sind juristisch definierte Entitäten, die dem normalsprachlichen Gebrauch nicht genau entsprechen.

Ein Understatement ist es, wenn Fleischer/Michel schreiben, bei solchen Texten „treten ästhetische Gesichtspunkte am weitesten in den Hintergrund" (Fleischer/Michel 1975, S. 264).

5.4.3.2 Texte der mittelbaren Direktive

Hierher sind die politische Rede, der Aufruf, die Wahlwerbung, die öffentlichen Äußerungen der Politiker, vor allem in den Medien, und ähnliche Verlautbarungen zu rechnen. Damit sollen Einstellungen und Überzeugungen gebildet, aber keine detaillierten Handlungsanweisungen gegeben werden. Von der Vertextungsstrategie her gesehen dominiert die Argumentation. Der Gesichtspunkt der Parteilichkeit, der **Wertung** darf eine Rolle spielen, ja er wird geradezu erwartet.

Die folgenden Texte lassen wesentliche stilistische Eigenschaften politischer Texte erkennen:

[1] Regierungserklärung von Bundeskanzler Gerhard Schröder vor dem Deutschen Bundestag am 17. März 2005

Herr Präsident!
Meine sehr verehrten Damen und Herren!

Vor fast genau zwei Jahren habe ich im Deutschen Bundestag die Agenda 2010 vorgestellt. Die Agenda 2010 ist die Antwort auf zwei große Herausforderungen, denen unsere Gesellschaft wie viele andere Gesellschaften in Europa ausgesetzt ist: zum einen der Herausforderung, die mit der Globalisierung unserer Wirtschaft und damit der Globalisierung des Wirtschaftens zusammenhängt, und zum anderen einen radikal veränderten Altersaufbau in unserer Gesellschaft. Mir liegt daran, dass klar wird: Die Agenda 2010 ist ein Instrument, um unter veränderten Bedingungen Sozialstaatlichkeit und damit den sozialen Zusammenhalt unserer Gesellschaft zu sichern. Sie ist ein notwendiges Instrument; denn der Zusammenhalt unserer Gesellschaft lässt sich nur dann sichern, wenn wir zu Veränderungen in der Politik bereit sind. Die Veränderung schafft die Möglichkeit des Bewahrens; denn das, was über Generationen in Deutschland von einer jetzt älter gewordenen Generation aufgebaut worden ist, hat es verdient, bewahrt zu werden. [...]

Solidarität in einer Gesellschaft – das Einstehen der Starken für die Schwachen, der Gesunden für die Kranken und der Jungen für die Alten – ist gewiss eine Tugend. Sie ist aber zugleich auch Voraussetzung des ökonomischen Erfolgs in den entwickelten Gesellschaften Europas.

Wer den sozialen Zusammenhalt unserer Gesellschaft infrage stellt, wer soziale Kohäsion als überflüssiges Zierwerk in guten Zeiten betrachtet, der stellt eben nicht nur wichtige Errungenschaften von Politik und Gesellschaft in unserem Land infrage, nein, er ist vielmehr dabei, den inneren Frieden zu zerstören.

(www.bundesregierung.de/nn_1514/Content/DE/Bulletin/2005/03/17)

[2] In der heutigen Debatte über die Regierungserklärung des Bundeskanzlers führte Angela Merkel u.a. folgendes aus:

Herr Präsident!
Meine Damen und Herren!

[...] An der Rede des Kanzlers heute war nicht allein auffällig, dass er zum wiederholten Mal über die Tatsache gesprochen hat, dass auch die Umsetzung der Reformen als Reformen anzusehen sind, dass er Belehrungen, Prophezeiungen, Beschönigungen und Beschuldigungen vorgebracht hat, dass er es manchmal auch an Ernsthaftigkeit vermissen ließ und dass er viele Einzelmaßnahmen genannt hat – das ist alles schön und gut –; auffällig war auch, dass er nicht zum Kern dessen vorgedrungen ist, was Deutschland braucht. Es geht nämlich um die Frage, mit welcher Ordnung der Freiheit wir im 21. Jahrhundert die Zukunft dieses Landes gestalten wollen. Genau darin besteht der Unterschied zwischen Reparaturmaßnahmen und dem Glauben an die Kraft der sozialen Marktwirtschaft und die Kraft der Freiheit, die den Menschen erst mündig macht. [...]

Herr Bundeskanzler, Sie haben davon gesprochen, dass wir zwar ein Strukturproblem haben, dass wir es aber bereits durch die durchgeführten Reformen eigentlich gelöst haben. Wenn Sie ehrlich dieser Meinung sind, dann werden Sie Deutschland in den Untergang führen. Das gebe ich Ihnen schwarz auf weiß.
(webarchiv.bundestag.de/archive/2006/0306/bic/plenarprotokolle)

[3] Kanzlerin Angela Merkel hat auf der Wertekonferenz „Neue Gerechtigkeit durch mehr Freiheit" die Debatte über ein neues Grundsatzprogramm der CDU eröffnet. In den kommenden zwei Jahren werde die Christlich Demokratische Union Deutschlands ihren Charakter als große Volkspartei der Mitte neu beleben, kündigte Merkel am Montag in Berlin an. Das Grundsatzprogramm aus dem Jahr 1994 müsse überarbeitet werden, weil es auf eine ganze Reihe von Fragen keine Antworten mehr gebe. [...]

Bei allen programmatischen Innovationen müsse es jedoch gelingen, eine Balance zwischen Erneuern und Bewahren, zwischen Tradition und Moderne zu finden. Wichtigster Orientierungsmaßstab bleibe hierbei das christliche Menschenbild, das der Politik Ziele und Grenzen setze, denn der Mensch sei nicht das Maß aller Dinge, wenngleich er die Welt nach menschlichem Maß gestalten solle. [...] „Freiheit und Solidarität, das ist für uns kein unüberwindbares Phänomen", sagte die CDU-Vorsitzende weiter. Deutschland müsse ein Land bleiben, in dem Solidarität gelebt werde. (www.cdu-kreis-soest.de/th_text_8865.html)

[4] In einem Gastbeitrag für die ‚Welt' (Montagsausgabe) skizziert der Ministerpräsident von Rheinland-Pfalz den gesellschaftlichen Rahmen, vor deren Hintergrund die SPD-Grundwerte neu zu interpretieren seien. „Das Markenzeichen der SPD ist und bleibt eine Politik der sozialen Gerechtigkeit." Mit Blick auf die jüngsten Debatten in der CDU um den Begriff unterstreicht der stellvertretende Parteivorsitzende die Gleichwertigkeit von Freiheit, Gerechtigkeit und Solidarität: „Sie ergänzen und bedingen einander." Die Grundwerte müssten aber auch kontinuierlich den Bedingungen der jeweiligen Zeit angepasst werden, fordert Beck und fokussiert in diesem Zusammenhang die neuen Anforderungen an den Gerechtigkeitsbegriff. [...] Beck: „Was wir brauchen, sind erstens ein modernes Verständnis von sozialer Gerechtigkeit und zweitens zeitgemäße Instrumente, um das Ziel auch wirklich zu erreichen."
(archiv.spd.de/servlet/PB/menu)

In allen Texten geht es um soziale Grundwerte. Politische Sprache versucht fast immer, Grundsätzliches an tagespolitische Aufgaben heranzutragen, bzw. die anstehenden Aufgaben aus grundsätzlich formulierten eigenen Positionen abzuleiten. Daraus resultiert eine vor allem in den Texten [1] und [2] zu bemerkende Verhaltenheit: Die Ausdrucksweisen vermeiden direkte Polemik, sie stellen die eigene Position relativ sachlich dar. Ein zweiter hier zu bemerkender Grundzug politischer Sprache ist die Vertextungsstrategie des **Argumentierens**. Die Zuhörer sollen dazu gebracht werden, bestimmte Auffassungen zu akzeptieren. In der Rede des Bundeskanzlers, der sich hier staatsmännisch-zurückhaltend gibt, geschieht das durch den Appell an die Einsicht, dass man sich den zwingenden Herausforderungen der Zeit zu stellen und dass in der Gesellschaft Solidarität zu walten habe. Mit dem Wort *Solidarität* verwendet er ein „Fahnenwort" der Sozialdemokraten. In dem darauf antwortenden Text 2 der damaligen Oppositionsführerin wird wesentlich direkter argumentiert. Auch das wird in der politischen Sprache erwartet: Die Oppositionsparteien sollen die Sprache der Regierenden hinterfragen, Verschwiegenes aufdecken und eine konträre Sicht der Dinge darstellen. Daraus resultiert der aggressivere Ton, der sich hier allerdings nur in einer kritischen sprachlichen Bewertung der Regierungserklärung niederschlägt.

Auch die Texte [3] und [4] stehen in inhaltlichem Zusammenhang, sind aber weniger polemisch aufeinander bezogen, denn inzwischen sind die beiden Volksparteien in einer Großen Koalition verbunden. In beiden Fällen handelt es sich nicht um direkte Verlautbarungen, sondern um Wiedergaben von Reden der Politiker, d.h. die Autoren bieten durch ihre Formulierungen bereits eine Interpretation des Gesagten. Beides wird hier jeweils „parteinah" ausgeführt. Hier ist dagegen noch besser zu erkennen, dass die großen Parteien bestimmte Formulierungen oder Leitbegriffe für sich reklamieren. Die Begriffe *Solidarität* und *Freiheit* werden als die von der jeweiligen Partei „richtig" definierten ausgegeben. Mit der Vereinnahmung der „Mitte" für die eigene Partei wird ein gängiger Topos der politischen Sprache wirksam.

5.4.4 Die Sprache der Medien

Der Funktionalstil der „Presse und Publizistik" wird in der Prager Linguistik als einheitlicher abgelehnt: Er sei heterogen, als homogen gar nicht zu fassen. In der Tat liegen sowohl zwischen den Formulierungsweisen in den einzelnen Medien, also in der Presse, im Rundfunk und Fernsehen und auch innerhalb eines einzelnen Mediums, z.B. bei den Printmedien, Welten, wenn man etwa die seriösen Abonnementszeitungen mit der Boulevardpresse vergleicht. Dennoch lässt sich davon sprechen, dass im Vergleich mit den anderen Funktionalstilen alle medialen Texte bestimmte Grundzüge teilen. Im weitesten Sinne lässt sich sagen, dass Medientexte die Öffentlichkeit über Geschehnisse unterrichten, die einmal erstens eine gewisse **Aktualität** aufweisen und zweitens „von allgemeinem Interesse" sind. Daraus resultiert zunächst, dass Medientexte **verständlich** sein sollen und weiter, dass man bei ihnen aktuell gängige Formulierungen in besonderem Maße erwarten darf. Damit sind die stilistischen Anforderungen zwar noch keineswegs bindend formuliert, aber es werden damit die Erwartungen benannt, die entweder eingehalten werden oder aber Stileffekte abgeben, wenn dagegen verstoßen wird, z.B. was die Aktualität von Formulierungsweisen betrifft.

Trotz aller Unterschiede der einzelnen Textsorten in der Publizistik ist hier der „aufklärerische" Charakter dominant: Das soll heißen: Nachrichten, Informationen sollen gewonnen, aufbereitet und verbreitet werden. Die Informationsverbreitung, die Ausgleichung des Informationsungleichgewichts im Dienste – wenn man das vor dem Hintergrund der geschichtlichen Entwicklung ausdrücken will –, der „Aufklärung" der Bevölkerung ist hier zu bemerken. In der Zeit der Aufklärung ist schließlich die Presse in ihrer modernen, bis heute maßgeblichen Form entstanden. So ist **„Öffentlichkeit"** der Grundzug auch der Presse. Insofern sind die drei Funktionalstile der Wissenschaft, der Direktive und der Medien verwandt: Die Kommunikation in diesen drei Funktionalstilen weist den Charakter der grundsätzlichen Freizügigkeit auf. Der Empfängerkreis ist prinzipiell offen. Idealtypisch gesehen laufen dem Charakter der Öffentlichkeit mit je nach geschichtlicher Situation unterschiedlichen Bedingungen aber einige esoterische Züge der Kommunikation in den genannten Funktionalstilen teilweise entgegen: In der Sprache der Wissenschaft ist es die Abkapselung in nur Eingeweihten zugänglichen Terminologien, in der Sprache der mittelbaren Direktive sind es Elemente der internen Kommunikationsformen, der Floskeln und des Jargons – denn es ist eine Fehlinterpretation mit weitreichender Konsequenz, anzunehmen, die Sprache der Politik etwa richte sich nur an die zu „gewinnende" Öffentlichkeit. Genauso wichtig ist in der Sprache der mittelbaren Direktive, also z.B. in der Wahlwerbung der Politik, die Anrede an die gewonnenen Anhänger: Sie sollen „bei der Stange gehalten werden" wie H. Lübbe (1967) es ausgedrückt hat. Da liegt es auf der Hand, dass emotionale Elemente, Elemente des Sender-Empfänger-Kontakts eine Rolle spielen, so dass wir Elemente der Alltagssprache, bei der das dominant ist, auch in der öffentlichen Sprache erwarten dürfen. Genau das ist der Fall und erklärt funktionalstilistisch gesehen etwa die Herabsetzungen und Verunglimpfungen des Gegners. In der Pressesprache sind solche Formen nicht zu erwarten.

Die folgende Liste der Stilanforderungen für die Presse und Publizistik nach Fleischer/Michel (1975, S. 267) kann als eine erste Annäherung an die stilistischen Anforderungen an diesen Bereich gewertet werden:

1. Das Prinzip der **Allgemeinverständlichkeit** mit der Auswirkung, dass die Parataxe bevorzugt wird, dass die Darstellungen konkret sind und dass Termini erläutert werden.
2. Das Streben nach ökonomischem Ausdruck mit der Auswirkung, dass Weitschweifigkeit vermieden wird.
3. Die Herstellung eines spürbaren Bezugs zum Empfänger mit der Konsequenz, dass der Leser als Gesprächspartner einbezogen wird.
4. Die Einbringung der Persönlichkeit des Journalisten mit der Konsequenz, dass seine Meinungsäußerung erkennbar ist.

Dies sind ausgesprochen globale Anforderungen. Sie müssen für die einzelnen Sparten der Zeitungstexte verfeinert werden. Ein Leitartikel weist ganz andere Bedingungen auf als eine Meldung im „Vermischten", ein Feuilleton-Artikel wieder andere als ein Bericht auf der Wirtschaftsseite. Bei allen diesen Formen lässt sich das Textsortenspezifische am leichtesten durch die Beachtung der Kreuzklassifikationen von Anforderungen des Funktionalstils, hier also der Presse, mit den gewählten dominanten Vertextungsstrategien erfassen: Beim Leitartikel ist es das Argumentieren, bei der Meldung auf der letzten Seite der Zeitung das Erzählen, im Feuilleton dominiert neben dem Erzählen das Argumentieren, im Wirtschaftsteil meist das Beschreiben. Immer auch ist die jeweils unterschiedliche Leserschaft zu beachten.

Ebenso wichtig ist es, die unterschiedlichen Zeitungstypen bei der Formulierung von **Stilanforderungen** in Rechnung zu stellen, worauf oben schon hingewiesen worden ist. Dennoch kann man, wie bei den anderen Funktionalstilen auch, davon ausgehen, dass mit der Sprache in den Medien ein Stilbereich vorliegt, der über alle Unterschiedlichkeiten im einzelnen Einheitlichkeit erkennen lässt, nämlich Allgemeinverständlichkeit und Aktualität der Ausdrucksweisen.

Aus dem zuletzt genannten Grunde eignen sich Presseartikel auch gut, um die gerade gültigen allgemeinen Tendenzen, die in einer Sprache wirksam sind, zu belegen. Zeitungsartikel formulieren so gut wie immer mit den im Augenblick gängigen Ausdrucksmitteln, sie wollen die Leser und Leserinnen mit Sprachformen erreichen, die gerade aktuell sind. Daher werden Zeitungsartikel auch gerne verwendet, wenn die sprachlichen Mittel des „gegenwärtigen Deutsch“ belegt werden sollen. Zeitungsartikel aus unterschiedlichen Bereichen sind auch in dieser Arbeit die bevorzugten Demonstrationstexte, auch (oder gerade) wenn sie nicht immer und vor allem nicht in jeder Hinsicht als gelungen angesehen werden können. Weil in allen Kapiteln dieses Buches Zeitungstexte herangezogen und in Kapitel 8.4 auch in ihrer Unterschiedlichkeit behandelt werden, kann an dieser Stelle auf weitere Beispiele verzichtet werden.

5.4.5 Die Sprache der Unterweisung

Im Kapitel 4 ist bei der Behandlung der Vertextungsstrategien kurz darauf eingegangen worden, ob es sinnvoll ist, ein eigenes Textmuster „Erklären“ anzusetzen. Dafür lassen sich durchaus gute Gründe anführen (vgl. Jahr 2000 und Fritz 2005). Aber die sprachlichen Züge, die dafür in Anspruch genommen werden, lassen sich auf der Ebene der Vertextungsstrategien auch mit den vier anderen Formtypen erfassen. Insbesondere scheint beim „Erklären“ eine jeweils unterschiedliche Mischung aus Beschreiben, Argumentieren oder aus Argumentieren und Anweisen zu herrschen. Die kommunikativen Intentionen, die sich damit verbinden, sind von Handlungszwecken gesteuert, die ihren Sitz in pädagogischen Absichten im weitesten Sinne haben. Im Gegensatz zu den idealtypischen Vertextungsstrategien sind die funktionalstilistischen Handlungsräume viel fester umrissen, was sich gerade bei der im vorangegangenen Abschnitt behandelten Mediensprache zeigt. Dies gilt aber auch für die Sprache, die in der Schule, in Lehr- und Schulbüchern und in der weit verbreiteten Ratgeberliteratur verwendet wird. Daher sollte unter funktionalstilistischen Gesichtspunkten ein eigener Stilbereich angesetzt werden, der die hier anzutreffenden und geforderten sprachlichen Züge angemessen erfasst. Pädagogisch motivierte Sprache ist im besonderen Maße auf **Verständlichkeit** angewiesen. Die Sätze sollen übersichtlich sein, die Wortwahl eher neutral, Termini müssen erläutert werden. Noch stärker als die Mediensprache, für die der Maßstab der Verständlichkeit ebenfalls gilt, lässt sich daher die Sprache der Didaktik für die Bestimmung von stilistischen Neutralfällen heranziehen. Hier finden sich die wenigsten Abweichungen von einem (virtuellen) Normalmaß.

Wichtige und stilistisch relevante Züge didaktischer Sprache seien im Folgenden an einigen Auszügen aus einem schulischen Sprachbuch für die siebte Jahrgangsstufe gezeigt. Es geht dabei um ein grammatisches Kernthema, das Passiv:

System und Funktion des Passivs werden in einem Kapitel mit der Überschrift „Für Denker und Detektive – Passiv contra Aktiv" eingeführt. Diese Formulierung lehnt sich an jugendliche Erwartungshaltungen an. Es folgen einige Zeitungsüberschriften: *Beute aus Juwelenraub in Ruine versteckt. – Perlen und Brillanten im Wert von hunderttausenden ausgegraben. – Ruine Herrenhof: Geheimnis entrissen.*

Dazu werden als Einstieg die folgenden Aufgaben formuliert:

1. Der Zeitungsverkäufer, aber auch die Zeitungen selbst schreien Schlagzeilen aus.
   - Wie gelingt es den Schlagzeilen, die Passanten neugierig zu machen?
   - Warum versuchen sie, Neugier zu wecken?
2. Bildet aus den Schlagzeilen oben ganze Sätze!
   - Fasst zusammen: Was ging in der Ruine Herrenhof vor? Schreibt in Stichworten auf (Verbgefüge!)
   - [...]
3. Die Schlagzeilen nennen Vorgänge. Worüber schweigen sie sich aus?

(bsv Deutsch 7N. Sprachbuch, S. 106)

Nach einem Beispieltext mit der Überschrift „Dem Täter auf der Spur" wird eine Erläuterung gegeben:

> Bei einem Bericht in der Aktivform muss der Täter oder Verursacher des Geschehens oder Ereignisses, über das ihr berichten wollt, im Subjekt des Satzes genannt werden. Der Handelnde, das Subjekt steht mehr im Vordergrund.
>
> Onkel Einar hatte sich als Feriengast getarnt.
> *Subjekt und Täter*
> Dennoch sollte in dem Bericht nicht jeder Satz mit „Onkel Einar..." beginnen! (S. 111)

Nach weiterer Vertiefung folgt wieder ein Kasten:

> Mit Sätzen im Passiv kann ein Sprecher oder Schreiber Zustände und Vorgänge wiedergeben, ohne Urheber und Täter erkennen zu lassen. Mit Sätzen im Passiv kann man ein Geschehen anders beleuchten als mit Sätzen im Aktiv. Das Geschehen bekommt eine andere Perspektive. (S. 117)

Hier, wie in sehr vielen didaktischen Werken, wird versucht, schwierige sachliche Verhältnisse durch die Wahl einer einfachen Sprache zu erläutern. Die Sätze sind kurz, Einbettungen werden vermieden. Vor allem aber bemühen sich die Autoren, sich in ihrer Sprachhaltung auf die Altersgruppe einzustellen. Das geschieht nicht nur durch die Wahl altersgemäßer Beispieltexte (in dem Buch geht es viel um Geheimnisse, um Räuber und Indianer, aber auch um zeitgeschichtliche Themen), sondern auch durch die Wahl von Themenüberschriften, die den Sachgegenstand aus einer allgemeinen, zugleich aber manchmal witzig verfremdenden Perspektive beleuchten. Außer den angeführten Überschriften finden sich solche wie:

> Kein Wort zuviel – Ein Kapitel Wiederholung. – Zwei Pünktchen haben eine große Wirkung (über die Form des Konjunktivs II *hätte* gegen den Indikativ *hatte*) – Immer das Gleiche? (Synonyme) – Wenn zwei nicht dieselbe Sprache sprechen ... zum Beispiel mit dem Stadtplan in der Hand.

Die Autoren vermeiden dagegen Wörter der Jugendsprache, mit denen sie ihre Klientel sicher noch besser hätten „abholen“ können. Pädagogisch-didaktische Sprache ist meist sehr vorsichtig und verwendet generell eher **neutrale Ausdrucksweisen**. Größere Schwierigkeiten zeigen sich, wenn es darum geht, die benötigte jeweilige Fachterminologie einzuführen. Hier werden die Kinder häufig ins kalte Wasser geworfen – offenbar im Vertrauen darauf, dass sich ein induktiver Weg während der Arbeit an den Aufgaben von selber einstellt.

So ist die dominante Vertextungsstrategie in didaktischer Sprache auch das Anweisen, ganz besonders in mündlicher Kommunikation: Aufgaben werden formuliert und, dies nun wieder besonders in Schulbüchern, zu Aufgabenketten verbunden, wie oben zu sehen war. Daneben finden sich vor allem Beschreibungen, die, wie bei der Einführung der Vertextungsstrategien gesagt wurde, in didaktisch bestimmten Werken deutlich expositorischen Charakter aufweisen. Dass sich andererseits Verbindungen zur populären Sachprosa ergeben, ist offensichtlich.

5.4.6 Die literarische Sprache

In diesem Bereich scheint die Divergenz der Textsorten noch größer zu sein. Fragen wir dennoch auch hier, welche Sichtweise trotzdem erlaubt, von „Einheitlichkeit“ zu sprechen.

Hier hat es eine ideologisch gebundene Literaturauffassung leichter als eine unabhängige. So heißt es bei Riesel/Schendels: „Die soziale Leistung der Wortkunstwerke in der progressiven Literatur besteht – im Unterschied zu allen anderen Funktional- und Substilen – darin, dass in dichterischer Fiktion mit Hilfe künstlerischer Bildkraft die Wirklichkeit widergespiegelt und zu den wichtigsten Fragen des Lebens klar und entschieden Stellung genommen wird. Als aufrüttelnde Kraft im Kampf der Menschheit um ihre humanistischen Ideale spielt die schöngeistige Literatur eine wichtige Rolle. Sie nimmt aktiven Anteil an dem Werden einer höheren Gesellschaftsform, an der Erziehung des neuen Menschen.“ (Riesel/Schendels 1975, S. 20). Wenn auch nicht zu bestreiten ist, dass auch in „freien“ Gesellschaften gerne nach der „Aufgabe“ von Dichtung gesucht wird, trägt die Suche nach einer solchen Zwecksetzung doch nicht das geringste ein. Unter der Perspektive stilistischer Anforderungen ist die Dichtung zunächst die Manifestation von je unterschiedlicher, autorzentrierter Sprachhaltung, und die Leserschaft bekommt über die gewählten sprachlichen Formen eine „Leseaufgabe". Die Lektüre von Dichtung ist immer „rätselhaft", d.h. die Leser und Leserinnen müssen sich auf das enigmatische Spiel des Autors oder der Autorin einlassen und versuchen herauszufinden, worin das jeweils Spezifische der hier gewählten Sprachhaltung besteht. Relevant ist das **Fiktionalitätssignal** und von daher der Einsatz stilistischer Effekte im Dienste eines organischen Bezugs auf „die Aussage" des literarischen Werks. Dies ist immer individuell, es ist ein prinzipiell eigener Weg, den der Autor oder die Autorin geht. Aufgabe der Stilistik ist es, diesen herauszufinden.

Dies sei zunächst für die **Prosa** gezeigt. Es wäre nun abwegig, einen prototypischen literarischen Text als Beispiel für den literarischen Stil „an sich" zu suchen und zu analysieren. Im Vergleich mit allen anderen bisher charakterisierten Funktionalstilen, die jeweils gerade das kollektiv Gemeinsame erkennen und das Individuelle nur durchscheinen ließen, ist das Wesen literarischer Texte, stilistisch gesehen, gerade die Dominanz des **Individuellen**. Ein beliebiger Beispieltext kann daher nur gerade das jeweilige Individuelle zeigen, und Schlüsse auf das generelle Verhältnis von Individuellem und idealtypisch Literarischem sind allenfalls exemplarisch möglich. Zumindest gilt dies für die Gegenwartsliteratur. Seit der Aufklärungszeit sind die individuellen Stilambitionen in der Literatur dominant, bis dahin allerdings waren die rhetorisch-stilistischen Traditionen viel stärker in ihrer kollektiven Verbindlichkeit maßgeblich, so dass es mit dem literarhistorischen Blick leichter fällt, einen (beliebigen) Text des 17. Jahrhunderts als der Barockliteratur zugehörig zu markieren, als einen gegenwartsliterarischen überhaupt in seiner literarischen Potenz zu erweisen. Diese muss zunächst unterstellt werden und kann sich dabei, wie in dem folgenden Textstück auf die Publikation als Roman in einem renommierten Verlag (Hanser) berufen.

> Montag, 16. April 2001
>
> Er hat nie darüber nachgedacht, was es heißt, daß die Toten uns überdauern. Kurz legt er den Kopf in den Nacken. Während er die Augen noch geschlossen hat, sieht er sich wieder an der klemmenden Dachbodentür auf das dumpf durch das Holz dringende Fiepen horchen. Schon bei seiner Ankunft am Samstag war ihm aufgefallen, daß am Fenster unter dem westseitigen Giebel der Glaseinsatz fehlt. Dort fliegen regelmäßig Tauben aus und ein. Nach einigem Zögern warf er sich mit der Schulter gegen die Dachbodentür, sie gab unter den Stößen jedesmal ein paar Zentimeter nach. Gleichzeitig wurde das Flattern und Fiepen dahinter lauter. Nach einem kurzen und grellen Aufkreischen der Angel, das im Dachboden ein wildes Gestöber auslöste, stand die Tür so weit offen, daß Philipp den Kopf ein Stück durch den Spalt stecken konnte. Obwohl das Licht nicht das allerbeste war, erfaßte er mit dem ersten Blick die ganze Spannweite des Horrors. Dutzende Tauben, die sich hier eingenistet und alles knöchel- und knietief mit Dreck überzogen hatten, Schicht auf Schicht wie Zins und Zinseszins, Kot, Knochen, Maden, Mäuse, Parasiten, Krankheitserreger (Tbc? Salmonellen?). Er zog den Kopf sofort wieder zurück, die Tür krachend hinterher, sich mehrmals vergewissernd, daß die Verriegelung fest eingeklinkt war. (Arno Geiger, Es geht uns gut, S. 7)

Unbezweifelbar ist „Fiktionalität" ein Konstituens literarischer Sprache, auch wenn diese Kategorie beileibe nicht automatisch resultiert. Literarische Texte haben fast immer einen realen Anknüpfungspunkt, den sie erkennen lassen, im

Fortgang dann aber irgendwann als nichtauthentisch offenbaren. Der Textbeginn von Arno Geigers Roman ‚Es geht uns gut' operiert mit einer exakten Datumsangabe. Ohne über den Rang, über das Gelungensein als literarischen Text eine Aussage zu treffen, kann als literarisches Signal der Textbeginn mit der zunächst nicht identifizierbaren Person von *Er* gesprochen werden. Erst in der Mitte des abgedruckten Textstücks erfahren wir, dass es eine Person namens Philipp ist, von der hier die Rede ist. Da derartige Texteinführungen in anderen Genres so gut wie nicht vorkommen, lässt sich bereits daraus der Anspruch ablesen, dass hier ein literarischer Text vorliegt. Ob dieser Anspruch im Folgenden eingelöst wird, entscheidet sich bei der Lektüre des Gesamttextes, der in diesem Fall mehrere hundert Seiten umfasst.

Seit je werden unter stilistischer Perspektive, wie angedeutet, die individuellen, d.h. nur in diesem Text oder zumindest bei diesem Autor verwendeten Stilmittel aufgedeckt, um die Eigenart des vorliegenden Textes zu bestimmen. Es können hier nur einige stilistische Analysen aus den letzten Jahren exemplarisch genannt werden: Ruprecht (2001) untersucht den Satzbau Stifters auf seine Funktion für die Erzählweise des Dichters. Koller (1998) geht den Valenzen der Verben bei Handke nach, Betten (1998) dem Wechsel von Kurz- und Langsätzen bei Thomas Bernhard.

Bei dem Text von Arno Geiger ist u.a. die ausgefeilte Tempusverwendung zu bemerken: Perfekt im ersten Satz zur Rahmenbildung eines Erzähltextes, Präsens im zweiten Satz zur sofortigen Verlebendigung des Erzählten, Plusquamperfekt als Vorzeitigkeitsindikator im dritten Satz, sodann Fortsetzung der Erzählung im Neutraltempus Präteritum. Die Sätze lassen keine Auffälligkeiten erkennen. Aber die düstere Atmosphäre, die mit dem Satz aus der ersten Zeile *daß die Toten uns überdauern* vermittelt wird, wird mit der Vorausnahme *die ganze Spannweite des Horrors* konkretisiert durch die genaue Beschreibung des Unrats auf dem Dachboden. Dabei finden sich ungewöhnliche Metaphern (*Schicht auf Schicht wie Zins und Zinseszins*) und Fragen des Protagonisten an sich selbst (*Tbc? Salmonellen?*). In jedem Fall ist dieser Romaneinstieg geeignet, Hypothesen über den Fortgang der Erzählung und der verwendeten stilistischen Mittel zu erzeugen. Dabei muss dann verifiziert werden, ob die schon markierten Mittel belangvolle, nicht zufällige, sondern **einheitliche, rekurrente** sind. Denn in der literarischen Sprache wird der Rezipient ungleich intensiver nach der Rückbindung der stilistischen Mittel auf das Erzählte suchen als in anderen Funktionalstilen. Die in Kapitel 1 benannte selbstreflexive, „ikonische" Funktion der eingesetzten Mittel ist hier am stärksten zu greifen.

Noch viel stärker als in der Prosa schlägt dies in der **Lyrik** durch, wofür ebenfalls nur ein einziges Beispiel das „Rätselspiel", das der Lektüre aufgegeben ist, belegen soll.

Ursula Krechel

Umsturz

Von heut an stell ich meine alten Schuhe
nicht mehr ordentlich neben die Fußnoten
häng den Kopf beim Denken
nicht mehr an den Haken
freß keine Kreide. Hier die Fußstapfen
im Schnee von gestern, vergeßt sie
ich hust nicht mehr mit Schalldämpfer
habe keinen Bock
meine Tinte mit Magermilch zu verwässern
ich hock nicht mehr im Nest, versteck
die Flatterflügel, damit ihr glauben könnt
ihr habt sie mir gestutzt. Den leeren Käfig
stellt mal ins historische Museum
Abteilung Mensch weiblich. (Ursula Krechel, aus: Nach Mainz!)

Gedichte sind, wie hier, im Allgemeinen kurze literarische Formen. Für die stilistische Bewertung ergibt sich daraus, dass sogleich das Ganze in den Blick genommen werden muss. Dass es sich bei dem mit *Umsturz* betitelten Text um ein Gedicht handelt, muss dagegen nicht weiter thematisiert werden, weil es ganz offensichtlich ist. An die herkömmlichen Erwartungen an Gedichte erinnert aber nur noch die Schreibweise, Reime finden sich nicht. Es fallen sogleich die **ungewöhnlichen Bilder** und Verknüpfungen ins Auge: *die alten Schuhe nicht mehr ordentlich neben die Fußnoten stellen, den Kopf beim Denken nicht mehr an den Haken hängen*, angebunden aber an eine vergleichbare Ausdrucksweise, die in den meisten anderen Funktionalstilen vorkommen könnte: *Kreide fressen*. Direkt verschränkt werden die mit den Metaphern aufgerufenen Bereiche durch die Formulierung *die Fußstapfen im Schnee von gestern*, wobei *Schnee von gestern* eine Formulierung ist, die im Jahr des Erscheinens des Gedichtes, 1971, als Neologismus zu werten war. Das gilt auch für *hab keinen Bock*. Durch diese Formulierungen erscheint die Wendung *den Kopf nicht mehr an den Haken hängen* als eine Paraphrase, die die umgangssprachliche Ausdrucksweise ‚seine Eigenständigkeit an der Garderobe abgeben' verstehen lässt. *Kreide fressen* ist dagegen eine sprichwörtliche Redensart, die seit langem etabliert ist, zu der sich wiederum *meine Tinte mit Magermilch zu verwässern* als Paraphrase liest. Die Bilder am Schluss des Gedichts assoziieren den im Käfig eingeschlossenen Vogel, der nun frei ist. Hier ist das „Nesthocken" assoziiert, das nun überwunden ist, der Vogel hat sich befreit und sein Käfig darf ins Museum.

Die Grenze dessen, was sprachlich-stilistisch zu dem Text gesagt werden kann, ist damit erreicht, daran anschließen können sich Hypothesen über den Anlass des Gedichts: Emanzipation der Schriftstellerin, die ihre Tinte mit Magermilch verwässern und die Fußnoten ordentlich formulieren musste, oder die Frauenemanzipation schlechthin, worauf die letzte Zeile verweist. Aber auch eine generellere historische Lesart wäre möglich: als Befreiung überhaupt von alten Bindungen.

Wie zu sehen ist, lässt sich hier in keiner Weise von einem Sprachgebrauch sprechen, der Formulierungen verwendete, die ausschließlich in der Dichtung möglich wären. Es finden sich Formulierungen aus den verschiedensten Funktionalstilen, aber ihre **Zusammenbindung** ist in dieser Form nur in der Dichtung möglich. Die dem Gedicht entgegenzutragende Lesehaltung ist eine, die sich bemühen muss, diese Zusammenbindung zu akzeptieren und als **kohärent** aufzufassen. Dass das nur in Vermutungen und Erklärungsversuchen geschehen kann, muss dabei vorausgesetzt werden. Die in der Stilistik für die poetische Sprache angesetzte ästhetische Funktion des Textes zeigt sich hier durch die graphische Form und den rhythmisierenden Klang der Sätze und unterstützt im Zusammenspiel mit den anderen sprachlichen Mitteln die Mutmaßungen über dieses Gedicht.

5.4.7 Die sakrale Sprache

Wie bei der literarischen Sprache kann man sich auch bei der sakralen fragen, ob hier überhaupt ein einheitlicher Funktionsbereich angesetzt werden kann, ob die stilistischen Mittel generalisiert werden können und ob letztlich damit ein eigener Funktionalstil angesetzt werden kann. Denn die Sprache der Bibel oder des Korans etwa ist zu einem hohen Grade literarisch, z.B. die Sprache des Hohen Liedes oder der Psalmen. Viele Passagen der Bibel lassen sich als historische Erzähltexte oder als Briefliteratur auffassen. Doch wenn Gebete und vor allem liturgische Texte unbezweifelbar eigene Kategorien bilden und ebenfalls eine lange, im europäischen Kulturkreis z.T. auch vorchristliche Tradition aufweisen – man denke nur an die Merseburger Zaubersprüche und an die Segens- und Beschwörungsformeln –, lässt sich von daher nach der funktionalen Gemeinsamkeit, der „Zwecksetzung" religiöser, magischer und liturgischer Texte fragen. Man kann sie vielleicht darin erblicken, dass sie **transzendente Bezüge** stiften oder zumindest thematisieren. Was die damit verbundenen Stilzüge betrifft, so ist eine gewisse **Feierlichkeit**, Abgehobenheit oder Altertümlichkeit, auf jeden Fall eine sorgfältige, allem Alltagssprachlichen abholde Wortwahl anzusetzen. Dass diese Erwartung nicht aus der Luft gegriffen ist, hat sich z. B. bei der Revision des Bibeltextes der Lutherischen Tradition gezeigt. Die zu nah an der neutralen Sprache oder gar an der Umgangssprache orientierten Übersetzungsversionen wurden weitgehend abgelehnt, die Kommission hat sich dann wieder stärker an die traditionellen Ausdrucksweisen angeschlossen[11].

In den sakralen Texten schlagen sich daher besonders nachdrücklich feierliche, archaische Elemente der Sprache nieder und solche Texte lassen sich auch als Thesauri des historischen Reichtums einer Sprache auffassen.

Als Beispiel sei hier der Beginn des 71. Psalms angeführt:

11 Zur Diskussion um die Bibelrevision vgl. Meurer (Hrsg.) (1985). Allgemein zu den Erwartungen an die Sprache der Bibel Stolt (2001).

Psalm 71

HERR, ich traue auf dich, / laß mich nimmermehr zuschanden (1947: zu Schanden) werden.
[2]Errette mich durch deine Gerechtigkeit und hilf mir heraus (1947: aus), / neige deine Ohren
zu mir und hilf mir!
[3]Sei mir ein starker Hort, zu dem (1947: dahin) ich immer fliehen kann (1947: möge), der du
zugesagt hast, mir zu helfen; / denn du bist mein Fels und meine Burg.
[4]Mein Gott, hilf mir aus der Hand des Gottlosen, / aus der Hand des Ungerechten und Tyran-
nen.
[5]Denn du bist meine Zuversicht, HERR, mein Gott, (1947: HERR HERR) / meine Hoffnung von mei-
ner Jugend an.
[6]Auf dich habe ich mich verlassen vom Mutterleib an; du hast mich aus meiner Mutter Leibe
gezogen. / Dich rühme ich immerdar (1947: Mein Ruhm ist immer von dir).
[7]Ich bin für viele wie ein Zeichen (1947: Ich bin vor vielen wie ein Wunder); / aber du bist meine
starke Zuversicht.
[8]Laß meinen Mund deines Ruhmes / und deines Preises voll sein täglich.
[9]Verwirf mich nicht in meinem Alter, / verlaß mich nicht, wenn ich schwach werde.
[10]Denn meine Feinde reden über (1947: wider) mich, / und die auf mich (1947: meine Seele)
lauern, beraten sich miteinander
[11]und sprechen: Gott hat ihn verlassen; / jagt (1947: jaget) ihm nach und ergreift (1947: er-
greifet) ihn, denn da ist kein Erretter!
[12]Gott sei nicht ferne von mir; / mein Gott, eile, mir zu helfen!
[13]Schämen sollen (1947: müssen) sich und umkommen, / die meiner Seele feind (1947: zu-
wider) sind; mit Schimpf und Schande (1947: Schande und Hohn) sollen (1947: müssen) sie
überschüttet werden, / die mein Unglück suchen.
[14]Ich aber will immer harren / und mehren all deinen Ruhm (1947: und will immer deines
Ruhmes mehr machen).
[15]Mein Mund soll verkündigen deine Gerechtigkeit, / täglich deine Wohltaten, die ich nicht
zählen kann.
[16]Ich gehe einher in der Kraft Gottes des HERRN; / ich preise deine Gerechtigkeit allein.
(Die Bibel nach der Übersetzung Martin Luthers. Bibeltext in der revidierten Fassung von 1984, Stuttgart 1985; in Klammern: Fassung von 1947)

Der Text enthält eine Fülle von **Archaismen,** nicht nur im nominalen Bereich (*starker Hort*, Vers 3), sondern vor allem im prädikativen: *Laß meinen Mund deines Ruhmes und deines Preises voll sein täglich* (Vers 8), *verwirf mich nicht in meinem Alter* (Vers 9), *ich aber will immer harren* (Vers 14). Darüber hinaus weist er Fügungen auf, die in der deutschen Gegenwartssprache nur in diesem Funktionalstil begegnen: *Lass mich nimmermehr zu Schanden werden* (Vers 1), sowie Wortstellungen, die ebenfalls besonders altertümlich wirken (Vers 8).

Weiter treten dazu Bilder und Metaphern, die in dieser Textsorte ihre Domäne haben: *denn du bist mein Fels und meine Burg* (Vers 3). Die Fassung von 1947 enthielt noch erheblich mehr archaische Sprachformen.

Die biblische Mischung aus Gebet und Lobpreis lässt sich als Rechtfertigung der stilistischen Merkmale auffassen; der Text erhält dadurch einen feierlichen, alltags- und gebrauchssprachlichen Textsorten diametral entgegengesetzten Ton.

Andere Funktionalstile nutzen dieses Stilpotential, wenn sie Zitate aus der Bibel verwenden. Damit wird nicht nur punktuell eine feierliche Ausdrucksweise erzielt, sondern auch, gewollt oder ungewollt, der Gesamtrahmen abgerufen, in dem die sprachlichen Mittel der sakralen Sprache ihren Platz haben. Insgesamt ist dieser Sprachbereich einer, in dem modische Ausdrucksweisen vermieden werden und der dadurch ein Gegengewicht gegen aktuelle Sprachformen setzt.

5.4.8 Die Werbungssprache

Die Sprache der Werbung ist in den letzten Jahren zu Recht in den Fokus linguistischer Untersuchungen getreten. Auf die allgemeinen Bedingungen der Werbung muss hier nicht eingegangen werden, die Arbeiten von Fritz (1994), Sowinski (1998), Janich (2005) und Meder (2005) geben einen für allgemeinlinguistische Zwecke gut geeigneten Überblick. Wichtig ist in unserem Zusammenhang die funktionalstilistische Bestimmung dieses Bereiches. In der Stilistik ist die Werbungssprache seit langem ein Reservoir für die Beispielfindung. Denn die Werbungssprache nutzt so gut wie alle Formen der Sprache, mit denen sich **stilistische Effekte** erzielen lassen. Stilistisch motivierte Analysen der Werbungssprache konzentrieren sich daher auch auf das Markieren solcher Elemente. Da es das Wesen der Werbungssprache ist, die Unverwechselbarkeit eines beworbenen Produktes, einer Marke oder einer Firma herauszustellen, wird man in jeder Anzeige fündig. Gut untersucht sind etwa die Slogans wie

> Persil bleibt Persil.
> Ford. Die tun was.
> Hoffentlich Allianz versichert.

Über die Konzentration auf solche und andere auffällige Mittel, die dem Bereich der effekterzielenden Mittel zuzuweisen sind, tritt leicht die Frage in den Hintergrund, welches die stilwertgebenden Mittel sind, die in diesem Bereich gelten, also nicht die auf den ersten Blick oder aber im Vergleich einzelner Werbungstexte auffälligen, sondern welches die *Gemeinsamkeiten* von Stilmitteln sind, die sich in der Werbungssprache finden. Die angeführten Slogans zeigen einige davon: **Einprägsamkeit**, weiter kurze Sätze, die die Verständlichkeit des Gesagten befördern, insbesondere bei Produkten, die ein hohes Maß an technischem Verständnis bei den Rezipienten voraussetzen. Was den verwendeten Wortschatz betrifft, so ist hier, wie in vielen anderen Bereichen auch, keine pauschale Aussage möglich. Hohe Dichte von Fachsprachlichkeit wechselt mit neutralem und alltagssprachlichem Wortschatz. Werbungstexte halten auch darin die Mitte, dass sie herkömmliche Aussageweisen mit **provozierend neuen** mischen. Die Erwartungshaltung gegenüber Werbungstexten richtet sich auf Produktinformation und Anpreisung des Beworbenen. Zunehmend wird Werbungssprache aber auch aus sekundären Motiven heraus rezipiert: um die Kreativität von Sprache zu goutieren. Mit anderen Worten: Die bereits von Leo Spitzer festgestellte Nähe der Werbungssprache (1964) zur poetischen Sprache hat sich in den vergangenen Jahrzehnten verstärkt. Dies betrifft jedoch immer nur einzelne Züge der Werbungssprache. Insgesamt stellt die Erwartungshaltung der Verbraucher in Rechnung, dass es hier um kommerzielle Interessen geht. Dies ist das primum movens der Werbungssprache und stellt daher hinter den vielfältigen Vorkommensformen stets die verbindliche Steuerungsinstanz der gewählten Sprachmittel dar.

Als Beispiel diene eine Anzeige der Uhrenfirma Oris. Neben dem Fließtext befindet sich im Original das Bild eines Rennwagens, unter ihm in extremer Vergrößerung das Bild des beworbenen Produkts.

> Chronoris 2005.
>
> Eine Legende
> ist wieder am Start.
>
> Der Prototyp der Oris Chronographen feiert sein Comeback. 1970 leitete die mechanische Chronoris die Aera der sportlichen Stoppuhren ein. Mit einem perfekten Start. Jetzt ist sie als Replica zurück. In der High-Mech Version 2005 mit orangen Stoppfunktionen: Ringskala für die Sekunde und zweiter Minutenzähler. Dazu der Tachimeter und das Quick Lock System zur Sicherung der Krone. In der Box das Metallband mit Spezialwerkzeug für den „Radwechsel". Oris Replica Chronoris – Stop and go für den Klassiker.

Diese Werbeanzeige ist besonders gut geeignet, das Prinzip der Einheitlichkeit der Stilmittel zu belegen, des „Fortführens" (Sandig) der gewählten Primärentscheidung. Hier ist es der durchgängige Vergleich der beworbenen Uhr mit einem Rennwagen. Im Zusammenhang mit Rennautos wird gerne von *Legende* gesprochen. Explizit sind die Ausdrucksweisen *am Start*, (zweimal vorkommend), *Spezialwerkzeug für den „Radwechsel"*, *Stop and go* für den Rennsport. Erst wenn sich der Rezipient auf diesen (etwas gesuchten) Vergleich eingelassen hat, entdeckt er weitere, versteckte Anspielungen: die *Box* für das *Spezialwerkzeug*, für die sich ohne diese Stilambition ein neutrales Wort, etwa *Kästchen*, angeboten hätte, die *High Mech Version* als Paraphrase einer *High Tech Version*; *Prototyp*, wovon im Rennsport gerne gesprochen wird, und überhaupt die Assoziation des Sportlichen, die von der Uhrenindustrie generell häufig gewählt wird. Dazu treten die für einen so knappen Text häufigen Fachwörter: *Stoppfunktion*, *Ringskala*, *Krone*, *Metallband*, die *Sekunde* (für ein neutrales *Sekundenzeiger*). Die Sätze sind kurz, teilweise „unvollständig", d.h. von neun Sätzen enthalten fünf kein finites Verb.

Wenn diese Anzeige als Prototyp eines Werbungstextes genommen werden kann, dann zeigt sie folgende generelle Eigenschaften des Funktionalstils der Werbung: Verständlichkeit, **Assoziation von Hochwertbereichen**, Vermittlung von Werthaltigkeit des beworbenen Produktes über sprachliche Mittel, die ein individuelles Merkmal erkennen lassen.

Damit erweist sich die Werbungssprache als besonders aussagekräftig für die Bestimmung von Stil: Die gewählte sprachliche Form soll in einer – wiederum individuellen, wenn auch vagen – **Analogie zum „Inhalt"** – das ist in der Werbung klar das beworbene Produkt – gesehen und verstanden werden. Die selbstreflektierende, „ikonische" Zeichenfunktion ist hier besonders auffällig.

5.5 Funktionalstilistische Aspekte des Wortschatzes und der Grammatik

5.5.1 Grundbedingungen

Mit dem funktionalstilistischen Modell lässt sich nun die Bestimmung des Wortschatzes, die in Kapitel 3 in allgemeiner Weise vorgenommen worden ist, in Bezug auf die Normseite und ihre Verschränkungen mit anderen stilistischen Bedingungen genauer fassen. Dazu könnte man bei der in der Stilistik auf eine lange Tradition zurückblickenden Auffassung ansetzen, die von einer Schichtung der Wortbedeutung ausgeht, was ebenfalls schon angesprochen worden ist. Neben der denotativen Bedeutungskomponente, die den Kern der Wortbedeutung ausmacht und die Referenz auf die Personen, Dinge und Sachverhalte der Wirklichkeit ermöglicht, kann man davon ausgehen, dass die Wörter auch eine **konnotative** oder **expressive Komponente** aufweisen. Darauf heben gerne die Eintragungen in den Wörterbüchern ab. Allerdings ist eine funktionalstilistische Markierung, die auch diesen Bereich in sachlicher Hinsicht, das heißt, auf die Vorkommensbedingungen – und nicht auf die damit transportierten Wertungen hin – festlegt, realistischer und für die stilistische Bestimmung besser geeignet. So wird etwa dem Worteintrag für das Adjektiv *heiß* im Duden Universalwörterbuch nach den Eintragungen

> **1.** *sehr warm, von [relativ] hoher Temperatur,* **2. a)** *heftig, erbittert, hitzig,* **b)** *mit großer Intensität empfunden; leidenschaftlich,*
> **3.** *erregend, aufreizend*

als vierte Variante

> **heiß** (ugs.) *gefährlich, heikel, mit Konflikten geladen:* ein -es Thema; die Radikalen kündigten einen -en Sommer an; eine -e Gegend; die Grenze gilt immer noch als h. (Duden – Deutsches Universalwörterbuch)

zugewiesen. Das Wort wird damit funktionalstilistisch in den Vorkommensbereich der Alltagssprache eingeordnet. Dort weist es einen Stilwert auf, d.h., es ist dort nicht weiter auffällig. Erst bei der Übertragung in andere Funktionalstile gewinnt es einen Stileffekt, also eine auffällige Markierung, die sich dann als „expressiv" auffassen lässt.

Für einen anderen Funktionalstil lässt sich Vergleichbares etwa für die Präposition *zwecks* (neutral: *wegen*) sagen. Auch dieses Wort ist funktionalstilistisch „koloriert", es gehört der Amtssprache an. *Zwecks* gibt einen *Stileffekt* ab, wenn das Wort in einem anderen Funktionalstil als dem der Direktive verwendet wird. Dort ist es mit Stilfärbung versehen und erzielt einen *Stilwert.*

Oder ein weiteres, etwas aktuelleres Beispiel: Ein Ausdruck wie *cool – Das ist cool* im Sinne von ‚ausgezeichnet' ist alltagssprachlich; es ist dort ‚Neologismus' und aus diesem Grunde bereits dort mit Kolorit versehen und ergibt einen Stileffekt. Der Stileffekt etwa in der Pressesprache wäre nur stärker, und zwar erheblich.

Die funktionalistilistische Bewertung ist also gut begründet. Der Großteil des Wortschatzes kann in allen Funktionalstilen vorkommen. Er ist unmarkiert. Seine Verwendung ist stilneutral. Wie in Kapitel 3 gezeigt, kann die Neutralität zwei Gründe haben:

a) **Systemzwang**: Es ist kein anderer Ausdruck vorhanden. Dies ist zum Beispiel bei den Modalverben der Fall:

Er mag nicht kommen. – Sie will weiterarbeiten. – Sie können den Fall nicht lösen.

Als alternative Ausdrucksmöglichkeiten bieten sich nur solche an, bei denen die Modalverben gänzlich umgangen werden. Es können z.B. Infinitivkonstruktionen gewählt werden:

Er hat nicht den Wunsch zu kommen. – Sie hat die Absicht weiterzuarbeiten. – Sie sind nicht in der Lage, den Fall zu lösen.

In anderen Fällen ist ein Hilfsverb allerdings auch funktionalstilistisch markiert:

Er kriegt das Buch ausgehändigt.	*Er bekommt das Buch ausgehändigt*	*Er erhält das Buch ausgehändigt.*
Alltagssprache	die gebrauchssprachlichen Funktionalstile	„Gehobene" Gebrauchssprachstile

Bei Substantiven: Neutral sind etwa *Politiker, Abgeordneter, Bundeskanzlerin*; *Hammer, Säge, Zange.*

b) Wörter, die innerhalb einer Synonymreihe **neutralisiert** sind. Dies ist der weitaus häufigere Fall. Dabei genügt es, dass in *einem* Funktionalstil ein Synonym vorliegt, damit von Synonymie gesprochen werden kann. So hat das Wort *Arzt* in der Alltagssprache das Synonym *Doktor. Arzt* ist in allen Funktionalstilen der stilneutrale Ausdruck, in der Alltagssprache hat *Doktor* eine Färbung und ergibt einen Stilwert.

In der Alltagssprache gehorchen Ausdrücke wie *prima, toll, spitze* den dort herrschenden Normen und sind angemessen. Negative Konnotationen ergeben sich zudem im Allgemeinen erst bei der Übertragung in andere Sprachbereiche. „Gewählte" Ausdrucksweisen andererseits wie *Herr Direktor mögen gütigst gestatten* sind „veraltet", es liegt der Bezug auf eine *frühere* Norm vor: Wird ein solcher Ausdruck verwendet, bestehen zwei Deutungsmöglichkeiten:

a) Der Emittent vermutet, es handele sich um eine noch zulässige Norm – dann liefert er eine Stilblüte.

Oder b): Der Emittent verwendet diesen Ausdruck bewusst als Archaismus (etwa, um einen Sprecher als devot zu charakterisieren), dann erzielt er einen Stileffekt.

Allerdings kommt auch die Stilistik nicht darum herum, zum Problem der **Synonymie** Stellung zu nehmen. Während es bei den Substantiven, wie etwa das Wort *Arzt* gegen *Doktor* zeigt, noch verhältnismäßig einfach ist, davon auszugehen, dass es Wörter gibt, die genau das gleiche bezeichnen, wobei die Verwendungsunterschiedlichkeiten dann stilistisch bedingt sind, ist es bei den Verben schwieriger, solche Gleichheiten bzw. Ungleichheiten nachzuweisen. Greifen wir dazu die Verben *helfen* versus *beistehen* heraus. Im Duden-Universalwörterbuch (Duden 2003) haben die beiden Wörter die folgenden Bedeutungsparaphrasen:

> **helfen: 1.** *jmdm. durch tatkräftiges Eingreifen, durch Handreichungen od. körperliche Hilfestellung, durch irgendwelche Mittel od. den Einsatz seiner Persönlichkeit ermöglichen, [schneller u. leichter] ein bestimmtes Ziel zu erreichen; jmdm. bei etw. behilflich sein, Hilfe leisten.: kann ich dir h.? an der Arbeit, im Haushalt h.; sie hat mir in einer schwierigen Situation mit ihrem Rat geholfen (beigestanden); er hilft ihm aufräumen; sie half ihm, das Gepäck zu verstauen; sie hat ihm suchen h./geholfen; sie hat ihm beim Suchen geholfen.*
>
> **2.** *im Hinblick auf die Erreichung eines angestrebten Zieles förderlich sein, die Durchführung einer bestimmten Absicht o.Ä. erleichtern; nützen:* die Zeit wird dir h., den Schmerz, den Verlust zu überwinden; da hilft kein Jammern und kein Klagen; mit dieser Feststellung ist uns wenig geholfen;
>
> **beistehen:** *helfen, zur Seite stehen:* er hat ihm in allen Schwierigkeiten beigestanden; sich [gegenseitig]/(geh.:) einander b.

Weil *beistehen* mit Rückgriff auf *helfen* erläutert wird und bei *helfen* auch *beistehen* herangezogen wird, ließe sich nun schließen, dass es sich hier um vollständige Synonyme handelt. Aber schon die (konstruierten) Beispielsätze lassen erkennen, dass es deutliche Verwendungsunterschiede gibt. Klarer zeigt sich das, wenn unangebrachte Verwendungen konstruiert werden:

*Können Sie mir mal eben helfen/*beistehen, den Kinderwagen in den Bus zu tragen?*

*Carina hilft/*steht ihrer Schwester bei den Schulaufgaben bei.*

In ihrer schweren Krankheit hat ihr die Freundin geholfen/beigestanden.

Man erkennt: *Beistehen* ist der markierte Ausdruck, er kommt in formellen Situationen vor. Wird *beistehen* in der Alltagssprache verwendet, resultiert ein Stileffekt oder gar ein ungrammatischer Ausdruck.

Ein Beispiel aus dem Bereich der Substantive: In der Synonymenreihe für die Bezeichnung der ‚**Ehefrau**' lässt sich nicht so ohne weiteres ein neutraler Ausdruck ausmachen. Zu vermuten ist: *Frau*. Die Verwendungsbedingungen sind aber recht kompliziert. Eindeutig funktionalstilistisch markiert ist *Ehefrau* im Direktivstil. Von der eigenen Ehefrau wird in allen Kommunikationsbereichen neutral meist als von *meiner Frau* gesprochen. Doch gelten hier regionale Varianten. Im Süddeutschen heißt es außer *die Frau* auch *meine Gattin*, während sonst *Gattin* nur in der förmlichen Anrede bei anderen Personen verwendet wird. Noch stärker markiert ist *Gemahlin*. Im Duden-Wörterbuch wird Gemahlin folgendermaßen definiert: *w. Form zu* [1]*Gemahl (wird gewöhnlich auf die Ehefrau eines anderen Mannes bezogen und schließt einen höheren sozialen Status ein): die G. des Erzherzogs; (wird* *im Gespräch aus Höflichkeit oft mit vorangestelltem Frau gebraucht:) empfehlen Sie mich bitte Ihrer Frau G.* – Die Synonymenreihe *meine bessere Hälfte, meine Alte, meine Olle* ist funktionalstilistisch für die Alltagssprache markiert, und mit einer Charakterisierung „salopp-umgangssprachlich" wird terminologisch das Kolorit gefasst, mit denen ein Effekt erzielt werden kann. Es sind sogar klassische Stilfiguren, die hier zu bemerken sind: Bild: *bessere Hälfte*, Metonymie: *Alte* oder ein Dialektalismus: *Olle*. Die anderen Ausdrücke unterliegen rollenspezifischen Verwendungsbeschränkungen. Immer dann, wenn Sachunterschiedlichkeiten vorliegen, so dass eine Bezeichnungsunterschiedlichkeit resultiert, entfällt das Problem der Synonymie und ihrer Bewertung. Aber das ist hier offensichtlich eben nicht der Fall.

Ein vergleichbares Gebiet ist das der **Anredeformen**[12], vor allem die Unterscheidung von *Sie* und *du* als Bezeichnungen der angeredeten Person. Die Referenzobjekte ändern sich ja nicht, nur ihre Bezeichnung. Die aber ist zunächst rollenspezifisch vorgegeben. Wenn hier soziokulturelle Vorgaben bestehen, bedeutet das nicht, dass sich diese a) nicht ändern können (u. zwar intensiv und rasch) und b) dass keine Bezeichnungsunsicherheiten vorkommen können. Auch hier sind keine neuen funktionalstilistischen Kategorien nötig, um beschreibungstechnisch mit solchen Problemen fertig zu werden: In das funktionalstilistische Modell ist nur aufzunehmen, dass sprecherspezifische Bezeichnungsvorgaben bestehen. Solche sind z.B. symmetrische und/oder asymmetrische Rollenverteilung in der Kommunikation. Bei den Anredepronomina sind diese besonders wichtig. Sie berücksichtigen das Alter und den Status der Redenden, die Kommunikationssituation und andere Parameter. Kinder werden geduzt, Erwachsene gesiezt – aber nicht immer. Der Möbelkonzern Ikea hat festgelegt, dass sich alle Angestellten zu duzen haben. Im Fasching und bei der Bergwanderung gilt so etwas temporär. Weiter ist die Generationenfrage zu beachten. Studenten haben sich bis 1968 normalerweise in Deutschland gesiezt, heute gäbe eine Sie-Anrede unter Studierenden einen starken Stileffekt ab.

Expressivität

Hier ist noch einmal auf die in den Stilistiken (z.B. Sowinski 1988, S. 199–209) angenommenen emotiven oder expressiven Wortkomponenten einzugehen. So sei nach Riesel/Schendels (1975, S. 33) das Adjektiv *richtig* merkmallos in Bezug auf Expressivität, *goldrichtig* dagegen merkmalhaft in Bezug auf Expressivität. Bei den Substantiven sei *Katalysator* in einem Fachtext neutral, in der Alltagsrede aber expressiv: *Die neue Mitarbeiterin wirkte auf ihre Kollegen wie ein Katalysator.* Gerade dieses Beispiel zeigt, dass man hier auch ohne Zuhilfenahme einer Kategorie [± Expressivität] auskommen kann. Denn hier wird ein *Stileffekt* durch Übertragung aus einem anderen Funktionalstil erzielt.

12 Vgl. dazu Besch (1998) und Simon (2003).

Im Grunde gilt dies auch für das Beispiel aus dem adjektivischen Bereich. Auch hier resultiert ein Stileffekt, jedoch durch die Wahl einer Stilfigur, nämlich einer **Hyperbel** (vgl. Kapitel 6). Es wird nicht der sachangemessene, richtige Ausdruck, „das treffende Wort", gewählt, sondern der übertriebene. Paradigmatisch gesehen, d. h., wenn man die Wörter in ihrem Synonymenverband beschreibt, lässt sich durchaus davon ausgehen, dass die Wörter unterschiedliche Konnotationen haben. Die Deutung als Stilfigur (mit dem erzielten Effekt) gibt eine Beschreibung ab, die auf den Einsatz eines fraglichen Wortes in einem bestimmten Kontext abhebt.

Expressiv in diesem Sinne oder hyperbolisch, übertreibend, sind nun große Teile des Wortschatzes, im verbalen Bereich etwa *fressen* statt *essen*, *schieß los* statt *fang an* oder *verschlingen* statt *lesen* in einem Satz wie *Er hat das neue Buch von Donna Leon sofort verschlungen*. Hier sieht man die Übertragung aus einem andern Bereich sehr deutlich.

Besonders ausgeprägt ist die Verwendung von hyperbolischen Gradadverbien oder Substantiven: *ungeheuer, riesig, riesengroß, maximal, wahnsinnig, blödsinnig, kreuzdämlich, brunzdumm, steinalt. – Mist* statt *Schade, Kreuzdonner, Super-Show, Wahn-Sinn*, neuerdings häufig in paradoxer Verwendung vorkommend: *Der ganz normale Wahnsinn*.

Die hyperbolische Ausdrucksweise lässt sich auch bei Syntagmen häufig nachweisen: *Halt's Maul, bis staad* statt: *Sei (bitte) ruhig*; *mir reicht's* (oder *ich habe fertig*) statt *das ist genug* oder *das kannst du vergessen* statt *das ist nicht so wichtig*.

Die „gegenläufige Bewegung", die aber den gleichen kommunikativen Effekt hat, ist das „Understatement" oder die Litotes: *Meine Wenigkeit* statt *ich*; *mein lieber Freund! – Das war nicht übel* statt entsprechender gegenteiliger Ausdrucksweisen.

Wenn der Sprecher oder die Sprecherin der Auffassung ist, dass der wiederzugebende Sachverhalt sich durch einen Ausdruck mit der expressiven Konnotation abbilden lässt, oder besser: nur so abzubilden ist, dann ist die Wahl einer solchen Ausdrucksweise, die in ihrer paradigmatischen Reihe markiert ist, berechtigt. Die Wahl ist der Ausdrucksabsicht angemessen. Der Bezug auf eine neutrale Form ist eine **analytische Sichtweise**: Die Wörter werden in ihrer funktionalstilistisch bewerteten Verwendung im Hinblick auf eine Nullform beschrieben.

5.5.2 Stilistische Aspekte einzelner Wortarten

Stilistisch relevant kann jede einzelne sprachliche Komponente werden. Daher muss eine vollständige Stilistik bei der Leistung der Wörter in ihrem Umfeld von ihrer semantischen und grammatischen Grundleistung ausgehen. Da dies aber auch Gegenstand der Wörterbücher und vor allem der Grammatik ist, kann das Allgemeine, das stilistisch Neutrale, hier vorausgesetzt werden. Nur wenn eine auf den ersten Blick vollkommen neutrale Form in ihrem Kontext stilistisch relevant wird, etwa wenn in einem längeren Text ausschließlich neutrale, semantisch und grammatisch unauffällige Formen vorkommen, setzt auch hier selbstverständlich eine stilistische Bewertung ein, und zwar in diesem Fall eine negative. Entsprechende Texte sind z.B. schlecht gelungene Prüfberichte, Behördenschreiben oder fade Briefe.

Im Folgenden sollen nur die Eigenschaften der Wörter benannt werden, die stilistisch relevant werden können, wenn Stilwerte vermittelt oder Stilleffekte erzielt werden sollen. Die Darstellung konzentriert sich auf die **grammatischen Bedingungen**.

5.5.2.1 Substantive

Unter Wortartgesichtspunkten sind als erstes die grammatischen Kategorien des Substantivs zu nennen: Numerus, Artikelsetzung, Genus, Kasus.

a) **Numerus:** Die Wahl von Singular oder Plural oder die Unbestimmtheit des Numerus ist fast immer systembezogen. Der Emittent hat hier kaum eine Wahl. Auch Pluralbildungen von Wörtern, die von Hause aus nur singularisch sind, wie *Die zur Verfügung stehenden Gelder sind schon ausgegeben worden* gehören in den Bereich der Grammatik. Allerdings sind Pluralbildungen wie *Ängste ausstehen* oder *Nöte erleiden*, wenn damit eine besondere Intensität zum Ausdruck gebracht werden soll, stilistisch relevant. Auch der singularische oder pluralische Gebrauch, wo die Wahlmöglichkeit besteht, bei Sentenzen und Sprichwörtern ist hierher zu rechnen: *Die Zeder ist ein hoher Baum, oft schmeckt man die Zitrone kaum.* (Wilhelm Busch).

b) **Artikelsetzung:** Auch hier sind die Sprecher in starkem Maße an die Systembedingungen gebunden. Darzustellen, wie die Artikelwahl geregelt wird, ist Aufgabe der Grammatik. Allerdings sind Sentenzen häufig. Ihr Einsatz ist unter stilistischem Aspekt in Bezug auf den jeweiligen Text zu prüfen: *Geld spielt keine Rolle. Eine Schwalbe macht noch keinen Sommer. Männer sind nun mal so* (wenn sich die Aussage auf einen einzelnen Mann bezieht). Abweichungen vom System sind entweder textsortengebundene Vorkommen oder individuelle reine Abwahlen, meist Stilfiguren: etwa: *Am Himmel stand ein silberner Mond.* Diesen ungewöhnlichen Gebrauch des unbestimmten Artikels anstelle des bestimmten findet man aber auch in gebrauchssprachlichen Textsorten: *Hinter der Bahnbrücke ein völlig veränderter Schiffbauerdamm – Pariser Flair in Berlin: ein Restaurant neben dem anderen, von der Ständigen Vertretung bis zur Brasserie Ganymed, der Gehweg gegenüber am Spreeufer ein einziges Freiluftrestaurant unter Sonnenschirmen.*[13]

Nichtsetzung des Artikels kommt dagegen recht häufig vor und zeigt eine funktional- oder individualstilistisch motivierte Verwendung. Zum Beispiel aus Gründen der Verkürzung wie in der Telegramm- oder SMS-Sprache: *Zug verpasst, komme mit Auto.* Die Schlagzeilensyntax hat diesen Gebrauch regulär: *Koalition rangelt um Geld für Krippenplätze. Picasso-Sammler Berggruen gestorben. Glos:*

13 www.iza.org/highlights/en/zimmermann. Zugriff: 22. 2. 2007.

Rentenalter könnte noch steigen (Süddeutsche Zeitung, 26. 2. 2007, S. 1). In der (expressionistischen) Lyrik finden sich ungewöhnliche Artikelsetzungen häufig. Dafür nur ein Beispiel:

> Wie weißer Stamm reckt er in harte Winde
> mit Händen sich, die wie Geweihe deuten.
> Gewürm zerfrißt ihm seines Leibes Rinde,
> die wie ein Himmel brennt nach allen Seiten.
>
> Von dort, wo seine Donner weitertönen,
> kommt Menschenmasse wie ein Meer von Raben,
> stumm fließend, dick, ganz ohne zu verhöhnen,
> ein Lavastrom...blindtaub ihn zu begraben.
>
> (Arthur Drey, Junger Prophet, aus: Lyrik des expressionistischen Jahrzehnts, S. 117)

In der Funktionalsprache der Didaktik sind artikellose Ausdrucksweisen wie *Schule kann sich den neuen Entwicklungen nicht verschließen*, *Schule will hier korrigierend eingreifen* gängig. Damit wird ein Stilwert gegeben. In solchen Gebrauchsweisen wird die Funktion von Stilwerten besonders deutlich: Wenn sie auf einen einzigen Ausdrucksbereich beschränkt sind, markieren sie diesen überdeutlich.

c) **Genus:** Hier sind die Wahlmöglichkeiten noch geringer als bei den bisher genannten grammatischen Kategorien. Sie beziehen sich auf Fälle, in denen das Genus (bei konstanter Bedeutung) unklar ist, wie bei *Filter* (*der* oder *das*), *Gischt* (*der* oder *die*), *Labsal* (*das* oder *die*) oder *Gams*, *Ischias* und *Joghurt*, wo sogar alle drei Genera vorkommen (weitere Beispiele bei Wegera 1997, S. 63). Hier kann die Wahl des Femininums vielleicht eine besondere Stilhöhe andeuten. Sonst sind unterschiedliche Genuswahlen meist Belege für die regionale Zugehörigkeit des Sprechers oder Schreibers: *der Monat*, bairisch *das Monat*, *das Radio*, bairisch *der Radio*, *die Butter*, bairisch *der Butter*. Falls die Wahl mit einer bestimmten Stilabsicht einhergeht, resultieren regionale Kolorite. – Rein systematisch bedingt und stilistisch nicht von Relevanz sind Genusunterschiedlichkeiten, die auf Bedeutungsdifferenzierung beruhen, wie bei *Teil*: *der Teil* ‚Abschnitt', ‚Teilbereich', *das Teil*: ‚Stück'.

d) **Kasus:** Abgesehen davon, dass in den Mundarten andere Kasussysteme als in der Standardsprache vorliegen und deshalb in alltagssprachlichen Registern der standardsprachliche Gebrauch nicht in jeder Hinsicht zu erwarten ist, sind in den schriftsprachlichen Registern die Kasusverhältnisse ausschließlich grammatisch-normativ geregelt. Verstöße dagegen werden als Fehler gewertet. Allerdings lassen sich funktionalstilistisch und auch individuell gewisse Bevorzugungen von Kasus aufdecken. Wichtig sind in diesem Zusammenhang Beobachtungen über das Veralten von Kasusgebräuchen. So ist der **Genitiv** im Verbanschluss in der Gegenwartssprache auf wenige funktionale Stilbereiche beschränkt, vor allem in juristischer Sprache: *jemanden eines Diebstahls bezichtigen*, *jemanden einer Sache verdächtigen* oder aber in feierlicher Rede: *der Toten gedenken*, *sich der Zustimmung vergewissern*. In den meisten Fällen sind die Konstruktionen mit dem Genitiv austauschbar mit Präpositionalfügungen: *sich einer Sache erinnern*, *sich an eine*

Sache erinnern. Die Präpositionalphrasen, die neutral wären, konkurrieren hier mit diesen feierlichen, archaischen Koloriten. Es gilt hier das gleiche wie für die lexikalischen Archaismen.

Manches, was in Stilistiken oder sprachkritischen Arbeiten zum Kasusgebrauch angeführt wird, ist nicht stichhaltig. So sind z.B. die häufigen Konstruktionen mit den ***be*-Verben** stilistisch kritisiert worden. L. Weisgerber (1958) war zum Beispiel der Auffassung, dass in der Fügung *Der Kaufmann beliefert den Kunden mit Ware* statt *Der Kaufmann liefert dem Kunden Ware* der Mensch aus der Bezeichnung in der sinngebenden Dativ-Rolle (dem „Personenkasus") herausrücke und „zu einer Nummer auf der Lieferliste" werde. Dagegen haben Kolb (1960) und von Polenz (1968) die rein grammatischen Gesichtspunkte der stilistisch zunächst neutralen Perspektivenumpolung hervorgehoben (vgl. Eroms 1980).

Stilistisch relevant ist die grammatische Kategorie des Substantivs gemäß der Grundbestimmung für Stil dann, wenn die Wahl besteht, einen Sachverhalt auch nichtsubstantivisch wiederzugeben. Daraus folgt zunächst, dass Substantive dort, wo sie nicht durch andere Wortklassen ersetzt werden können, stilneutral sind.

Nominalstil

In der Stilistik, vor allem aber in populärwissenschaftlichen Äußerungen, ist der hier betreffende Bereich mit „substantivischer Stil"/„Nominalstil" umschrieben worden, und zwar in den meisten Fällen negativ, worauf im nächsten Abschnitt näher eingegangen wird.

Anscheinend geht man einfach davon aus, dass man sich generell verbal auszudrücken habe. Dies lässt sich mit der Berücksichtigung der Vertextungsstrategien bereits zurückweisen. In Texten, in denen die Vertextungsstrategie des Beschreibens herrscht, sind die bloßen Nennungen, das reine Bezeichnen der Dinge (durch Nomina) völlig ausreichend. So dominieren z.B. in Tagebüchern Nominalformen der folgenden Art:

> *Kalte, unruhige Nacht. Schlechter Schlaf... Kälte, Regenbogen [...boen?]. Große, treibende Wolken. Andauernd Hunger.* (Horst Lange, Tagebücher aus dem Zweiten Weltkrieg, S. 50)
>
> *Unterwegs tote Pferde, die aussehen, wie aus Pappmaché. Zwei sehr hübsche Mädchen am Weg. Ein breites Gesicht, unzüchtiges Lachen, die Zunge spaltet die Lippen. Vorbei. – Flüchtlinge. Eine aus Balken zusammengefügte Wassermühle, voll mit Zivilisten. Die Ruinen eines großen Gutshauses, noch von der Revolution her zerstört ...* (S. 54)

Diese nominalen Formen bewältigen adäquat die Situation. Auch in der Alltagssprache ist das so möglich. Derartige Formen sind aber nicht gänzlich stilneutral, sondern ergeben einen Stilwert, nämlich den des Beschreibens.

Stilwerte werden weiterhin erzielt in Texten, in denen verbale Prädikationen durch Komprimierung unterdrückt werden. Aus den folgenden Sätzen, die in einem Formular stehen könnten:

Füllen Sie bitte den Antrag aus und senden Sie ihn an das Wohnungsamt. Geben Sie bitte Gründe für Ihr Gesuch an. Im Wohnungsamt wird der Antrag bearbeitet. Sie erhalten dann Bescheid.

wird häufig so etwas:

Nach Ausfüllung unter Angabe von Gründen und Absendung des Antrages an das Wohnungsamt erhalten Sie nach Bearbeitung Bescheid.

Ähnliche Beispiele finden sich gehäuft in normativen Stilistiken. Die Komprimierungsformen an sich sind funktionalstilistisch markiert für Texte der Direktive und des wissenschaftlichen Stils, aber sie müssen in ausgewogenem Verhältnis zu expandierten Formen stehen. Zweck der Komprimierung ist Kürze. Geht die Kürze auf Kosten der Eindeutigkeit, so ist sie unzulässig. In diesem Fall ginge eine stilistische Bewertung ins Leere, weil unzulässige Formen überhaupt nicht gewählt werden dürfen. Unterdrückt werden dürfen nur Prädikate, die leicht wiederhergestellt, d.h. verstanden werden können.

Die herkömmlichen Stilistiken stoßen sich an gehäuftem Nominalstil vor allem auch deswegen, weil die Vertextungsstrategie des Erzählens gegenüber den anderen so hoch bewertet wird.

Zunächst ist es unbezweifelbar, dass durch die Verwendung von funktionalstilistisch markierten Nominalformen in anderen Bereichen Stileffekte entstehen. Ein Satz wie *Rotkäppchen ging nach Füllung des Korbes in den Wald* wäre im Märchen völlig unangemessen. Die bekannte Umsetzung des Märchens in den – ironisierten – Funktionalstil der Amtssprache durch Thaddäus Troll zeigt außer den **unangemessenen Nominalisierungen** auch eine Fülle von anderen Stilbesonderheiten, z.B. die funktionalsprachlich markierten Präpositionen *seitens, infolge* und *betreffs* oder die ebenfalls markierten deiktischen Ausdrücke *besagter* und *dieselbe*, die das Märchen völlig verfremden:

> Im Kinderanfall unserer Stadtgemeinde ist eine hierorts wohnhafte, noch unbeschulte Minderjährige aktenkundig, welche durch ihre unübliche Kopfbekleidung gewohnheitsmäßig Rotkäppchen genannt zu werden pflegt. Der Mutter besagter R. wurde seitens ihrer Mutter ein Schreiben zugestellt, in welchem dieselbe Mitteilung ihrer Krankheit und Pflegebedürftigkeit machte, worauf die Mutter der R. dieser die Auflage machte, der Großmutter eine Sendung von Nahrungs- und Genußmitteln zu Genesungszwecken zuzustellen.
>
> Vor ihrer Inmarschsetzung wurde die R. seitens ihrer Mutter über das Verbot betreffs Verlassens der Waldwege auf Kreisebene belehrt. Dieselbe machte sich infolge Nichtbeachtung dieser Vorschrift straffällig und begegnete beim Übertreten des diesbezüglichen Blumenpflückverbotes einem polizeilich nicht gemeldeten Wolf ohne festen Wohnsitz. Dieser verlangte in gesetzwidriger Amtsanmaßung Einsichtnahme in das zu Transportzwecken von Konsumgütern dienende Korbbehältnis und traf in Tötungsabsicht die Feststellung, daß die R. zu ihrer verschwägerten und verwandten im Baumbestand angemieteten Großmutter eilend war. [...] (Das große Thaddäus Troll-Lesebuch, S. 152)

Im Märchen und in Erzähltexten generell erwarten wir keine derartigen Stileffekte. Zudem führt die Überfülle kompakter Nominalphrasen dazu, dass der Text unverständlich wird.

Der Parameter der Verständlichkeit darf nicht verletzt werden. Zum Beispiel lassen sich Genitiv-Fügungen nicht beliebig schachteln, obwohl das Deutsche, grammatisch gesehen, keine Restriktionen kennt. Das folgende bekannte Beispiel spielt mit dieser Regel des Deutschen:

Dies ist der Schlüssel des Schlosses der Tür des Hauses des hölzernen Mannes.

Der Grund dafür, dass diese Fügung trotz ihrer Länge noch verständlich ist, ist in der gleichgerichteten semantischen (Genitivus possessivus) und syntaktischen Struktur (lineare Abfolge) zu suchen.

Vieles weitere, was normative Stilistiken am sogenannten Nominalstil kritisieren, ist ebenfalls grammatisch begründet, das heißt, es hat andere Funktionen als die vielfach pauschal als positiver bewertete rein verbale Konstruktion. Dies gilt insbesondere für die **Funktionsverbfügungen**. Sie sind Ausdrucksalternativen zu reinen Verben:

zur Entscheidung bringen – entscheiden
zur Durchführung gelangen – durchgeführt werden
Anwendung finden – anwenden

Die Regierung bringt das Gesetz im Bundestag zur Entscheidung.
Der Bundestag entscheidet über das Gesetz.

Die angekündigten Maßnahmen gelangten zur Durchführung.
Die angekündigten Maßnahmen wurden durchgeführt.

Das Verfahren findet bei der Trennung von Gesteinen und Erzen Anwendung.
Das Verfahren wird bei der Trennung von Gesteinen und Erzen angewandt.

Bei den Funktionsverbgefügen finden sich präpositionale, aber auch rein nominale Konstruktionen. Was im Einzelnen zu den Funktionsverben gerechnet wird, ist in der Forschung umstritten (vgl. z.B. Duden 2005, S. 424–432, wo ihre grammatischen Aufgaben ausführlich beschrieben werden und Van Pottelberge 2001, der die Fügungen generell kritisch behandelt). Unbezweifelt aber sind die grammatischen Funktionen, die mit ihnen zum Ausdruck gebracht werden: Es handelt sich meist um **aktionale Differenzierungen**. Die Funktionsverbfügung zeigt im Vergleich mit der rein verbalen Konstruktion das ingressive Moment klarer, also den Beginn einer Handlung: *in Gang kommen, in Erregung versetzen*, aber auch kontinuative oder resultative Handlungen: *in Gang bleiben, zum Abschluss bringen* versus *weitergehen, abschließen*. Weiter werden passivische Verhältnisse mit Funktionsverben kompakt ausdrückbar: *Lob ernten, in Verdacht geraten, im Zweifel stehen* versus *gelobt werden, verdächtigt werden, bezweifelt werden*.

Die grammatische Feinbestimmung kann hier außer Betracht bleiben. Für eine stilistische Bewertung sind die Grundvoraussetzungen gegeben, ja sie sind geradezu musterhaft: Es liegen Varianten vor, die im Prinzip frei gewählt werden können. Denn die Unterschiede sind subtil und werden auch nicht von jedermann akzeptiert. Dies erklärt einen Teil der Kritik, die immer wieder an den Funktionsverbgefügen geübt wird. Unter den oben angeführten Beispielen ist etwa der Satz *Die angekündigten Maßnahmen gelangten zur Durchführung* alles andere als stilistisch gelungen. Andere Sätze aber sind stilistisch weniger auffällig, weil die Nominalisierungen Kennzeichen mancher Funktionalstile sind: die klarere Referenzleistung der Substantive und die Alternative zu passivischen Wendungen. Denn gerade diese treten in den Funktionalstilen der Wissenschaft und der Amtssprache gehäuft auf. Und hier bieten die Funktionsverbgefüge adäquate Alternativen. Dass der Amtsstil als solcher unter starker Kritik steht, ist eine andere Sache, worauf oben schon hingewiesen wurde. Hier vermischen sich bisweilen auch manchmal Sprach- und Sachkritik.

Häufig stehen „echte“ Funktionsverbfügungen im Kontext anderer Verbformen, die eine semantische Entleerung zeigen, wie in den folgenden Beispielen aus einem geographischen Fachtext.

Funktionsverbgefüge: *In den Blick gerieten nunmehr die Währungsentwicklungen. – In den Wirtschaftwissenschaften kam es im Kontext der Debatte um internationale Wettbewerbsfähigkeit* [...] *zu einer „Entdeckung“ des Einflusses räumlicher Parameter in den traditionell eher raumblinden Wirtschaftswissenschaften.*

Derartige Fügungen finden sich in der Nachbarschaft anderer semantisch entleerter Verbformen: *Die regionale Wirtschaftspolitik mit ausgleichsorientierter Regulierung gewann an Bedeutung. – Diese Politik zeitigte zunächst gewisse Erfolge. – Mit dem Fall der Mauer Ende 1989 hingegen rückten abatzrelevante Faktoren zunächst wieder in den Hintergrund.* (Geographie Deutschlands, S. 184–190).

Was die Kritik an den Funktionsverbgefügen hervorruft, ist sicherlich ihr unreflektierter Einsatz in der Verwaltungs- und auch in der Mediensprache. Häufig kommen sie dazu in Kombination mit allzu offensichtlich aktuellen, modischen Ausdrucksweisen zusammen vor: *Alle Welt redet von der Informationsgesellschaft, welche im Moment im rasanten Aufbau begriffen ist.* (Walter Kempowski, Bloomsday ’97, S. 286).

Nominale **Wortbildungen** in Kombination **mit fachsprachlichen Adjektiven** kennzeichnen viele fachsprachliche Texte. Im folgenden wiederum ein Ausschnitt aus einem geographischen Fachtext:

> Mit der Annäherung an die Mittelgebirgsschwelle erfolgt eine Abnahme der Mächtigkeit der quartären Ablagerungen. Die quartären Sedimente Norddeutschlands beginnen mit Ablagerungen der Elster-Vereisung, die in Küstennähe durch Tone der anschließenden Holstein-Warmzeit überlagert werden. Darauf folgen Ablagerungen der saalekaltzeitlichen Vereisung, die regional von Sedimenten der Eem-Warmzeit überlagert werden. Weichselzeitliche Sedimente finden sich nur im Jungmoränengebiet östlich der Elbe. [...] Nach den für die Reliefentwicklung in Norddeutschland bestimmenden Formungsprozessen lässt sich das norddeutsche Tiefland in eine Alt- und in eine Jungmoränenlandschaft gliedern. Die Grenze bilden die weichselzeitlichen Endmoränenzüge. Ihr Verlauf ist in Schleswig-Holstein Nord-Süd-orientiert mit auf geringer Horizontaldistanz dicht gescharten Endmoränen. (Geographie Deutschlands, S. 110 f.)

So lässt sich über den **Nominalstil** zusammenfassend sagen: Wenn die Vertextungsstrategien und die funktionalstilistischen Besonderheiten beachtet werden, ist nominale Ausdrucksweise durchaus funktionsgerecht. Allerdings liegt auch bei den gebrauchssprachlichen Textsorten, wo Substantive und Nominalisierungen aus sachlichen Erfordernissen angebracht sind, die Gefahr der Verblassung auf der Hand. Wenn dem nicht durch andere stilistische Maßnahmen – Abwechslung bei der Wahl zwischen kurzen und langen Sätzen, Einsatz von Bildern und Metaphern, Einfügung von Zitaten und anderen Mitteln – begegnet wird, stellt sich sehr schnell Monotonie ein.

5.5.2.2 Adjektive

Unter grammatischem Aspekt sind Adjektive vor allem danach untersucht worden, wie sich diese große Wortklasse untergliedern lässt, welche syntaktischen Bedingungen gegeben sind und wie sich das hauptsächliche Wortartmerkmal, die Steigerbarkeit, im einzelnen verhält. Die Untersuchung von Trost (2006) fasst die bisherigen Ansichten zusammen und legt einen neuen **Gliederungsvorschlag** mit drei Hauptklassen und zwei Randklassen vor: 1. die Qualitätsadjektive mit den Unterklassen der relativen Qualitätsadjektive (*Schneewittchen war sehr schön*), und den absoluten Qualitätsadjektiven (*das falsche Gebiss*), 2. die monoattributiven Relationsadjektive mit den Zugehörigkeitsadjektiven (*Er liest historische Abhandlungen*), den relativ-referentiellen Adjektiven (*Die Gewinne stiegen um stolze 44 Prozent*) und den absolut-referentiellen Adjektiven (*Fünf Kinder sind für heutige Zeiten eine Menge*), 3. die Quantitätsadjektive mit den Unterklassen relative (*mit vielem alten Gerümpel*) und absolute (*er kriegt doppelte Ration*). Die Randklassen umfassen die „relativ-monoprädikativen Zustandsadjektive" (*Auf der Fahrt ist vielen schlecht geworden*) und die „adadjektivischen Gradadjektive" mit den relativen (*Schleie sind elend glitschig*) und den absoluten Adjektiven (*Das Wetter war ganz schön*). (Trost 2006, S. 20 f.). Alle diese Klassen weisen vielfältige Unterklassen auf.

Kennzeichen der Wortklasse Adjektiv sind die sehr verzweigten Übertrittsmöglichkeiten von einer Klasse in eine andere, die große Polysemie und die **Steigerungsfähigkeit**, die gegeben sein kann oder aber nicht. Vor allem diese Eigenschaft der Adjektive ist stilistisch relevant. So können absolute Qualitätsadjektive wie *leer* oder *tot* eigentlich nicht gesteigert werden. Wenn das dennoch der Fall ist, lässt sich das grammatisch mit einem Klassenübertritt, stilistisch häufig mit der Absicht, einen Stileffekt zu erzielen, begründen:

Das Kino war heute noch leerer als sonst.

Das Meer bei uns blieb tot. Ja, als wir es um 6 Uhr Nachm. nocheinmal sahen, war es toter als tot: gespenstig. (Victor Klemperer, Tagebücher, S. 723).

Adjektive können prädikativ – *der Sommer ist kalt und regnerisch*

attributiv – *der kalte und regnerische Sommer*

und adverbial – *der Sommer war scheußlich kalt*

gebraucht werden. Stilistisch ist vor allem die attributive Verwendung wichtig, weil sie, im Gegensatz zu den beiden anderen Vorkommensformen, reiche Wahlmöglichkeiten zeigt. Diese zeigen sich einmal in der Entscheidung für eine attributive Fügung überhaupt, dann in der Wahl dieser spezifischen Attributsform (die sich gegen andere Attributsformen abwählen ließe) und in der Kombination von Adjektiven.

Ob eine attributive oder prädikative Ausdrucksweise gewählt wird, hängt oft am Grad der Komprimierung eines Textes. Je höher der Grad des Nominalstils ist, desto mehr besteht die Möglichkeit, weiter zu komprimieren durch adjektivische (und sonstige) Attribute: Eine Fügung wie *nach umgehender Erledigung der Angelegenheit und Angabe überzeugender Gründe* ließe sich wie folgt maximal strecken: *nachdem* (*wenn*) *die Angelegenheit umgehend erledigt worden ist, und weil die beigebrachten Gründe überzeugend sind...*

Wenn der Rhemagipfel (das heißt der Aussageschwerpunkt) auf dem Adjektiv liegen soll, muss die prädikative Form gewählt werden: *Magelone war schön.* In diesem Fall erscheint das Adjektiv im Rhemagipfel, während in der attributiven Verwendung, *die schöne Magelone*, der Ausdruck auch thematisch verwendet werden kann, z.B. als Attribut eines Substantivs im Subjekt, etwa: *Die schöne Magelone ist eine der attraktivsten Märchengestalten.*

Das heißt, jede attributive Verwendung komprimiert einen virtuellen Satz und deswegen dürfen neue Aussagen auch nicht auf diese Weise in den Text eingeführt werden, es sei denn, es handelt sich um allgemein Bekanntes. (Dies gilt für andere sprachliche Elemente in vergleichbarer Weise.) Bei den Adjektiven resultiert daraus zum Beispiel ihre Verwendung als stehende Beiwörter, als **Epitheta ornantia**, worauf in Kapitel 6 noch weiter eingegangen wird: *die schöne Helena*; *Siegfried, der starke Held*; *der böse Wolf*; *das unersättliche Finanzamt*. Auch die Bewertung solcher adjektivischer Verwendungsweisen kann immer nur im Zusammenhang mit anderen Stilmitteln erfolgen.

Stilwerte weist das Adjektiv immer dann auf, wenn es gegen andere sprachliche Mittel abgewählt werden könnte. Adjektive sind Bezeichnungsträger für Qualitäten von Dingen, Personen, Sachverhalten. Daraus ergibt sich ihr unselbständiger Status: Sie werden entweder an Nomina oder aber an andere Adjektive oder an Verben angebunden. Die Qualitäten von Personen, Dingen und Sachverhalten können inhärent sein – dann werden sie für einen kommunikativen Zweck beschreibend erfasst – und es ist der Emittent, der hier eine entscheidende Rolle spielt: In die Adjektive, besonders die attributiven, kann er die Beurteilung der beschriebenen Qualitäten verlegen.

Ein Beispiel dafür ist eine Passage aus Thomas Manns Novelle ‚Tristan'. Dort sagt Frau Klöterjahn:

> Das Piano war nur mittelmäßig, aber schon nach den ersten Griffen wußte sie es mit sicherem Geschmack zu behandeln. Sie zeigte einen nervösen Sinn für differenzierte Klangfarbe und

> eine Freude an rhythmischer Beweglichkeit, die bis zum Phantastischen ging. Ihr Anschlag war sowohl fest als weich. Unter ihren Händen sang die Melodie ihre letzte Süßigkeit aus, und mit einer zögernden Grazie schmiegten sich die Verzierungen um ihre Glieder. (Thomas Mann, Tristan, S. 191)

Hier sind es besonders die attributiven Adjektive, mit denen Frau Klöterjahns pianistische Begabung zum Ausdruck gebracht wird. Während z. B. *Klangfarbe* ein neutrales Substantiv ist, wird mit dem Adjektiv *differenzierte* ihr *nervöser Sinn* für die Eigenart des vorgetragenen Stückes benannt.

Überhaupt sind es die Beschreibungstexte, in denen das Adjektiv vornehmlich begegnet. Denn auf diese Weise wird die Monotonie der bei dieser Vertextungsstrategie gewöhnlich mageren Verbwahl kompensiert. Die Gefahren liegen auf der Hand. Im sogenannten **Kitsch** finden sich sehr häufig Adjektivhäufungen. Wenn diese mit gewählten Konstruktionen, Modeausdrücken und Klischees verbunden werden, ergeben sich banale Mischungen, wie im folgenden Beispiel:

> In ihrem Zimmer stieg Brigitte aus den Shorts, warf die weiße Bluse auf die Couch. Mit einem Tuch band sie sich das aschblonde Haar hoch und begab sich ins Badezimmer. [...] Wie Perlen hafteten die Tropfen auf der seidenglatten Haut, die rundherum gleichmäßig braun war. [...] Sie verrieb mit zärtlichen Fingern etwas Creme in ihrem Gesicht, puderte sich, Augenbrauenstift und Wimperntusche brauchte sie nicht. Die Wimpern waren lang, die Brauen dicht und schön geschwungen. Aber um die Augen malte sie sich mit geübter Hand eine kräftige schwarze Linie, die sich leicht im Augenwinkel verlängerte. Für die Lippen ein blasses Rosa. (Utta Danella, Der Maulbeerbaum, S. 23)

Reiners (1976, S. 152) kritisiert die „stehenden Beiwörter": „Am widerwärtigsten sind die immer wiederkehrenden zusammengefrorenen Verbindungen. *Die brennende Frage, die vollendete Tatsache, die dunkle Ahnung, die unausbleibliche Folge, der schroffe Widerspruch*, gibt aber auch Beispiele für gelungene Adjektivverwendungen.

Eine längere Textpassage soll die stilistisch überzeugende Nutzung dieser Wortart zeigen:

> PROFUNDEZAS INCERTAS. UNGEWISSE UNTIEFEN. Gibt es ein Geheimnis unter der Oberfläche menschlichen Tuns? Oder sind die Menschen ganz und gar so, wie ihre Handlungen, die offen zutage liegen, es anzeigen?
>
> Es ist in höchstem Grade merkwürdig, aber die Antwort wechselt in mir mit dem Licht, das auf die Stadt und den Tejo fällt. Ist es das verzaubernde Licht eines flirrenden Augusttages, das klare, scharfkantige Schatten hervorbringt, so erscheint mir der Gedanke einer verborgenen menschlichen Tiefe absonderlich und wie ein kurioses, ein bißchen auch rührendes Phantasma, einer Luftspiegelung ähnlich, wie sie sich einstellt, wenn ich zu lange auf die in jenem Licht aufblitzenden Wellen blicke. Werden Stadt und Fluß dagegen an einem trüben Januartag von einer Kuppel aus schattenlosem Licht und langweiligem Grau überwölbt, so kenne ich keine Gewißheit, die größer sein könnte als diese: daß alles menschliche Tun nur höchst unvollkommener, geradezu lächerlich hilfloser Ausdruck eines verborgenen inneren Lebens von ungeahnter Tiefe ist, das an die Oberfläche drängt, ohne sie jemals auch nur im entferntesten erreichen zu können.
>
> Und zu dieser sonderbaren, beunruhigenden Unzuverlässigkeit meines Urteils kommt noch eine Erfahrung hinzu, die, seitdem ich sie kennengelernt habe, mein Leben stets von neuem in

eine verstörende Unsicherheit taucht. [...] Wenn ich nämlich vor meinem Lieblingscafé sitze, mich von der Sonne bescheinen lasse und dem glockenhellen Lachen der vorbeigehenden Senhoras lausche, so kommt es mir vor, als sei meine gesamte innere Welt bis in die hintersten Winkel hinein ausgefüllt und mir durch und durch bekannt, weil sie sich in diesen angenehmen Empfindungen erschöpft. Schiebt sich dann jedoch eine entzaubernde, ernüchternde Wolkendecke vor die Sonne, so bin ich mit einem Schlag sicher, daß es in mir verborgene Tiefen und Untiefen gibt, aus denen heraus noch ungeahnte Dinge hervorbrechen und mich mit sich fortreißen könnten. (Pascal Mercier, Nachtzug nach Lissabon, S. 36 f.)

Hier wird das Schwebende der „ungewissen Untiefen" zu einem Großteil in die Assoziationskraft der Adjektive verlegt: Um die zentrale Aussage, dass *alles menschliche Tun nur höchst unvollkommener, geradezu lächerlich hilfloser Ausdruck eines verborgenen inneren Lebens von ungeahnter Tiefe ist*, werden die Empfindungen des Autors an der *Oberfläche* und in seinen *verborgenen Tiefen und Untiefen* über die Adjektive erfasst: *das verzaubernde Licht eines flirrenden Augusttages*, dagegen der trübe Januartag mit seinem *schattenlosen Licht und langweiligen Grau* und im zweiten Absatz ähnlich korrespondierend, wo vom *glockenhellen Lachen der vorbeigehenden Senhoras* und der *entzaubernden, ernüchternden Wolkendecke* die Rede ist. Hier wird nicht nur die Wortartqualität des „charakterisierenden Beiworts" (Erben 1980) genutzt, sondern auch die Fähigkeit der Adjektive in unterschiedlicher Weise miteinander verbunden zu werden, nämlich im Abhängigkeitsverhältnis: z.B. *lächerlich hilfloser*, vor allem aber die Fähigkeit, **kombiniert** aufzutreten[14]: asyndetisch gestuft: *einer verborgenen menschlichen Tiefe*, asyndetisch gereiht: *klare, scharfkantige Schatten; entzaubernde, ernüchternde Wolkendecke*, syndetisch gestuft, hier in der Version, dass das zweite Adjektiv die mit dem ersten verbundene Aussage präzisiert: *ein kurioses, ein bißchen auch rührendes Phantasma; höchst unvollkommener, geradezu lächerlich hilfloser Ausdruck*. Das Wortartpotential des Adjektivs wird in diesem relativ kurzen Abschnitt maximal ausgeschöpft.

Dennoch lassen sich noch weitere Nutzungen finden, wenn man die Kombinationsmöglichkeiten und die **Ad-hoc-Zusammensetzungen** einbezieht. Dafür finden sich viele Beispiele in den Tagebüchern Victor Klemperers:

Nun entdeckt Honthorst: Der verlorene Sohn. Wie der dicke vergnügte blaugekleidete Junge sich mitten in das Bild hineinlümmelt u. dem Betrachtenden die Beine förmlich unter die Nase streckt. (Victor Klemperer, Tagebücher, S. 153)

Und voller Humor auch der verträumte spitzbärtige Donquichotische Handwerker auf dem Kerkerlager. (S. 161)

Und dann die ernsteren, innigeren Märchenillustrationen. (S. 161)

Das große, drapierte, gedanklich zurechtgemachte Geschichtsbild. (S. 161)

Er hielt eine endlos-sinnlose aber gutmütig scherzende Bierrede. (S. 164)

14 Ausführlich werden die Adjektivkombinationen bei Eichinger (1991) behandelt, unter dependenzieller Perspektive vgl. Eroms (2000, S. 266–274).

Der Lilienstein wie ein riesiger Schiffsrumpf auf einer Werft, der Königsstein glatter, niedriger, anspruchsloser, aber auch ausgeprägt. (S. 339)

Dann erschien Croner. Ein scharf geschnittenes Gesicht, blaue Augen, ganz christlich, ein sehr feines zugleich bescheidenes u. selbstbewußtes Wesen. (S. 827)

Klemperer nutzt die praktisch unrestringierten Verbindungsmöglichkeiten der Adjektive, ihre Steigerbarkeit (und die Durchbrechung von deren Restriktionen) und vor allem ungewöhnliche Bildungen und Zusammensetzungen. Die damit beschriebenen Bilder, Personen, Gegenstände und Sachverhalte werden dadurch nicht einfach nur „charakterisiert", sondern in ihrer Wirkung auf den Betrachtenden aus dessen Perspektive erfahrbar gemacht.

Unrestringiert ist auch die Möglichkeit im Deutschen, neue und ungewöhnliche **Adjektivkomposita** zu bilden, und zwar in so gut wie allen Funktionalstilen. In der Dichtung: *Helens Gesicht, das waren ihre vergißmeinnichtblaßblauen Augen und ihr Mund, dessen Lippen sich zart, aber deutlich nach vorne schoben und fast in einer Spitze endeten.* (Martin Walser, Angstblüte, S. 105). In der Techniksprache: *Die TÜV- und Gütesiegel-geprüfte Doppelhubkolbenluftpumpe erzeugt einen Druck bis zu einem Bar.* (Walter Kempowski, Bloomsday '97, S. 27).

Einfach, aber äußerst effektiv ist die Reihung, die theoretisch unendlich fortgeführt werden kann. Dafür ein Beispiel aus der Literatur, bei dem das extensiv genutzt wird: *Jadoch, nicht auf einem Torpedoboot, sondern auf dem verfluchten, auf den Blutzeugen getauften, vom Stapel gelassenen, einst weißglänzenden, beliebten, kraftdurchfreudefördernden, klassenlosen, dreimal vermaledeiten, überladenen, kriegsgrauen, getroffenen, immerfort sinkenden Schiff wurde ich aus Kopf- und Schräglage geboren.* (Günter Grass, Im Krebsgang, S. 146).

5.5.2.3 Verben

Noch deutlicher als beim Substantiv und beim Adjektiv zeigt sich beim Verb unter stilistischem Aspekt, dass man diese Wortart nicht isoliert betrachten kann. Verben sind die konstruktionellen Schaltstellen im Satz. Daher sind ihre Wortarteigenschaften immer auch syntaktische.

Zunächst ist kurz auf die Gliederung des verbalen Wortschatzes einzugehen, soweit sie für die Stilistik von Belang ist. Die Einteilung in Voll- und Nebenverben, diese wiederum in Hilfsverben (Auxiliare), Modalverben und Modalitätsverben ist grammatisch bedingt und stilistisch nur dann von Belang, wenn davon abgewichen wird. Z.B. kann das Hilfsverb in periphrastischen Verbindungen ausgelassen werden: *Das Brünnlein rinnt und rauscht wohl unterm Holderstrauch, wo wir gesessen* (Volkslied ‚Ade zur guten Nacht'). Solche Formen kommen in der deutschen Gegenwartssprache nicht mehr vor, in Volksliedern oder anderen Textsorten erzielen sie den Stileffekt des Archaismus.

Im Deutschen wird das **Perfekt** entweder mit dem Hilfsverb *haben* oder mit *sein* gebildet. Dabei gibt es eine Überlappungszone: Die Situativverben werden im

Süden des Sprachgebietes mit *sein*, im Norden mit *haben* konstruiert: *Er ist auf dem Stuhl gesessen* wäre aus dem Munde eines norddeutschen Sprechers mit einem Stileffekt behaftet. Umgekehrt wäre das der Fall, wenn ein süddeutscher Sprecher *Ich bin um zehn Uhr angefangen* sagte, was nur im äußersten Norden unmarkiert ist.

Abgesehen von derartigen regionalsprachlichen Markierungen, die in ihrem Heimatbereich stilneutral sind, lassen sich in Bezug auf die „Nebenverben", mit denen Engel (2004, S. 210) die Gesamtheit der Verben bezeichnet, die zum Aufbau größerer grammatischer Komplexe dienen, kaum stilistische Aussagen treffen. Einzig die Funktionsverbfügungen und andere Konstruktionen, die gegen einfache Verben gewählt werden können, sind hier relevant. Darauf ist oben (Abschnitt 5.5.2.1) eingegangen worden.

Auch die Vollverben in ihrer grammatischen Gliederung nach Vorgangs-, Zustands- und Handlungsverben sind zunächst stilistisch neutral. Eine andere Frage ist es, ob sie im Textzusammenhang, angepasst an die Vertextungsstrategien und Funktionalstile, bzw. an die Textsorten, adäquat eingesetzt werden. Wie im Kapitel 4 ausgeführt, lassen Erzähltexte die Fülle des verbalen Wortschatzes so gut wie ohne Einschränkungen zu, solche Texte benötigen daher kaum stilistische Maßnahmen, um einen Text anzureichern, während Beschreibungstexte dazu drängen, weil bei dieser Strategie von Hause aus nur die eingeschränkte Menge der Befindlichkeitsprädikate (*sein, angrenzen, sich befinden, auftreten, vorkommen* und wenige ähnliche Verben) bereitliegen.

Anders als beim Substantiv ist die Wortbildung beim Verb ebenfalls in hohem Maße grammatisch vorgegeben. Während beim Substantiv Ad-hoc-Komposita, in die die Sprecher und Sprecherinnen ihre stilistischen Ambitionen einbringen können, in Fülle begegnen, gibt es beim Verb nur bedingte Möglichkeiten, neue Formen zu bilden. Immerhin finden sich bei den **Präfix- und Partikelverben** ab und zu ungewöhnliche Neubildungen, die dann einen Stileffekt abgeben:

> Auch ich hab einen Feind – nein, du bist nicht gemeint.
> Bist schlicht zu unwichtig für jemanden wie mich.
> Wer mich befeinden will – sei du jetzt bitte still [...]
> muß wissen: Diese Ehr' erringt nicht irgendwer. (Robert Gernhardt, Gedichte, S. 494)

Aber auch spontane Ableitungen von Substantiven kommen vor und unterstützen dann meist eine ironische Absicht, die mit dem Text verbunden ist. Wörter wie *eiern*, ‚sich mit wackelndem Gang irgendwohin begeben' (Duden Universalwörterbuch) oder *simsen* ‚eine SMS schreiben', die heute bereits in den Allgemeinwortschatz eingegangen sind, kann man sich so entstanden denken. Sie sind allerdings noch deutlich funktionalstilistisch markiert.

Neue Verben entstehen auch, wie das letzte Beispiel zeigt, durch die Übernahme aus anderen Sprachen. Die allgemeinen Bedingungen, die bei den Fremdwörtern gelten, sind in Kapitel 3 behandelt worden. Bei den Verben sind es besonders

Anglizismen, mit denen der Wortschatz ausgebaut wird: *stylen, downloaden, einloggen, outsourcen*. Allerdings finden sich ähnliche Muster auch bei deutschen Ausdrücken. Dafür nur ein Beispiel: „TV-Komikerin Cordula Stratmann („Schillerstraße") war in der Schule Weltmeisterin im Spicken. […] „Ich habe immer von den Strebern in meiner Klasse *genutznießt*." (Passauer Neue Presse, 21. 7. 2007, S. 26).

Zu den grammatischen Kategorien des Verbs:

Kongruenz

Das Verb kongruiert mit dem Subjekt. Das ist in jedem Falle stilneutral. Hier sind allenfalls Abweichungen in der Singular-Plural-Markierung relevant, vor allem, wenn statt des grammatisch zu erwartenden Singulars eine Pluralmarkierung am Verb erfolgt. In der klassischen Stilistik wurde dies als Stilfigur der „Constructio ad sensum" gewertet. Zum Beispiel: *Hier haben sich eine ganze Reihe von Fehlern eingeschlichen* statt *Hier hat sich eine ganze Reihe von Fehlern eingeschlichen.*

Tempus und Modus

Das Verb zeigt im Deutschen, wie in allen indogermanischen Sprachen, obligatorisch eine zweifache Markierung, nach Modus und Tempus. Bei den synthetisch gebildeten Formen bilden die entsprechenden Morphe zusammen mit der Personkennzeichnung ein komplexes Morphem, ein sogenanntes **Portmanteau-Morphem**. Auf die Kategorie des Tempus wird im folgenden Abschnitt eingegangen, denn die Tempusanforderungen werden textuell geregelt. Dagegen ist die Modusanforderung hauptsächlich vom Satz her zu bestimmen.

Was den **Modus** betrifft, so ist grundsätzlich zunächst die grammatische Bestimmung zu geben und diese ist stilneutral. Indikativ und Konjunktiv können jedoch immer dann stilistisch relevant sein, wenn man zwischen ihnen wechseln kann oder wenn für einzelne Modalformen Alternativen bestehen. So lässt sich funktionalstilistisch beobachten, dass die Alltagssprache zur Umgehung des Konjunktivs I tendiert. Die Gründe dafür liegen allerdings tiefer: Der Konjunktiv I ist in der Gegenwartssprache nicht in allen seinen Formen deutlich vom Indikativ getrennt. Daher wird entweder in den Indikativ oder aber in den Konjunktiv II ausgewichen, der generell deutlicher signalisiert wird.[15]

Er sagt, er komme morgen / er kommt morgen / er käme morgen.

Einige Belege aus dem Internet mögen die Variation, die hier möglich ist, belegen:

> Auch wenn er sagt er kommt morgen nicht. Das ist uninteressant.
> (deposit.ddb.de, 21. 5. 2007)

15 Zum Konjunktiv in „Indirektheitskontexten" vgl. generell Zifonun/Hoffmann/Strecker (1997, S. 1731–1787), zur Bewertung der Formenüberlappung Eroms (2007).

> Er sagt er komme morgen früh. Ich hätte mich nie auf andere verlassen dürfen. (www.winhilfe.ch, 21. 5. 2007)
>
> Hab ne ICQ vom Nalfie gekriegt, in der er sagt er käme morgen wieder. (d2network.gamigo.de, 21. 5. 2007)

Für die Verwendung des Konjunktivs II anstelle des zu erwartenden Konjunktivs I wird bisweilen Distanzierung des Sprechers oder Schreibers vom Gesagten vermutet. Doch scheinen hier eher grammatische Bedingungen durchzuschlagen: Der Konjunktiv I ist in vielen deutschen Mundarten und Regionalsprachen so gut wie verschwunden, so dass die verbleibende Konjunktivform II die Funktionen des Konjunktivs I mit übernehmen muss.

In der medialen Sprache ist der **Konjunktiv I** dagegen besonders fest, in der literarischen Sprache wird er zu vielfältigen stilistischen Zwecken eingesetzt. Vor allem, wenn der Autor sich als Erzähler im Hintergrund halten will, findet sich der Konjunktiv I. Dadurch ergibt sich vielfach eine „schwebende" Erzählhaltung, mit der die Figurenrede distanziert wiedergegeben werden kann. Im folgenden Abschnitt aus dem Roman ‚Am Hang' von Markus Werner wird zu Beginn der Passage der Umschlag „reale Welt" in „fiktive Welt" direkt thematisiert (vgl. Eroms 2007):

> Einmal habe Bettina gesagt, sie habe ein wenig Angst vor der Rückkehr in die wirkliche Welt. Er habe entgegnet, auch Birkenwälder gehörten zur wirklichen Welt. Schon, habe sie gesagt, nur höre man den Kriegslärm nicht in ihnen. Sie habe damit angespielt auf den damals tobenden Kosovo-Krieg, von dem sie tief entsetzt gewesen sei. Weißt du, habe sie weiter gesagt, ich empfinde die Untaten dort wie Schläge auf den eigenen Kopf, die mich betäuben und mir darum die Klarsicht rauben. (Markus Werner, Am Hang, S. 156)

Figuren- und Autorperspektive sind durch das Mittel der indirekten Rede ineinander verwoben. In Sprachen, in denen diese grammatische Kategorie nicht zur Verfügung steht, wie etwa im Englischen oder Polnischen, finden sich in Romanen entweder viel mehr direkte Rede oder aber direktere Autorberichte.

Der **Konjunktiv II** bietet längst nicht so viele Möglichkeiten, die sich stilistisch nutzen lassen. Denn er ist für die Signalisierung von fiktiven oder möglichen Welten in allen Stilregistern, vor allem auch in der Alltagssprache im Deutschen fest etabliert und erlaubt nur durch die Variation mit den *würde* + Infinitiv-Gefügen eine Alternative.

Das ***würde*-Gefüge** anstelle des Konjunktivs von Vollverben wird allgemein akzeptiert bei Ersetzung veralteter Konjunktivformen:

Schwömme ... würde schwimmen; sänge ... würde singen

Mit den *würde*-Formen schlägt die Tendenz im Deutschen durch, verbale Periphrasen zu bilden. Aber wie auch bei anderen „Ersetzungsfällen" bringen diese Formen auch ihre spezifische Bedeutung mit. Sie liegt darin, dass die mit dem Hilfsverb *würde* signalisierte Zukunftsbezogenheit etwas stärker bemerkbar wird.

Ich würde das schon machen, aber nur unter der Bedingung, dass es keinen Ausweg mehr gibt. (www.1000fragen.de, 21. 5. 2007)

Wenn ihr einen Moderator sucht, ich würde das schon machen. ... (www.mrunix.de, 21. 5. 2007)

Bei diesen beiden Belegen wird im zweiten etwas stärker der „reine" Zukunftsbezug, im ersten eher die Hypothese artikuliert. Bei vielen Verwendungen der *würde*-Formen ist zudem ein merkliches Signal der Vorsicht oder der Höflichkeit zu bemerken. Darin unterscheiden sich diese Formen nicht von vielen Verwendungen des Konjunktivs II in der Alltagssprache, wo dieser Modus dazu dient, Sprechakte in ihrer Verbindlichkeit abzuschwächen. Dies zeigt sich etwa in Formeln wie *Das wär's. Das hätten wir geschafft* oder *Dies wäre vielleicht eine Alternative. Hätten Sie wohl einen Augenblick Zeit für mich?* statt der entsprechenden Indikativformen. Die – oft kritisierte – Fügung *Ich würde sagen* bekommt dagegen in jüngster Zeit einen anderen modischen Konkurrenten: *Ich sag mal.*

5.5.3 Funktionalstilistische Aspekte der Grammatik

5.5.3.1 Satzlänge und Satzkomplexität

Bei der Behandlung der Wortarten, insbesondere des Verbs, ist bereits einiges zu den stilistischen Aspekten der Grammatik gesagt worden. Denn Lexik und Grammatik lassen sich nur analytisch trennen, funktional wirken sie zusammen. Stilistisch von Bedeutung ist auch im Rahmen der Grammatik ein Phänomen nur, wenn dazu sprachliche Alternativen vorliegen.

Zunächst ist dabei auf die Satzlänge, sodann auf die Satzkomplexität einzugehen.

Für alle sprachlichen Phänomene, die der stilistischen Bewertung unterworfen werden, gilt, dass sie angemessen zu sein haben. Dies betrifft auch einen so äußerlich erscheinenden Faktor wie den Satzumfang. Seit dem 19. Jahrhundert werden die Sätze im Deutschen ständig kürzer. Sommerfeldt (1988, S. 216) hat festgestellt, dass in der Sprache der Literatur die **Anzahl der Wörter pro Satz** seit dem 17. Jahrhundert kontinuierlich abnimmt:

17. Jahrhundert	36,3 Wörter
18. Jahrhundert	26,2 Wörter
19. Jahrhundert/1. Hälfte	30,3 Wörter
/2. Hälfte	23,4 Wörter
20. Jahrhundert	19,3 Wörter

Parallel dazu verläuft die Entwicklung in anderen Diskursstilen. So nimmt die Anzahl der Wörter in den Leitartikeln der ‚Süddeutschen Zeitung' seit 1945 bis heute kontinuierlich ab, wie die folgende Tabelle erkennen lässt. Von 27,9 Wörtern pro Satz in der unmittelbaren Nachkriegszeit fällt sie auf 16,3 in der aktuellsten Gegenwart.[16]

1945/47	1949	1954	1959	1969	1986	2002
27,9 w/s	26,0 w/s	23,7 w/s	22,5 w/s	21,8 w/s	19,2 w/s	16,3 w/s

Das Ergebnis ist schlagend. Wie lässt es sich deuten?

Zweifellos ist es nötig, andere, und zwar ebenso wieder generelle Tendenzen einzubeziehen. Denn ‚kurze' und ‚lange' Sätze kommen mit ganz unterschiedlichen Funktionen vor. So ist der durchschnittliche Satz der Bildzeitung mit 12 Wörtern[17] sicher deswegen so kurz, weil die Informationen auf diese Weise einfacher und plakativer vermittelt werden können. Die ‚Frankfurter Allgemeine Zeitung' schreibt demgegenüber sehr komplexe Satzperioden, vielleicht auch, so lässt sich vermuten, um die ‚Komplexität der Welt', d.h. die Schwierigkeit, sie zu erfassen, auch stilistisch adäquat zum Ausdruck zu bringen. Wenn wir dennoch die Verkürzungstendenz über alle Textsorten hinweg bestätigt finden, dürfen wir das als längerfristigen allgemeinen Trend im Deutschen annehmen. Dies schlägt sich sogar in der Dichtung nieder: In der Prosa von Günter Grass, Martin Walser und Daniel Kehlmann dominieren die kurzen Sätze (vgl. Eroms 2007a). Es ist also deutlich zu sehen, dass die generellen Stilideale sich gewandelt haben.

Dennoch dürfen die Texte verschiedener Diskursstile und Textsorten nicht über einen Leisten geschlagen werden. Es macht einen erheblichen Unterschied, ob es sich um mündliche Diskurse, der Mündlichkeit angenäherte Sprache oder um die Darstellung komplexer Sachverhalte handelt, die in bestimmten Fachsprachen, etwa in Rechtstexten, vorkommen. Allen Sätzen aber ist eines gemeinsam: In kommunikativer Hinsicht sind sie danach zu bewerten, wie in ihnen das Verhältnis von anknüpfenden Elementen zu neuen zu sehen ist. Mit den Beschreibungsmitteln der Funktionalen Satzperspektive oder **Thema-Rhema-Gliederung** (vgl. Kapitel 2.1.2 und Fritz 2005, S. 1130–1144) wird dieses Verhältnis genauer untersucht. In den Sätzen der meisten Sprachen, so auch im Deutschen, ist stets ein klarer Schwerpunkt zu erkennen, der Rhemagipfel. Er wird in der gesprochenen Sprache mit der stärksten Betonung gesprochen. Wenn nun kurze Sätze vorherrschen, stoßen Thema und Rhema rascher aufeinander. Es ergibt sich der Eindruck, dass die Informationsmenge schneller und vor allem deutlicher übermittelt wird. In längeren und komplexeren Sätzen gibt es Thema-Rhema-Verschachtelungen, die Informationsmenge kann genauso groß sein, wird aber mit Verzögerung aufgenommen, weil komplexe Strukturen verarbeitet werden müssen.

16 W/s: Anzahl der Wörter pro Satz. Die Zahlen nach einer Auszählung von Birgit Barufke, Passau und eigenen Stichproben.

17 Nach Mittelberg (1967, S. 311).

So lassen sich z.B. die ersten vier kurzen Sätze des Märchens ‚König Drosselbart' in einen einzigen langen Satz umformen, bei dem zwar die gleiche Information, aber in unterschiedlicher Weise vermittelt wird, die Thema-Rhema-Verteilung ist nicht mehr einsträngig, sondern geschichtet:

> Es war einmal (T)[18] ein König (R). Der (T) hatte eine einzige Tochter (R). Sie (T) war überaus schön (R). Aus allen Ländern (T_1) kamen die Freier (R_1), und machten ihr (T_2) einen Heiratsantrag (R_2).
>
> Ein König (T) hatte eine einzige überaus schöne Tochter (R), zu der ($T_{1\text{-}1}$) aus allen Länder ($T_{1\text{-}2}$) die Freier (R_1) kamen, um ihr (T_2) einen Heiratsantrag zu machen (R_2).

Bei der Umänderung in einen langen Satz wird zwar die gleiche Informationsmenge weitergegeben, aber was hier besonders auffällt, ist, dass die **Textsorteneigenschaft** des Märchens komplett verloren geht. In anderen Textsorten sind die Verluste dagegen meist weniger gravierend, etwa bei dem folgenden Zeitungstext:

Originaltext:

> An diesem Montag (T) sollen zehn Tornados der Luftwaffe nach Afghanistan abfliegen (R), vier mehr (R_1), als der Bundestag (T_2) vorher freigegeben hatte (R_2). Ein Sprecher der Bundesregierung (T), der (T_1) aber nicht Stellung zu einem Bericht des Nachrichtenmagazins ‚Spiegel' nahm (R_1), wonach (T_2) es Zweifel an der Einsatzfähigkeit der Maschinen gebe (R_2), bestätigte am Sonntag die Zahl der Maschinen (R). (nach: Süddeutsche Zeitung, 2. 4. 2007, S. 1)

Geänderter Text mit einfacherer Thema-Rhema-Gliederung:

> An diesem Montag (T) sollen zehn Tornados der Luftwaffe nach Afghanistan abfliegen (R). Der Bundestag (T) hatte sie vorher freigegeben (R). Allerdings waren es (T) vier weniger (R). Ein Sprecher der Bundesregierung (T) bestätigte am Sonntag die Zahl der Maschinen (R). Er (T) nahm nicht Stellung zu einem Bericht des Nachrichtenmagazins ‚Spiegel' (R). Dieser (T) hatte berichtet, es gebe Zweifel an der Einsatzfähigkeit der Maschinen (R).

Auch hier bleibt die Informationsmenge in etwa gleich, wird aber anders gewichtet, wodurch das Textstück andere Schwerpunkte erhält.

So lässt sich sagen, dass Kürze nicht einfach gleich Kürze ist, sie muss ganz verschieden beurteilt werden. Wo sich verschiedene Vertextungsstrategien mischen, was besonders im Zeitungsstil der Fall ist, müssen Bewertungen besonders zurückhaltend vorgenommen werden.

Textsorten- und Diskursstileigenschaften spielen bei der Bewertung, ob kurze oder lange Sätze angemessen sind, also ein große Rolle. Aber am ehesten lassen sich Präferenzen für kurze (und einfache) Sätze gegenüber langen (und verschachtelten) von den Vertextungsstrategien her angeben:

a) **Erzähltexte** tendieren zu kurzen Sätzen. Der Grund dafür ist, dass die verbale Reihung, die Anführung verbaler Prädikationen, die bei dieser Strategie notwendig sind, so am zwanglosesten gewährleistet wird.

---

18 T: Thema, R: Rhema. Tiefergestellte Indizes: Eingelagerte, nicht auf der obersten Satzebene befindliche Themata und Rhemata.

> (Es ist Weihnachten) Anna häkelt, Silbi häkelt auch. Der Adventskranz mit allen vier Kerzen steht auf dem Tisch, und Karl sitzt am Klavier. Er spielt die altbekannten Lieder. (Walter Kempowski, Aus großer Zeit, S. 112)

Daraus ließe sich ohne weiteres ein langer Satz machen. Etwa: *Während Anna und auch Silbi häkeln, wobei der Adventskranz mit allen vier Kerzen auf dem Tisch steht, sitzt Karl am Klavier und spielt die altbekannten Lieder.* Was wäre anders? Die Schritt-für-Schritt-Rezeption ist jetzt nicht mehr möglich. So aber wird jede Äußerungseinheit gleichberechtigt neben die andere gestellt. Dies ist beim Erzählen ein generelles Erfordernis, von dem allerdings, u.a. aus Gründen der Variation, abgewichen werden kann.

b) **Beschreibungs- und Erklärungstexte**. Hier dominieren kurze oder mittellange Sätze. Der Grund ist leicht einsehbar: Wenn ein Gerät, ein Objekt oder eine Versuchsanordnung ohne Zuhilfenahme von Bildern oder Symbolen beschrieben werden soll, muss eine genaue Orientierung der Rezipienten allein über die Sprache gewährleistet werden. Dazu ist es ratsam, komplexe Verhältnisse zu zerlegen. Dennoch finden sich kaum reine Beschreibungen. Häufig werden einzelne Züge der sprachlich abgebildeten Dinge und Sachverhalte mit der Angabe ihres Gebrauchszwecks verbunden. Im folgenden Beispiel zeigt sich das an den Syntagmen *Wenn Sie eine Taste öffnen ...* und *um anzugeben, wie lange ...*

> Displaybeleuchtung
>
> Das Display und das Tastenfeld sind beleuchtet. Wenn Sie eine Taste drücken oder die Abdeckplatte öffnen, wird die Beleuchtung eingeschaltet und bleibt für den mit der Menüoption „Displaybeleuchtung" eingestellten Zeitraum an. Dann wird die Beleuchtung schwächer, und nach einer Minute wird sie ausgeschaltet.
>
> Um anzugeben, wie lang die Displaybeleuchtung eingeschaltet bleiben soll, stellen Sie die Menüoption „Displaybeleuchtung" ein, Einzelheiten finden Sie auf S. 95. (Beschreibung Mobiltelefon Samsung)

Weil bei Erklärungstexten, die auch Elemente des Beschreibens und des Argumentierens aufweisen, Wissen vermittelt und Sachverhalte erläutert werden, ist es wichtig, dass die Rezipienten dem Gesagten oder Geschriebenen ohne größere Schwierigkeiten folgen können. Daher sind relativ kurze Sätze angemessen:

> Älterwerden bezeichnet zunächst nur das Vergehen von Zeit. Im Grunde beginnt Altern schon in der Wiege: Der Mensch wächst, er reift, er lernt und er altert. Diese Prozesse bestimmen das Älterwerden und laufen das ganze Leben lang. Nur ihre Gewichtung verändert sich. Auf keinen Fall stimmt die Gleichung, dass Altern nur Abbau und Verlust bedeutet. Auch ein Hochbetagter kann Neues lernen und daran reifen. (Der Spiegel 12, 2007, S. 153)

c) **Argumentationstexte**. Hier herrschen lange Sätze vor, doch auch hier schlagen die zeittypischen Stilideale durch. Aussagen werden miteinander in Beziehung gesetzt. Die Skalierung ist durch den Emittenten meist mit Sorgfalt geplant. Aber auch kurze Sätze sind nötig, um etwa Thesen prägnant hinzustellen, vor allem, wenn unmittelbar danach Gegenthesen folgen. Die überlangen Satzperioden, die bis vor einem Jahrhundert galten, sind kaum noch zu finden:

> Schaut man sich genauer an, was eine Verfassung ist, stellt sich die Frage, was sich durchsetzte, als sich die Verfassung durchsetzte. Eine Antwort lautet, dass die moderne Verfassung nicht nur herrschaftsbegrenzend, sondern herrschaftsbegründend wurde: Sie soll für die Herrschaft des Gesetzes sorgen. Sie lässt die Macht vom Volke ausgehen und bindet und zähmt sie. Der Soziologe Niklas Luhmann sprach deshalb mit abgründiger Ironie von der Verfassung als einer „evolutionären Errungenschaft". Ist die Verfassung ein blinder Zufall der Geschichte und selbst blind? Luhmann meinte, dass die moderne Verfassung die Selbstbeobachtung des Rechts perfektioniert habe. (Süddeutsche Zeitung, 27. 3. 2007, S. 13)

Hier wechseln längere Satzperioden mit kürzeren Sätzen. Die Passage, wie der gesamte Text, dem sie entnommen wurde, ist stark rhetorisch, sie ist mit Stilfiguren durchsetzt, mit Wiederholungen, Wortspielen und rhetorischen Fragen.

Ein weiteres Beispiel kann zeigen, dass die klassische Form der Argumentation, der Modus ponens mit Wenn-dann-Verknüpfungen, auch in mehrere Sätze aufgeteilt werden kann und dann zu leichter rezipierbaren Konstruktionen führt:

> Es klingt gut, wenn ein Kleiner einen Großen rettet. Das bringt Aufmerksamkeit. So findet es auch Beachtung, wenn der Sportwagen-Hersteller Porsche beim 15mal größeren Volkswagen-Konzern die Macht übernimmt – und das auch noch aus angeblich edlen Motiven. Porsche und sein mächtiger Gesellschafter Ferdinand Piëch gebärden sich als Retter von VW. Mit dem Einstieg, so heißt es, verhindere Porsche, dass sich böse Hedge Fonds an Europas größtem Autohersteller beteiligen, nach Heuschreckenart über das Unternehmen herfallen und es zugrunde richten. (Süddeutsche Zeitung, 27. 3. 2007, S. 4)

Der lange Satz kann in bestimmten Zusammenhängen auch ironisch eingesetzt werden. So besteht der folgende Leserbrief zum Thema „Reifeprüfung" nur aus einem einzigen Satz, dem ein kurzer Nachtrag angefügt ist:

> In jener Zeit, als bayerische Gymnasiasten Mathematik noch ‚Mathes' und das Abitur noch ‚Abs' (Absolutorium) nannten, ein angehender Jurist die Bernoullische Ungleichung herleiten konnte und künftige Chemiker die Klaviermusik Ravels vom Jazzpiano eines Thelonius Monk zu unterscheiden lernten – also die Reifeprüfung ein Nachweis für eine allumfassende Schulbildung war – in dieser Zeit, trotz ihrer pädagogischen Grobheiten und methodischen Hilflosigkeit, wäre aber eines bestimmt nicht vorgekommen: Dass Studenten in einem aktuellen Fernsehquiz bei vier vorgegebenen Antworten nicht wissen, ob der Feldhase einen Winterschlaf macht, keine Ahnung haben, wer ‚Das Lied von der Glocke' schrieb, die Ecklinien in einem Rechteck mit den Maßen 6 Meter und 8 Meter nicht im Kopf berechnen können oder gar vermuten, dass der Vorsitzende des Wiener Kongresses Graf Zeppelin hieß und dagegen brillierten, als es um Fakten aus an Schwachsinn grenzenden Fernsehserien ging. Wohl gemerkt – so gesehen ist in Bayern die Abiturientenquote von 30% nicht zu niedrig, sondern die im übrigen Deutschland mit 40% noch immer zu hoch. (Leserbrief in der Passauer Neuen Presse, 10. 2. 2007, S. 10)

Der Verfasser gliedert den langen Satz geschickt, indem er z.B. deiktische Bezüge aufbaut: *in jener Zeit – in dieser Zeit*, Einschübe vornimmt und Aufzählungen, die sich gut verfolgen lassen, anführt. Wenn er in seine Ausführungen auch einen Ausdruck aus einem anderen Funktionalstil einsetzt, *Schwachsinn*, also ein weiteres Stileffekt erzielendes Mittel verwendet, zeigt er damit, dass Argumentationen keineswegs immer sachlich-nüchtern vorgenommen werden (und überzeugen).

Dagegen lässt sich die folgende Bekanntmachung der Stadtwerke Passau in einer Zeitungsannonce nur als Karikatur einer Verlautbarung auffassen. Sie besteht, nach der Anrede, aus einem einzigen Satz. Die Undurchschaubarkeit ergibt sich aus der Kombination des überlangen Satzes mit behördensprachlichen Fachwörtern.

> Sehr geehrte Kunden der Stadtwerke Passau GmbH!
>
> Wir möchten Sie darüber informieren, dass wir Ihre bisherigen Netzanschlussverträge mit Wirkung zum morgigen Tag (8. Mai 2007) gemäß § 29 Abs. 1 Satz 3 der Verordnung über Allgemeine Bedingungen für den Netzanschluss und dessen Nutzung für die Elektrizitätsversorgung in Niederspannung (Niederspannungsanschlussverordnung – NAV) an die neue Rechtslage nach der NAV und/oder gemäß § 29 Abs.1 Satz 3 der Verordnung über Allgemeine Bedingungen für den Netzanschluss und dessen Nutzung für die Gasversorgung in Niederdruck (Niederdruckanschlussverordnung – NDAV) an die neue Rechtslage nach der NDVA anpassen werden. (Anzeige in der Passauer Neuen Presse, 7. Mai 2007, S. 40)

Auch in „normalen" Erzählzusammenhängen kann die **übertriebene Satzlänge** besondere Stileffekte schaffen, im folgenden Beispiel kann man vermuten, dass damit übertriebene „Kompliziertheit", was im Text thematisch angeschlagen wird, ironisiert und damit kritisiert werden soll, ein Musterfall für die ikonische Funktion stilistischer Maßnahmen:

> Im Winter, als in Berlin Frank-Walter Steinmeier, Joschka Fischer und Gerhard Schröder komplizierte, internationale Hintergründe der Staatsaffäre Kurnaz erklären mussten, als Amerikaner, Deutsche und Türken sich gegenseitig Bälle zuwarfen und die Presse stolz und erschüttert aus internen Vermerken des Bundesnachrichtendienstes zitierte, transportierte Joachim Barloschky seinen alten Schreibtisch in eine verlassene Erdgeschosswohnung der Bremer Neubausiedlung Tenever und stellte seinen Stuhl dahinter, auf dem Murat Kurnaz seinen Weg zurück in die deutsche Gesellschaft antreten sollte. Barloschky hatte den Fall Kurnaz in den Medien verfolgt und so erfahren, dass der junge Mann, der viereinhalb Jahre in Guantanamo gefangen gehalten wurde, momentan nicht krankenversichert ist und nicht sozialversichert. (Der Spiegel 12, 2007, S. 70)

d) **Anweisungstexte**. Dafür ein Beispiel aus einer Aufbauanleitung:

> Einsteckmutter (A) so in den Längsstab (B) eindrücken, dass der Pfeil – auf dem Kopf der Einsteckmutter (A) – in Richtung der Schrauben (D) zeigt. Distanzstück (C) auf den Längsstab (B) aufstecken. Seiten (F) mit den Schrauben (D) gegen die Häupter (G) schrauben. Hierzu sind die oberen und die unteren Bohrungen der Pfosten (E) zu verwenden. Rollen (H) in die Kunststoffmuffen der Pfosten (E) eindrücken, bis sie einrasten. Matratzenrosthalter (J) mit den glatten Enden so in die Bohrlöcher der Pfosten (E) stecken, dass die Biegung nach innen und das Gewinde nach oben zeigt ... (Aufbauanleitung Bambino Kinderbett. Paidi)

Dies ist ein unkompensierter Anweisungstext, d.h. er ist nicht mit Argumentationen oder Beschreibungen verquickt. Die Sätze sind äußerst kurz. Aber es sind keine Sätze im normativ-grammatischen Sinn, denn die finiten Verben und die Personenbezeichnungen fehlen. Als Grund dafür lässt sich angeben, dass der geforderte simultane Vollzug schrittweise (hier „satz"weise) eingehalten werden muss. Die Schwierigkeiten für den Rezipienten liegen vor allem in der Verifizierung der Referenzanweisungen. Kürze hat hier also einen weiteren, ganz anderen Grund als in Erzähltexten, Argumentationstexten oder Beschreibungstexten.

e) Auch Texte der **Werbungssprache** lassen sich, von ihrer primären Illokution her gesehen, als Anweisungstexte verstehen, nämlich als Ratschlag, das beworbene

Produkt zu kaufen. Allerdings läuft dieser „Ratschlag“ sehr vermittelt ab, Produktbeschreibungen, Situationsdarstellungen, in denen das Produkt sich als nützlich erweist, und Argumentationen sind vielfach miteinander verschränkt. Aktuelle Werbetexte lassen aber besonders gut den Trend zum kurzen Satz erkennen. Dabei wird Kürze auch künstlich erzielt, indem Sätze „zerschlagen“ werden, sie werden elliptisch aufgelöst. Dadurch prallen die Rhemata, also die Aussageschwerpunkte der Sätze, schneller aufeinander:

> Die Allianz Unfall Aktiv. Die Unfallversicherung, die auch pflegt, wäscht, putzt und einkauft. Ein Unfall, und plötzlich können Sie vieles nicht mehr selber machen. Müssen Sie auch nicht. Denn das erledigen über 10 000 Helfer bundesweit. Ein Anruf, und schon sorgen sich diese zum Beispiel um warmes Essen, bringen die Wohnung auf Vordermann, waschen die Wäsche, erledigen die Einkäufe und begleiten Sie zu Ärzten und Behörden – bis zu sechs Monate lang. Und für Ihre Kinder unter 14 Jahren wird bis zu zwei Wochen gesorgt. Mehr darüber bei Ihrer Allianz vor Ort oder unter www.allianz.de
>
> Hoffentlich Allianz. (Werbeanzeige, Der Spiegel 12, 2007, S. 35)

Hier wird sogar noch der eigene Slogan *Hoffentlich Allianz-versichert* verkürzt.

5.5.3.2 Stilistische Aspekte wichtiger grammatischer Kategorien

Von einzelnen grammatischen Kategorien sollen hier a) die Satzarten, b) das Tempus c) die Satzbaupläne, d) das Genus Verbi und e) die Wortstellung behandelt werden.

Satzarten

Nicht Sätze schlechthin, sondern jeweils klar erkennbare Satzarten sind syntaktisch gesehen die obersten Kategorien. Es werden zumeist fünf Satzarten unterschieden: Aussagesatz, Fragesatz, Aufforderungssatz, Wunschsatz und Ausrufesatz. Stilistisches Potential ist in dem Sinne mit ihnen verbunden, als die Wahl eines bestimmten Satzmodus großenteils konventionell durch die Vertextungsmodi und die Textsorten vorgegeben ist. Dabei dominieren die **Aussagesätze**. Bei ihnen gilt die Zweitstellung des Verbs als unmarkiert. Eine emphatische, d.h. markierte Variante des Aussagesatzes ist die Erststellung des Finitums (vgl. Erben 1980, S. 119f.; S. 270): *Dazu mußt du wissen, daß sie steinreich gewesen sind. Beide über achtzig und steinreich. Ist ja schon der Vergolder selber steinreich, bestimmt der reichste Mann in Zell.* (Wolf Haas, Auferstehung der Toten, S. 13). Fragesätze sind in dialogischen Textsorten häufig, Aufforderungssätze in Anweisungstexten. **Wunschsätze** vom Typ *Wenn es doch endlich Sommer werden würde!* können in einer Vielzahl von Textsorten vorkommen, sind aber fast immer einzelne Einsprengsel. **Ausrufesätze** können ebenfalls in einer großen Anzahl von Textsorten begegnen und weisen meist starke emotionale Komponenten auf. So wird etwa im ‚Siebenkäs‘ von Jean Paul ein Festmahl nicht nur durch die Verkettung von Aussagesätzen geschildert, sondern durch eingeschobene Ausrufe lebendig gemacht:

> Als die Folie des Getränks, der silberne Schaum, in den Köpfen zu auflaufenden Luftschlössern geschlagen wurde: wie blinkte und gischte da jedes Gehirn! Welche bunte fliegende Blasen warfen nicht alle Ideen des Schulrats Stiefel, die einfachen sowohl als die zusammengesetzten, desgleichen die angeborenen und die fixen! (Jean Paul, Siebenkäs, S. 46)

Auch eingelagerte **Aufforderungssätze** verlebendigen den Erzähltext, auch wenn sie in referierten dialogischen Passagen stehen: *Besinnt Euch, Frau Lee! von der Pike auf dienen, das macht den Mann!* (ebenda, S. 167).

Ähnliches leisten auch **Fragesätze**. Mit Fragesätzen wendet sich der Sprecher oder Schreiber an sein Publikum, ebenfalls ein Mittel der Verlebendigung. Fragesätze kommen aus diesem Grunde in Erzähltexten vor. Als das von Jean Paul geschilderte Fest auf seinen Höhepunkt kommt, heißt es:

> War es z.B. [...] daß [...] erstlich Leibgeber seinen Saufinder (ohne einen großen Hund konnt' er nicht leben) in einer geschmackvollen Kindbetterin-Haube aus dem Fenster schauen ließ? Und war es zweitens etwas Gesetzteres, daß Siebenkäs im Angesichte der Singschule hastig in Zitronen einbiß und dadurch die Speicheldrüsen der ganzen Schule aufschloß? [...] Und wurden nicht nur durch die aufgesperrten Drüsen alle Singwerkzeuge unter Wasser gesetzt, und jeder Ton mußte mühsam genug durch Speichel waten? (Jean Paul, Siebenkäs, S. 52)

Wenn bei Jean Paul, wie hier, die Stilistika bisweilen den Text überwuchern, so werden damit doch, was die Satzarten betrifft, Regularitäten genutzt, die auch in vielen anderen Textsorten verwendet werden, etwa in der populärwissenschaftlichen Prosa: *Hat sich die Gentechnik trotz all dieser Nachteile weltweit durchgesetzt? Keineswegs, hochgerechnet auf alle landwirtschaftlichen Nutzflächen der Welt nimmt der Genanbau mit 1,8 Prozent erst einen verschwindend geringen Anteil ein.* (Natur+Umwelt 2, 2006, S. 10 f.). Hier gibt sich der Autor selbst die Antwort, was den rhetorischen Charakter des Einsatzes von Fragesätzen zeigt.

Die **rhetorische Frage** wird seit jeher als Stilfigur gewertet. Die Literatur des Barock ist voll davon: *Wem solte der Nahme Pan mit mehr Rechte zugeeignet werden / als dem Hochschätzbaren Herren von Hofmannswaldau?* (Daniel Caspar von Lohenstein [1679/80], Das Zeitalter des Barock, S. 952) und die wohl bekannteste rhetorische Frage aus der Bibel wird in einer Abhandlung über das „Hofe-Leben" angeführt: *Und wann ihr schon ein Herr der gantzen Welt wäret / so fragt Christus / Matth. am 16. Capitel: Was hülffe es den Menschen / wann er die gantze Welt gewünne / und lidte Schaden an seiner Seel?* (Johann Balthasar Schupp [1657], Das Zeitalter des Barock, S. 366).

Auch in der Werbungssprache wird sehr häufig von Fragen Gebrauch gemacht:

> Am besten zeigt man die Kraft und Effizienz des Dieselmotors mit der Begeisterung des Fahrers auf der Autobahn und an der Tankstelle. Aber muss dieses Auto etwas beweisen? (Werbeanzeige BMW, Der Spiegel 12, 2007, S. 41)

> Und von welcher Stadt werden Sie bald ein Lied singen? Erleben Sie einzigartige Tage in spannenden Metropolen [...] Und wie wäre es als Höhepunkt noch mit einem traumhaften Musical-Besuch? Die Karten dafür können Sie übrigens bei uns gleich mitbuchen. Klingt gut, oder? (Werbeanzeige TUI , Der Spiegel 12, 2007, S. 83)

Tempus

Bei der Kategorie des Tempus sind vor allem zwei Dinge stilistisch relevant:

1. ‚Tempus' ist im Deutschen keine reine Zeitkategorie. In die Tempusformen gehen auch Aktionsarten-, vielleicht sogar Aspektgesichtspunkte ein.

Aktionsarten: *er läuft – er ist am Laufen.* Mit der präpositionalen Fügung wird eine andauernde Handlung bezeichnet.

Aspekte: *Wir erringen den Sieg!* Dieser Satz ist nur futurisch zu verstehen. Normalerweise werden solche punktuell-resultativen Verben wie *erringen, erjagen* im Perfekt gebraucht.

Hier spielt das Phänomen der Wahl mit – die Grundvoraussetzung für die Kategorie Stil.

2. Wahlphänomene sind bekannt für die Entscheidung Präteritum gegenüber Perfekt. Weiter kann das Präteritum umgangen werden durch die Verwendung des Präsens.

Die Entscheidung, ob Präteritum oder Perfekt zu setzen ist, ist primär durch die Vertextungsstrategien bestimmt, wie in Kapitel 4 genauer ausgeführt worden ist: Schriftliche Erzähltexte stehen obligatorisch im Präteritum. In argumentativen Texten (an Stellen, an denen keine Erzähl-Einlagerungen zu verzeichnen sind) steht gewöhnlich Perfekt (oder Präsens).

Perfekt steht auch zur Einbindung von Erzählungen in kommunikative Zusammenhänge. Deswegen findet es sich häufig am Beginn von Erzähltexten. Aus diesen idealtypischen Vorgaben resultieren Stilwerte, d.h. es werden stilistische Faktoren der Konstanz eines einmal gewählten Texttyps vermittelt.

Dafür einige Beispiele:

Im folgenden Abschnitt aus Walter Kempowskis Roman ‚Aus großer Zeit' beginnt ein Bericht: Er steht im Präsens und enthält eine Präteritalform, die eine immer wiederkehrende Äußerung anführt:

> Ich heiße Schlünz, Richard Schlünz und bin eigentlich gar nicht aus Rostock, ich stamme aus Bad Doberan, wo das schöne Münster steht. „Bad Doberan", wie Karl Kempowski immer sagte. Den ich natürlich kenne! Es gibt ein Klassenphoto von uns, da stehen wir direkt nebeneinander, Karl Kempowski, genannt Körling, mit 'ner dicken Brille, Hand in Hand. (S. 101)

Jetzt erfolgt der Übergang ins Perfekt:

> Mit steifem Kragen und langen Hosen haben wir Fußball gespielt, jawoll, auf'm Schillerplatz. Ich hab das Photo schon gesucht. (S. 101)

Im ersten Satz dieses Abschnitts wäre auch das Präteritum möglich, nicht aber im zweiten.

Damit ist der ‚Rahmen' abgesteckt, und es beginnt die eigentliche Erzählung. Sie steht im Präteritum: *Rostock, das war eine herrliche Zeit... Im Herbst ließen wir*

Drachen steigen, wir machten das beim Bahndamm. (S. 101) (Danach folgt durchgehend Präteritum).

Die stilistische Wirkung dieser Passagen beruht weiter darauf, dass hier eine Mischung aus allgemeinen umgangssprachlichen und zeittypischen Wendungen vorliegt.

Aus dem gleichen Roman sei noch eine Stelle angeführt, die das gleichsam metasprachlich belegt, indem vom Gesprächspartner gesagt wird: *dann erzählte er*:

> „Neulich hab ich erst wieder einen Herrn gesprochen, im Zug, als ich zu meinem Sohn nach Mannheim fuhr, einen Herrn, der in Rostock studiert hat.
>
> ‚Aus Rostock sind Sie?' sagte dieser Herr. ‚Ach, in Rostock hab ich die schönsten Jahre meines Lebens verlebt', und dann erzählte er, wie er da studiert hat und daß sie als Studenten immer nach Warnemünde gefahren sind und dort am Strand gelegen haben und so weiter.
>
> Rostock war eine urgemütliche Stadt. Einerseits war die Stadt so klein, daß man sich kannte, andererseits so groß, daß man inkognito leben konnte, wenn man das unbedingt wollte. In Rostock kam nicht gleich alles an die große Glocke." (Walter Kempowski, Aus großer Zeit, S. 29)

Das ist die Erzählung einer Nachbarin der Kempowskis; diese hat den Mann in der Eisenbahn getroffen. Danach folgt die eigentliche Erzählung der Nachbarin:

> Die Familie Kempowski, ich will mal so sagen, die gehörte nicht gerade zur allerersten Garnitur. Ich wohnte gegenüber und hab die ganze Tragik von Gütschow miterlebt, von Gütschow dem Weinhändler. Wie er sich zuerst dies würdevolle Haus gebaut hat und dann alles verlor. (Walter Kempowski, Aus großer Zeit, S. 29 f.)

Durch die Wahl wörtlicher Rede wird unter anderem erreicht, dass man das obligatorische Präteritum des Erzähltextes abwählen kann. Damit fährt der Text fort: *„Sehen Sie mal, Frau Jesse, dieser schöne Erker", das hat er zu mir gesagt: „Da sitz ich denn und guck zu Ihnen rüber ..."* (S. 30).

Hier ergeben sich in jedem Fall nur Stilwerte. Es gibt nun auch ein Mittel, Stileffekte im Bereich der Tempusformen zu erzielen: Dies ist möglich durch das sogenannte Präsens historicum. In der Terminologie von Weinrich (1964) gesprochen, liegt dabei eine **Tempusmetapher** vor, die man den Stilfiguren zuordnen kann. Stilfiguren, auch solche grammatikalisierten, ergeben grundsätzlich Stileffekte.

> Robert William Kempowski: morgens fährt er mit einer Droschke ins Kontor, langsam und nach allen Seiten grüßend, mal nach links und mal nach rechts. Die Stephanstraße fährt er entlang. [...] An der Reichsbank fährt Robert Williams Kempowski vorbei, wo man ihm wohlgesonnen ist ... (Walter Kempowski, Aus großer Zeit, S. 21)

Das Präsens historicum ist ein klassisches Stilmittel. Der Effekt, den es erzielt, ist umso krasser, je unvermittelter der Umschlag ins Präsens erfolgt, wie das folgende Beispiel zeigt:

Der Schneiderjunge von Krippstedt

In Krippstedt wies ein Schneiderjunge
Dem Bürgermeister einst die Zunge:
Es war im Jahr eintausendsiebenhundert.
Der Bürgermeister sehr sich wundert
Und findt es wider den Respekt,
Weshalb er in den Turm ihn steckt.
Es war nach der Nachmittagspredigt,
Die Kirche noch nicht ganz erledigt,
Am heilgen Trinitatistag,
Da geschah auf einmal ein großer Schlag!
Es schlug mit Gedonner, im Wettersturm
Der Blitz in denselben Sankt Niklas Turm.
Der Schreck durchfährt die ganze Stadt,
Die kaum sich vom Brand erhoben hat.
Was innen ist im Gotteshaus,
Das dringt mit aller Gewalt heraus:
Was außen ist, das will hinein! –
Da sieht man auf einmal Flammenschein
Von außen an des Turmes Spitze:
Da rief man: „Feuer! Wasser! Wo ist die Spritze?"
– Die Spritze, ja, die ist dicht dabei;
Doch Kasten und Röhren sind entzwei! –
Wie saure Milch läuft alles zusammen:
Man schreit und blickt auf die Feuerflammen. [...]
(August Kopisch, aus: Hartmut Laufhütte, Deutsche Balladen, S. 267)

Präsens steht hier immer dann, wenn die Ereignisse sich ausbreiten, wenn ihr Effekt gezeigt wird. Auch das ist nicht absolut zwingend, sondern unterliegt der Wahlfreiheit und ist damit stilistisch relevant. Denn in der bekannten Ballade von den Heinzelmännchen verwendet Kopisch durchgehend Präteritum – bis zur letzten Strophe. Nur was das neugierige Weib des Schneiders tut, das wird im Präsens berichtet.

Die Wirkung der **Tempusmetapher** in herkömmlicher Sicht ist „Vergegenwärtigung", „Aktualisierung". Unter stiltheoretischer Perspektive lässt sich genauer sagen: Sie weist die Erwartung ab, dass die vergangenen Ereignisse auch im Tempus der Vergangenheit, dem Präteritum, wiedergegeben werden: durch andere Indikatoren (dass nämlich in einem kontinuierlichen Text die semantische Kohärenz gewahrt bleibt) wird sichergestellt, dass wir nicht irre gehen mit den Referenzanweisungen: Wir verstehen den Text ‚richtig' – aber durch das eigentlich nicht passende Tempus werden die berichteten Ereignisse nachdrücklicher gemacht: Sie werden so geschildert, als ob sie simultan abliefen. Daraus resultiert die starke Wirkung der Tempusmetapher.

Satzbaupläne

Die verbale Zentrierung des Satzes zeigt sich strukturell noch stärker darin, dass es das Verb ist, welches für die Satzglieder primären Ranges ‚voraussagt', was außer ihm sonst noch im Satz vorkommt. Bekanntlich ist diese Eigenschaft der

Verben die Grundlage der Valenzgrammatiken (vgl. Engel 2004, S.186). Die an das Verb geknüpften Ausdrucksmöglichkeiten lassen sich in sogenannten Satzbauplänen angeben, wie sie etwa in den Valenz-Wörterbüchern als Lexikoneinträge enthalten sind[19]. Das ist systembedingt, wird von der Grammatik behandelt und hat zunächst keine stilistischen Implikationen.

Doch ist funktionalstilistisch zum Beispiel der Wechsel zwischen Genitiv- und Präpositionalobjekten relevant, worauf oben schon eingegangen worden ist. Ferner ist es stilistisch von Belang, ob Satzbaupläne gewählt werden, die viele oder aber solche, die nur einen oder höchstens zwei Mitspieler (Ergänzungen) aufweisen. Die in Kapitel 4 und 5 angeführten Beschreibungstexte sind Belege für Texte, die mit rudimentären Satzbauplänen auskommen. Daraus resultiert für die Sätze zwangsläufig Kürze. Argumentierende Texte enthalten dagegen ausgesprochen lange Sätze, valenztheoretisch gesehen deswegen, weil sie komplexere Satzbaupläne aufweisen.

Unter stilistischem Aspekt wichtig sind alle Nichteinhaltungen der Satzbaupläne. Valenztheoretisch sind das zunächst die Nichtsetzungen sogenannter **fakultativer Mitspieler**. Dabei lassen sich zwei Haupttypen unterscheiden:

Typ 1: *Wir essen heute in der Mensa.*

In diesem Satz ist die Akkusativergänzung ausgelassen, weil die Tätigkeit des Essens fokussiert werden soll. Stilistisch gesehen, ist dies eine neutrale Form. Es ist die reguläre Intransitivierung von Verben: ‚den Vorgang des Verbs (hier: essen) ausführen'. Das ist eine grammatische Möglichkeit. Etwas anders steht es mit dem zweiten Fall.

Typ 2: *Die Orgelmusik in der Apostelkirche überzeugte.*

Hier liegt ein Grenzfall zur Ellipse vor: Die erzielte Stilwirkung ist: Nachdruck, die Aussage wirkt „allgemeingültig". Solche Verkürzungen sind textsortentypisch und geben Stilwerte ab. Zudem liegt hier die Stilfigur der Metonymie vor (vgl. Kapitel 6): Nicht einfach die Orgelmusik hat überzeugt, sondern der Organist hat uns mit seiner Darbietung überzeugt.

Insbesondere sind nun in den meisten schriftlichen Textsorten alle Ellipsen stilistisch markiert. Sie werden aufgefasst als Verstoß oder Fehler – natürlich handelt es sich um geplante „Verstöße" gegen die vollständigen und zu erwartenden Muster. Sie kommen in der Literatur, aber auch in der Alltagssprache vor: *Dass dich ...!*

Beispiele aus der Literatursprache lassen sich in großer Zahl finden:

> Als die Kempowskis zum erstenmal erscheinen, mit Dienstmädchen und Rollstuhlschieber, wird getuschelt: Wer ist denn dieser Herr? ... Kann nicht richtig? ... Wirft die Beine so merkwürdig? ... Wird von links und rechts gestützt? ... (Walter Kempowski, Aus großer Zeit, S. 161)

19 Das jüngste umfangreiche Valenzwörterbuch der deutschen Verben ist Schumacher (2004).

Hauptverbandsplatz mit nervösem Durcheinander. Weil der General erwartet wird.
(Horst Lange, Tagbücher, S. 43)

„Haben gar feines Haar, Ew. Excellenz."
„Du meinst wohl: dünn."
„Bah, dünn fängt's grad'nur erst an über der Stirn ein bißchen zu werden. Ich meine: fein, das einzelne; ist ja seidenweich, wie sonst bei Mannsbildern selten."
„Auch gut. Bin aus dem Holz, aus dem Gott mich geschnitzt hat."
Gleichmütig-mißmutig genug gesagt? Unbeteiligt genug an meinen natürlichen Eigenschaften? [...] Will meiner Eitelkeit Zucker geben.
(Thomas Mann, Lotte in Weimar, S. 293)

Ellipsen dieser Art wirken ebenfalls nachdrücklicher als die vollständige Struktur, womit ihre stilistische Bewertung allerdings noch nicht endgültig erfasst ist.

Genera Verbi

Die Formenbildung des verzweigten Diathesensystems im Deutschen gehört in die Grammatik. In den Stilistiken wird teilweise die grammatische Grundlage nicht zureichend dargestellt. So heißt es zum Beispiel bei Sowinski (1988, S. 193) über das Zustandspassiv: „Die passivische Blick- und Ausdrucksweise kann zu weiteren Satzformen führen: aus einem Passivsatz im Perfekt lässt sich (durch Auslassung von „worden") das sogenannte Zustandspassiv (mit Präsensbedeutung) bilden:

Die Äpfel sind geschält worden. – Die Äpfel sind geschält."

Vielmehr ist es so, dass Aktiv – Vorgangspassiv – Zustandspassiv und zwar für Konversionen mit dem Akkusativ als auch mit dem Dativ in einer klar geschiedenen Formenverteilung, allerdings mit Funktionsüberschneidungen, stehen. Die wichtigsten Typen sind im folgenden Schema erfasst (aus: Eroms 2000, S. 394).

Schema der verbalen **Diathesen** im Deutschen

Aktiv			**Akkusativpassiv**			**Dativpassiv**		
Vorgang	Zustand	Intransformativität	Vorgang	Zustand	Intransformativität	Vorgang	Zustand	Intransformativität
Der Juwelier vereint dem Kunden die Steine	–	*Der Juwelier* lässt dem Kunden die Steine vereint	*Die Steine* werden dem Kunden vom Juwelier vereint	*Die Steine* sind dem Kunden vom Juwelier vereint	*Die Steine* bleiben vereint	*Der Kunde* bekommt vom Juwelier die Steine vereint	*Der Kunde* hat vom Juwelier die Steine vereint	*Der Kunde* behält die Steine vereint
Präs (→ Futur)		*Präs (→ Futur)*	*Präs (→ Futur)*	*(Perf→) Präs*	*Präs (→ Futur)*	*Präs (→ Futur)*	*(Perf→) Präs*	*Präs (→ Futur)*
Der Juwelier hat dem Kunden die Steine vereint	–	*Der Juwelier* hat dem Kunden die Steine vereint gelassen	*Die Steine* sind dem Kunden vom Juwelier vereint worden	*Die Steine* sind dem Kunden vom Juwelier vereint gewesen	*Die Steine* sind vereint geblieben	*Der Kunde* hat vom Juwelier die Steine vereint bekommen	*Der Kunde* hat vom Juwelier die Steine vereint gehabt	*Der Kunde* hat die Steine vereint behalten

Ein kompliziertes System, das nach rechts und unten hin allerdings immer seltener zur Anwendung kommt. Doch ist die grammatisch-systematische Grundlage der Passivverwendung, die hier nicht in den Einzelheiten besprochen werden kann, wichtig, wenn ihre Funktionen bestimmt werden sollen.

Die **Funktion des Passivs** ist zweifach:

– 1. Aktantenkonversion

Durch das Passiv in allen seinen Formen wird es möglich, andere Fokussierungen auf die Handlungspersonen und das Geschehen zu werfen. Die Blickrichtung kehrt sich durch die Konversen um. Für den Textaufbau ist dies besonders wichtig, weil dadurch monotone Nennungen immer der gleichen Handlungspersonen vermieden werden können. Die Beispiele im Abschnitt über die Sprache der Didaktik (5.4.5) haben das gut zeigen können.

– 2. Komplementäre Weglassbarkeit

Für einen Aktivsatz *Ich schäle dir die Äpfel* wird durch Konversion ins Passiv *Die Äpfel werden dir von mir geschält* oder *Du bekommst die Äpfel von mir geschält.* Viel häufiger aber werden Sätze ohne die „Täternennung“ verwendet: *Die Äpfel werden geschält. Du bekommst die Äpfel geschält.*

Aktantenkonversion und Täterverschweigung lassen sich in der Bezeichnung „täterabgewandte Diathese“ zusammenfassen. Denn historisch gesehen lassen sich die im Deutschen wie in den anderen germanischen Sprachen ja nicht ursprünglichen passivischen Ausdrucksweisen deuten als Kompensationen des „täterbezogenen" Ausdruckssystems des Germanischen: „Tätigkeits"-Verben im weitesten Sinne sind es, die in den germanischen Sprachen herrschen. Die Passiv-Ausdrucksweise gibt die Möglichkeit, davon loszukommen. Daher rühren die bekannten Ausdrucksweisen wie „Leideform" oder „Täterverschweigung". Betrachten wir einige Beispiele für „Täterverschweigung":

Dies ist der Fall, wenn der „Täter" schon häufig genannt worden ist und seine erneute Nennung gegen das Prinzip der Variation verstoßen würde:

> Auf diese Weise fährt Karl mit seinem blonden Freunde Erich Woltersen [...] in der Stadt herum, in Pumphosen und mit steifem Kragen. Vorn in die Speichen wird eine Spielkarte geklemmt, und dann geht's „brrrt!", wenn gerade eine alte Frau des Weges kommt. Auf dem Schillerplatz wird unter der über die Straße wehenden Fontäne hindurchkarjolt, und am Lloyd-Bahnhof werden die Droschkenkutscher geärgert, indem man „Hü!" ruft... (Walter Kempowski, Aus großer Zeit, S. 92)

Die im letzten Satz vorkommende *man*-Form ist nun wieder eine Ersatzform des Passivs. In diesem Textstück begegnen mit dem Syntagma *wird ... hindurchkarjohlt* auch eine sogenannte „unpersönliche Passivform", das ist eine Passivform zu Verben, die kein Akkusativ- oder Dativobjekt zulassen.

Aber stilistisch ist noch etwas anderes an diesen Passivformen wichtig: Man bemerkt die Wirkung bereits in der zitierten Passage, in der folgenden ist sie noch deutlicher: Durch die Passivformen anstelle des Aktivs wird die Aussage „gegenwärtiger", dazu trägt auch das Tempus bei – es ist ja das Präsens historicum – und „allgemeingültiger": Das ist eine Konsequenz der „Täterverschweigung". Dazu ein Beispiel aus dem zitierten Roman von Kempowski. (Die Kempowskis geben sich als Theater-Mäzene):

> Nach den Premieren, das war doch selbstverständlich, dann wurde in die Stephanstraße gefahren, und da wurde gefeiert, und zwar tüchtig! Immer war eine große Tafel aufgebaut, mit Kerzen erleuchtet, zwanzig oder dreißig Gäste zu Tisch, das machte diesem Hause überhaupt nichts aus. Da wurden einem die Teller gewechselt und der Wein nachgeschenkt: Das Leben, das damals geführt wurde, wäre heute gar nicht mehr möglich. Das könnte man sich gar nicht leisten. Eine Köchin und soundso viele Hausmädchen, und alles immer tipptopp! Nach dem Essen ging man hinüber in die Salons, und dann wurde vorgesungen und deklamiert. (Walter Kempowski, Aus großer Zeit, S. 154)

In diesem kurzen Abschnitt wird dem Variationsgebot der Stilistik beispielhaft Rechnung getragen. Es findet sich eine Vielzahl von Variationsmöglichkeiten der „täterabgewandten Diathese": **unpersönliche Passivformen** (z.B. *da wurde gefeiert*), Passiversatzformen (*man*-Konstruktionen) und volle Zustands- und Vorgangs-Passivformen, unter denen der Satz *Das Leben, das damals geführt wurde, wäre heute gar nicht mehr möglich* eine argumentative Einlagerung darstellt, durch die die Erzählung gleichsam induktiv bewiesen werden soll. So wird hier klarer, was man unter „allgemeingültiger" zu verstehen hat: In diesem konkreten Text (und das gilt durchgängig für das ganze Buch) wird das Erzählte ja exemplarisch für die „große Zeit" dargestellt.

Das ist hier die Grundfunktion der überaus häufigen Passivformen. Brinker (1971, S. 107) zählt einen Durchschnitt von 5,1% *werden*-Passiv- und 1,8% *sein*-Passivformen in einem größeren Korpus. Hier sind die Formen viel häufiger.

Ein letztes Beispiel:

> Im Herbst zieht man sich ins Haus zurück. Die Hochstammrosen sind eingepackt und zur Erde hinuntergebogen, und die Veranda ist zugeschlossen. Vor die Fenster werden Decken gehängt, damit es nicht durch die Ritzen zieht. (Walter Kempowski, Aus großer Zeit, S. 222)

Hier lässt sich zudem der Unterschied zwischen Zustandspassiv und Vorgangspassiv zeigen: Das Sich-Zurückziehen aus dem Garten ins Haus wird für den ‚Garten' als abgeschlossen angegeben; wenn dann vom Haus selber die Rede ist, tritt das Vorgangspassiv ein. Das heißt, die passivischen Diathesen stehen hier im Dienst der Erzählerperspektive.

Für das gehäufte Vorkommen von **Passivformen** in der Sprache der Wissenschaft, wie in der der Verwaltung, soll der folgende Text ein Beispiel sein:

> Die Deregulierungsdebatte wird bis heute geführt, sie ist aber nach 2000 etwas in den Hintergrund getreten. In den Blick gerieten nunmehr die Währungsentwicklungen im Kontext zunehmend floatender Wechselkurse. Unter dem Eindruck des wachsenden Auslandsengagements deutscher Unternehmen, der sinkenden Investitionen innerhalb Deutschlands und v.a. der hohen Arbeitslosigkeit konzentrierte sich die Diskussion auf die Frage nach der Attraktivität des Investitionsstandorts Deutschland und seiner internationalen Wettbewerbsfähigkeit (s.u.). In den letzten Jahren wird diesem „Wettbewerbsdiskurs" verstärkt die Debatte um die Ressource Wissen, um Deutschlands Position in der Spitzentechnologie, zur Seite gestellt und die Stärkung der Position Deutschlands im technologischen Wettbewerb (z.B. in der Softwareentwicklung, der Bio- und der Gentechnologie) diskutiert. Aktuell wird, insbesondere seit Erscheinen der sog. Pisa-Studien, der Blick auf die schulische Ausbildung ebenso wie auf eine Reorganisation der Universitäten und ihrer Forschungsbereiche gerichtet. Im Folgenden werden die aktuellen Diskurse um die Wettbewerbsfähigkeit des Standorts Deutschland etwas näher beleuchtet. (Geographie Deutschlands, S. 187)

Dieser Abschnitt ist fast durchgängig im Passiv oder in passivischen Ersatzformen abgefasst. Der Gesamttext, dem er entnommen ist (S. 184–190), enthält 166 finite Verbformen, davon sind 48 Passivbelege, d.h. 29%. Er liegt damit weit über dem Durchschnittswert, der für vergleichbare Textsorten ermittelt worden ist. Zu den Aktivformen mit passivischer Bedeutung gehören aus dem abgedruckten Textstück die Funktionsverbform *in den Blick geraten* und die Reflexivkonstruktion *konzentrierte sich*. Aus dem Gesamttext sind weiter die *sein* + *zu* + Infinitivkonstruktionen dazuzurechnen (*In der Bundesrepublik waren in der Tat Mitte der 1980er Jahre 40% der Bruttowertschöpfung staatlich regulierten Wirtschaftsbereichen zuzuordnen*), sowie die Gleichsetzungsnominative (*Die zu hohen Kosten des Produktionsstandorts Deutschland im Vergleich zu den Konkurrenten* [...] *wurden zum zentralen Thema*) und die *man*-Sätze (*Man betonte die Gefahr, dass v.a. die arbeitsintensiven Branchen Deutschlands verstärkt in Osteuropa, aber auch in Asien investieren würden*). Dadurch tritt der Autor in den Hintergrund und das Berichtete wirkt **neutraler**, allerdings auch sehr unpersönlich. Weiter ist dieser Artikel durch die Verwendung zahlreicher Fachtermini (*Deregulierungsdebatte*, *floatender Wechselkurse, Währungsentwicklungen*) und aktueller Schlagwörtern (*Pisa-Studien*) im Kontext von Hochwertausdrücken (*Softwareentwicklung, technologischer Wettbewerb, Spitzentechnologie, Attraktivität des Investitionsstandorts Deutschland*) gekennzeichnet. Dies kompensiert zwar seine starke fachsprachliche Komponente, verstärkt aber andererseits die allzu offensichtliche Bemühtheit um aktuelle Ausdrucksweisen. Immerhin wird der Modeausdruck *Wettbewerbsdiskurs* in Anführungszeichen gesetzt, woraus eine gewisse Distanzierung von dieser Ausdrucksweise zu entnehmen ist.

Wortstellung

Auf dieses für die Stilistik wichtige grammatische Phänomen braucht hier nur kurz eingegangen zu werden, denn unter den Gesichtspunkten der Thema-Rhema-Gliederung (2.1.2 und 5.4.2.1) sind die wichtigsten, auch stilistisch relevanten Aspekte schon behandelt worden. Die meisten Wortstellungseigenschaften gehören in die **Grammatik**. Die Anordnung der Glieder im Satz ergibt sich zum Großteil aus den kontextuellen Bedingungen, vor allem daraus, ob mit den Satzgliedern und Wörtern auf schon in den Text eingeführte Personen, Dinge und Sachverhalte Bezug genommen wird. Ist dies der Fall, stellt sich eine grammatisch bedingte Tendenz zur Linksversetzung ein, vor allem, wenn pronominale Formen gewählt werden.

Die Kempowskis schicken eine Einladung an die Schauspieler.
Die Kempowskis schicken ihnen die Einladung.
Sie schickten sie ihnen.

Die Anordnungsregularitäten, die sich aus der Variation der Formen (vor allem pronominaler versus nichtpronominaler) ergeben, sind grammatisch bedingt. Stilistisch relevant ist, dass bei diesen Formen variiert und nicht stereotyp hintereinander die gleiche Anordnung gewählt wird, vor allem aber dass mit bestimmten Wortstellungsformen besonderer Nachdruck erzielt werden kann. Dies ist vor allem der Fall bei Ausklammerungen und Nachträgen, aber auch bei Linksversetzungen als Pendant der Verschiebung von Gliedern an den Anfang des Satzes.

Zunächst einige konstruierte Beispiele:

Die Kempowskis schickten gestern Nachmittag die Einladungen an die Schauspieler.
Die Kempowskis schickten gestern Nachmittag an die Schauspieler die Einladungen.
Die Kempowskis schickten an die Schauspieler die Einladungen, gestern Nachmittag.
Gestern Nachmittag schickten die Einladungen an die Schauspieler die Kempowskis.
Sie haben die Schauspieler gestern Nachmittag eingeladen, die Kempowskis.
Die Kempowskis, die schickten die Einladungen an die Schauspieler.

In solchen Fällen ergeben sich Stileffekte, indem jeweils ein Teil des Satzes besonders hervorgehoben wird. Dafür einige authentische Belege:

„Eisernes Kreuz", das sollte ein Programm sein, ohne Unterschied von Rang und Klasse. (Walter Kempowski, Aus großer Zeit, S. 290)

Im April 1915 rückt Karl aus, auch mit Sang und Klang, und auch mit Blumen geschmückt und von Schaulustigen begleitet. (S. 291)

Der Transportzug ist zusammengesetzt aus Sekundärbahnwagen, Stadtbahnwagen, Viehwagen und offenen Loren. (S. 292)

Da unten steht sie, die Kleine mit dem feisten Gesicht. (S. 292)

Vater de Bonsac kann nicht verstehen, weshalb auf einmal nicht mehr vormarschiert wird, im Westen. (S. 307).

Zusammenfassung

Die Funktionalstile erfassen die Sprache in ihrer Aufgliederung nach ihren konventionellen Gebrauchsabsichten. Während in der osteuropäischen Linguistik, die diese Vorstellung entwickelt hat, nur vier oder fünf Funktionalstile unterschieden wurden, muss eine Betrachtung der Sprache, die auf Vollständigkeit aus ist, auch andere Bereiche einbeziehen. So werden hier acht Funktionalstile unterschieden: 1. die Alltagssprache, 2. die Wissenschaftssprache, 3. die Öffentliche Kommunikation, 4. die Mediensprache, 5. die Sprache der Didaktik, 6. die literarische Sprache, 7. die sakrale Sprache, 8. die Werbungssprache. Feingliederungen dieser Großbereiche lassen sich in den Textsorten erfassen, in die wiederum die Vertextungsstrategien als jeweils dominante Textmuster eingehen. Der Grundansatz dabei ist, dass sprachliche Mittel nicht überall gleichartig zu erwarten sind, sondern sich je nach den Verwendungsbereichen unterscheiden lassen. Wie bei den Vertextungsstrategien, die in idealtypischer Weise grundsätzliche Möglichkeiten der Textbildung erfassen, ist auch bei den normativ bestimmten Funktionalstilen eine große Zahl von sprachlichen Mitteln überall gleich. Auf der Folie dieser neutralen Formen heben sich die spezifischen sprachlichen Kennzeichen der Funktionalstile umso deutlicher ab. Dies betrifft auch den Wortschatz und die grammatischen Mittel, die ihren Einsatz in je unterschiedlicher Weise finden. Alle funktionalstilistisch bestimmbaren Sprachmittel geben Stilwerte ab. Zusammen mit den neutralen Mitteln geben sie wiederum die Folie für die individuellen Anteile, vor allem die Stileffekte ab, die in der stilistischen Analyse eines konkreten Textes herauszuarbeiten sind.

Weiterführende Literatur: Die Theorie der Funktionalstile oder Funktionalsprachen ist vor allem in der Prager Linguistischen Schule entwickelt worden **(Havránek [1932] 1976)**. Ausgebaut wurde sie durch die Arbeiten von **Riesel/Schendels (1975)** und **Fleischer/Michel (1975)**. Spätere Arbeiten führen die Grundideen eher in der Beschreibung von Textsorten weiter. In die Linguistik der Textsorten führen u.a. **Gobyn (1984), Adamzik (2000)** und **Brinker (2006)** ein. Einzelne Textsorten, die exemplarisch für größere Bereiche angesehen werden können, sind, auch unter stilistischer Perspektive, bei **Ermert (1979)** (für Briefsorten) und im ersten Halbband des Handbuchs zur Text- und Gesprächslinguistik, nach einem Grundsatzartikel von **Heinemann (2000)**, behandelt **(Brinker/Antos/Heinemann/Sager 2000)**: Gesprächsstilen widmet sich eingehend **Betten (2001)**, der journalistischen Sprache **Straßner (2000)**. Eine Übersicht über die Gesprächsforschung gibt **Schwitalla (2001)**. Einige funktionale Sprachbereiche, die bislang nicht zureichend behandelt wurden, werden von **Sucharowski (2001)** für die Schule, für die Sakralsprache von **Simmler (2000)** aufgearbeitet.

Die lexikalischen und grammatischen Grundbedingungen für die Stilistik werden in den stiltheoretischen Arbeiten unterschiedlich ausführlich behandelt. Sie sind vor allem häufig nicht klar genug als grammatisch bedingte „Eingabebedingungen“ für die stilistische Analyse herausgearbeitet, so etwa in der Stilistik von **Reiners (1976)**, wo sich im Übrigen sehr viele und treffende Einzelbeobachtungen finden. – Auch **Sowinski (1988,** S. 74–270**)** enthält eine sehr ausführliche Übersicht. Hier findet man für alle Erscheinungen überzeugende Beispiele. In dieser Darstellung wird ein Großteil der Stilistik überhaupt an den lexikalischen und grammatischen Bedingungen festgemacht. Dadurch geraten aber die eigentlichen stilistischen Strategien im engeren Sinne ein wenig in den Hintergrund. – Die umfangreiche ‚Stilistische deutsche Grammatik‘ von Wilhelm **Schneider (1969)** zeigt in ihrem Untertitel, ‚Die Stilwerte der Wortarten, der Wortstellung und des Satzes‘, dass sie die grammatischen Phänomene des Deutschen stilistisch ausdeutet. Es findet sich für so gut wie alle grammatischen Erscheinungen eine Fülle von Beispielen, allerdings fast ausschließlich aus der Dichtung. Grammatisch interpretiertes Vergleichsmaterial ist für die wichtigsten Konstruktionstypen des Deutschen bei **Starke (1969/70)** zusammengestellt. Die textkonstitutiven Funktionen von Tempus, Modus und Genus Verbi behandelt **Zifonun (2000)**. **Heringer (1989)** erarbeitet ausführlich die stilistische Nutzung der grammatischen Möglichkeiten des Deutschen.

6 Stilfiguren

Mit den Stilfiguren, die in der rhetorischen Tradition colores rhetorici[1] genannt werden, scheint auf den ersten Blick ein recht traditioneller Bereich erfasst zu werden, der sich auf wenige, wenn auch herausgehobene Textsorten bezieht. Figurenschmuck wird man in der klassischen Dichtung, in ausgefeilten Reden von Staatsmännern oder in sorgfältig formulierten Briefen der Barockzeit erwarten, aber nicht in den Gebrauchstextsorten unserer Zeit. Aber dieser Eindruck trügt. Zwar schlägt sich in der Verwendung von Tropen und Figuren der abendländische Bildungsbegriff nieder. Schriftsteller wie Thomas Mann und Christa Wolf geben Arsenale ab für die Suche nach Stilfiguren und bieten hunderte von Beispielen für die gängigen, aber auch für die selteneren Formen. Aber es ist die Frage, ob die Schriftsteller die Figuren „anwenden", um ihre Werke durch Bezug auf rhetorische Kategorien auszugestalten, oder ob sich die Figuren nicht gleichsam „von selbst" einstellen, weil sie universal gültigen Kategorien entsprechen, die dann nur stärker bewusst eingesetzt werden, in anderen Funktionalstilen aber auch vorkommen.

Dies scheint durchaus der Fall zu sein. So kann man Stilfiguren in so gut wie **allen Textsorten** finden, sie kommen in der Alltagssprache vor, wenn Sprichwörter oder Redensarten verwendet werden: *Ein Mann ein Wort* oder *Du kannst mich mal ...!* Im ersten Beispiel liegt ein Parallelismus vor und im zweiten die Aposiopese, das plötzliche Verstummen. In der Sprache der Wissenschaft finden sich Stilfiguren genauso wie in der Zeitungssprache. Ja, die Feuilletons und Leitartikel sind voll davon, wie die in den vorangegangenen Kapiteln bereits angeführten Beispiele erkennen lassen. Das täglich erscheinende „Streiflicht" der Süddeutschen Zeitung lebt davon:

Das Streiflicht

(SZ) (1) Einer der wichtigsten Schritte auf dem Weg zur Menschwerdung des Affen war die Mutation des Gens MYH16. (2) Diese ließ die Kaumuskeln schrumpfen, wodurch das bis dahin mickrige Gehirn mehr Platz bekam. (3) Es gewann an Größe und Gewicht. (4) Die anderen Lebewesen, all die heute ausgestorbenen Viecher, konnten nur zusehen und staunen. (5) Damals, vor zwei Millionen Jahren, muss dem Menschen eingebrannt worden sein, dass es günstig für ihn ist, wenn er Verschiedenes in und um sich größer und schwerer macht. (6) Und dementsprechend handelt er bis heute. (7) Gut, manches bastelt er auch kleiner, zum Beispiel den Elektronikkram. (8) Aber letztlich ist das nur die virtuelle Welt mit ihren Datenautobahnen. (9) Ein Klick, und weg ist sie. Auf den richtigen Straßen dagegen rumpeln 3000 Kilo schwere und fünf Meter lange Hummer-Geländewagen. (10) In die Luft erheben sich 590 Tonnen schwere, 79 Meter lange Airbusse. (11) Und in die Luft beginnt zu ragen der höchste Wolkenkratzer der Welt, in Dubai. [...]

1 Zur Geschichte der colores rhetorici vgl. Arbusow (1948) und Ueding (1994, S. 282–290).

(12) Keiner weiß, wie es damals zu der Mutation hat kommen können. (13) Gottes Wille? (14) Laune der Natur? (15) Egal, jedenfalls vollzieht sich nun wieder eine interessante Entwicklung. (16) Als ob Gott oder die Natur oder beide – vielleicht arbeiten sie ja Hand in Hand, vielleicht verfolgen sie bestimmte gemeinsame *Projekte*? – sich gesagt hätten, nun haben die Menschen so viel Großes und Schweres geschaffen, da müssen wir dafür sorgen, dass endlich auch sie selber gleich viel schwerer und größer auf die Welt kommen, sonst wäre die Balance zwischen ihnen und den Dingen bald zerstört. (17) Und so geschah es, dass in den ersten fünf Wochen dieses Jahres drei Babys geboren wurden, die mehr als sechs Kilo wogen, das erste (7,0 Kilo) Anfang Januar in Polen, das zweite (6,6) Ende Januar in Mexiko, und das dritte (6,1) vor wenigen Tagen in Brasilien. [...] (Süddeutsche Zeitung, 12. 2. 2007, S. 1)

Dieser Text ironisiert Meldungen, die im „Vermischten" der Zeitung zu finden waren, und unterlegt sie mit zeitkritischen Beobachtungen zur Megalomanie der Menschheit. Die stilistischen Mittel umfassen unter anderem die folgenden Figuren: Personifikation: Satz 4: *Die heute ausgestorbenen Viecher konnten nur zusehen und staunen*, Parallelismus: Satz 16: *vielleicht ... vielleicht*, die Sätze 9–11 insgesamt, Klimax: Satz 11, Hyperbel: Satz 4, Alliteration: Satz 3, Ellipse und Frage an sich selbst: Satz 13 und 14. Der ganze Text ist durch das Stilmittel des Paradoxons gekennzeichnet.

Durchmischt werden die Stilfiguren mit anderen Mitteln, die auffällige Stileffekte geben: Modewörter: Satz 8: *Datenautobahn*, eines der „Unwörter" des Jahres 1995[2], Satz 16: *Projekte*, Versetzung ins Nachfeld: Satz 11, umgangssprachliche Ausdrücke, also Ausdrucksweisen, die aus einem anderen Funktionalstil genommen sind und hier auffällige Stileffekte geben: Satz 2: *Das mickrige Gehirn*, Satz 15: *Egal*. Paradox ist dann gegenüber dieser Stilwahl aus den „unteren" Sprachschichten der Bezug auf den „höchsten" Funktionalstil, den der sakralen Sprache: Satz 17: *Und so geschah es, dass ...*, womit der biblische Schöpfungsbericht, auf den ja vorher schon angespielt wurde, assoziiert wird.

Seit jeher nehmen die Stilfiguren in den Stilistiken einen zentralen Platz ein. Dabei wird zu Recht auf ihre Tradition abgehoben. Die antike und die mittelalterliche **Rhetorik** haben sich um die Klassifikation und die Lehrbarkeit der Stilfiguren bemüht. Insbesondere geht die Stillehre davon aus, die Stilschichten nach der „Höhe des Stils" einzuteilen. In der Tradition der Rhetorik hat man seit dem antiken Stiltheoretiker Theophrast (327–287 v. Chr.) die Stil-Arten nach dem

sermo humilis
genus mediocre
genus sublime

2 Zu dem Wort *Datenautobahn* vgl. S. 181.

eingeteilt, mit jeweils anderer Auswahl aus dem Repertoire der Stilfiguren und vor allem mit unterschiedlicher Anzahl. Der sermo oder stilus humilis nach Quintilian (ca. 40–96 n. Chr.), der „schlichte Stil", weist keine oder nur wenige Stilfiguren auf. Er ist für die alltäglichen Erfordernisse angemessen. Ausgefeiltere Formen finden sich im genus mediocre, in dem anspruchsvollere Texte verfasst werden. Dichtung und sakrale Gegenstände, wie es für die christlichen Texte im frühen Mittelalter dann Augustinus forderte, werden im genus sublime mit dem reichsten Vorkommen von Stilfiguren abgefasst[3]. Es wäre lohnend, die traditionellen Textsorten darauf zu untersuchen, wie sie sich mit einem pragmatischen Ansatz verstehen lassen. Denn man käme auf diese Weise zu einer funktionalstilistischen Deutung der Stilfiguren. Aber wie schon angedeutet, die Stilfiguren sind weniger als „Schmuck der Rede" oder als ähnliche zusätzliche Mittel, die „äußerlich" sind, zu betrachten, sondern ganz auf dem Hintergrund des hier entwickelten Stilbegriffs und im Einklang mit allen anderen sprachlichen Mitteln, die im Dienste der adäquaten und effektiven Ausdrucksfunktion stehen.

Darin unterstützen sie das Gesagte und machen es **eindringlicher**. So ist ihre Erfassung als lizenzierte Abweichung kein Widerspruch, sie lassen in ganz besonderem Maße den Doppelcharakter der stilistischen Mittel erkennen: einerseits Durchbrechung der erwarteten Norm, andererseits ihre Einhaltung. Denn auch bei den Stilfiguren zeigt sich, dass sie vielfach erwartet werden.

> Stilfiguren sind normierte, gesetzmäßig erlaubte „Verstöße" gegen das Erwartete.

6.1 Einteilung der Stilfiguren

Stilfiguren sind hier auf ihren kommunikativen Zweck hin zu beschreiben. Doch ist eine Orientierung an der herkömmlichen Klassifikation der Stilfiguren angebracht. Man unterscheidet

Figuren des Ersatzes
der Hinzufügung
der Auslassung
der Anordnungsveränderung[4].

3 Die antike, die mittelalterliche und die neuzeitliche Stiltheorie werden ausführlich bei Göttert/Jungen (2004, S. 51–124) behandelt.

4 Es ist grammatiktheoretisch bemerkenswert, dass die Klassifikation der Stilfiguren den hauptsächlichen Transformationstypen in der ursprünglichen Konzeption der Generativen Transformationsgrammatik entspricht. In dieser Sicht würde in der Basis eines Satzes wirklich seine semantische Grundlage generiert, die Transformations-Komponente ließe sich, teilweise wenigstens, als stilistisch deuten. Ein solcher Ansatz ist von Jacobs/Rosenbaum (1971) entwickelt, später aber nicht mehr weiterverfolgt worden.

Nach Quintilian (Göttert/Jungen 2004, S. 133) lassen sich die Stilfiguren einteilen in solche, die sich auf ein einzelnes Wort beziehen: die **Tropen** und solche, die sich auf Wortverbindungen beziehen: die **Figuren**. Aber da auch Wörter stilistisch nur in ihrer Verbindung mit anderen Wörtern relevant werden, ist eine Aufzählung, die die beiden Kategorien zusammenfasst, besser geeignet. So wird es bei Quintilian selber und vor allem in der langen Tradition der Rhetorik und Stilistik auch meist vorgenommen. Weiter ist die „Zugriffsebene" der Stilfiguren gar nicht immer zu isolieren. Betrachtet man etwa die häufigste Figur überhaupt, die Metapher, dann wäre es eine Vereinseitigung, wenn man die folgenden Beispiele analytisch trennen würde:

a) *Der Schleier wird gelüftet.*
b) *Es verschlug ihm die Sprache.*
c) *Die Schornsteine rauchen wieder.*

Bezogen auf die primäre sprachliche Ebene ließe sich bei a) von einer punktuellen „Ersetzung" des Wortes *Geheimnis*, bei b) des Syntagmas *vor Schreck verstummen* und bei c) eines ganzen Satzes in der Bedeutung ‚Es wird wieder gearbeitet' sprechen. Derartige sprichwörtliche Redeweisen sind, wie angedeutet, gerade in der Alltagssprache und der Mediensprache häufig und rufen komplette Bilder ab. Aber genau das leisten die beiden anderen Beispiele auch. Sie rufen Bilder auf und verlebendigen damit die Ausdrucksweise.

Zudem treten die Tropen und Figuren fast immer gehäuft und kombiniert auf und geben damit einen Hinweis auf ihre Grundfunktion: die Variation des Gesagten, die „Ersetzung" eines an einer bestimmten Stelle zu erwartenden Ausdrucks, wobei hier zum wiederholten Male darauf hinzuweisen ist, dass dies eine Ausdrucksweise ist, die nur dem Einstieg in die stilistische Bewertung dient. Denn was an einer Stelle „ersetzt" ist, lässt sich nur in Bezug auf eine Gesamtanalyse bestimmen.

So sind im Grunde alle Stilfiguren **Ersatzfiguren**: Denn es sind Maßnahmen, die bezwecken, den vordergründig passenden Ausdruck zu umgehen und durch einen im höheren Sinne treffenden zu ersetzen. Zu umgehen genau in dem Sinne und zu dem Zweck, der sich bei allen sprachlichen Mitteln nachweisen lässt, die Stileffekte bewirken: Ausdruckssteigerung im Sinne einer einheitlichen Intention. Denn genauso wie bei den in Kapitel 3 behandelten effekterzielenden Mitteln nicht willkürliche Resultate beabsichtigt werden, sondern solche, die im Einklang mit der kommunikativen Absicht stehen, so auch bei den Stilfiguren. Da es sich dabei fast ausnahmslos um solche handelt, die gleichsam normiert sind, das heißt deren Regularitäten bekannt sind, wird hier besonders deutlich, dass Stil ein Phänomen ist, das nach Regeln, nach Gesetzen abläuft. Die einzige Schwierigkeit, die gerade hier besonders zu Tage tritt, liegt darin, den jeweiligen individuellen Anteil zu fassen. Doch gibt der kommunikative Ansatz auch hier einen Beschreibungszugang: Nur was individuell auf eine erkennbare Textintention zu beziehen ist, weist Stil auf. Denn Texte sollen verstanden werden.

Im Folgenden werden nun für die wichtigsten Stilfiguren Beispiele angeführt, und zwar nicht nur aus literarischen Werken, obwohl sie hier, wie gesagt, in ihrer Fülle anzutreffen sind. So wird besonders auf Thomas Mann und Walter Kempowski zurückgegriffen, aber auch auf Christa Wolf, deren Gebrauch von Stilfiguren ausführlich von Luukkainen (1997) untersucht worden ist. Daneben werden Beispiele aus der Publizistik angeführt, damit deutlich wird, in welch starkem Maße auch andere Funktionalstile als die der Literatur Stilfiguren verwenden.

6.1.1 Figuren des Ersatzes

Metapher

Über kaum einen sprachwissenschaftlichen Gegenstand ist so viel geschrieben worden wie über die Metapher[5] und die bildhafte Redeweise überhaupt, besonders in der jüngsten Zeit, nachdem gesehen worden ist, dass die Metapher mehr ist als ein rhetorisch zu erklärender Schmuck oder eine uneigentliche Redeweise. Seit dem Buch von Lakoff und Johnson, ‚Metaphors we live by' (Lakoff/Johnson 1980) sieht man Metaphern zunehmend in ihrer Funktion, ganze Aussageweisen zu prägen oder mehr noch, bewusst zu machen, dass unser gesamtes Denken durch bildhafte Redeweise, vor allem sogenannte verblasste Metaphern, geprägt ist. So sei uns nur noch analytisch zugänglich, wie stark etwa die Vorstellung, dass die „Enthaltenseinsrelation", die wir in Gebrauchsweisen wie *darin kenne ich mich nicht aus* oder *die Entscheidung liegt in Ihrer Hand*, als eine verkappte und ins Abstrakte gewendete, ursprünglich aber konkrete Ausdrucksweise zu verstehen sei. Diese Auffassung von Metaphern ist für die stilistische Betrachtungsweise bedeutsam. Der zuletzt angeführte Satz ist zum Beispiel ein Slogan, mit dem für die Teilnahme an einer Verlosungsaktion („Das Tor der Woche") im Fernsehprogramm der ARD geworben wird. Die stilistische Implikation ist aber dennoch nur sekundär. Denn wenn metaphorisches Denken zum linguistischen Bestand einer Sprechergemeinschaft, ja der Sprache überhaupt gehört, bezieht sich die metaphorische Ausdrucksweise auf das **System** der Sprache, und die stilistische Betrachtung muss erst angeben, in welcher Weise und zu welchem Zweck sie in einer konkreten kommunikativen Situation gewählt worden ist.

Dies leistet die traditionelle Ansicht über die Metapher auf den ersten Blick besser. Sie geht auf **Aristoteles** zurück, der in seiner Poetik die Metapher folgendermaßen definiert:

> Eine **Metapher** ist die Übertragung eines Wortes [...] nach den Regeln der Analogie. [...] Unter einer Analogie verstehe ich eine Beziehung, in der sich die zweite Größe zur ersten ähnlich verhält wie die vierte zur dritten.

5 Eine Übersicht über die Metaphernforschung mit einer Bibliographie bei Rolf (2005).

> Dann verwendet der Dichter statt der zweiten Größe die vierte oder statt der vierten die zweite. [...] Das Alter verhält sich zum Leben wie der Abend zum Tag; der Dichter nennt also den Abend ‚Alter des Tages' oder – wie Empedokles – das Alter ‚Abend des Lebens' oder ‚Sonnenuntergang des Lebens' (Aristoteles, Poetik. Übersetzung: Fuhrmann, S. 67–69).

An dieser Auffassung wird allerdings zu recht kritisiert, dass sie zu statisch sei und vor allem, dass sie punktuell Bezeichnungen für Dinge ersetze. Als Substitutionskonzeption wird sie in der Metaphernforschung seit längerem skeptisch gesehen und es wird versucht, die Eingrenzung auf eine isolierte Aussageweise zu überwinden. Umberto Eco (1992) z.B. hat deutlich gemacht, dass im metaphorischen Prozess nicht Ähnlichkeitsbeziehungen zwischen Referenten eine Rolle spielen, sondern dass man zwischen ihnen identische Bedeutungsanteile (Seme) aufsuche und aktiviere (vgl. Kotin 2005, S. 178). Auch die Auffassung von Harald Weinrich zieht größere Bereiche in Betracht. Er spricht von **„Bildspender"** und **„Bildempfänger"**, dabei sei die „Bildspanne" umso größer, je weiter die beiden Bereiche voneinander entfernt seien. (Weinrich 1976, S. 307). Dadurch wird der Blick geöffnet auf Texte, die als Ganzes zu vergleichen sind. Und die von Johnson und Lakoff vorgenommene Sichtweise wird hier auch insofern vorausgenommen, als Weinrich sagt, dass die Sprechergemeinschaft die „integrierte Metapher" wolle. Schließlich findet sich bei Kotin (2005) eine Deutung der Metapher, die ihre ikonische Symbolisierung im Nominationsakt berücksichtigt: Metaphern, auch solche, die wir wie die oben angeführten, *sich in einer Sache auskennen, es in der Hand haben*, gar nicht mehr als solche erkennen, machen ständig bewusst, dass die sprachlich abgebildete Wirklichkeit mehr ist als eine bloß konventionelle, arbiträre Bezeichnung, sondern dass die Wirklichkeit in der Sprache in bestimmter Weise nachgezeichnet wird.

Wie dem auch sei, die „Bilder in der Sprache" sind ein derart starker und suggestiver Bereich, dass die in Kapitel 1 berufene Stilforderung der „Bildlichkeit" nur zu berechtigt ist. Mehr noch: die bildliche Ausdrucksweise ist systematisch in der Sprache angelegt, und wenn sie aktiviert und behutsam angewendet wird, führt sie im Allgemeinen zu einer sehr angemessenen Ausdrucksweise.

Diese pauschale Bestimmung muss allerdings durch drei Bedingungen eingeschränkt werden:

Erstens ist, wie bei allen stilistisch relevanten Mechanismen, das Einhalten des rechten Maßes verbindlich. Metaphern dürfen einen Text nicht überwuchern, sie sollten, wie alle stilistischen Mittel, **dosiert** verwendet werden. Nur so entfalten sie ihre Wirkung. Stilistische Mittel, die Effekte abgeben, können auch nicht auf „Nebenschauplätzen" des Textes eingesetzt werden, sie müssen im Zentrum stehen, damit sie am Gipfelpunkt die Aussage unterstützen. Ein Text wie die Beschreibung des Münsterschen Domplatzes (S. 29) tut des Guten entschieden zu viel, die Wirkung verpufft.

Zweitens sollten die Metaphern **einheitlich** verwendet werden, ein willkürlicher Wechsel zwischen Bildspendebereichen würde verwirren. Insofern genügt der eben kritisierte Text immerhin dieser Anforderung, weil er die Vergleiche auf einen einzigen Bildspendebereich, die mittelalterliche Wächterfunktion des Dombezirks, bezieht. Dieser steht sogar noch dazu in direkter, ikonischer Beziehung zum Bildempfängerbereich.

Drittens ist zu berücksichtigen, dass mit Metaphern Bezüge auf **aktuelle Ausdrucksweisen** gesetzt werden können. Beckmann (1997) hat das exemplarisch an der Metapher *Datenautobahn* gezeigt. Diese Metapher aktiviert die in der gegenwärtigen Gesellschaft aktuellen Wertebereiche der Geschwindigkeit, des Verkehrsflusses und der unbeschränkten Mobilität in vollkommener Weise. Wenn solche Formulierungen in einen beliebigen Text eingesetzt werden, sollen diese Werte, so unterstellen die Emittenten, automatisch abgerufen werden. Der Sprecher oder die Sprecherin gibt sich damit als ganz auf der Höhe der Zeit zu erkennen, rechtfertigt damit also seine/ihre aktuelle Sprecherkompetenz und unterstützt seine/ihre Aussage effektiv. Die Metapher von der *Datenautobahn* gehört so auch zu den Wucherungen im aktuellen Wortschatz; mit der Google-Suchmaschine lässt sie sich (am 10. 3. 2006) 246.000mal belegen. Sie zeigt auch gut, wie Metaphern zu absurden Weiterungen und Ausuferungen tendieren. So finden sich u.a. die folgenden Belege: *Wellenreiten auf der Datenautobahn* (swisseduc.ch, 10. 3. 2006), *Mautstellen auf der Datenautobahn* (netzpolitik.org., 21. 2. 2006), *die kulturelle Frittenbude am Rande der Datenautobahn* (hinternet.de, 10. 3. 2006).

Nun ist allerdings das Wort bereits ziemlich abgegriffen, und bei seiner Verwendung ist Vorsicht geboten, damit man nicht in den Verdacht gerät, sich nur modisch zu verhalten. Daher liegt es auch bei der Metaphernverwendung und Metaphernschöpfung nahe, originelle oder wie Weinrich ([1963], 1976, S. 295) gesagt hat, **„kühne Metaphern“** zu suchen. Es versteht sich, dass dies genauso riskant ist wie die Verwendung abgenutzter Metaphern. Das folgende Beispiel liegt vielleicht schon jenseits der Grenze des Akzeptierbaren (auch wenn es durch die ironische Übertreibung wiederum an Akzeptanz gewinnt). Gemeint ist der Vergleich im letzten Satz, wo gleich drei Tiervergleiche eingesetzt werden. Hier zeigt sich zudem eindrucksvoll der Reichtum an bildlicher Ausdrucksweise unserer Phraseologismen und Redewendungen, die hier nun „in einem kühnen Bild“, wie der Verfasser selber schreibt, verbunden werden:

> Bei einem seiner gelegentlichen Österreich-Besuche gab der erfolgreiche Außenpolitiker Bruno Kreisky ein kurzes Finanz-Gastspiel in Wien. Der Bundeskanzler begeisterte sich laut für einen Vorschlag des sozialistischen Fraktionsvorsitzenden Fischer: Statt einer unsozialen Strom- und Gaspreiserhöhung solle man doch lieber die Bankguthaben besteuern. Die Idee schien den beiden bestechend und populär: Jenen reichen Steuerhinterziehern und Schwarzgeldschiebern ihre trüben Wässerchen gleich an der Quelle abzugraben, das heißt die Steuer für Spargelder gleich von der Bank abführen zu lassen, statt eventuelle Einkommenssteuer-Erklärungen abzuwarten.
>
> Doch kaum war diese faszinierende Vorstellung publik geworden, gellte auch schon durch die Alpenrepublik ein zornig schmerzlicher Aufschrei des Widerstandes, der sich nur mit einem

> kühnen Bild umschreiben lässt: Kreisky wollte eine heilige Kuh schlachten, hat aber versehentlich ein Sparschwein erwischt und dabei in ein Wespennest gestochen. (Süddeutsche Zeitung, 19. 6. 1980, S. 4)

Dieses Textstück enthält neben diesen und weiteren Metaphern (*ein kurzes Finanzgastspiel*) noch andere Stilfiguren, vor allem die Ironie (*bei einem seiner gelegentlichen Österreich-Besuche*) und die Litotes (*diese faszinierende Vorstellung*).

Die Bildersucht geht auch sonst mit den Autoren manchmal durch, wenn auch nicht zu bestreiten ist, dass gerade Übertreibungen und Bildermischungen eine große Wirksamkeit entfalten, auch wenn sich dabei die gewählten stilistischen Mittel zu verselbständigen scheinen. Dies ist im folgenden kritischen Leserbrief eines Professors der Ingenieurwissenschaften aus der Süddeutschen Zeitung der Fall, wo der Bildbereich „Eisenbahn" auf die Spitze getrieben und am Schluss mit anderen Bildern doch wieder verwässert wird:

> Es ist die Vereinigung der Bayerischen Wirtschaft, die sich eine „Bildungs-Lokomotive Spur N" gekauft hat und nun damit spielen darf. Einer der Hobby-Lokführer, ein Bildungsökonomie-Experte, zeigt mit einer genialen Weichenstellung, wie durch „Lizenzentzug" und befristete Arbeitsverhältnisse die Zahl der motivierten Lehrer erhöht und der Fachkräftemangel damit beseitigt werden könnte. [...] Die „Experten" haben aber weitere durchaus ernstzunehmende Vorschläge aus ihrem Dampfross abgelassen. [...] Wechseln wir die Spurbreite. Radikale Hochschulreform durch das Auswählen nur der Besten ergibt geringe Abbrecherquoten. [...]
>
> Fassen wir zusammen: Eine wissenschaftlich angemalte Spielzeuglokomotive ohne Bauartzulassung zieht das weiß-blaue Kohlewägelchen einer Wirtschaftslobby und die angehängten Personenwagen 3. Klasse über Gleise, die an der Wand des Kinderzimmers enden. Wundern wir uns daher nicht, wenn nach rasanter Reformbeschleunigung ein Häufchen Elend qualmend im Mülleimer der Geschichte entsorgt wird. (Leserbrief Süddeutsche Zeitung, 4. 4. 2007, S. 31)

Die radikale **Bilderflut** (vgl. Eroms 2000 a) ist ein Spiegelbild der Radikalkritik, der sich der Leserbriefschreiber hier hingibt. Wie häufig bei Leserbriefen ist der Verfasser nicht in der Lage, seine Botschaft verständlich zu machen, weil seine Aussagen emotional überfrachtet sind. –

Weitere bildhafte Verwendungen der Sprache sind die folgenden Typen:

Expliziter Vergleich. Hier ist das tertium comparationis dazugesetzt: *Eine Mauer ist wie ein Band um diese Stadt geschlungen, einmal rundherum; sie hält die Stadt zusammen.* (Walter Kempowski, Aus großer Zeit, S. 8).

> Aus tiefliegenden Augen, die wie schwarze Diamanten leuchteten, musterte sie Gregorius mit bitterem Blick, der von Entbehrungen sprach, von Selbstbeherrschung und Selbstverleugnung, mit einem Blick, der wie eine mosaische Mahnung an all diejenigen war, deren Leben darin bestand, sich widerstandslos treiben zu lassen. (Pascal Mercier, Nachtzug nach Lissabon, S. 125)

Hier finden sich gleich zwei explizite Vergleiche, die sich dadurch gegenseitig verstärken.

Daran anschließen lassen sich nun alle Arten von Bildern und Personifikationen:

Personifikation. *Zahlreiche Türme und Türmchen fügen sich in die Mauer oder hocken auf ihr.* (Walter Kempowski, Aus großer Zeit, S. 8). *Die Kiefern schwanken wie Mastbäume gegen den klaren Himmel, auf dem die Wolken dahinjagen.* (Walter Kempowski, Aus großer Zeit, S. 243). Treffend ist die Personifikation auch deswegen, weil der Urlaub an der See geschildert wird.

Allegorie. Hier sind keine individuellen Bilder oder Metaphern zulässig, sondern personifizierte Bezeichnungen, die allgemein, vor allem aber über den Literaturkanon bekannt sind: *Frühling lässt sein blaues Band wieder flattern durch die Lüfte.* Im Mittelalter war es z.B.: *Frau Welt*, später die *Kriegsfurie, der Moloch Staat.*

Hier ist es die Anschaulichkeit, die mit je anderen Stilmitteln zusammenwirkt.

Weiter sind hier die **Sprichwörter** und **Phraseologismen** zu nennen:

Da beißt keine Maus den Faden ab.

Alte Liebe rostet nicht.

Der Krug geht so lange zum Brunnen, bis er bricht.

Mir hängt der Winter auch zum Hals raus. (Leserbrief in der Süddeutschen Zeitung, 6.3.2006, S. 46)

Weitere Ersatzfiguren:

Litotes. Vollständigster Ersatz, Ersetzung des Gemeinten durch sein Gegenteil: Beispiele: *Das hast du gut gemacht*, wenn etwas absolut misslungen ist. Ähnlich: *Das ist ja eine schöne Geschichte.* Positiv: *Das war nicht schlecht.* In größerem Kontext resultiert aus litotetischen und verwandten Stilfiguren, vor allem dem Parallelismus, der es erlaubt, widersprüchliche Aussagen zusammenzuziehen, die **Ironie:** *Hochgelobt ist die Buche, schätzenswert ist die Fichte, vielbesungen ist die Birke, aber unantastbar ist allein die Eiche, wenn nicht gerade ihr Holz zum Schreinern eines deutschen Tisches oder zum Auslegen eines deutschen Parkettfußbodens gebraucht wird* (Ludwig Harig, Heilige Kühe der Deutschen).

Hyperbel Wahl des übertriebenen Ausdrucks. *So kommt man an die fetten, anonymen Konten nicht heran.* (Süddeutsche Zeitung, 19.6.1980, S. 4).

In der Umgangssprache sind Hyperbeln außerordentlich häufig. Sie nutzen sich schnell ab und werden laufend durch neuere, noch krassere ersetzt: *Das ist irre, toll. Das ist der Wahnsinn. – Das ist super, stark, mega-stark.*

Understatement. Das Spektrum dieser verbreiteten Stilform reicht von knappen Syntagmen wie *meine Wenigkeit* für *ich* bis zu umfangreichen Perioden: *Wie ich in aller Bescheidenheit anmerken möchte.*

Periphrase. Umschreibende Bezeichnung: *flüssiges Gold* für *Öl.*

Metonymie. Auf semantischer Kontiguität beruhender Ersatz: *Ein Gläschen trinken.*

Das kann man schon bei Goethe lesen für *Das kann man schon in Goethes Werken lesen.*

Synekdoche. Wahl eines numerisch verwandten Begriffs, insbesondere des Oberbegriffs statt des Unterbegriffs oder umgekehrt: *Dickhäuter* statt *Elefant*; *wo steht denn dein Benz?* statt *Auto* oder *Wagen*.

Pars-pro-toto (Spezialfall der Synekdoche). Teil für das Ganze oder des Ganzen für einen Teil: *Da müssen die anderen den Kopf hinhalten* für *mit ihrer ganzen Person geradestehen.*

Häufig wird die Synekdoche in quasioffiziellen Verlautbarungen verwendet: *Washington hat sich noch nicht dazu geäußert* für *die Regierung der Vereinigten Staaten mit Sitz in Washington.*

Eine Kampagne in der Bundesrepublik Deutschland sprach im Jahre 2005 die Bürger und Bürgerinnen mit dem Slogan an: *Du bist Deutschland.* Noch gesteigert wurde diese Absurdität durch die Schlagzeile der Bildzeitung: *Wir sind Papst* nach der Wahl Kardinal Ratzingers zum Papst im Jahre 2005.

Antonomasie. Die Umschreibung eines Namens, z.B. *das Inselkönigreich* für *Großbritannien*, *die Alpenrepublik* statt *Österreich* oder *Spreeathen* statt *Berlin.*

6.1.2 Figuren der Hinzufügung

Die Hinzufügungsfiguren lassen sich, wie gesagt, auch bei den Ersatzfiguren einreihen. Denn „Wiederholungen" etwa sind insofern Ersatz des „treffenden Ausdrucks", als er verdoppelt wird:

Es will und will nicht Frühling werden.

Die wohl bekannteste Nutzung dieser Figur in der Werbungssprache ist der VW-Slogan: *Er läuft und läuft ...*

Dies ist die Stilfigur der **Geminatio**, der Wiederholung des gleichen Wortes. Wiederholungen sind sonst in der Sprache verpönt, weil sie dem generellen Stilgebot der Variation zuwiderlaufen.

Die beiden folgenden Belege zeigen eindrucksvoll, dass die Wiederholung sich auch ikonisch verstehen lässt. Durch die dreifache Nennung des gleichen Wortes wird nicht nur eine Ausdrucksverstärkung erzielt, sondern das damit zum Ausdruck Gebrachte wird gleichsam nachgezeichnet:

> Während Bella vorausfühlte, wie das innerliche Zittern wiederkam, während sie flehentlich dachte: Ruhe, Ruhe, Ruhe. Laßt mich doch um Gotteswillen einmal in Ruhe. (Christa Wolf, Sommerstück, S. 122)

> Hauptsächlich komme es aber darauf an, das Teigblatt dünn, dünn, dünn zu walken. Wir sahen ihr zu, welche Kunststücke sie mit dem kurzen Besenstielende betrieb, mit dem sie den Teig ausrollte, ihn schnell und geschickt vom Tisch löste, hochnahm, ihn gegen das Licht hielt, umdrehte, wieder auf den Tisch brachte und flink, flink weiter behandelte, bis er hauchdünn war und mit der Füllung beworfen werden konnte. (Christa Wolf, Sommerstück, S. 157 f.)

Reduplicatio. Wiederholung des letzten Wortes eines Satzes als erstes Wort des nächsten Satzes: *Das soll euch nicht interessieren. Interessieren muss euch etwas ganz anderes.*

Paronomasie. Wiederholung eines Wortes mit geringfügiger lautlicher Abwandlung, aber unterschiedlicher Bedeutung: *Den Einwand* [dass die meisten Professoren gewissenhaft arbeiteten] *kennen die Autoren natürlich schon, und sie beteuern, vor den guten, „tätigen" Professoren müsse man den Hut ziehen – nur vor den untätigen müsse man sich hüten.* (Süddeutsche Zeitung, 5. 3. 2007, S. 18).

Enumeratio. Die Aufzählung:

> Franziska: Wer kann in den verzweifelten großen Städten schlafen? Die Karossen, die Nachtwächter, die Trommeln, die Katzen, die Korporals – das hört nicht auf zu rasseln, zu schreien, zu wirbeln, zu mauen, zu fluchen; gerade als ob die Nacht zu nichts weniger wäre, als zur Ruhe. (Lessing, Minna von Barnhelm, 2. Aufzug, 1. Auftritt)

Enumeratio mit Klimax. Im folgenden Beispiel findet sich eine Steigerung, verbunden mit einer rhythmischen Figur, die das Ganze als Klimax erscheinen lässt: [Wenn der Schriftsteller eine Lesung hält]: *Man repräsentiert, man tritt auf, man zeigt sich der jauchzenden Menge.* (Thomas Mann, Das Eisenbahnunglück, S. 330).

Im Sommer sitzt man auf der Terrasse, abends, wenn die Kinder gottlob und endlich alle im Bette liegen, was schwer und schwerer zu erreichen ist. (Walter Kempowski, Aus großer Zeit, S. 190).

Gesünder leben, länger leben. Ebenfalls mit rhythmischer Steigerung: Wiederholungen mit Parallelismus (Werbungsanzeige).

Auch die folgende Form der Wiederholung ist eine Stilfigur: *Etwas erzählen? Aber ich weiß nichts. Gut, also ich werde etwas erzählen.* (Thomas Mann, Das Eisenbahnunglück, S. 330). *Da wandelt der Herr weiter, zufrieden mit der Wirkung seiner Person. Er wandelt sicher in seinen Gamaschen, sein Antlitz ist kalt.* (S. 331 f.). Die nächsten Sätze beginnen mit **Anaphern**: *Er ist weit entfernt von Reisefieber. Er ist zu Hause im Leben und ohne Scheu vor seinen Einrichtungen und Gewalten.* (S. 332).

Die **Wiederholungen** haben den Zweck, Eindringlichkeit zu erzielen: Als das Eisenbahnunglück geschieht, heißt es bei Thomas Mann: *Ich dachte: „Das geht nicht gut, das geht nicht gut, das geht keinesfalls gut." Wörtlich so. Außerdem dachte ich: „Halt! Halt! Halt!"* (Thomas Mann, Das Eisenbahnunglück, S. 333).

Bei der ersten Wiederholungsfigur ist außerdem noch eine Klimax zu verzeichnen.

[Ein Herr ruft:] *„Großer Gott!"* [...] *„Allmächtiger Gott!" Und um sich gänzlich zu demütigen und so vielleicht seine Vernichtung abzuwenden, sagt er auch noch in bittendem Tone: „Lieber Gott ..."* (Thomas Mann, Das Eisenbahnunglück, S. 334).

Luisa konnte spüren, wie ihr Haus, das den langen öden Winter über tot, gestrandet, festgefahren gewesen war, im Rhythmus ihres Atems mitzuatmen begann, ein dunk-

les altes Tier mit seinem struppigen Rohrdachfell. Oder eine Barke mit roten Flanken und weißumrandeten Fensterluken, in Fahrt, endlich wieder in Fahrt. (Christa Wolf, Sommerstück, S. 117).

Die Klimax ist hier nicht auf der inhaltlichen Ebene zu finden (denn die Reihung beginnt mit dem nicht mehr steigerbaren Adjektiv *tot*), sondern auf der Ausdrucksseite: die Adjektive *tot, gestrandet, festgefahren* nehmen kontinuierlich an Länge zu. Angebunden an diese Stilfigur finden sich zwei einander wiederum korrigierende Bilder.

In der **Phraseologie** liegt ein unerschöpfliches Depot von figürlichen Redeweisen bereit:

Ich habe wieder und wieder darauf hingewiesen.

Das ist noch und noch wiederholt worden.

Diese Ausdrucksweise findet sich gelegentlich noch gesteigert:

Er sagte, es drohe noch und nöcher Hochwasser (Süddeutsche Zeitung, 6. 3. 2006, W. 46).

In der Pressesprache berührt sich diese Gebrauchsweise häufig mit einer, die Anspielungen steigernd weiterführt: *Wettbewerb der allerschönsten Künste. Kunst- und Antiquitätenmesse in Maastricht* (Süddeutsche Zeitung 4./5. 3. 2006, S. 19).

Parallelismen werden zu unterschiedlichen Zwecken eingesetzt, u.a. zur Kennzeichnung von Gleichförmigkeit, zuweilen in ironischer Absicht:

> Mit seinen Reitern und Musketieren habe er zeitgemäß gehandelt, wie die hier versammelten Herren gezwungen seien, zeitgemäß zu handeln, indem sie mit ihren Huldigungspoemen Fürsten zu loben hätten, denen die Mordbrennerei geläufig wie das tägliche Ave sei, deren größerer Raub als sein Mundraub mit Pfaffensegen bedacht werde, denen Untreue praktisch wie ein Hemdwechsel sei und deren Reue kein Vaterunserlang halte. (Günter Grass, Das Treffen in Telgte, S. 151)

Parallelismen enthalten häufig eine **Klimax**:

> Diese Lippen brauchten nur zu pfeifen, – et la Prusse n'existait plus – diese Lippen brauchten nur zu pfeifen – und die ganze Klerisei hatte ausgeklingelt – diese Lippen brauchten nur zu pfeifen – und das ganze heilige römische Reich tanzte. (Heinrich Heine, Reisebilder, S. 159)

> Bertold Brecht hat mich [...] aufs tiefste beeindruckt. Jenseits seiner Selbststilisierung und Selbstinszenierung, jenseits der komödiantischsten Elemente war hier unentwegt eine souveräne, eine zielbewußte Energie zu spüren, bei aller Gelassenheit ein unverkennbarer, ein beinahe schon unheimlicher Wille. (Marcel Reich-Ranicki, Mein Leben, S. 349)

Hier finden sich Parallelführungen zweier Syntagmen (eingeleitet mit *jenseits*) und zweimal die Parallelisierung von zwei Wörtern (*Selbststilisierung, Selbstinszenierung; unverkennbarer, unheimlicher*).

In der Lyrik ist der Parallelismus ein häufig verwendetes Mittel, um die Monotonie oder die Zwangsläufigkeit zu kennzeichnen oder wie im folgenden Beispiel mit einer Abweichung von der Parallelführung am Schluss ein Überraschungsmoment herbeizuführen.

TESTAMENT

Wo ist die Kasse?
Wo ist der Stift?
Wo ist die Tasse?
Wo ist das Gift?

Da liegt ja die Kasse!
Da steckt ja der Stift!
Da steht ja die Tasse!
Da ist ja das Gift!

Sie kriegt die Kasse.
Er kriegt den Stift.
Du kriegst die Tasse.
Ich nehm das Gift. (Robert Gernhardt, Gedichte, S. 177 f.)

Hier wird zudem in der parallelen Gleichheit gleichartig variiert: die Fragesätze werden in Ausrufesätze gewendet und sodann in Aussagesätze.

6.1.3 Gegensatzfiguren

Oxymoron (im lexikalischen Bereich). *Beredtes Schweigen* und **Antithese** im größeren Zusammenhang, häufig bei Überschriften und dergleichen: *Ein Unglück, das der Freundschaft dient* mit dem Untertitel: *Fußball-EM: Azzurri niente finale* (auch als Paradoxon zu deuten) (Süddeutsche Zeitung, 20. 6. 1980).

Er stand da, hilflos und abgekanzelt, wie ein großer, kläglicher, grauhaariger Schuljunge. (Thomas Mann, Tristan, S. 202):

Hier, wie oft, kombiniert mit anderen Stilfiguren (in diesem Falle dem Vergleich).

Chiasmus. Hier wird eine spiegelbildliche Anordnung der Satzglieder gewählt. Sie kommt in gehobenen Stilschichten vor:

Das Spiel ist Leben, das Leben Spiel (Ernst Jünger, Eine gefährliche Begegnung).

Aber ich habe damals noch etwas gelernt: Es gibt Literatur ohne Kritik, aber keine Kritik ohne Literatur (Marcel Reich-Ranicki, Mein Leben, S. 343).

Innen und Außen. Außenwelt und Innenwelt, dachte Irene (Christa Wolf, Sommerstück, S. 49).

Die chiastische Figur ist gegenwärtig in einer Unzahl von Buchtiteln, Zeitungsüberschriften und Motti nachzuweisen: *Bild im Text – Text und Bild*; *Bilder des Krieges – Krieg der Bilder*; *Mit Marx für Heidegger – Mit Heidegger für Marx*; *Die Sprache der Zukunft – Die Zukunft der Sprache.*

Der inhaltliche Gegensatz wird verstärkt durch die antithetische syntaktische Form.

Als Hinzufügung werden gerne die **Epitheta ornantia** verbucht. Auch sie lassen sich deuten als Ersatz des „treffenden" einfachen Ausdrucks, der Namensnennung, durch die charakterisierende Bezeichnung:

Siegfried, der starke Held – der starke Siegfried. Solche Epitheta sind sehr häufig.

In dem oben zitierten Sportbericht (Süddeutsche Zeitung vom 20. 6. 1980) wird von der *tückischen Abseitsfalle der Flamen* gesprochen, wiederum gestützt durch eine andere Stilfigur, nämlich das Bild *die Maginot-Linie ihrer Verteidigung.*

Weiter wird in diesem Artikel vom *herzlosen Abblocken italienischer Talentstreiche* gesprochen, wo mit *herzlos* kein schmückendes, sondern ein charakterisierendes Beiwort vorliegt. Wenn in charakterisierenden Nomina eine Namensvariation gegeben ist, dann zeigt sich besonders klar, dass auch die Figuren der Hinzufügung eigentlich Ersatzfiguren sind.

So heißt es in demselben Artikel: *Auch dem Papst, diesem einzigen Publikumsmagneten im Lande, war eine gewisse Veränderung des Massenverhaltens nicht verborgen geblieben.*

Zeugma. Hier werden zwei nicht zueinander passende Glieder an ein Verb angeschlossen:

Mit welcher Energie er Bücher gestohlen hatte, bei sich einen Handkoffer mit Schlitz im Boden, und mit welcher Ordnungsliebe er die vielen gestohlenen Bücher später aufstellte oder wie stolz es ihn machte, nachts Taxi zu fahren, Wittgenstein im Schoß und die Unterhaltspflicht im Nacken. (Bodo Kirchhoff, Parlando, S. 96 f.).

Kombiniert wird das Zeugma hier mit der Parallelführung der Prädikate.

Im Grunde war es die richtige Pistole für Damen, ähnlich wie die legendäre FN Baby, die in jeder Handtasche und einer Reihe englischer Kriminalfilme Platz hatte. (Frank Schätzing, Lautlos, S. 165).

Endreim und Stabreim

Im weiteren Sinne lassen sich zu den Stilfiguren auch phonetische Stilistika rechnen. Vor allem ist die Stabreim- und die Endreimtechnik auf einer den Wortbereich übergreifenden Ebene eine „Wiederholung". Vorkommensbereiche sind außer der Literatur heute vor allem die Werbungssprache, aber auch Beschreibungstexte, bei denen allerdings sehr schnell die Grenze des Erträglichen überschritten werden kann. Dies gilt vor allem für den **Stabreim**, der sich in der Alltagssprache auch trefflich parodieren lässt.

Und gleißend und glitzernd in glühendem Glanz glimmt wie Verheißung das betörende Grün des Daches. (Münster in alten Ansichten, S. 24).

Schabst du das Schello, schäbiger Schuft? – Ich gichte die Geige, geifernder Gauch.

Während der erste Beleg ernst gemeint ist – er stammt aus dem S. 29 zitierten Text, der den Münsterschen Domplatz beschreibt – ironisiert der zweite die altertümelnde Sprache Richard Wagners.

Zweifellos ist es ironische Distanzierung, wenn es bei Thomas Mann im ‚Tristan' heißt: *In dieses „take care" mußte zärtlichen und zitternden Herzens jedermann innerlich einstimmen, der sie erblickte.* (S. 172).

Der **Endreim** ist dagegen, schon weil er die seit dem Spätalthochdeutschen herrschende phonetische Bindungsform literarischer Sprache ist, wesentlich weniger anstößig, ja in der Lyrik war er so obligatorisch, dass zunächst (im 18. Jahrhundert) das Abgehen davon das eigentlich Auffällige war. Gebundene, gereimte Sprache ist die Sprache, die nur in der Dichtung erwartet wird, in allen anderen Funktionalstilen ergeben sich starke bis krasse Stileffekte. Davon lebt das Kabarett. Ein Beispiel aus dem „Dritten Exil-Programm" der „Pfeffermühle" von Erika Mann:

Das Megaphon

In jener Welt, die Lüge heißt,
Bin ich schon lange tätig.
Ich habe weder Hirn noch Geist.
Doch das ist heut nicht nötig.
Ich hetze hier, ich hetze dort
die Menschen aufeinander.
Ich stehe stramm bei jedem Wort
Im Dienst der Propaganda.

Ich bin kein Mensch, seht mich nur an,
Bin nur ein Megaphon, das spricht.
Ein Mund aus Blech, der schreien kann.
Doch selber denken kann ich nicht. (Erika Mann, Die Pfeffermühle, S. 127)

Die metaphorischen Bezüge, die die Zuschauer und -hörer herstellen müssen, ergeben sich aus der genauen Zeitsituation. Hier ist es die nationalsozialistische Propaganda, die durch die Megaphon-Verfremdung beklemmend deutlich wird. Dass die Reime „unrein" sind (*tätig*: *nötig*; *aufeinander*: *Propaganda*) unterstützt die kritische Absicht.

In der gegenwärtigen Lyrik wird der Wiederholungseffekt des Reims wiederum als kabarettistischer Bezug genutzt, um „Gleichheiten" (mit einem Überraschungseffekt am Schluss) zu signalisieren. Aus den vielen mit diesem Effekt arbeitenden Gedichten Robert Gernhardts sei eines herausgegriffen:

GELUNGENER ABEND

Kommst du mit rein?
Aufn Schluck Wein.
Setzt du dich hin?
Aufn Schluck Gin.
Bleibst du noch hier?
Aufn Schluck Bier.
Gehn wir zur Ruh?
Aufn Schluck Du. (Robert Gernhardt, Gedichte, S. 314)

6.1.4 Figuren der Auslassung

Der **Anakoluth**, die Unterbrechung der Satzkonstruktion, ist eine der häufigsten Stilfiguren. Sie begegnet in der Alltagskommunikation, aber auch in der schönen Literatur: [*I*]*ch weiß nicht –, du wärst heruntergekommen wie sonst auch, vielleicht hättest du eine spöttische Bemerkung über meine Haarspange gemacht* [...], *mehr nicht, du hättest nicht zugelassen, daß sich dein eigener Blick vor dem meinen entzündete, dafür war ich für dich zu ... ich weiß nicht, jedenfalls hättest du das damals niemals zugelassen* [...]. (Pascal Mercier, Der Klavierstimmer, S. 72).

Die **Ellipse** ist ebenfalls in vielen Funktionalstilen vertreten. Sie wird in der Dichtung gern verwendet, um das Erzählte zu verlebendigen: *Hyazinth, geh jetzt zu – ... Ich weiß schon – ... Du weißt nicht, sage ich dir, Hyazinth* – (Heinrich Heine, Reisebilder, S. 302).

All dieser Unsinn. Die romantische Liebe als Lebensersatz. All das. Aber die Liebe sei doch. Aber wolle sie denn ganz ohne. Aber kenne sie denn nicht auch. Merkwürdigerweise waren es die Männer, die Jenny attackierten. (Christa Wolf, Sommerstück, S. 98).

Auch im Drama kommt sie vor:

Just: Schurke von einem Wirt; Du, uns? – Frisch, Bruder! – Schlage zu, Bruder! (Er holt aus und erwacht von der Bewegung.) He da! schon wieder? (Lessing, Minna von Barnhelm, Erster Aufzug, Erster Auftritt).

Bei diesen Beispielen handelt es sich um die Ellipse als Stilform in literarischen Texten. Dass elliptische Ausdrucksweisen in anderen Funktionalstilen anders zu beurteilen sind, steht außer Frage. Wie in Kapitel 5.4.1 ausgeführt, sind die Ellipsen in der Alltagssprache reguläre Ausdrucksweisen, die nicht als „Abweichungen“ zu deuten sind.

Eine Sonderform ist die **Aposiopese**, das plötzliche Verstummen, mit dem starke Betroffenheit zum Ausdruck gebracht werden soll: ... *ist es mir doch lieb, wenn ich mal wieder gutes Deutsch sprechen kann mit einem Gesichte, das ich schon einmal in Hamburg gesehen, und denke ich an Hamburg – Hier ... wurden des Mannes Äuglein flimmernd feucht* ... (Heinrich Heine, Reisebilder, S. 301).

Ein weiteres Beispiel:

> „Wie geht's?“
> „Da denk ich gar nicht über nach ...“
> „Was macht Ihr Mann?“
> „Ach, wissen Sie ...“ (Walter Kempowski, Aus großer Zeit, S. 143 f.)

Hier liegt „beredtes Schweigen vor“: Was gesagt werden könnte, ist klar. Und das ist es auch bei allen anderen Auslassungen. Das zeigen auch Beispiele wie: *dass dich der* ... oder *Ich werd euch* ...

6.1.5 Figuren der Umstellung

Anastrophe. Die Anordnung von Wörtern in anderer als der normalen Reihenfolge:

ich hatte nur hei:mweh ganz schreckliches (Schwitalla, Kommunikative Stilistik, S. 78).

Werden erzählte Geschehnisse in umgekehrter Reihenfolge wiedergegeben, dem **Hysteron proteron**, wird eine paradoxe Situation simuliert: *Ihr Mann ist tot und lässt Sie grüßen* (Goethe, Faust).

Prolepsen ziehen das Referenzobjekt nach vorn: *Erinnerst du dich an den Strand von Alassio, wie ruhig es da noch war?*

Weitere Stilfiguren sind:

Die **Parenthese**. Sie kommt in allen Funktionalstilen und Textsorten häufig vor. Mit ihr werden sukzessive Konstruktionen umgangen. „Die Aussage wirkt ungezwungen, aus dem Stegreif gesprochen, lebendig." (Schneider 1969, S. 494). Im folgenden Beispiel wird sie mit einem Vergleich, der fast auf ein Zeugma verkürzt ist, kombiniert: *So belehrt, wolle er in die Kunst, wie grad durchs Fenster, den Einstieg finden und – falls die Musen geneigt – zum Dichter werden* (Günter Grass, Das Treffen in Telgte). - Nachträge der folgenden Art, mit denen sich Verknappungen erzielen lassen, werden ebenfalls als Stilfiguren aufgefasst: *Dann setzte er sich: erleichtert* (Günter Grass, Das Treffen in Telgte, S. 68).

Polysemie als Wortspiel. Dies ist derzeit eine besonders beliebte Stilfigur, wofür die Verse aus einem Gedicht von Robert Gernhardt und die Artikelüberschrift aus einer Zeitung Beispiele sind:

> Der eine liest die Iren.
> Der andre liest die Briten.
> Ein dritter liest die Russen.
> Der Grass liest die Leviten. (Robert Gernhardt, Gedichte, S. 406)

Weißblau in der Krise. Stoiber geht, Seehofer geht fremd, und eine Landrätin geht allen auf die Nerven – was ist eigentlich mit Bayern los? (Frankfurter Allgemeine Sonntagszeitung, 11. März 2007, S. 59).

Rhetorische Frage

Muß man alt werden, um den „Lear" zu begreifen, zu bewundern? Muss man jung sein, um sich für „Romeo und Julia" zu begeistern? (Marcel Reich-Ranicki, Mein Leben, S. 120). In diesem Beispiel wird die rhetorische Frage mit weiteren Stilfiguren verbunden, dem Parallelismus (hier: zwei gleich gebaute Sätze) und der Antithese (alt – jung) und schließlich der asyndetischen Klimax: *zu begreifen, zu bewundern.* Die Häufung solcher stilistischer Maßnahmen könnte den Verdacht erwecken, dass hier des Guten zu viel getan wird. Das Gegenteil ist der Fall. In diesem meisterlichen Text werden solche Häufungen an Kulminationspunkten der Erzählung eingesetzt und verdichten das Gesagte.

Bisweilen wird die rhetorische Frage auch als solche markiert. Im Bericht über einen jugendlichen Brandstifter heißt es:

> In diesem Lebenslauf reiht sich Desaster an Desaster. Christian H. [...] hat die Schule nicht geschafft, Ausbildung abgebrochen und Beziehungen nicht ausgehalten. Den Ärger, der deswegen in ihm wuchs, ließ er an anderen aus; er schimpfte, droht prügelte. Der Psychiater [...] ließ seine Expertise in eine rhetorische Frage münden: „Was könnte wohl stärkerer Ausdruck eines Scheiterns sein, als dass ein Feuerwehrmann Brände legt?" (Süddeutsche Zeitung, 16. 2. 2007, S. 10)

Correctio. Die Verbesserung der eigenen Aussage: *da warn jede menge plätze frei in der reihe vo"r uns un eh * #gu"t da saß eben der König mit seiner frau↑# + * gell → u"nd mich laust der affe nach der pause wer setzt sich da hin↑die frau Schneider direkt# neben* (Schwitalla, Kommunikative Stilistik, S. 111). Verbunden ist das hier mit einer Exclamatio, einem erstaunten Ausruf. Beides ist in der Alltagssprache nicht selten. Weil es die dialogische Form simuliert, wirkt das Erzählte lebendiger.

Das **Tabu,** das zum Beispiel die Nennung des Teufels, die Anführung von Grobianismen – die übrigens zu Recht in manchen Stillehren als Stilfiguren aufgeführt werden – verbietet, unterstreicht die Wichtigkeit, das heißt die kommunikative Bedeutung des Verschweigens.

In der rhetorischen Tradition werden noch erheblich mehr Stilfiguren verbucht. Eine so gut wie vollständige Auflistung findet sich bei Lausberg (1973). In unserer Zusammenstellung sind die wichtigsten aufgeführt. Zusammenfassend lässt sich über die Stilfiguren sagen: Sie sind kein bloßer äußerlicher Schmuck, mit dem ein Text auf der Ausdrucksseite verschönt werden soll; Stilfiguren sind, wie alle Stilmerkmale, immer funktional bedingt. Da sie in der rhetorischen Tradition seit jeher beachtet werden, ist der Blick für sie besonderes geschärft. Sie sind nicht auf die literarischen Textformen beschränkt, sondern sie treten in allen Funktionalstilen auf. Während in den literarischen Textsorten ihr konkreter Sinn nicht einfach vorausgesagt werden kann, haben sie in anderen Funktionalstilen einheitlichere Bedeutung. Sie verstärken auch hier die Aussage, geben aber gleichzeitig oft ein distanzierendes Signal. Häufen sie sich, lässt sich auf Ironie, Vorbehalte oder Kritik schließen.

6.2 Gegenwärtig aktuelle Stilfiguren

Als Beleg für die Häufigkeit und Reichhaltigkeit, Aktualität und den ‚Witz', der mit Stilfiguren und anderen Stileffekt erzielenden Mitteln vermittelt wird, sollen hier nur die Überschriften von Texten aus einem einzigen Exemplar einer Tageszeitung (Süddeutsche Zeitung vom 13. 2. 2007) angeführt werden. Sie zeigen das ganze Spektrum der Möglichkeiten, wie mit figürlicher Redeweise ausdrucksseitige Verstärkungen gegeben werden können. Unterstellt ist dabei, dass die gewählte sprachliche Form „treffend" ist, das heißt, dass sie den Inhalt auf der Ausdrucksseite so nachzeichnet, dass die Ausdruckselemente mit dem Inhalt in Einklang stehen.

Wühlen bis zur Wahrheit (S. 4). Kommentar zu den Ausgrabungen am Felsendom in Jerusalem. Alliteration.

Mühsame Modernisierung (S. 4). Kommentar zum Disput in der CSU. Alliteration.

Einmal Russen-Quote und zurück (S. 9). Bericht über das Hin-und-Her in Kitzbühel in Bezug auf Gäste aus Russland. Anspielung auf eine Fahrkartenbestellung.

Der Pate und die Pizzini (S. 10). Bericht über den Mafia-Boss Bernardo Provenzano. Alliteration.

Es gibt sie nicht, die guten Dinge (S. 11). Überschrift über eine Design-Ausstellung in Frankfurt mit Anspielung auf den Slogan der nostalgischen Versandfirma „Manufactum": *Es gibt sie noch, die guten Dinge.* Hier liegt zudem die Stilfigur der Prolepse vor.

Monumentale Momentaufnahme (S. 11). Alliteration.

Wir sind nur der Atem des Staubs (S. 11). Überschrift eines Artikels mit dem Bericht über das Leben in Kairo. Personifikation und Paradoxon.

Der Versuch der jungen Dame (S. 13). Bericht über die Düsseldorfer Regisseurin Amélie Niermeyer. Anspielung auf das Drama von Friedrich Dürrenmatt *Besuch der alten Dame.*

Krieg der Spermien (S. 16). Anspielung auf den Film-Titel *Krieg der Sterne.*

Die Bibel fährt U-Bahn (S. 14). Paradoxe Personifikation.

Ein Ohr für Indien (S. 17). Bericht über das Engagement der Mobilfunk-Konzerne in Indien. Synekdoche.

Handys für Milliarden (S. 20). Bericht über Übernahme-Aktionen des Vodafone-Konzerns. Doppeldeutigkeit: Menschen oder Geldsumme.

Ratlos im Regen (S. 37). Bericht über eine Ortsbegehung des Münchener Stadtrats. Alliteration.

Geißeln für Gott (S. 39). Bericht über die Gemeinschaft Opus Dei. Alliteration.

Du sollst dir ein Bild machen (S. 41). Bericht über eine Gerhard-Richter-Ausstellung. Anspielung auf die gegenteilige Formulierung des Zweiten Gebotes (2. Mose 20,4).

So alt, so gut (S. 41). Ankündigung einer Radio-Sendung über Seasick Steve. Anspielung auf die Sentenz *So weit, so gut.*

Korrekturen am Konzept (S. 55). Alliteration.

Vom Stall zur Haute Couture (S. 55). Klimax.

Wie schwitzig ist dies Händchen (S. 56). Bericht über eine Inszenierung. Anspielung auf die Arie aus ‚La Bohème' *Wie eiskalt ist dies Händchen.*

Die Figuren finden sich in allen redaktionellen Teilen. Ob ihre Verwendung gelungen ist, ließe sich nur durch Bezug auf die jeweiligen Artikel prüfen. Dabei müsste z.B. gefragt werden, ob der Ausdruck *Wühlen* für archäologische Ausgrabungen angemessen ist, oder ob die mit dem Wort verbundenen negativen Assoziationen hier wirklich gewollt sind. Erst in der Zusammenstellung fällt auf, wie stark die kulturelle Tradition dabei durchschlägt, insbesondere biblische Anspielungen werden hier und auch sonst gern gewählt, um eine Aussageverstärkung zu erreichen, die auch paradoxe Bezüge einschließt. Solche Anspielungen gehen mit Sicherheit nicht ins Leere, was sich bei einigen anderen, die breite kulturelle Kenntnis voraussetzen, nicht immer sagen lässt.

Zusammenfassung

Die Stilfiguren sind Musterbeispiele für die Wirkung stilistischer Prozeduren überhaupt. Denn sie zeigen, dass Stil mit Durchbrechung der Normen zu tun hat. Allerdings handelt es sich bei den Stilfiguren um „zugelassene Verletzungen" der Normen. Stilfiguren sind einem begrenzten Vorrat an Mustern entnommen. Mit ihnen werden immer Stileffekte erzielt. Daher sind sie funktionalstilistisch kaum beschränkt. Während ihr Vorkommen früher auf „höhere Textsorten" begrenzt war, lassen sie sich heute überall nachweisen. Bei den Rezipienten setzen Stilfiguren häufig die Kenntnis der Muster und Typen voraus. Einige, die auch in der Alltagssprache vorkommen, vor allem die Hyperbel, erscheinen auch spontan und sind leicht zu erkennen. Ihr Einsatz muss, wie bei allen Maßnahmen, mit denen Stileffekte erzielt werden, dosiert erfolgen.

Weiterführende Literatur: Eine vollständige Übersicht über die Stilfiguren gibt **Lausberg (1973)**. Aber auch in so gut wie allen älteren Arbeiten zur Stilistik werden die Stilfiguren ausführlich dargestellt. Klassifikationen und Beispiele, vor allem aus der modernen deutschen Dichtung finden sich u.a. bei **Sowinski (1988**, S. 255–270**)**, **Michel (2001**, S. 436–439**)** und **Fix/Poethe/Yos (2001**, S. 56–61**)**. **Wolf (2000)** behandelt Texte, die als Ganzes Bilder darstellen.

7 Normative Stilistik

7.1 Das Problem der Wertung bei der Stilanalyse

Von jeher sind mit Stilbestimmungen Aussagen über das Gelungensein – oder das Misslingen – einer sprachlichen Äußerung beabsichtigt. Auch der funktionalstilistische Ansatz ist so zu verstehen: Ob ein schriftlicher Text oder eine mündliche Äußerung als im Rahmen eines bestimmten Funktionalstils als adäquat anzusehen ist oder aber nicht, steht immer hinter den Bemühungen, Stil funktional nach sprachlichen Vorkommensbereichen zu klassifizieren und damit die Angemessenheit der verwendeten Formen zu bestimmen.

Dem pragmatischen und durch die Konventionen bestimmten Raster der Funktionalstile sind die Vertextungsmuster vorgeschaltet. Wenn man bestimmte Stilzüge der Sprache als Ausfluss der Zugehörigkeit zu einer dominanten Vertextungsstrategie deutet, erklärt man damit auch ihr Gelungensein, wenn die vertextungsstrategischen Bedingungen eingehalten sind. Alles erklären heißt aber nicht alles entschuldigen, auch wenn die Stilistik in erster Linie eine deskriptive Disziplin ist. Umso dringlicher stellt sich die Frage: Woher werden die **Wertungskriterien** genommen?

Diese Frage wird in den meisten normativen Stilistiken überhaupt nicht gestellt, sondern die Verfasser argumentieren aus einem als unbezweifelbar vorausgesetzten Stilgefühl heraus, das sich auf Konventionen, auf Zeitströmungen beruft, die entweder positiv oder – häufiger – negativ gesehen werden und denen man mit der Berufung auf gesicherte Traditionen des Formulierens begegnen will. Schon bei dem in Kapitel 4 herangezogenen Text von Eduard Engel war zu erkennen, dass es meist gewisse Annahmen über die „wahre Natur" der deutschen Sprache sind, die zu Stilrezepturen führen.

Welches die bestimmenden Kräfte in einer Sprache sind, lässt sich nur durch sorgfältige Beobachtung, durch Vergleiche feststellen. Es wäre zweifellos nicht sinnvoll, ein rein statistisch-quantitatives Bewertungssystem aufzubauen. Aber eine gute **statistische Basis** wäre schon sehr hilfreich: Genaue Aussagen über die Satzlänge in verschiedenen Textsorten, über den Umfang von Nominalphrasen, über Ausklammerungen, Attribute oder Kombinationen dieser Formen als Grundlage für individuelle Bewertungen könnten viele Annahmen versachlichen. Solche Untersuchungen gibt es bislang nur in Ansätzen (vgl. z.B. Winter 1961, Admoni 1973, Braun 1998 und Sommerfeldt 1988). Sie ersetzen zudem auch nicht die vorzunehmende individuelle Bewertung. Diese muss viele Faktoren einbeziehen.

Stilkritiker aber sind, wie angedeutet, meist der Tradition zugewandt: Sie möchten nicht, dass Verstöße gegen die Normen vorgenommen werden. All die Sprachglossen in den Zeitungen und die dann als Bücher herausgegebenen Zusammenfassungen davon brandmarken solche Verstöße gegen das Herkömmliche. Neubildungen, Fremdwörter, Modeausdrücke verstoßen nun aber im Sinne des Schemas vom „treffenden Wort" ausdrücklich und zwangsläufig dagegen. Sie repräsentieren die eine Seite des Januskopfes „Stil".

Stilistisches Gelingen verlangt immer auch eine gewisse Risikobereitschaft. Wer zu vorsichtig ist, versteckt sich hinter einer Maske. Durch ausschließlich auf die Tradition gegründete **Stilkritik** wird so etwas abgewürgt. Doch das, was bei den Anzeigentexten, in der Wirtschaftssprache oder bei den modischen Ausdrücken überhaupt am meisten stört, ist nicht das individuelle Abweichen vom Herkömmlichen. Ausdrucksweisen wie *Da werden Sie geholfen* oder *sau-, sau- saubillig* werden nicht nur toleriert, sondern sind offensichtlich erfolgreich, weil sie als witzig empfunden werden und weil sie punktuelle Effekte abgeben. Kritik findet sich eher, wenn sich Werbetexter, Wirtschaftsrepräsentanten oder Politiker gänzlich an aktuelle modische Ausdrucksweisen anpassen. Wenn ein Wirtschafts- oder Werbetext von Anglizismen und aktuellen Hochwertwörtern strotzt, lässt sich vielleicht davon sprechen, dass er „einheitlich" ist und damit formal der Anforderung stilistischen Gelingens, wie es in Kapitel 1 benannt wurde, genügt. Modische Ausdrucksweisen passen sich den gerade geltenden Trends an, und die Textsorten, in denen sie dominieren, wie die Werbetexte und Verlautbarungen mancher Politiker, erwecken dann fälschlich den Anschein, als wären diese Ausdrucksweisen bereits der gültige Standard oder gar nachahmenswert.

Diesem Eindruck versucht seit jeher die Stilkritik entgegenzutreten. Textsortenbedingungen allein können nicht die Wertungskriterien an die Hand geben. Stilbewertung ist ein Prozess, der in einem ‚Wertungsverbund' vorgenommen werden muss. Worauf es dabei ankommt, ist, stiltheoretische und -praktische Aspekte einzelner, individueller Texte zu analysieren, zu interpretieren und auf die Produktion gegebenenfalls zu übertragen.

Das finden wir zwar in den meisten älteren, normativen Stilistiken. Was aber daran stört, sind die nicht hinterfragten Grundinstanzen, auf die man sich dabei beruft: *das* Deutsche, *die* Gebildetensprache, *das* Alte. Die aus den Stilattributen noch zu nennenden Parameter der Angemessenheit und der Variation sind auf jeden Fall noch mit einzubeziehen. Doch vor allem gilt: Jede Stilbewertung ist eine individuelle, keine pauschale Maßnahme. Sie ist ein **Urteil**, sozusagen in erster Instanz. Das heißt revidierbar, anfechtbar, aufhebbar.

Aber natürlich kann es auch Urteile geben, die man annimmt.

7.2 Ausgewählte Ansätze der normativen Stilistik

Im Folgenden werden drei Bereiche normativer Stilistik behandelt: Anhand der ‚Stilkunst' von Ludwig Reiners soll die Zeitgebundenheit von Stilidealen charakterisiert werden. Aus den oftmals schulmeisterlichen Passagen seines Buches müssen die zeitlos gültigen Stilempfehlungen erst herausgelöst werden. – Mit dem Heranziehen der Bücher von Bastian Sick kann gezeigt werden, dass „guter Stil“ nicht einfach auf Sprachrichtigkeit heruntergeschraubt werden kann. Eine Sprache ist immer in dynamischer Bewegung. Was heute (noch) ein sprachlicher Verstoß ist, kann morgen schon zum System gehören. – Schließlich wird auf funktional angemessene stilistische Ratschläge eingegangen.

7.2.1 Sprachkritik mit der Berufung auf den Volksgeist

Ludwig Reiners (1976): Stilkunst. Ein Lehrbuch deutscher Prosa. München: Beck. (Erstauflage 1943).

Dieses Buch ist neben der ‚Stilfibel‘ von Reiners (1970) das bei weitem einflussreichste stilistische Werk im Deutschen. Es wurde 1991 von Stephan Meyer und Jürgen Schiewe gründlich überarbeitet und neu herausgegeben. Herangezogen wird im Folgenden die Auflage von 1976.

In diesem Abschnitt soll es nicht um eine Rezension des Buches gehen; sondern es soll an ausgewählten Beispielen das Problem der **Norm in der Stilistik** behandelt werden. Hier lässt sich sehr gut zeigen, was die herkömmliche Norm-Diskussion nicht bedacht hat, wenn sie pauschale Vorschriften für die Handhabung des Stils gibt. Allerdings finden sich gerade bei Reiners treffende Beobachtungen und viele Grundeinsichten in das Wesen der Stilistik, die es aus den zeitgebundenen Aussageweisen herauszulösen gilt.

Als Beleg für die Ansicht, dass sich in der normativen Stilistik starke **Traditionsströme** aufzeigen lassen, sei hier zunächst angeführt, dass bei Reiners wie bei Engel (vgl. S. 96 f.) auf die mangelnde Fähigkeit der Deutschen hingewiesen wird, gute Prosa zu schreiben, während doch sonst die Deutschen zu außerordentlich hohen Kulturleistungen fähig seien. Bei Reiners sind es vor allem die Gelehrten mit ihrem papiernen Stil, die Zielscheibe der Kritik werden. Das ließe sich zunächst eingrenzen auf den Funktionalstil der Wissenschaft.

Ebenfalls nicht im Detail soll hier auf Reiners' Bezug auf die „inhaltbezogene Grammatik“ eingegangen werden: Reiners ist stark der Anschauung verhaftet, dass die Sprache gedankenprägend sei. Zwei Sprachen seien danach zwei Weltsichten (S. 13). Nur seine These vom Sprachverfall, die er damit verbindet, sollte ein wenig genauer betrachtet werden. So heißt es: „Von der Verfassung, in der sich eine Sprache befindet, hängt es ab, was in ihr gedacht und gesagt wird. Eine saftlose Sprache bedeutet ein verwaschenes Denken. Jeder Verfall des Volksgeistes schlägt sich in der Sprache nieder, jede Krankheit der Sprache zieht den Volksgeist mit herab.“ (S. 13). Wir dürfen vermuten, dass dieser Stil-Arzt, der die Krankheiten diagnostiziert, nicht an Symptomen herumkurieren will, sondern das Volksganze heilt oder zumindest heilen will.

Damit sind wir bereits zu einem kritischen Bewertungsstandpunkt gelangt: Wenn Reiners in seinem Einleitungskapitel, „Vorfragen“ überschrieben, auf die Diagnose des Sprachverfalls zu sprechen kommt, legt er das Wesen der deutschen Sprache dar am Vergleich mit anderen Sprachen. Grund für den Verfall ist auch ihm, wiederum wie Eduard Engel, die Orientierung an fremden Sprachen, besonders am Französischen und am Latein. In Schule und Wissenschaft vor allem habe das Latein bis in die Mitte des 19. Jahrhunderts geherrscht. „Diese Zeit der sprachlichen Fremdherrschaft hat die deutsche Umgangssprache entkräftet und verseucht. Furchtbare Narben und Wundmale sind dem deutschen Sprachkörper aus jenen Jahrhunderten verblieben!" (S. 26). Die gelte es zu heilen.

Zunächst legt Reiners nun dar, dass Ausdruck der Gedanken, ihre Form, ihre Präsentation nichts Irrelevantes sei. Beides gehöre zusammen – dem ist sicher zuzustimmen. „Ein unzureichender Stil schadet dem Schreiber noch mehr als dem Leser. Die Form ist der Prüfstein für den Inhalt." (S. 41). Er fasst das durchaus in dem Sinne, wie Stil als Ausdruck (im Sinne der Zeichentheorie) verstanden werden sollte: „Die Form ist ja kein Kleid, das sich jedermann nach Belieben umhängen könnte. Die Form ist die **Kontur des Gehaltes**, die Leiblichkeit des Gedankens. Der Gehalt kommt erst zur Welt, indem er sich in den Worten verkörpert." (S. 42).

Daraus wird bei ihm (implizit) zweierlei abgeleitet: ein subjektives Phänomen und ein objektives:

1. Stil ist ein individuelles Gestaltmerkmal: Die Form muss gestaltet sein, nicht Schablone eines – dann – belanglosen Inhalts. „Gestaltet" ist im Sinne von „verantwortet" zu verstehen.

2. Stil muss angemessen sein: Es gibt keine pauschalen Stilanweisungen, weil es unterschiedliche sprachliche Bedürfnisse gibt.

1. und 2. widersprechen sich nicht, wie es zunächst scheinen könnte: Denn wenn die Dinge angemessen dargestellt würden, müsste sich, so könnte man folgern, der sprachliche Ausdruck gleichsam von selbst ergeben. Nein, der Schreiber oder der Sprecher hat die unterschiedlichen Anforderungen zunächst einmal zu erkennen. Insofern ist diese Sicht mit anderen – funktionalstilistischen – Sichtweisen in Deckung zu bringen. Weiter ist die individuelle Komponente so zu verstehen, dass die Möglichkeiten der deutschen Sprache voll ausgeschöpft werden.

Reiners fragt sodann, ob das lehrbar sei – das sei es zweifellos, aber: „Der Vers Wilhelm Buschs ‚Das Gute – dieser Satz steht fest – ist stets das Böse, was man lässt' mag in der Ethik bestritten sein: für die Stillehre gilt er unbedingt" (S. 57). Fehler seien zu vermeiden. Aus den **Stilrezepten**, die Reiners gibt, greife ich die folgenden Gesichtspunkte heraus:

Stets sei der besondere dem allgemeinen Ausdruck vorzuziehen. Dafür eines der Beispiele, die Reiners anführt:

Schlitten um Schlitten fährt bei dem Palast vor. Ein plötzlicher Halt, daß die Pferde ausgleiten; die Leute steigen aus den Schlitten; im großen Bogen schwingt der pelzgekleidete Kutscher die Peitsche über die Pferde; schweratmend mit lebhafter Bewegung fangen sie wieder an zu laufen, rennen weiter und sind in der dichten Schneenacht nicht mehr zu sehen.	Troika um Troika fegte vor das Tor des Palastes. Ein Ruck, daß sich die Rosse auf die Hinterbacken setzten – die Schlitten leeren sich – weit ausholend knallt der pelzvermummte Kutscher über das Dreigespann – schnaubend und schlagend springen die Rosse ins Geschirr, fliegen hinein ins Schneetreiben, das sie verschluckt. (Schmückle)

Unschwer lässt sich erkennen, welchem Text die Sympathien Reiners' gelten; es ist der rechte. Statt des allgemeinen Verbs *fahren* solle also besser *fegen + vor*, statt des allgemeinen Substantivs *Schlitten* das genauere *Troika*, statt des usuell möglichen Adjektivs *pelzgekleidet* das **genauer charakterisierende** *pelzvermummt* genommen werden. (S. 73). Da im zweiten Text eine merkliche Übercharakterisierung erfolgt, fragt man sich allerdings, ob hier nicht gegen das Gebot der Sparsamkeit in der Verwendung der stilistischen Mittel verstoßen wird.

Halte man sich nicht daran, den angemessenen Ausdruck, der stets der besondere sei, zu wählen, schreibe man im „Wauwau-Stil" (S. 68), wie das kleine Kind, das alles, was läuft, als „Wauwau" bezeichnet. Daraus sei zu folgern: Nur wer wirklich erwachsen ist, wer „die Welt kennt", der beherrsche die Sprache aktiv. Hier wird eine Erklärung für die Konzeption vom „treffenden Wort" angeboten, die sich aus dem System der Sprache ableiten lässt: Weil die Fülle der Bezeichnungen gleichsam bereitliegt, dürfen wir schließen, dass damit Bedeutungsnuancen zum Ausdruck gebracht werden sollen, die wir dann auch verwenden sollen. Diese Auffassung unterstellt, dass im Wortschatz einer Sprache die Ausdrucksmöglichkeiten virtuell vollständig repräsentiert sind.

Während wir bei den Wörtern also die Fülle der Möglichkeiten einfach nur kennen müssen, um uns stilistisch angemessen ausdrücken zu können, ist im Bereich der **Wortstellung** die Klammerform des deutschen Satzes eine tückische Falle. Hier führt Reiners das bekannte Beispiel aus der Kritik von Mark Twain an:

> Er reiste, als die Koffer fertig waren und nachdem er Mutter und Schwester geküßt und nochmals sein angebetetes, einfach in weißen Musselin gekleidetes, mit einer frischen Rose in den sanften Wellen ihres reichen braunen Haares geschmücktes Gretchen, das mit bebenden Gliedern die Treppe herabgeschwankt war, um noch einmal sein armes gequältes Haupt an die Brust desjenigen zu legen, den es mehr liebte, als das Leben selber, ans Herz gedrückt hatte, ab. (S. 93)

Er fügt hinzu:

> Man denkt dabei unwillkürlich an jene Zahnärzte, die, nachdem sie den Zahn mit der Zange gefaßt und einen dadurch in den höchsten Grad atemloser Spannung versetzt haben, sich hinstellen und einem in aller Behaglichkeit eine langweilige Geschichte vorkauen, ehe sie den gefürchteten Ruck tun. In der Literatur und beim Zahnausziehen sind Einschaltungen gleich übel angebracht. (S. 94)

Wenn es auch eine funktionalstilistische Rechtfertigung für die verschachtelten Sätze geben mag, worauf in Abschnitt 5.4.3.1 eingegangen wurde, so ist Reiners hier dennoch zuzustimmen: Bei dermaßen ineinander verwobenen Sätzen wird die Übersichtlichkeit, ja die Verständlichkeit gravierend beeinträchtigt. Sätze sollen in kommunikativer Hinsicht vor allem eine klare Thema-Rhema-Verteilung aufweisen (vgl. Kapitel 2.1.2 und 5.5.3.1). Diese ist aber nur dann zu erkennen, wenn die Sätze eine bestimmte Länge nicht überschreiten. Bei dem von Mark Twain konstruierten Satz aber sind so viele Neuansätze und Unterbrechungen vorhanden, dass die Hörer-/Lesersteuerung völlig unklar wird. Dass andererseits Abhängigkeiten, Gewichtungen in der Setzung der Ausgangspunkte und der daran angeschlossenen Rhemagipfel wichtig sein können, darf aber nicht gänzlich bestritten werden. Eine pauschale Ablehnung eingelagerter Konstruktionen sollte nicht vorgenommen werden.

Was den „**Bandwurmsatz**“ betrifft, so führt Reiners ein ebenfalls bekanntes Beispiel an, die Definition der „Eisenbahn“ durch das deutsche Reichsgericht:

> Eine Eisenbahn ist ein Unternehmen, gerichtet auf wiederholte Fortbewegung von Personen oder Sachen über nicht ganz unbedeutende Raumstrecken auf metallener Grundlage, welche durch ihre Konsistenz, Konstruktion und Glätte den Transport großer Gewichtsmassen beziehungsweise die Erzielung einer verhältnismäßig bedeutenden Schnelligkeit der Transportbewegung zu ermöglichen bestimmt ist, und durch diese Eigenart in Verbindung mit den außerdem zur Erzeugung der Transportbewegung benutzten Naturkräften – Dampf, Elektrizität, tierischer oder menschlicher Muskeltätigkeit, bei geneigter Ebene der Bahn auch schon durch die eigene Schwere der Transportgefäße und deren Ladung usf. – bei dem Betriebe des Unternehmens auf derselben eine verhältnismäßig gewaltige, je nach den Umständen nur bezweckterweise nützliche oder auch Menschenleben vernichtende und menschliche Gesundheit verletzende Wirkung zu erzeugen fähig ist.

Ein Witzbold hat daraufhin eine Definition des Reichsgerichts gegeben:

> Was ist ein Reichsgericht? Ein Reichsgericht ist eine Einrichtung, welche dem allgemeinen Verständnis entgegenkommen sollende, aber bisweilen durch sich nicht ganz vermeiden haben lassende, nicht ganz unbedeutende beziehungsweise verhältnismäßig gewaltige Fehler im Satzbau auf der schiefen Ebene des durch verschnörkelte und ineinander geschachtelte Perioden ungenießbar gemachten Kanzleistils herabgerollte Definitionen, welche das menschliche Sprachgefühl verletzende Wirkung zu erzeugen fähig sind, liefert. (S. 103 f.)

Hier wird richtig der „Kanzleistil“ für solche Zerrbilder der Satzbildung verantwortlich gemacht. Die Jurisprudenz bemüht sich in Deutschland seit einiger Zeit, den Bandwurmsätzen und anderen Stolpersteinen der Verständlichkeit entgegenzuwirken. So heißt es in den von einem juristischen Lehrstuhl der Universität Potsdam auf ihrer Homepage abgedruckten „Stilregeln für Juristen“: „Nicht: Die Tatsache, daß der Beklagte nicht zu erkennen gab, daß die Brosche, welche er in der Hand hielt, nur billiger Modeschmuck war, kann hier nicht relevant sein. Sondern: Der Beklagte hat nicht erkennen lassen, daß die Brosche in seiner Hand nur Modeschmuck war. Dies ist jedoch unerheblich.“ (www.uni-potsdam.de/u/ls_rechtsgeschichte/lehre/stilregeln.php nach dem Stand vom 9. Nov. 2006). –

Reiners folgert – und dem ist ebenfalls zuzustimmen –: „Die Grundregel des deutschen Satzbaus ist einfach: Jeder Hauptgedanke erfordert einen Hauptsatz. Selbst ein kurzer und übersichtlicher Nebensatz ist von Übel, wenn er eine Hauptsache wiedergeben soll." (S. 114). Schuld an den Langsätzen sei wieder das Latein. Einzig solche Langsätze seien zulässig, in denen ein verschachtelter Gedanke ausgedrückt werde. Solche Fälle seien aber selten.

Aber Reiners' Beispiele zeigen, dass er hier dennoch zu pauschal und zu kurzschrittig argumentiert. Eines seiner Beispiele ist das folgende:

Der Satz „Karl konnte nicht kommen, weil er zu arbeiten hatte" sei besser in den folgenden umzuformen:

„Karl konnte nicht kommen, denn er hatte zu arbeiten." (S. 116). Zwar ist „der logische Zusammenhang zweier Gedanken" gleich. Die beiden Sätze bedeuten aber verschiedenes, wie wir in Kapitel 1.10 gesehen haben: *Denn-* und *weil-*Sätze haben unterschiedliche Funktionen, was man mit einem isolierten Beispiel natürlich nicht erkennen kann. Doch schon die unvoreingenommene Frage, warum wir denn zwei Typen von Kausalsätzen haben, kann darauf verweisen, dass es Funktionsunterschiede sind, die damit verbunden sein müssen.

Reiners vergleicht sodann die folgenden zwei Textfassungen: „Heißt das bekannte Volkslied:

> Zwei Königskinder konnten,
> obwohl sie einander so lieb hatten,
> nicht zusammenkommen,
> weil das Wasser viel zu tief war.

O nein! Es heißt bekanntlich:

> Es waren zwei Königskinder,
> die hatten einander so lieb.
> Sie konnten zusammen nicht kommen,
> das Wasser war viel zu tief." (S. 117)

Natürlich ist die erste Fassung absurd. Aber nicht, weil **Schachtelungen** generell schlecht wären, sondern weil sie im Volkslied nichts zu suchen haben. So ist die Liste der Ratschläge am Schluss des Abschnitts auch mit Vorsicht aufzunehmen, wenn uns empfohlen wird, generell kurze Sätze zu bauen, den vermeidbaren Nebensatz „auszurotten" usw. Vor allem, wenn es heißt „Baue deine Sätze klar und übersichtlich; der Mörtel zahlreicher logischer Bindewörter ist dann entbehrlich" (S. 135), so suggeriert der sicher richtige Ratschlag, dass auch die Folgerung richtig sei. Das ist sie aber nicht. Die „logischen Bindewörter" sind Kennzeichen der Vertextungsstrategie des Argumentierens: Sie steuern den Rezipienten. Teilweise haben sie gar keine vornehmlich logischen Ordnungsfunktionen, sondern sie stellen den kommunikativen Kontakt her oder sie steuern die Interaktion, beides Funktionen, die unter pragmatischer Perspektive vorrangig sind.

Nun zu den „Stilkrankheiten“, die von Reiners „behandelt“ werden. Es sind „die Hauptwörterseuche“, „die Schlingpflanze Adjektiv“, „der grammatische Selbstmord (bei den Fürwörtern)“, „der Fluch der Modewörter“, „Satzbaufehler“, „Papierstil“, „Stilgecken“, „Stilgaukler“, „Phrase und Plattheit“, „Kitsch“, „Stilschlamperei“ und „Sprachschnitzer“.

Da die Liste sehr heterogen ist, sei ein grammatisches Kapitel und ein „ästhetisches“ herausgegriffen.

1. „Das Zeitwort stirbt.“

Auch hier zuerst ein markantes Beispiel:

Reiners sagt: „Es gibt ein bekanntes Sprichwort *Nach Aushebung einer Vertiefung liegt auch für den Urheber ein Stürzen im Bereich der Möglichkeit.* Freilich lautet das Sprichwort etwas plumper: *Wer andern eine Grube gräbt, fällt selbst hinein.*“ (S. 139). Sicher, wir verstehen die Ironie. Aber es ist auch hier nicht so, dass in jeder Textsorte, in jeder Vertextungsstrategie und in jedem Funktionalstil die verbale Ausdrucksweise natürlicherweise begegnet. Aber Reiners ist zuzustimmen, wenn er sagt „Die Seele jedes Satzes ist das Verbum“ (S. 139). „Das **Verbum** ist das **Rückgrat des Satzes**.“ (S. 140). Grammatisch gesehen ist es das Verb, das den Satz organisiert. Nur in diesem formalen Sinn sollte vom „Rückgrat des Satzes“ gesprochen werden. Aber generell die „Hauptwörterei“ zu verdammen, ist nicht angebracht. Vor allem nicht, wenn folgende weitreichende Diagnose gestellt wird: „Die Hauptwörterkrankheit ist eine Alterserscheinung; sie tritt am Ende großer Kulturepochen auf.“ (S. 150). Beispiele seien: das Sanskrit, die Stabreimdichtung, das Spätbarock und eben unsere Zeit.

Dabei ist es unter dem Gesichtspunkt, die Funktions- und Vertextungsbereiche als Filter anzunehmen, aufschlussreich, dass Reiners durchaus folgendes sieht: „Das Hauptwort hilft uns umschreiben. Wo wir umschreiben *wollen*, dürfen wir auch Zeitwörter durch Hauptwörter ersetzen. Deshalb hat auch der Impressionismus der Hauptwörtersucht einen weiteren Antrieb gegeben: er liebte das Hauptwort und verabscheute das Verb, denn er wollte die Welt in Eindruck, Beschreibung, Zustand auflösen.“ (S. 148 f.). Es folgt dann ein Zitat von Johannes Schlaf, wie es ähnlich aus Horst Langes Tagebüchern angeführt worden ist (S. 144), um die Vertextungsstrategie des Beschreibens zu charakterisieren. Zeitwörter werden nicht „ersetzt“, sondern Substantive treten zwanglos ein, wo beschrieben wird. Es ist noch einmal daran zu erinnern, was **Beschreiben** heißt: Mit Bezug auf Fixpunkte eine Orientierung in der Welt zu geben. Dabei genügt es, die Dinge zu nennen, wenn ihre Relationen klar sind.

So ist auch Richtiges an folgendem Zitat. Aber die Deutung ist verfehlt: „Die Hauptwörterei ist eine geistige Ermüdungserscheinung: die Menschen sehen die Welt nicht mehr in Bewegung, sondern in Erstarrung“. (S. 150). Statisch, „starr“, wenn man so will, ist die Beschreibung tatsächlich. Und dynamisch, „bewegt“, ist der Fluss des erzählten Geschehens deswegen, weil eine andere Aussagemodalität herrscht: Die Wiedergabe der Veränderungen der Ding-Zustände ist es, die das Erzählen intendiert. Das Beschreiben hat primär Orientierungsfunktion.

2. In dem ästhetischen Teil dieses Kapitels wird vor allem übertriebener Gebrauch stilistischer Mittel getadelt, meist zu recht. Auch wir hatten gesagt, dass die Wirkung (der Effekt) stilistischer Mittel an das **Sparsamkeitsgebot** geknüpft ist.

Bei Reiners heißt es, dass die „Stilgaukler" und „Stilgecken" immer mehr sagten, als sie wissen. „Dies schwierige Problem lösen sie, indem sie sich einer künstlichen Sprache bedienen." (S. 222).

Daraus lässt sich ableiten, dass es das Abgehen von der Sachorientierung ist, die zunächst dafür verantwortlich ist. Dem lässt sich im wesentlichen zustimmen, aber diese Ansicht ist funktionalstilistisch zumindest für den Stil der Literatur zu relativieren. Denn auch dafür lässt Reiners nur das Gebot der Einfachheit gelten, ohne zu bedenken, dass in der Sprache der Literatur die Gestaltungs-Intention in einer je eigenen (epochen- und individualtypischen) Version zu zentrieren ist. So findet er den Stil des 17. Jahrhunderts „umständlich": „Dieser Umstandsstil hat noch lange nachgewirkt; Matthias Claudius spottet über den Unterschied zwischen seiner Sprache und der Klopstocks:

„Klopstock sagt: ‚Du, der du weniger bist und dennoch mir gleich, nahe dich mir und befreie mich, dich beugend zum Grunde unserer Allmutter Erde, von der Last des staubbedeckten Kalbfells.' Ich sage dafür nur: ‚Johann, zieh mir die Stiefel aus.'" (S. 223).

Wir müssen nicht annehmen, dass Klopstock im Funktionalstil der Alltagssprache so gesprochen hätte, wie er hier karikiert wird. Aber sein poetischer Stil ist es ja auch, der hier getroffen werden soll. Es wäre nun zu fragen, ob wir mit unseren allgemeinen Stilkriterien hier angemessen operieren können. Hier schlägt sich ein **genereller Stilwandel** nieder, der im Deutschen, wie in anderen Ländern Europas auch, seit der Aufklärungszeit zu beobachten ist. Mit dem „Natürlichkeitsideal" dieser Epoche verliert das bis zum Barock geltende Ideal der Durchgestaltung aller Äußerungen seine Verbindlichkeit. – Reiners verfolgt aber noch weiter gesteckte Ziele: Er möchte auch hier seine These belegen, dass die deutsche Sprache krank sei. „Mit der ganzen Dreistigkeit des Taschenspielers versicherten die deutschen Expressionisten, das 19. Jahrhundert – die Zeit Grillparzers und Eichendorffs, Kellers und Fontanes – sei eine Epoche völliger literarischer Verflachung gewesen, und einen klassischen Stil schreibe erst wieder der Bannerträger des Expressionismus, Carl Sternheim. Dieser klassische Stil sah so aus:

> ‚Am erträglichsten waren die Sonntage. Da empfingen Mückes Besuch. Ging die Klingel und Mathilde wippte herein, atmete Frieda befreit. Später, spielte der Lehrer die Geige, begleitete Mathilde ihn am Klavier, öffnete der Töne Zauber die verstopften Kanäle von Friedas Lebenslust. Hoffnung floß in sie, während unter dem Herzen, von rasenden Finalen geweckt, das Kind sich regte.'

Mit diesen billigen Mitteln ist damals literarische Hochstapelei betrieben worden. Man lässt den Artikel weg, verdreht die Wortstellung, sagt im Bedingungssatz statt *wenn die Klingel ging* ... etwas härter *ging die Klingel*: so wohlfeil sind steiler Satzbau, geballte Leidenschaft, heißer Atem und stürzendes Chaos zu haben. Aus den Manuskripten dieses Stilklassikers wissen wir: er schrieb zunächst wie ein gesunder Mensch und korrigierte die Originalität nachträglich mühsam hinein." (S. 225).

Abgesehen davon, dass sich hier die Aversion von Traditionalisten der vierziger Jahre des vergangenen Jahrhunderts gegen die damalige Moderne bemerkbar macht, wird auch außer Acht gelassen, dass das „Auffällige", der „Verstoß", notwendig zur poetischen Sprache gehört. Verstoßen wird in den Texten der Expressionisten nun gegen einige festgefügte Regeln der Grammatik, verstoßen wird aber auch in jedem weniger radikalen Werk gegen anderes in der Sprache: Jede Neuerung ist ein Abgehen von bis dahin gültigen Regeln der Sprache.

Bei anderen Autoren ist Reiners, was ihre Eigenheiten betrifft, nachsichtiger. Dies sei an seiner Bewertung des Stils von Jacob Grimm demonstriert. Zugleich wird dabei deutlich, dass im **Vergleich des Stils** zweier Autoren erhellende Einsichten gewonnen werden können. Allerdings muss beachtet werden, dass die Textsortenzugehörigkeit der verglichenen Stücke und die Absicht der Autoren in Rechnung gestellt wird. Es tritt aber auch zutage, wie schwierig das Verhältnis von poetischen zu nichtpoetischen Texten zu beurteilen ist. Während wir bei ersteren eine individuelle Komponente unbesehen akzeptieren, ja für erforderlich halten, sind wir bei letzteren zurückhaltender. Wenn weiter bei der poetischen Sprache Inhalt und Form so aufeinander abgebildet werden, dass eine **Zentrierung** erkennbar ist, so muss man bei der Übertragung eines solchen Ansatzes auf andere Funktionalstile Vorsicht walten lassen. Auch hier gilt, dass die Angemessenheit der stilistischen Mittel nur durch die Einzelinterpretation zu erweisen ist. Dabei müssen Traditionsströme beachtet werden. Die Expressionisten gegen die Klassiker auszuspielen ist unangemessen.

Generell gesehen ergeben Vergleiche sehr gute Möglichkeiten, sowohl der spezifischen Eigenheit eines Stils wie der Konsequenz, dem Durchhalten der gewählten Mittel auf die Spur zu kommen. Reiners vergleicht u.a. die folgenden Textstücke:

> „Der Hauptendzweck unserer Reise war erfüllt; wir hatten nämlich entschieden, daß kein festes Land in der südlichen Halbkugel innerhalb des gemäßigten Erdgürtels liege. Wir hatten sogar das Eismeer jenseits des antarktischen Zirkels durchsucht, ohne so beträchtliche Länder anzutreffen, als man daselbst vermutet hatte. Zu gleicher Zeit hatten wir die für die Wissenschaft wichtige Entdeckung gemacht, daß die Natur mitten im großen Weltmeer Eisschollen bildet, die keine Salzteilchen enthalten, sondern alle Eigenschaften des reinen gesunden Wassers haben. In anderen Jahreszeiten hatten wir das stille Weltmeer innerhalb der Wendezirkel befahren und daselbst den Erdbeschreibern neue Inseln, den Naturkundigen neue Pflanzen und Vögel und den Menschenfreunden insbesondere verschiedene, noch unbekannte Abänderungen der menschlichen Natur aufgesucht. ... Durch die Betrachtung dieser verschiedenen Völker müssen jedem Unparteiischen die Vorteile und Wohltaten, welche Sittlichkeit und Religion über unseren Weltteil verbreitet haben, immer deutlicher und einleuchtender werden." (Georg Forster, Reise um die Welt)

„In unseren Tagen, und wer frohlockt nicht darüber, wird lebhaft gefühlt, dass alle übrigen Güter schal seien, wenn ihnen nicht die Freiheit und Größe des Vaterlands im Hintergrund liege. Was aber helfen die edelsten Rechte dem, der sie nicht handhaben kann? Kaum ein anderes höheres Recht geben mag es als das, kraft welches wir Deutsche sind, als die uns angeerbte Sprache, in deren volle Gewähr und reichen Schmuck wir erst eingesetzt werden, sobald wir sie erforschen, reinhalten und ausbilden. Zur schmählichen Fessel gereicht es ihr, wenn sie ihre eigensten und besten Wörter hintan setzt und nicht wieder abzustreifen sucht, was ihr pedantische Barbarei aufbürdete; man klagt über die fremden Ausdrücke, deren Einmengen unsere Sprache schändet, dann werden sie wie Flocken zerstieben, wann Deutschland sich selbst erkennend, stolz allen großen Heils bewußt sein wird, das ihm aus seiner Sprache hervorgeht. Wie es sich mit dieser Sprache im guten und schlimmen bisher angelassen habe, ihr wohnt noch frische und frohe Aussicht bei, dass ihre letzten Geschicke lange noch unerfüllt sind und unter den übrigen Mitbewerbern wir auch eine Braut davon tragen sollen. Dann werden neue Wellen über alten Schaden strömen." (Jacob Grimm) (nach Reiners 1976, S. 403 f.)

Dazu sagt Reiners:

„Der Unterschied ist groß, aber er ist nicht der gleiche wie zwischen Eichendorff und Kleist. Forster ist glatt und handlich, aber ohne Eichendorffs melodisches Fließen. **Grimm** ist rauh und hart, aber er kennt nicht die spannungsreichen und unruhigen Perioden Kleists. [...]. Bei Grimm wird unser Ohr ständig durch ungewohnte Wortstellungen, Wortfügungen und Ausdrücke beunruhigt. Er sagt nicht *kaum ein höheres Recht mag es geben*, sondern *kaum ein höheres Recht geben mag es*; auch nicht *und auch wir unter den übrigen Mitbewerbern eine Braut davon tragen sollen*, sondern *und unter den übrigen Mitbewerbern wir auch eine Braut davon tragen sollen*. [...].

Auch einige andere Eigenarten Grimms geben seinem Stil das **strenge Gepräge**: die Neigung zum Satzbruch, die ungetrennten zusammengesetzten Zeitwörter (*am frühesten auftaucht sie...*), die verkürzten Hauptsätze, die eine seiner Lieblingsformen bilden: *merkwürdig, daß ..., bedeutend, daß ..., wahr, daß ....* All das zusammen – kurze Wörter, kurze Sätze, ungewohnte Wortstellungen, Wortfügungen und Ausdrücke, Selbständigkeit des einzelnen Worts – geben Rhythmus und Satzmelodie jene herbe Reinheit, welche die Schönheit seines Stils ausmacht. Forster schreibt dagegen glatt, geleckt, ja fast eintönig. Der Wechsel der Pausen und Betonungen ist so matt und so zufällig, dass nur der schwache Wald- und Wiesenrhythmus einer lockeren Verknüpfung entsteht. Bei Grimm dagegen liegen die Quadern seiner Sätze nebeneinander ohne Mörtel; es ist der unnachgiebige feste Mann, der aus ihnen spricht, und *in seinen Schriften hören wir alle Brunnen der deutschen Sprache rauschen.* (Speidel)." (S. 404–406).

Hier braucht man nicht lange zu rätseln, wem Reiners den Vorzug gibt. Seine Beschreibung der stilistischen Überlegenheit Grimms gegenüber Forster soll auch nicht im Ganzen kritisiert werden, denn Grimms Absicht, sich ausschließlich der überkommenen Mittel der deutschen Sprache zu bedienen, wird verständlich herausgearbeitet. Dass wiederum diese Beurteilung auf den Zeithorizont der vierziger Jahre zu beziehen ist, ist oben schon gesagt worden. Zweifellos ist Grimms Prosa einerseits individueller als die Forsters, andererseits in ihrer Markigkeit auch „anstößiger".

Die Mittel, die Jacob Grimm einsetzt, sind die, die er als spezifisch deutsche ansieht. Sie sind **archaisch**, sie nutzen die Wortstellungsfreiheit exzessiv und ebenso die Verwendung deutscher Wortwurzeln. Es finden sich keine Fremdwörter.

In der von Grimm eingenommenen Position könnte eine gleichsam poetische Zwecksetzung vermutet werden: Die ausgedrückten Sachverhalte sprechen durch die gewählte Sprache direkt zu uns. Aber die Annahme, es handele sich dabei um einen literarischen Text, wäre dennoch ein Trugschluss. Eine literarische Textsorte, die hier anzunehmen wäre, könnte „(literarisches) Manifest" sein. Diese liegt aber nicht vor, die Zwecksetzung des Textes ist eine sprachwissenschaftliche. Der Text ist im stilistischen Sinne gelungen: die gewählten Mittel sind adäquat. Doch sind sie keine Neuerungen. Ihre Originalität liegt darin, dass Grimms Sprache einen angenommenen richtigen alten Gebrauch darstellt: dies Paradoxon erweist den Text als gebrauchssprachlichen, allerdings einen auf höchstem Niveau.

7.2.2 Sprachkritik mit der Berufung auf das „Wissen um das gute Deutsch"

Bastian Sick (2005): Der Dativ ist dem Genitiv sein Tod. Ein Wegweiser durch den Irrgarten der deutschen Sprache. 16. Auflage. Köln: Kiepenheuer und Witsch.

Ratschläge für die richtige Ausdrucksweise im Deutschen haben, nach einer Periode, in der sprachkritische Aussagen beargwöhnt wurden (vgl. Schiewe 1998, S. 250), in letzter Zeit eine große Resonanz. Sie beschränken sich aber auf Ausdrucksfelder, die dem Wortschatz und dem Satzbau angehören und darin insbesondere auf die Kritik an Fremdwörtern, Kurzwörtern und Abkürzungen. Auf die Beurteilung der Anglizismen ist bereits in Kapitel 3.2.1 eingegangen worden. Hier sollen Aussagen zur **Sprachrichtigkeit**, die sich in den populären Arbeiten von Bastian Sick finden, auf ihre Relevanz für die Stilistik betrachtet werden. Seine Publikationen sind allerdings eher grammatisch interessiert.[1] Sie befriedigen ein Bedürfnis nach Auskünften über „richtiges und gutes Deutsch" (Sick 2005, S. 11). Stilistisch sind sie deswegen von Interesse, weil sie zeigen, dass Aussagen über Gebrauchsnormen fast ausschließlich global und pauschal erfolgen. Es werden nur sehr selten die Unterschiede in den Funktionalstilen in Rechnung gestellt. Wie in vielen anderen normativ ausgerichteten Werken scheint die Vorstellung zu herrschen, es gebe *eine* Gebrauchsnorm im Deutschen, die, allenfalls mit leichten Variationen, so gut wie überall anzusetzen sei. Richtig daran ist zweifellos, dass auf grammatischem Gebiet eine überregionale Norm die Unterschiede, die auf den Dialekten beruhen, überlagert. Allerdings sind dabei auch Varianten in Rechnung zu stellen, und bei ihnen sollte keine Region hintangestellt werden, das Deutsche ist eine **„plurizentrische Sprache"** (von Polenz 1988). Zwar ist das Be-

1 Dies gilt auch für die Folgebände: Der Dativ ist dem Genitiv sein Tod. Folge 2 und Folge 3 (Sick 2006 und 2006 a).

dürfnis nach einer variantenfreien Paradigmenerstellung verständlich, die Wirklichkeit sieht aber anders aus. Varianten, auch und gerade auf grammatischem Gebiet, zeigen die **Dynamik der Sprache**. Eine regionale Norm macht sich bemerkbar, wenn z.B. die Perfektform mit *sein* bei Situativverben anstelle der Formen mit *haben* genommen, das sogenannte Doppelte Perfekt anstelle des Plusquamperfekts verwendet wird oder Verben in unterschiedlichen Satzbauplänen auftreten.

Auf diese Bereiche wird bei Sick eingegangen, allerdings wesentlich gemäßigter als etwa bei Wustmann (1904, S. 411). Bei diesem in der ersten Hälfte des vergangenen Jahrhunderts viel gelesenen Sprachwächter heißt es: „Unerträglich in gutem Schriftdeutsch ist das süddeutsche gestanden sein und gesessen sein: die Personen, mit denen er in näherm Verkehr gestanden war – es lebten noch Männer, die in der Paulskirche gesessen waren." Wustmann fährt fort: „Ganz unerträglich ferner die österreichischen Verbindungen: an etwas vergessen, auf etwas vergessen und auf etwas erinnern (auf die Einzelheiten des Stückes konnte ich nicht mehr erinnern u. ähnl.)." Bei Sick findet sich eine realistischere Einstellung, was das Vorkommen betrifft, allerdings doch mit stilistischer Wertung, wenn er seine Beobachtungen folgendermaßen zusammenfasst: „Erinnern Sie sich, woran Sie wollen (aber bitte richtig): Standardsprachlich: Ich erinnere mich noch sehr gut an meine Tante. [...] gehobenes Deutsch: Dankbar erinnerte er sich der schönsten Momente seines Lebens. [...] Umgangssprachlich, besonders norddeutsch, in letzter Zeit englisch geprägtes Neudeutsch: ich erinnere ihn gut. Das erinnert sie kaum noch. Erinnerst du letzte Weihnachten?" (Sick 2005, S. 159). Die von Wustmann als „unerträglich" bezeichnete **Perfektbildung bei Situativa** wird auch bei Sick getadelt: „[Der Hund] der ist doch hinten bei den Kindern gesessen gewesen. [...] Mit ‚sein' werden eigentlich nur Verben der Bewegung konjugiert, und abgesehen von ein paar Beamten würde niemand ‚sitzen' als Bewegung einstufen, daher müsste es richtig heißen: Der Hund hat hinten gesessen." (Sick 2005, S. 181). In einer Anmerkung heißt es immerhin: „In Süddeutschland, Österreich und der Schweiz ist es allerdings üblich, ‚stehen', ‚sitzen' und ‚liegen' mit ‚sein' zu konjugieren."

Anhand des Beispielsatzes wird auch das in der Tempusliteratur als vollkommen reguläre Form akzeptierte **„Ultra-Perfekt"** (vgl. Hennig 2000) *ist gesessen gewesen* als „falsche Zeitbildung" kritisiert. Im Sinne der vorausgesetzten – nördlicher geprägten – Norm müsse der inkriminierte Satz wohl *Der Hund hatte doch bei den Kindern gesessen* heißen. Insgesamt zeigt sich hier besonders deutlich, dass der Bezug auf eine unreflektiert vorausgesetzte verbindliche Norm einen erheblichen Störfaktor bei der stilistischen Beurteilung von syntaktischen Konstruktionen darstellt.

Von den vielen anderen Stolpersteinen des Deutschen, bei denen weniger eine regionale Bezüglichkeit zu Tage tritt, sondern andere Bedingungen herrschen, seien drei herausgegriffen, um zu zeigen, dass Beurteilungen oder – wie hier – Verurteilungen von Gebrauchsweisen immer die jeweiligen textuellen oder kommunikativen Sachlagen in Rechnung stellen müssen. Stilistische Bewertungen müssen zunächst die Gründe für den Gebrauch bestimmter Mittel eruieren, bevor sie ein Verdikt aussprechen.

1. Substantivierungen

Die Substantivierungen von Verben sind seit je Stein des Anstoßes für die Sprachkritik. Reiners spricht, wie zu sehen war, von der „Hauptwörterkrankheit" (Reiners 1976, S. 141). So kann Sick zutreffend sagen: „Das Phänomen ist nicht neu. Über den fatalen Hang zur Substantivierung gerade im Amtsdeutsch haben sich schon Generationen von Sprachverbesserern ausgelassen. Leider ohne erkennbare Wirkung, denn noch immer wimmelt es in der Sprache von Substantiven, sowie der Ton offiziell klingt." (S. 87).

Damit wird funktionalstilistisch der Grund für das Vorkommen der Substantive zutreffend beschrieben. In der Sprache der Direktive sind Verben zurückgenommen, weil temporale und modale Bezüge häufig nicht erforderlich sind und es nur auf die Referenzleistungen ankommt, die Substantive leichter herstellen. Damit geht eine kompaktere Ausdrucksweise einher, die der Verständlichkeit nicht förderlich ist. Insofern ist eine Kritik am übermäßigen Gebrauch von Substantiven durchaus berechtigt. Wenn sich der Gebrauch von Substantiven in Grenzen hält, geben die Substantive in fachlichen und behördensprachlichen Texten einen Stilwert ab, denn sie sind es, die den Funktionalstil deutlich kennzeichnen. Zu fragen ist, welche Mechanismen ablaufen bei Verlautbarungen wie der folgenden, von Sick angeführten: „[I]n der Erklärung des Kanzlers zu Berlusconis Nazi-Vergleich heißt es: ‚Ich habe die Erwartung, dass der italienische Ministerpräsident sich in aller Form ... entschuldigt.' Warum eigentlich ‚Ich habe die Erwartung'? Wenn er gesagt hätte ‚Ich erwarte', hätte das energischer und vor allem verbindlicher geklungen. So lässt er ein Hintertürchen offen, um, wenn es hart auf hart kommt, sagen zu können: ‚War doch nicht so gemeint, lieber Silvio! Von ‚erwarten' habe ich doch nie was gesagt." (Sick 2005, S. 88). Ob so weitgehende Schlüsse gezogen werden müssen, sei dahingestellt. Der Kanzler hat sich offenbar nur der offiziellen Verlautbarungsform gemäß ausgedrückt. Er verbindet hier mit seiner Äußerung keinen Stileffekt, sondern gibt ihr nur einen Stilwert, wählt also die funktionalstilistische Neutralform. Dass die **Behörden- und Verlautbarungssprache** als Ganzes auf wenig Zustimmung stößt, steht auf einem anderen Blatt. Vor mehreren Jahrzehnten bereits hat Reinhard Mey den Nominalstil der Behördensprache karikiert:

> Einen Antrag auf Erteilung eines Antragsformulars
> Zur Bestätigung der Nichtigkeit des Durchschriftexemplars
> Dessen Gültigkeitsvermerk von der Bezugsbehörde stammt
> Zum Behuf der Vorlage beim zuständigen Erteilungsamt. (www.reinhard-mey.de)

2. Nachgestellte Adjektive: *Genuss pur*

Sick brandmarkt die Verwendung nachgestellter unflektierter Adjektive wie *Erlebnis pur, Erotik pur, „Darauf gibt's Garantie pur."* (Sick 2005, S. 23). „Dem halbwegs sprachsensiblen Konsumenten stößt das Adjektiv „pur" aufgrund seiner Häufung inzwischen sauer auf." (Sick 2005, S. 25). In der Werbungssprache lässt Sick diese Ausdrucksweise bis zu einem gewissen Grade gelten, doch warnt er vor einer Übertragung in andere Verwendungsbereiche. Interessant ist, dass er die Ausdrucksweise in eine Reihe mit *Bargeld sofort, Spargel satt, Kühlschränke neu* oder *Telefonieren kostenlos* stellt. Die Nachstellung des **unflektierten Adjektivs** ist nämlich eine Stellungsmöglichkeit des Deutschen, die Anknüpfung an alte Gebrauchsweisen aufweist und nun neu belebt wird. Auf die Abgrenzung zu den Typen *Forelle blau* und *Röslein rot* braucht hier nicht eingegangen zu werden (vgl. dazu Dürscheid 2002 und Trost 2006, S. 325–334). Sie werden allerdings als gänzlich neu empfunden, und dass sie sprachkritisch eingestellte Menschen „sauer aufstoßen", liegt daran, dass ihr Gebrauchsregister, wie Sick zutreffend feststellt, zunächst die Werbungssprache und verwandte Bereiche sind. Es handelt sich funktionalstilistisch gesehen um markierte Ausdrucksweisen. Werden sie aus ihrem Heimatregister in andere Funktionalstile übertragen, geben sie dort ein besonders auffälliges Signal ab, solange sie nicht völlig akzeptiert sind. Das sind die Ausdrucksweisen *Unterhaltung pur* oder *Kaviar satt* jedenfalls noch nicht. Sprachpflegerische Kritik an diesen Ausdrucksweisen kann dazu führen, dass der Verlust der Markierung langsamer verläuft. Es kann aber auch sein, dass diese Kritik verpufft, weil die Ausdrucksweisen so suggestiv sind, dass sie sich durchsetzen. Denn die deutsche Sprache hält für nachgestellte unflektierte Adjektive eine Systemstelle bereit. Aber selbst wenn dies nicht der Fall wäre, lassen sich neue Ausdrucksweisen, die noch dazu dem stilistischen Grunderfordernis der prägnanten Kürze entgegenkommen, nicht aufhalten.

Da die **stilistische Beurteilung** einer Konstruktion nur im Kontext eines echten Belegs sinnvoll ist, sei hier ein Beispiel aus der Zeitungssprache angeführt. Die Passauer Neue Presse berichtet in einem Artikel über die Belastungen, denen heutzutage die Schulkinder ausgesetzt sind: „Der Präsident des Lehrer- und Lehrerinnenverbandes (BLLV), Albin Danhäuser, hat zum Wochenbeginn die ‚unerträgliche' Stimmung an den Schulen beklagt. Für die Eltern bedeutet der Schulbesuch der Kinder ‚Stress pur'." Diese Ansicht bestätigt sodann eine Flut von Leserbriefen, von denen eine Auswahl auf der folgenden Zeitungsseite abgedruckt ist. (Passauer Neue Presse, 14.1.2007, S. 21). Die als Belastung empfundene Situation wird von der Redaktion mit dem Ausdruck *„Stress pur"* zusammengefasst. Aus den Anführungszeichen kann man zugleich schließen, dass die Formulierung als aktuelle Ausdrucksweise markiert wird. Es liegt also ein „Modeausdruck" vor, der einen Stileffekt geben soll. Er macht auf die beschriebene Situation nachdrücklich, aber distanzierend aufmerksam.

3. Unübertreffbar

Sick stört sich an der Wucherung der ***-bar*-Adjektive**. Im älteren Deutsch können sie nur von transitiven Verben gebildet werden, zunehmend finden sich auch reflexive Verben (*ableitbar* zu *sich ableiten lassen*) und intransitive (*brennbar*, *unsinkbar*) (Fleischer/Barz 1992, S. 253). Sick schreibt: „Besonders starke Faszination übt der Barbar auf Politiker aus. Die haben nämlich festgestellt, dass ihre Sprache dynamischer klingt, wenn sie ihre inhaltsleeren Phrasen mit ein paar Bar aufpumpen. Dinge sind machbar, Risiken kalkulierbar, Forderungen verhandelbar und Reformen umsetzbar." (Sick 2005, S. 83).

Auch die *-bar*-Adjektive dürfen nicht einer isolierten Betrachtung unterzogen werden. Ihre rapide Zunahme in der letzten Zeit erklärt sich daraus, dass sie eine **kompakte Ausdrucksweise** für eine Möglichkeitsmodalisierung im passivischen Feld abgeben. Dabei ist sprachhistorisch zu verbuchen, dass ursprünglich *-bar*-Adjektive auch zu Substantiven gebildet werden konnten (*wunderbar*). Da ein Adjektiv wie *wunderbar* auch zum Verb *sich wundern* gestellt werden kann, mag dies ein Einfallstor für die Adjektivbildung sein, die den transitiven Verbbereich überschreitet. *-bar*-Adjektive sind zudem auch attributiv in der Nominalphrase „einsetzbar". Sätze wie *das ist nicht voraussagbar* oder *die Forderungen sind verhandelbar* lassen sich paraphrasieren mit *das kann man nicht voraussagen* und *über die Forderungen kann man verhandeln.* Diese Sätze sind umfangreicher als die ersteren. Dass Ableitungssuffixe andere verdrängen, ist nichts Ungewöhnliches. *-Bar* steht in der Konkurrenz vor allem zu *-lich*, *-sam* und *-abel.* Die Kritik richtet sich zudem auf die mit der Verwendung verbundenen Absichten: Die „inhaltsleeren Phrasen" der Politiker sind nicht Gegenstand einer sprachlich ausgerichteten Kritik, sondern betreffen ein inhaltliches Phänomen.

Auch hier seien einige aktuelle Vorkommen behandelt. Das Adjektiv *unkaputtbar*, das Sick moniert (Sick 2005, S. 83), das in der Tat den immer noch verbal beschränkten Verwendungsbereich erheblich überschreitet, stammt aus der Werbungssprache. Es soll vom Coca-Cola-Konzern im Zusammenhang mit den seinerzeit neu auf den Markt gebrachten PET-Flaschen geprägt worden sein. (birnensalat.de/blog/archives/359-Unkaputtbar.html) Das Wort hat diesen Funktionalstilbereich in „ernsthafter" Verwendung bislang kaum verlassen, sonst begegnet es in ironischen Zusammenhängen, Pop-Groups nennen sich so und im Internet wird es verwendet, um dem Ärger Luft zu machen, wenn eine Werbung zum Beispiel nicht hält, was sie verspricht: *Von wegen unkaputtbar... Erfahrungsbericht von Florian_Aachen über Titan Xenon 29. September 2005.* (www.reisen.ciao.de/Titan_Xenon__Test).

Bewusst **sprachspielerisch** ist auch die folgende Schaufensterreklame: *Dieses Angebot ist unvorbeigehbar.*

Der Spielcharakter der Werbungssprache ist bekannt. Mit solchen Ad-hoc-Wortbildungen sind auffällige Stileffekte verbunden, mit denen sich zudem eine Rückkopplung bei den *-bar*-Adjektiven ergibt: Da sie gehäuft auftreten, weisen sie Modewortcharakteristiken auf. Wenn sich diese Effekte abgeschwächt haben, werden die *-bar*-Adjektive stilistisch neutral sein. Dies scheint nicht mehr allzu weit entfernt zu sein, denn sie haben bereits einen starken Konkurrenten erhalten, worauf Sick selber hinweist: „Denn schon hat sich aus dem schlammigen

Morast des Silbensumpfs ein weiteres Suffix erhoben, um die Welt das Fürchten zu lehren." (Sick 2005, S. 86): Die Adjektive auf *-fähig*: *erweiterungsfähig, berufungsfähig, verbesserungsfähig.*

7.3 Stilistische Ratschläge auf dem Hintergrund gegenwärtig gültiger Stilprinzipien

Die beiden vorangegangenen Abschnitte hatten ein doppeltes Ziel: Einmal sollten sie exemplarisch zeigen, welche sprachlichen Formen in der **populären Stilkritik** beanstandet werden. Dabei war zu sehen, dass insbesondere die in der älteren sprachkritischen Schule stehende Abhandlung von Ludwig Reiners durchaus wichtige Einsichten über guten Stil vermittelt. Andererseits war bei ihm wie in den Büchern von Bastian Sick zu erkennen, dass die normative Stilkritik von Voraussetzungen ausgeht, die feste Ansichten über „die" deutsche Sprache zur Grundlage haben. Dadurch werden letztlich nur pauschale Urteile über das stilistische Gelungensein von Texten möglich. Auch praktische Vorschläge zur Verbesserung des Stils benötigen einen Bezug auf eine Stiltheorie, weil nur so den Absichten der Emittenten und den Differenzierungen der Gebrauchsfelder der Sprache Genüge getan werden. Aussagen zum Stil sind immer wertende Aussagen. Die starke Emotionalität, die in den zitierten Passagen zum Ausdruck kommt, ist genügender Beweis dafür. Aber die **Wertungen** müssen auf explizit gemachte Voraussetzungen gegründet werden können. Dann können sie übernommen oder aber angegriffen und vielleicht durch andere ersetzt werden.

Den kreativen Aspekt der Sprache betont auch Heringer (1989) in seiner ‚Praktischen Grammatik des Deutschen', die den Obertitel ‚Grammatik und Stil' trägt. Heringer arbeitet darin die im Wortschatz und in den grammatischen Strukturen angelegten Möglichkeiten für den treffenden Ausdruck heraus. Sein Buch ist von zwei Leitgedanken geprägt: „Erst im Gebrauch entfaltet sich der volle Sinn" und „Das Reich der Freiheit ist die Stilistik." (S. 9). Damit wird gegen die oft übervorsichtigen Ratschläge der herkömmlichen normativen Stilistik das schöpferische Umgehen mit der Sprache angeregt. Sinnvoll begrenzt wird die Ausdruckswahl durch die grammatischen Grundbedingungen, die unterschiedlichen Kommunikationsbereiche und durch die unterschiedlichen Ausdruckszwecke.

Als ein weiteres Beispiel für eine so vorgehende „**Praktische Stillehre**" sei auf das Buch von Willy Sanders, ‚Gutes Deutsch – Besseres Deutsch' verwiesen (Sanders 1986), auf das hier aber nicht in den Einzelheiten eingegangen werden kann. Sanders arbeitet in diesem Werk heraus, dass guter Stil sich immer als individuell gelungener zu erkennen gebe. Generelle Stilregeln seien daher problematisch. Auch bei ihm werden „Abweichungen" nicht verurteilt. Die Überschrift des entsprechenden Kapitels heißt: „Der Schritt vom Weg normativer Tugend" (Sanders 1986, S. 192). Aber der Bezug auf den Adressatenkreis und die Einhaltung funktioneller Normen seien unverzichtbar.

Am Schluss seines Buches finden sich zwei umfangreiche Abschnitte, in denen „gutes Deutsch von heute“ behandelt wird. Hier schlagen sich erwartungsgemäß die für das heutige Deutsch angenommenen Stilprinzipien nieder. Sanders behandelt sie unter den Stichworten „Sprachökonomie“ und „Funktionalität“.

Sprachökonomie

Sprachökonomie ist in der Tat ein Prinzip, das sich für die deutsche Gegenwartssprache als gültiges Prinzip auch in stilistischer Hinsicht ansetzen lässt. Grammatisch schlägt sich das, wie zu sehen war, unter anderem darin nieder, dass nicht mehr der lange, ausgefeilte Satz im Deutsch der Gegenwartssprache als Stilideal angesehen wird. Der durchschnittliche deutsche Satz verliert im Lauf der letzten beiden Jahrhunderte ständig an Umfang (vgl. Abschnitt 5.5.3.1). Dieser langfristige Trend setzt auch für die Stilistik geänderte Maßstäbe. **Kürze** gilt als anzustrebende stilistische Kategorie. Sprichwörter wie „In der Kürze liegt die Würze“ zeigen, dass diese Tendenz längerfristig angelegt war – und auch ihre universale Seite hat. Das antike Stilideal der „Brevitas“ ist hier zu nennen. Da aber die Komplexität der Welt wahrlich nicht abgenommen hat, sucht sich die Sprache ein Ventil, um die Komplexität doch wieder auch sprachlich zur Geltung zu bringen: Die Nominalphrasen werden im Gegenzug immer länger. Hier sollte die normative Stilistik durchaus ihre Stimme erheben, weil die verbale Ausdrucksweise fast immer eine Alternative darstellt.

Funktionalität

Da aber, wie wir gesehen hatten, die unterschiedlichen Funktionsbereiche der Sprache zum Teil auch gänzlich unterschiedliche Ausdruckssysteme aktivieren, ist die Angemessenheit einer Formulierung immer auf dem Hintergrund des jeweiligen Kommunikationsbereiches zu bemessen. Äpfel dürfen nicht mit Birnen verglichen werden. Ein Amtsdokument ist etwas anderes als ein privater Brief, und eine feierliche Rede ist etwas anderes als eine ungezwungene Unterhaltung. Alle diese Bereiche bringen ihre eigenen Stilgesetze mit.

Dennoch ist Funktionalität deswegen keine Leerformel. Denn dieses Prinzip fasst wieder ein altes Stilideal: *Tene rem verba sequentur* (Cato). ‚Behalte die Sache im Auge, dann werden sich die richtigen Worte einstellen.‘ Was den geschichtlichen Aspekt dieses Stilideals im europäischen Kontext betrifft, so ist seit der Aufklärungszeit das **Natürlichkeitsideal** verbindlich geworden. Auch aus diesem Grund erscheint die Verwaltungssprache, die viel stärker jahrhundertelangen Traditionen verhaftet bleibt, nicht nur als schwer verständlich und abweisend, sondern auch als verstaubt und nicht mehr zeitgemäß. Sie hinkt den gewandelten Stilidealen hinterher.

Wie den allgemeinen Stilanforderungen, funktionalen Bedingungen und individuellen Gestaltungsabsichten entsprochen werden kann, soll im letzten Kapitel behandelt werden.

Zusammenfassung

Die normative Stilistik lässt sich positiv als Korrekturinstanz für unangemessenes und uneffektives Sprechen und Schreiben auffassen. Sie markiert Formulierungen, die der „allgemeinen Auffassung" von gutem Stil zuwiderlaufen. Kritisch an der normativen Stilistik ist zu vermerken, dass sie zumeist globale Stilanforderungen voraussetzt, diese nicht hinterfragt und vor allem nicht auf die unterschiedlichen Funktionsbereiche der Sprache bezieht. Werden die Bezugssysteme bewusst gemacht, sind normative Stilistiken hilfreich. Darüber hinaus lässt eine kritische Analyse normativer Arbeiten erkennen, welche geistesgeschichtlichen und historischen Faktoren in ihre Formulierung eingegangen sind.

Weiterführende Literatur: In den Einführungen zur Stilistik wird auf die normative Seite dieser Disziplin verschiedentlich hingewiesen. **Schiewe (1998)** arbeitet die Hintergründe der Sprachkritik im Deutschen heraus. – Außer den genannten Arbeiten von **Reiners (1976, 1991)**, **Reiners (1970)**, **Heringer (1989)**, **Sick (2005)** und **Sanders (1986)** geben **Greule/Ahlvers-Liebel (1986)**, **Zimmer (1997)** und **Duden (2007)** vielfältige Anregungen, auch für die praktische Arbeit.

8 Makrostilistik

Aus dem Zwiespalt – negativ gesprochen – zwischen Konvention und Individualität, von Norm und Normverstoß oder – positiv gesprochen – zwischen der Wahl, sich mehr der einen oder mehr der anderen Seite des Januskopfes Stil zu nähern, werden wir nicht entlassen. Das Wahl-Prinzip ist demnach der kritische Punkt in der Stilfrage. Wahl ist aber nicht mit Willkür gleichzusetzen: Die normative Vorgabe ist das zwingende Raster, in dem erst individuelle Wahlen möglich, ja überhaupt verstehbar sind. Denn Effekte – gelungene Wahlen sprachlicher Handlungen, um die Ausdrucksabsicht zu unterstützen – sind weder durch normidentische auf der einen Seite noch durch völlig willkürliche Sprachspiele auf der anderen Seite zu erzielen. Die je nach Situation unterschiedliche geringe Abweichung von der Norm ist es, die ein Sprachspiel gelingen lässt.

Diese Auffassung betont den individuellen Charakter der Sprache. Wir müssen uns jedoch auch darüber im Klaren sein, dass für die Masse der täglich zu bewältigenden Sprachspiele die Normseite nicht unterschätzt werden darf: Die **funktionalstilistischen Raster**, die dia-topischen (regionalen), dia-stratischen (sozialen) Register usw. müssen wir aber auch ihrerseits unter dem Stilaspekt sehen. Sie beruhen auf kollektiven Wahlentscheidungen. Dass sie Stilwerte ansammeln, also Einheitlichkeiten aufbauen, und dass sie Stileffekte erzielen können, also Durchbrechungen des stereotyp Erwarteten ermöglichen, sieht man, wenn man ihre kollektiven Funktionen anschaut: Die Sprache eines Werftarbeiters, sein diastratisches Register, „gehört ihm" – das dürfen wir nicht so ohne weiteres übernehmen. Tun wir es, so fühlt er sich imitiert. Denn es ist seine Sprache.

Das Gleiche gilt für die **regionalen Register**. Die Sprechweise eines Hamburgers ist in Bayern nur zu imitieren, zu parodieren. Umgekehrt gilt das Gleiche. Hier genau wie im ersten Fall hat die kollektive Wahl einen Rahmen vorgegeben, der nicht so ohne Weiteres abgewählt werden kann. Aber stilistisch gesehen ist es immer noch eine Wahl, die einmal getroffen worden ist, auch wenn sie im Allgemeinen ohne Abwandlung zu übernehmen ist.

Für alle Varianten einer Sprache gelten die vielfältigen Maßnahmen, Stilwerte und Stileffekte zu erzielen, in gleicher Weise: Innerhalb des jeweiligen Bezugsrahmens (Werftarbeitersprache, „Hamburgisch", „Jugendjargon", „Brief") sind kollektive Stilwert gebende und individuelle Stileffekt erzielende Instanzen potentiell immer vorhanden. Sie gilt es zu nutzen.

In diesem abschließenden Kapitel sollen die ermittelten Stilzüge eines Textes, die implizit durchgängig auf den **Text als Ganzen** zu beziehen sind, besonders hervorgehoben werden. Im Sinne von Sandig (2006) soll dabei auch darauf geachtet werden, welche stilistischen Prozeduren jeweils festzustellen sind. Sandig unterscheidet als „textstilistische Handlungsmuster" u.a. „Abweichen", „Verdichten",

„Mustermischung", „Kontrastierung", „Hervorheben", „Bewerten und Emotionalisieren" (Sandig 2006, S. 147–306). Diese Verfahren erscheinen in dieser Auflistung als sehr unterschiedlich. Sie gehorchen aber dem stilistischen Grundsatz, die Effektivität der Texte zu steigern. Ob sie gelingen, ist analytisch zu prüfen.

8.1 Analysemethoden

Aus stilistischer Perspektive sind die Texte Träger stilistischer Maßnahmen. Für die Analyse soll das heißen: das textgrammatisch zu ermittelnde „Textuelle" ist Grundlage für die daran geknüpften Stileigenschaften. Das darf aber nicht so verstanden werden, dass die Stileigenschaften eines Textes zu den lexikalischen, grammatischen und Textsorteneigenschaften einfach hinzuzuaddieren wären. Alle stilistisch relevanten Eigenschaften eines Textes sind gleichzeitig auch immer textkonstitutiv. Sie lassen sich nur analytisch benennen und von stilirrelevanten Merkmalen abheben.

Um solche Merkmale aufzudecken, sind verschiedene **Methoden** und Vorgehensweisen möglich. Ein bewährter Weg ist die Methode des Vergleichs. Wenn dabei der Blick auf die stilistisch relevanten Eigenschaften eines Textes gerichtet wird, lassen sich nicht nur mikrostrukturell, sondern auch makrostrukturell Aussagen treffen.

Vergleiche können einzelne Texte einander gegenüberstellen. Diese Methode soll in 8.2 vorgenommen werden. Dabei ist zunächst ein mikrostrukturelles Vorgehen angezeigt. Daran schließt sich eine makrostrukturelle Deutung an.

Vergleiche können aber auch in weiterem Sinne vorgenommen werden. Im Abschnitt 8.3 sollen zwei Texte unterschiedlicher Genres herangezogen werden, ein dichterischer und ein ausgefeilter Sachtext. Damit soll deutlich gemacht werden, dass die **sorgfältige Planung** eines Textes für alle Textsorten ähnlich vorgehen und auch vergleichbare Ergebnisse erbringen kann. Der qualitative Unterschied zwischen dichterischen Texten und Texten der Gebrauchssprachstile soll dabei noch einmal – aus makrostilistischer Perspektive – benannt werden. In 8.4 werden unterschiedliche Zeitungstexte behandelt. Mediale Texte sind für die Stilistik besonders wichtig, weil sie auffällig die in einer Kommunikationsgemeinschaft aktuell geltenden sprachlichen Konventionen und darüber hinaus die Verfahren zeigen, mit denen – häufig nur vermeintlich – besonders effektiv kommuniziert werden kann. Das gilt auch für die in 8.5 kurz angesprochenen Werbetexte. Im Schlussabschnitt wird ein autobiographischer Text herangezogen, der beispielhaft zeigen kann, wie ein Text stilistischen Rang gewinnt.

8.2 Stilvergleiche

Die Ergiebigkeit von Stilvergleichen konnte in Kapitel 7.2.1 an Hand des Vorgehens von Ludwig Reiners deutlich werden. Im Folgenden wird als Beispiel der

Beginn des Märchens ‚Dornröschen' in der Fassung der Brüder Grimm von 1812 mit einer neueren Version verglichen. Märchen werden in einer solchen Fülle von Varianten überliefert und auch gegenwärtig gedruckt, dass sie sich zum direkten Vergleich besonders anbieten. Makrostrukturelle Bezüge lassen die mit den Varianten verbundenen Unterschiedlichkeiten nicht auf einer eingegrenzten Ebene hervortreten, sondern sie lassen erkennen, dass Stileigenschaften von Texten die mit ihnen verbundenen **Intentionen** besonders gut zum Ausdruck bringen können.

„Dornröschen" – Grimms Fassung [1812] 1984	„Dornröschen" – Fassung 1967
[1] Vorzeiten war ein König und eine Königin, die sprachen jeden Tag: „Ach, wenn wir doch ein Kind hätten!", und kriegten immer keins. [2] Da trug es sich zu, als die Königin einmal im Bade saß, daß ein Frosch aus dem Wasser ans Land kroch und zu ihr sprach: „Dein Wunsch wird erfüllt werden: ehe ein Jahr vergeht, wirst du eine Tochter zur Welt bringen." Was der Frosch gesagt hatte, das geschah, und die Königin bekam ein Mädchen, das war so schön, daß der König vor Freude sich nicht zu lassen wußte [3] und ein großes Fest anstellte. Er lud nicht bloß seine Verwandte, Freunde und Bekannte, sondern auch die weisen Frauen dazu ein, damit sie dem Kind hold und gewogen wären. Es waren ihrer dreizehn in seinem Reiche: [4] weil er aber nur zwölf goldene Teller hatte, von welchen sie essen sollten, so mußte eine von ihnen daheim bleiben. [5] Das Fest ward mit aller Pracht gefeiert, und als es zu Ende war, beschenkten die weisen Frauen das Kind mit ihren Wundergaben, die eine mit Tugend, die andere mit Schönheit, die dritte mit Reichtum, und so mit allem, was auf der Welt zu wünschen ist. Als elfe ihre Sprüche eben getan hatten, trat plötzlich die dreizehnte herein. Sie wollte sich dafür rächen, daß sie nicht eingeladen war, und ohne jemand zu grüßen oder nur anzusehen, rief sie mit lauter Stimme: „Die Königstochter soll sich in ihrem funfzehnten Jahr an einer Spindel stechen und tot hinfallen." Und ohne ein Wort weiter zu sprechen, kehrte sie sich um und verließ den Saal. (Brüder Grimm, Kinder- und Hausmärchen, Band 1, S. 257)	[1'] Es war einmal ein König und eine Königin, die wünschten sich nichts so sehr, wie ein Kind. [2'] Als die Königin schließlich einem schönen Mädchen das Leben schenkte, da war die Freude riesengroß. [3'] Der König gab ein prächtiges Fest, zu dem er auch die weisen Frauen, deren es dreizehn in seinem Reich gab, einlud. [4'] Da es im Schloß aber nur zwölf goldene Teller gab, von welchen sie essen sollten, wurde die dreizehnte Fee nicht eingeladen. [5'] Am Schluss des Festes, als elf der weisen Frauen das Kind mit ihren Wundergaben beschenkt hatten, mit Tugend und Schönheit die eine, mit Reichtum und was sonst noch zu wünschen blieb, die anderen, da stand plötzlich die dreizehnte vor dem Kind und rief mit zorniger Stimme: „Die Königstochter soll sich in ihrem fünfzehnten Jahr an einer Spindel stechen und tot umfallen". Wortlos ging sie darauf zur Tür hinaus. (Märchenbuch 1967, S. 37)

Die Stil-Charakteristika der ersten Version entsprechen z.T. denen, die Reiners aus der Prosa Grimms herausgearbeitet hat (vgl. Abschnitt 7.2.1). Was wir noch dazugeben müssen, sind die **Stilzüge des Märchens**. Die zweite Version ist eine gekürzte, gereinigte, pädagogisierte, auf die reduzierten Bedürfnisse vermeintlich kindgerechter Sprache zurechtgeschnittene Version. Im Vergleich mit der Grimmschen Fassung liest sie sich wie eine Abstract-Version, der nicht nur alles das fehlt, was die Textsorte Märchen betrifft, sondern auch viele Eigenschaften gestalteter Sprache.

Vergleichen wir satzweise:

[1]/[1'] : [1] ist länger, nimmt Elemente gesprochener Sprache auf und ist darüber hinaus altertümlich, zudem dialektal (*kriegte immer keins*) und intensivierend (*jeden Tag*). Die Illokution des Wunsches ist in dem, was König und Königin sagen, implizit enthalten, dadurch aber intensiv deutlich. Außerdem ist dies ein beiderseitiger, „partnerschaftlicher" Wunsch: Sie wollen beide gleichermaßen ein Kind.

In [1'] wird eine Standardform gewählt, die keine regionalen und auch keine textsortenspezifischen Besonderheiten aufweist. Insbesondere aber vermissen wir völlig Andeutungen, implizite Bezüge jeder Art. Es wird alles explizit gemacht; vor allem die Illokution des Wunsches. Hier bleibt dem Zuhörer nichts zu erschließen.

[2]: Wie der Wunsch in Erfüllung geht, wird bei Grimm nicht ausdrücklich gesagt, sondern ebenfalls nur angedeutet. Es kommt *ein Frosch*. Den Frosch kennen die Märchenhörer, zum Beispiel aus dem Märchen vom Froschkönig; der stiftet (natürlich nur ganz vage) Bezüge aus dem erotischen Bereich. Wohlgemerkt, es sind keinerlei explizite Bezüge, sondern allenfalls **Andeutungen** – aber vielleicht doch deutlich genug: Die Königin im Bade – da kommt der Frosch. Der König bleibt draußen. Es ist dann konsequent nur davon die Rede, dass die Königin das Kind kriegt. Ganz gleich, wo es herkommt: der König freut sich über alle Maßen – und durch diese Konfrontation (gemeinsamer Wunsch nach dem Kind – Verheißung durch den Frosch an die Königin, Geburt der Tochter) ist die Freude des Königs so intensiv geschildert: *Das Mädchen ist so schön, daß ...*

[2'] Jeder Einzelzug aus [2] wird nun in [2] auf eine Normalform reduziert: Wiederum resultiert keinerlei Stilwert:

a) Die Froschgeschichte wird unterdrückt, es bleibt nur übrig: *schließlich*.

b) Die Schönheit des Kindes wird in ein attributives Adjektiv komprimiert.

c) Die Freude des Königs wird als „allgemeine" Freude ausgegeben. Dadurch wird die angedeutete – latente – Spannung zwischen der Frosch-Geschichte und der Beziehung König/Königin völlig neutralisiert.

[3] Dass der König ein Fest gibt, ist bei Grimm konsequenter Ausfluss seiner Freude. Es wird gesagt, wen er einlädt. Auch die weisen Frauen werden eingeladen. Der Grund wird angegeben: Grimm benutzt dabei den Archaismus *hold*.

Hier könnte man nun einwenden, dass ein Kind dieses Wort nicht verstünde. Es begreift dieses Wort auf jeden Fall aber unterschwellig. Märchen und sakrale Sprache (nicht nur die Werbungssprache, wohin diese Funktionen heute mehr und mehr abgedrängt werden) sind die funktionalstilistischen Bereiche, in denen die archaischen, **magischen Sprachfunktionen** wahrgenommen und über den Kontext in ihrer Bedeutung erschlossen werden können.

[3'] Anzuerkennen ist, dass die Präsupposition, die mit der Nennung der weisen Frauen verbunden ist, gewahrt bleibt.

Bei [4] und [4'] gibt es keine gravierenden Unterschiede. Der Grund ist deutlich: Die moderne Fassung hat die Märchenfabel auf den Verwünschungszusammenhang hin reduziert.

Aus dem folgenden will ich auch nur herausgreifen, was die moderne Fassung standardisiert, reduziert und explizit macht:

Bei Grimm heißt es: *mit lauter Stimme*. Die moderne Version wählt ein erklärendes Adjektiv: *mit zorniger Stimme*.

[5] *Und ohne ein Wort weiter zu sprechen*, [5']: *wortlos*, als ein stilneutraler Ausdruck, der Stilwert Märchen, wie bei Grimm, wird nicht gegeben.

Die Grimmsche Fassung enthält noch einige weitere Züge, die in der modernen nicht enthalten sind. Es sind vor allem weitere archaische Wörter und Wendungen: *ward* statt *wurde*, *elfe* statt *elf*, eine Constructio ad sensum: *war* statt *waren* oder *lebten* (in der ersten Zeile), *sich zu lassen wußte*. Diese Ausdrücke geben Stileffekte ab. Möglicherweise werden sie heute stärker empfunden als zu Grimms Lebzeiten. In jedem Fall aber verstärken sie die bereits mit der Märchenform gesetzten Stilwerte: Das Erzählte erscheint dadurch aus einer fernen Vergangenheit geholt. – Die neue Version enthält dagegen mehrere Relativ- und Temporalsätze, die den Erzählfluss stauen und raffen. Die poetische Kraft der Grimmschen Version erreicht die moderne Fassung an keiner Stelle. Vor allem werden die Stilzüge des Märchens nicht getroffen. Sie werden, aus welchen Gründen auch immer, offenbar bewusst gemieden.

8.3 Hochgradig stilisierte Texte

Texte, die in allen Einzelheiten durchgestaltet sind, waren für die Stilistik schon immer verlockend. Es liegt auf der Hand, dass dichterische Texte dabei im Vordergrund standen. Da im neunzehnten und zwanzigsten Jahrhundert die Individualstilistik besonders nachdrücklich betrieben wurde (vgl. Meyer 1906, Anderegg 1977, aber auch Schneider 1969 und die Musterung individualstilistischer Untersuchungen bei Sowinski 1991, S. 8–31), musste sich der Eindruck ergeben, dass dichterische Texte in qualitativ anderer Weise Stilmerkmale aufweisen als nichtdichterische. Dieser Eindruck ist zwar berechtigt, doch kann er erst dadurch zureichend begründet werden, dass die Art der Bezüglichkeit stilistischer Merkmale auf den „Inhalt" des Textes in Rechnung gestellt wird. Der dichterische Text setzt die **Stilzüge als Gestaltungsmittel**, Form und Gehalt bedingen sich gegenseitig. Bei Texten von Gebrauchstextsorten sind die stilistischen Mittel, die sich bei ihnen nachweisen lassen, Verstärkungssignale. Allerdings gibt es, wie bei dem in 8.3.2 analysierten Text zu sehen ist, durchaus auch Grenzfälle, wenn nämlich die Sachprosa quasipoetische Qualität gewinnt.

Von den besonders in der literarischen Stilistik gewählten Methoden, dem stilistischen Potential eines Textes auf die Spur zu kommen, ist besonders die Analysetechnik von Leo Spitzer [1926] (1961) und Michael Riffaterre (1973) erfolgreich gewesen. Spitzers Analysetechnik setzt bei einem auffälligen Stilmerkmal eines Textes – nicht unbedingt eines literarischen – an; versucht, es zu verstehen und dann auf anderen sprachlichen Ebenen Stützen für die mit dem Stilmerkmal verbundenen (oder vermuteten) Absichten zu finden. Von daher wird dann eine Analyse des Textes vorgenommen.

8.3.1 Dichtung

Ein Beispiel: ‚Das Gesetz':

> (1) Seine Geburt war unordentlich, darum liebte er leidenschaftlich Ordnung, das Unverbrüchliche, Gebot und Verbot.
>
> (2) Er tötete früh im Auflodern, darum wußte er besser als jeder Unerfahrene, daß Töten zwar köstlich, aber getötet zu haben höchst gräßlich ist, und daß du nicht töten sollst. (3) Er war sinnenheiß, darum verlangte es ihn nach dem Geistigen, Reinen und Heiligen, dem Unsichtbaren, denn dieses schien ihm geistig, heilig und rein.
>
> (4) Bei den Midianitern, einem rührig ausgebreiteten Hirten- und Handelsvolk der Wüste, zu dem er aus Ägypten, dem Lande seiner Geburt, fliehen mußte, da er getötet hatte (das Nähere sogleich), machte er die Bekanntschaft eines Gottes, den man nicht sehen konnte, der aber dich sah; eines Bergbewohners, der zugleich unsichtbar auf einer tragbaren Lade saß, in einem Zelt, wo er durch Schüttel-Lose Orakel erteilte. (5) Den Kindern Midians war dieses Numen, Jahwe genannt, ein Gott unter anderen; sie dachten sich nicht viel bei seinem Dienst, den sie nur zur Sicherheit und für alle Fälle mitversahen. (6) Es war ihnen eingefallen, daß unter den Göttern ja auch vielleicht einer sein könnte, den man nicht sah, ein Gestaltloser, und sie opferten ihm nur, um nichts zu versäumen, niemanden zu kränken und sich von keiner möglichen Seite her Unannehmlichkeiten zuzuziehen.
>
> (7) Mose dagegen, kraft seiner Begierde nach dem Reinen und Heiligen, war tief beeindruckt von der Unsichtbarkeit Jahwe's; er fand, daß kein sichtbarer Gott es an Heiligkeit mit einem unsichtbaren aufnehmen könne, und staunte, daß die Kinder Midians fast gar kein Gewicht legten auf eine Eigenschaft, die ihm unermeßlicher Implikationen voll zu sein schien. (8) In langen, schweren und heftigen Überlegungen, während er in der Wüste die Schafe des Bruders seines midianitischen Weibes hütete, erschüttert von Eingebungen und Offenbarungen, die in einem gewissen Fall sogar sein Inneres verließen und als flammendes Außen-Gesicht, als wörtlich einschärfende Kundgebung und unausweichlicher Auftrag seine Seele heimsuchten, gelangte er zu der Überzeugung, dass Jahwe kein anderer sei als El'eljon, der Einzig-Höchste, Elro'i der Gott, der mich sieht, – als Er, der immer schon „ElSchaddai", der Gott des Berges, geheißen, als El'olam, der Gott der Welt und der Ewigkeiten, – mit einem Wort, kein anderer als Abrahams, Jizchaks und Jakobs Gott, der Gott der Väter, will sagen: der Väter der armen, dunklen, in ihrer Anbetung schon ganz konfusen, entwurzelten und versklavten Sippen zu Haus in Ägyptenland, deren Blut von Vaters Seite in seinen, des Mose, Adern floß.

(9) Darum und dieser Entdeckung voll, mit schwer beauftragter Seele, aber auch bebend vor Begierde, das Geheiß zu erfüllen, brach er seinen vieljährigen Aufenthalt bei den Kindern Midians ab, setzte seine Frau Zipora, ein recht vornehmes Weib, da sie eine Tochter Reguels, des Priesterkönigs in Midian, und die Schwester seines herdenbesitzenden Sohnes Jethro war, auf einen Esel, nahm auch seine zween Söhne, Gersom und Elieser, mit und kehrte in sieben Tagereisen durch viele Wüsten gen Westen nach Ägyptenland zurück, das heißt in das brachige Unterland, wo der Nil sich teilt und wo, in einem Distrikt, der Kos, beziehungsweise auch Goschem, Gosem und Gosen hieß, das Blut seines Vaters wohnte und fronte. (Thomas Mann, Das Gesetz, S. 641 f.)

Dieses Textstück benennt mit seinem ersten Satz ein **Paradoxon**. Dieses Inhaltsmoment gibt Anlass, nach der ausdrucksseitigen, der stilistischen Parallele dafür zu suchen und diese dann zunächst als Deutungsmöglichkeit für die folgenden Auffälligkeiten anzusetzen, indem man versucht, dafür einen gemeinsamen Nenner zu finden.

Diese Auffälligkeiten sind: *das Unverbrüchliche* (Satz 1): ein Archaismus, *Gebot und Verbot* (1): eine Antithese. *Er tötete* (2): zu erwarten wäre eher: *er hatte getötet.* Die Bezeichnung *Unerfahrener* (2) für jemanden, der das Verbrechen der Tötung noch nicht begangen hat. Das gilt auch für die Bezeichnung *höchst gräßlich* (2). Die paradoxe und antithetische Erzählweise wird fortgeführt mit der Aussage, *daß Töten zwar köstlich, aber getötet zu haben höchst gräßlich* sei. Dabei ist *höchst gräßlich* selber eine Hyperbel, *sinnenheiß – Verlangen nach dem Geistigen, Reinen und Heiligen* (3).

Hier bereits kann die Analyse einen Augenblick innehalten und resümieren: Erstens: Es gibt keinen Rahmen in dieser Geschichte: Es wird sofort erzählt. Zweitens: Die Stilfigur des Paradoxons dominiert: Es ist bereits jetzt zu erkennen, dass die Paradoxie es ist, die sonstige stilistische Effekte integrierend zusammenschließt. Drittens: Die Zentrierung auf die Person des Mose – denn um ihn handelt es sich, wie wir in Satz (7) erfahren – rechtfertigt die Paradoxa.

Denn wenn die Stilanalyse ihr Augenmerk auf die Auffälligkeiten, auf die Abweichungen vom „Erwarteten" richtet, dann darf sie das berechtigterweise nur, wenn sie die Effekte integrieren und zentrieren kann, wenn sie einen einheitlichen **Gestaltungswillen** dahinter zu erkennen vermag. Paradox, aber nicht unberechtigt ist es, wenn wir bei literarischen Texten fragen, was in solchen Fällen „das Erwartete" denn eigentlich ist. Wir verlangen ja keine Aussage über die furchtbaren Auswirkungen bei einem Mörder nach der Tat, sondern wir lassen uns ein auf den Gestaltungswillen des Autors und verlangen, dass er die angefangenen Mittel konsequent weiterverwendet.

Alles dies haben wir bereits akzeptiert, wenn wir im Fortgang der Lektüre weitere Auffälligkeiten registrieren: Wir erwarten, dass sie individuelle „Abweichungen" sind, wir erwarten, dass sie gelingen und insbesondere, dass sie einheitlich sind. Dazu treten andere stilistische Mittel: In (4), dass die Midianiter *ein rührig ausgebreitetes Hirten- und Handelsvolk der Wüste* sind mit einem in das Adjektiv projizierten Bild. Die Substantive sind durch Alliteration gebunden. Die Ausdrucksweise *das Nähere sogleich* (4) ist eine Vorausdeutung nach Art gänzlich anderer Textsorten, jedenfalls nicht dichterischer, und ist damit ein Paradoxon, das gleichsam die Gattung des Textes als solche betrifft. Diese zentrale Stilfigur wird sodann weiter in der Formulierung über den *unsichtbaren Gott, ... der aber dich sah* und *unsichtbar auf einer tragbaren Lade saß* greifbar. Jetzt wird im Nachhinein deutlich, dass das Gebot, *dass du nicht töten sollst* (2) ebenfalls bereits auf die Person-Anrede hin formuliert war.

Die Antithese nähert sich bereits hier (und das wäre in einer durchgehenden Analyse leicht zu erweisen) dem religiösen Paradoxon: Die Religion vom unsichtbaren Gott, den man sieht und erlebt. Er wird in der Novelle nicht nur über die Person des Mose eingekreist, sondern mit immer neuen Mitteln „benannt", nämlich als der Unbenennbare/Namenlose, womit die Paradoxie auf die Spitze getrieben wird.

Zentriert wird dieses religiöse Paradoxon in der „inneren Erfahrung" (ebenfalls ein Paradoxon) bei Mose, der den Gott uminterpretiert: Aus seiner Erfahrung, seinen Anlagen (Z. 1 f.) fasst er Jahwe anders auf als die Midianiter. Er erfasst das Paradoxon des Gottes intuitiv.

Verbunden werden diese Formen mit weiteren Stilfiguren, u.a. dem Anachronismus: *unermeßliche Implikationen* (7). Seine Wirkung wird noch gesteigert durch die Einbindung in eine archaische Satzkonstruktion: *Die ihm unermeßlicher Implikationen voll zu sein schien.* Damit ist die zentrale Figur des Paradoxons auch im konstruktionellen Bereich nachweisbar.

Ein Paradoxon ist schließlich auch, wenn Mose von *Offenbarungen* heimgesucht wird, von einem *flammenden Außen-Gesicht*, das aus seinem *Inneren* kommt (8). Weiter: dass die vielen Namen des Gottes in dem einen Gott zusammenfallen, *Jahwe.*

Schließlich ist auch die spezifische **Sprachmischung** aus archaischen und anachronistischen, altertümlichen und hoch aktuellen Ausdrucksweisen paradox. Dafür einige Beispiele: die *konfusen, entwurzelten und versklavten Sippen* (8), die *schwer beauftragte Seele* (9), *seine zween Söhne* (9): Das ist biblische Sprache in der Gestalt der traditionellen Übersetzung. Schließlich finden sich Alliterationen und Reime: *bebend vor Begierde, das Geheiß zu erfüllen* (9), *das Blut seines Vaters wohnte und fronte* (9).

Hier ließe sich die Analyse bereits abbrechen, denn sie hat ihren Zweck erfüllt: die Erfassung der sprachlichen Mittel mündet hier bereits in eine Hypothese über die Aussageabsicht. Der Leser liest eine solche Geschichte also so, dass er die „Abweichungen" nur auf dem Hintergrund eines virtuellen „Normalen" registriert. Der Anspruch des Funktionalstils der Literatur ist es, individuelle Regeln zu etablieren. Der Leser prüft deren Konsequenz als Gelingen.

Leo Spitzer ist der Auffassung, dass die stilistische Analyse nach Art des **philologischen Zirkels** vor sich gehe: Auffälligkeiten werden registriert. Es bilden sich sodann Hypothesen über deren Funktion. Eine erneute Lektüre (ein Rückwärtsgehen im Text) ist nötig. Dann schließt sich der Kreis. Für diese Art der Stilanalyse stellt die Linguistik das Handwerkszeug bereit.

8.3.2 Kunstvolle Sachprosa

Als Gegenbeispiel zu Thomas Manns Novelle sei ein Textstück eines anderen Funktionalstils herangezogen, und zwar eines der **Wissenschaftssprache**. Mit einem zentralen Abschnitt aus Sigmund Freuds erfolgreichstem Buch, ‚Die Traumdeutung', ist ein Text ausgewählt, der nicht ausschließlich fachlich-intern abgefasst ist, ohne aber „populärwissenschaftlich" zu sein. Sigmund Freuds Prosastil weist mehr als die Merkmale „reinen" wissenschaftlichen Schreibens auf. Nicht nur findet sich hier eine bewusste Gestaltung, seine Schreibweise ist ausgeformt und kunstvoll. Darüber hinaus zeigt das ausgewählte Textstück, wie hier eine Begriffsschöpfung vorgenommen wird. Darauf wird im nächsten Abschnitt eingegangen.

Die Verdichtungsarbeit

(1) Das erste, was dem Untersucher bei der Vergleichung von Trauminhalt und Traumgedanken klar wird, ist, daß hier eine großartige *Verdichtungsarbeit* geleistet wurde. (2) Der Traum ist knapp, armselig, lakonisch im Vergleich zu dem Umfang und zur Reichhaltigkeit der Traumgedanken. (3) Der Traum füllt niedergeschrieben eine halbe Seite; die Analyse, in der die Traumgedanken enthalten sind, bedarf das Sechs-, Acht-, Zwölffache an Schriftraum. (4) Die Relation ist für verschiedene Träume wechselnd; sie ändert, soweit ich es kontrollieren konnte, niemals ihren Sinn. (5) In der Regel unterschätzt man das Maß der statthabenden Kompression, indem man die ans Licht gebrachten Traumgedanken für das vollständige Material hält, während weitere Deutungsarbeit neue, hinter dem Traum versteckte Gedanken enthüllen kann. (6) Wir haben bereits anführen müssen, daß man eigentlich niemals sicher ist, einen Traum vollständig gedeutet zu haben; selbst wenn die Auflösung befriedigend und lückenlos erscheint, bleibt es doch immer möglich, daß sich noch ein anderer Sinn durch denselben Traum kundgibt. (7) Die *Verdichtungsquote* ist also – strenggenommen – unbestimmbar. (8) Man könnte gegen die Behauptung, daß aus dem Mißverhältnis zwischen Trauminhalt und Traumgedanken der Schluß zu ziehen sei, es finde eine ausgiebige Verdichtung des psychischen Materials bei der Traumbildung statt, einen Einwand geltend machen, der für den ersten Eindruck recht bestechend scheint. (9) Wir haben ja so oft die Empfindung, daß wir sehr viel die ganze Nacht hindurch geträumt und dann das meiste wieder vergessen haben. (10) Der Traum, den wir beim Erwachen erinnern, wäre dann bloß ein Rest der gesamten Traumarbeit, welche wohl den Traumgedanken an Umfang gleichkäme, wenn wir sie eben vollständig erinnern könnten. (11) Daran ist ein Stück sicherlich richtig; man kann sich nicht mit der Beobachtung täuschen, daß ein Traum am getreuesten reproduziert wird, wenn man ihn bald nach dem Erwachen zu erinnern versucht, und daß seine Erinnerung gegen den Abend hin immer mehr und mehr lückenhaft wird. (12) Zum andern Teil aber läßt sich erkennen, daß die Empfindung, man habe sehr viel mehr geträumt als man reproduzieren kann, sehr häufig auf einer Illusion beruht, deren Entstehung späterhin erläutert werden soll. (13) Die Annahme einer Verdichtung in der Traumarbeit wird überdies von der Möglichkeit des Traumvergessens nicht berührt, denn sie wird durch die Vorstellungsmassen erwiesen, die zu den einzelnen erhalten gebliebenen Stücken des Traumes gehören. (13) Ist tatsächlich ein großes Stück des Traumes für die Erinnerung verlorengegangen, so bleibt uns hiedurch etwa der Zugang zu einer neuen Reihe von Traumgedanken versperrt. (14) Es ist eine durch nichts zu rechtfertigende Erwartung, daß die untergegangenen Traumstücke sich gleichfalls nur auf jene Gedanken bezogen hätten, die wir bereits aus der Analyse der erhalten gebliebenen kennen. (Sigmund Freud, Die Traumdeutung, S. 235 f.)

Auch hier sollen die stilistischen Auffälligkeiten zunächst registriert werden:

Im Satz (1) stößt man auf das Wort *Untersucher*. Der Autor wählt hier ein nichtterminologisches deutsches Wort. Der Leser wird mitgenommen in den Aufdeckungsprozess der Traumfunktion, wenn diese als Leistung bezeichnet wird, die mit einem stark wertenden Epitheton, dem Adjektiv *großartig*, beschrieben wird. Gleichzeitig wird damit der zentrale Begriff *Verdichtungsarbeit* eingeführt. In den vorausliegenden Kapiteln wurde er vorbereitet, hier wird er eingeführt und im nächsten Satz erläutert. Die Funktion in diesem (generell völlig unironischen) Text ist nicht Distanz, sondern **Identifikation**: Der Autor zeigt sich aufs höchste beeindruckt durch die Traumleistung der Verdichtung. In Satz (2) wird dieser Eindruck begründet in einem Satz, der zunächst ein neutrales Adjektiv, *knapp*, enthält, dieses aber durch die Stilfigur der Variation genauer erfasst, mit einem Adjektiv mit Stileffekt: *armselig*, das nicht aus der Wissenschaftssprache stammt. Das nächste Adjektiv, *lakonisch*, ist nur metonymisch (als verkürzter Vergleich) zu verstehen, insgesamt ergibt sich eine Klimax.

Sachlich wird die Traumverdichtung gegen die Traumgedanken gesetzt. Das wird – vertextungsstrategisch gesprochen – beschrieben. Diese Beschreibung ist eingelagert in eine Argumentation. Aber bereits der erste Satz „erzählt". Erzähl-Einlagerungen sind in der Wissenschaftssprache naturgemäß häufig, denn jede Versuchsreihe, jede Beobachtungsabfolge muss erzählt, genauer: berichtet, nämlich in der objektiven Erzählvariante wiedergegeben werden.

Wie stark der Autor mit Stilfiguren arbeitet, zeigt sich auch im nächsten Satz (3). Wieder findet sich eine Variation mit Klimax: *das Sechs-, Acht-, Zwölffache.*

Danach folgen einige neutrale Beschreibungssätze. Umso wirkungsvoller ist dann die Bezugnahme auf den Autor: *soweit ich es kontrollieren konnte* (4). Sodann erfolgt eine erste Variation des gerade erst eingeführten Begriffes *Verdichtung*: *Kompression* (5). Im selben Satz fallen die verwendeten Bilder auf: *die ans Licht gebrachten Traumgedanken,* (5), *hinter dem Traum versteckte Gedanken* (5). Die Verwendung dieser und sonstiger Bilder ist nicht einfach „Schmuck der Rede", sondern, wie sich hier deutlich erweist, gleichsam notwendiges Mittel, um das Neuartige der hier vorgeführten Entdeckung adäquat zu versprachlichen: Sigmund Freuds wissenschaftliche Prosa ist ein Musterfall dafür, dass die Sprache der Wissenschaft nicht reproduzierend, sondern schöpferisch sein kann. Aus den folgenden Sätzen ist zu registrieren, dass der neu eingeführte Begriff hier sogleich als Bestimmungsglied (Determinans) eines Kompositums verwendet wird: *Verdichtungsquote* (7). Das Determinatum ist ein fachsprachliches Wort.

Nun folgt – typisch für **argumentatives Sprechen** – ein möglicher Einwand der möglichen Rezipienten: *Man könnte gegen die Behauptung... einen Einwand geltend machen, der für den ersten Eindruck recht bestechend scheint* (8). Aber es werden gleich zwei Signale gegeben, dass der Einwand nicht stichhaltig wäre. Sodann wird die empirische Grundlage dieses möglichen Einwands dargelegt. *Wir haben ja so oft die Empfindung* (9 und 10). *Ja* ist die Partikel der Nennung von Bekanntem, auch in wissenschaftlicher Sprache. Der mögliche Einwand wird „gewürdigt“: *Daran ist ein Stück sicherlich richtig* (11). Danach beginnt die Widerlegung: *Zum andern Teil aber.* Dabei wird mit dem Wort *Illusion* (12) ein Ausdruck verwendet, der expressiv ist. Satz (13) führt eine positive Stütze für die These von der Verdichtung an. Man beachte das Verb *erweisen.* Dabei muss allerdings in Rechnung gestellt werden, dass die Verwendung des Verbs *erweisen* durch den argumentierenden Wissenschaftler selbst natürlich nur eine Behauptung ist: Die Akzeptierung durch die wissenschaftliche Öffentlichkeit steht ja noch aus! In Satz (14) erfolgt mit der Aussage *Es ist eine durch nichts zu rechtfertigende Erwartung* ... mit aller Schärfe die Zurückweisung einer These. Und die Konzilianz des Tones, die Glätte des Stils kann bei Sigmund Freud des öfteren in sehr schroffe und scharfe Polemik umschlagen. Nun ist Polemik etwas, was funktionalstilistisch für die Sprache der Wissenschaft zugelassen ist. Denn wie in der mittelbaren Direktive die eingeführten Begriffe ihren Kampf erst bestehen müssen, so ist auch die wissenschaftliche Sprache im Grund „unkonziliant“: Es müssen die eigenen Thesen ja argumentativ durchgesetzt werden. – Unterstellen dürfen wir dabei, dass der Emittent subjektiv von ihrer Richtigkeit überzeugt ist. Die Stilanalyse kann sich deshalb nicht mit pauschalen Urteilen zufrieden geben. Was bei der Analyse dichterischer Texte selbstverständlich ist, gilt auch für die anderen funktionalstilistischen Bereiche: Aus den spezifischen Bedingungen der funktionalstilistischen Bereiche heraus müssen die verwendeten Mittel gerechtfertigt oder aber kritisiert werden.

Mit der **funktionalstilistischen Bestimmung** der kommunikativen Bereiche und der Zweiteilung aller verwendeten Stilmittel, nämlich in solche, die den funktionalstilistischen Bedingungen neutral gehorchen, und solche, die Indikatoren für individuelle, originelle Gestaltung sind – also Stilwerte und Stileffekte erzielende – hat man einen guten methodischen Hebel für die Stilanalyse. Im Gegensatz zu den stilanalytischen Methoden, die ausschließlich an literarischen Texten entwickelt worden sind, sind die Zugriffe bei nichtliterarischen Texten schwieriger, denn sie müssen das Gelungensein der Texte erst nachweisen, was bei den literarischen Texten vorausgesetzt wird. Oder mit anderen Worten: Durch den geringeren Grad an Originalität nichtliterarischer Texte ist der funktionalstilistisch bezeichnete Bereich umso größer. Die in Kapitel 5.4.2 genannten Anforderungen an den Funktionalstil der Wissenschaftssprache waren: Aufklärung im Sinne von Erkenntnisgewinn und – sekundär – Weitergabe der Erkenntnisse. Daraus resultierte: **Klarheit in der Darstellung** – Verwendung von Fachtermini – Engagement sollte nicht ausgeschlossen sein. Doch sollte eine gewisse Distanz vorherrschen.

Eine bloße Überprüfung, ob die funktionalstilistischen Regeln eingehalten sind, ginge nun aber gerade auf das Nicht-Auffällige, auf das Normative, auf das Akzeptierte und Herkömmliche. Wir erwarten jedoch von jedem Text das Gelingen so, dass ein „individuelles Moment“ greifbar ist: Was nicht in irgendeiner Weise den Stempel der Originalität trägt, ist allenfalls Reproduktion eines Musters, nicht verantwortete Leistung. Deswegen müssen wir bei der Analyse nichtliterarischer Texte auch die individuellen und originellen Stilzüge aufsuchen. Hier dürfen wir bei den Analysemethoden anknüpfen, die wir auch bei literarischen Texten verwenden: Das heißt, wir registrieren Auffälliges – also Stileffekte (funktionalstilistische Verschiebungen und Stilfiguren), suchen deren Stellenwert im Zusammenhang mit den funktionalen Stilwerten des Textes zu ermitteln und sodann einen gemeinsamen Nenner zu erarbeiten.

Exkurs: Begriffsschöpfung

Der hier ausgewählte Text zeigt nun noch etwas Besonderes: Es geht darin um die Einführung eines Kernbegriffs, um die Etablierung eines Terminus. Hier liegt ein Text vor, der ein sprachliches Urproblem bewältigt: Die Sprache der Wissenschaft ist ein funktionalstilistischer Bereich, in dem Begriffe neu verabredet werden dürfen. Das ist mit dem Ausdruck *Begriffsschöpfung* gemeint. In anderen Funktionalstilen ist das nur eingeschränkt möglich. Im Bereich der öffentlichen Sprache ist zu unterscheiden zwischen der Sprache der unmittelbaren Direktive, wo Begriffe definiert, gesetzt und ihre Durchsetzung qua exekutiver Befugnis kontrolliert werden. Das gilt zum Beispiel für Staatsbezeichnungen (es heißt z. B. „die Bundesrepublik Deutschland", nicht „BRD") oder alle amtlichen Bezeichnungen, etwa Bezeichnungen von Behörden etc. In der mittelbaren Direktive hingegen sind die Begriffsschöpfungen dem argumentativen Kampf ausgesetzt. Dort müssen sie sich behaupten, oder aber sie gehen unter, etwa: *Wiedervereinigung in Frieden und Freiheit* oder *Freiheit statt Sozialismus.* Dass dieser argumentative Kampf bemerkt wird, schlägt sich unter anderem in der Formulierung von der „**Begriffsbesetzung**[1]" nieder.

In der Literatur werden neue Wortschöpfungen nie definiert, sondern stets präsupponiert. In der Wissenschaftssprache nun werden neue Begriffe aus ihrem Zusammenhang heraus motiviert und eingeführt. In ihnen ‚verdichtet' sich die empirische Basis: Sie sind durch Abstraktionen gewonnene erklärende und überzeugende Bezeichnungen. Die Begriffsschöpfung unterliegt den Stilkategorien der Angemessenheit (der sachlichen Richtigkeit) und der Bildlichkeit.

Dass dabei die **Bildlichkeit** eine besondere Rolle spielt, zeigt sich daran, dass die wissenschaftliche Sprache voll von Metaphern ist. So sind sehr viele sprachwissenschaftliche Begriffe bildliche Bezeichnungen, etwa: *Stammbaum, Wurzel, Verzweigung.* Auch in der Naturwissenschaft werden bildhafte Bezeichnungen geprägt: *Strahlen, Kerne, Urknall, schwarze Löcher.* Solche Ausdrucksweisen geben in den Bereichen, in denen sie geprägt werden, zunächst Stileffekte ab, die sich

1 Dieser Ausdruck hat die politische Debatte in der Bundesrepublik lange bestimmt (vgl. Liedtke/Wengeler/Böke (Hrsg.) (1991)). Darin kommt zum Ausdruck, dass der Originalitätsgedanke auch unter stilistischem Aspekt relevant ist: Zentrale Ausdrucksweisen sind gleichsam stilistische Kennzeichnen von Personen und Gruppen. Ihre Verwendung sichert die Konstanz bestimmter damit verbundener Werte. Sie geben einen Stilwert ab.

jedoch bald abschleifen und zu Stilwerten werden, die den jeweiligen Bereich kennzeichnen. Gleichzeitig sichern sie nach außen ein Grundmaß an Verständlichkeit.

8.4 Zeitungstexte

Wie mehrfach betont, sind Texte aus Zeitungen in besonderem Maße geeignet, die Wirkungsweise stilistischer Strategien zu erkennen. Mediale Texte müssen auf die Erwartungen der Rezipienten eingehen. Die stilistische Analyse solcher Texte zeigt besonders gut, in welcher Weise der Text als Träger von Stilzügen angesehen werden kann. Während literarische Texte ihr stilistisches Potential in **Interdependenz** mit der Aussage entfalten, stehen bei medialen Texten, wie bei anderen gebrauchssprachlichen Texten auch, die stilistischen Merkmale **im Dienst** der Aussage. Dies ist ein entscheidender Unterschied. Zeitungstexte, die als gedruckte mediale Texte schriftlich dokumentiert und auch späterer Analyse zugänglich sind, können exemplarisch herangezogen werden, um dies zu zeigen. Die stilistischen Merkmale sind im Allgemeinen zahlreicher als in anderen Gebrauchstextsorten, weil die Medien in täglicher Konkurrenz zueinander stehen und sich durch attraktive Ausdrucksweisen behaupten müssen. Attraktive Ausdrucksweisen aber sind solche, die stilistische Mittel in höherem Grade einsetzen als in anderen Texten. Aber auch bei den medialen Texten gilt, dass sie mit dieser effektiven Unterstützung der Aussageabsicht der Grundbedingung stilistischen Gelingens genügen müssen: Die Mittel müssen einheitlich sein. Aber genau das wird auch aus einem anderen Grund bei ihnen gefordert: Das Profil einer bestimmten Zeitung muss zu erkennen sein.

Mediale Texte lassen unter stilistischer Perspektive aber noch etwas anderes erkennen: Die verwendeten Mittel können noch so unterschiedlich und noch so eigenwillig sein, sie erfordern immer einen **aktuellen Bezug**. In den ermittelten Stilwerten und Stileffekten von Zeitungstexten finden wir daher die aktuell gültigen Stilformen, auch und gerade solche, die nur tagesaktuell sind und sehr bald als veraltete erscheinen.

8.4.1 Leitartikel

Ein Kampf um Brüssel

Von Stefan Kornelius

(I) Jetzt sind mal wieder alle Vorurteile über Europa und seine Institutionen auf das Wunderbarste bestätigt: Ein Möchtegern-Parlament mit widersprüchlichen Interessen reitet genüsslich das bisschen Autorität zu Tode, das ihm gegeben ist. Eine Semi-Regierung, Kommission genannt, bricht zusammen in ihrer Zwitterrolle – nicht gewählt und doch dem Parlament verantwortlich. Diese paneuropäische Truppe war außerdem zu bunt und in ihrer Qualifikation zu uneinheitlich, als dass man sie hätte mögen können.

(II) Der Chef der Kommission, Präsident genannt, soll handeln wie ein Staatenlenker, obwohl sein Reich aus Bürofluchten besteht und seine Macht in der Gabe liegt, auszugleichen. Gerade dies ist ihm aber offenbar nicht gegeben. Und hinter all dem stehen die Paten des Niedergangs, die Premiers und Präsidenten aus 25 Staaten, die sich das Schauspiel offenbar unbeteiligt anschauen, denn ihre Bedeutung wird wieder zunehmen im Lichte des sinkenden Euro-Schiffes.

(III) Dieses Europa ist also prompt in die Falle gelaufen, die es selbst seit Jahren fleißig baut. Im Bermuda-Dreieck aus Parlament, Kommission und Rat der Regierungen wirken Kräfte, die sich niemals werden bündeln lassen, die sich vielmehr abstoßen und in Wahrheit eine Unverträglichkeit der Institutionen signalisieren. Das Kraftfeld konnte zum Kommissions-Wechsel 2004 deswegen so stark strahlen, weil seit einem halben Jahr zehn neue Staaten Mitglied in der EU sind, was geradezu nach einer Rauferei der Institutionen schreit, bei der sich die Machtverhältnisse klären können.

(IV) Geklärt hat sich bisher allerdings wenig in der Episode Buttiglione. Ein so sturer wie gutgläubiger italienischer Politiker erregte mit seinen Äußerungen über Homosexuelle und Frauen den Zorn der politischen Gegner und löste eine Auseinandersetzung aus, in der über moralische Überlegenheit und Glauben entschieden werden sollte. Das kann nicht gut gehen. Anstatt aber den Streit zu entschärfen und den Moralin-getränkten Wurfmessern auszuweichen, ließ sich der designierte Kommissions-Präsident Barroso in einen Machtkampf ein, bei dem es am Ende um viel Grundsätzlicheres gehen sollte: Auf wen nämlich hört dieses Europa?

(V) Die ehrliche Antwort wäre: Mal auf den, mal auf jenen. Europa ist der ewige Kompromiss, der mit 12 oder 15 Mitgliedern leichter zu bauen war als mit 25. Bei der Bestallung der Kommission musste dieses Europa eben den Faktor Parlament einkalkulieren, weil die Abgeordneten in Straßburg ein Veto-Recht gegen die Führung der Megabehörde geltend machen können. [...]

(VI) Nun ist die Lage komplizierter. Die europäischen Institutionen sind gewachsen, sie haben eine beschlossene, aber noch längst nicht ratifizierte Verfassung mit einer neuen Kompetenzverteilung vor Augen. Und immer heftiger wird die Auseinandersetzung um die Schlüsselfrage: Wer eigentlich sorgt für Legitimation und Kontrolle? Wer ist der Souverän? Tatsächlich hat die Europäische Union durch ihren Wachstumsschub ein Machtvakuum erzeugt. Und im Sog der Geschwindigkeit wurde die Luft ganz schön dünn.

(VII) Der neue Kommissions-Präsident Barroso handelte in dieser Phase denkbar unklug. Er suchte nicht nach einem gesichtswahrenden Ausweg, sondern ließ es auf die Konfrontation mit dem Parlament ankommen. Als aus dem Moral-Streit ein Machtkampf der Institutionen wurde, war es längst zu spät für einen Kompromiss.

(VIII) Jetzt ist Barroso schwer beschädigt, obwohl er sein Amt noch nicht einmal angetreten hat. Er wird – sollte er weiter machen wollen – fünf Jahre lang mit diesem Geburtsmakel behaftet sein. [...]

(IX) Gewonnen haben lediglich die Regierungschefs, konkret diejenigen, die eine schwache Kommission und ein schwaches Parlament lieben, den Einfluss der nationalen Regierungen also stärken wollen. Schon seit Monaten ist spürbar, dass ein Europa der 25 großen Fliehkräften ausgesetzt ist, dass also die Bedeutung der Integration schwindet und der Magnet Brüssel an Anziehungskraft verliert.

(X) Es ist gut möglich, dass der Name Buttiglione einmal für den Zeitpunkt stehen wird, an dem sich die Institutionen der EU zum letzten Mal heftig aufgebäumt haben, ehe sie in eine Lähmung verfielen. Buttiglione ist nicht der Name eines zauseligen Beinahe-Kommissars, der an einer Verträglichkeitsprüfung scheiterte. Buttiglione steht für einen Konflikt der Institutionen, für den es in Wahrheit zur Zeit nirgendwo eine Lösung gibt.

(Süddeutsche Zeitung vom 28. Oktober 2004, S. 4)

Bei diesem Text handelt es sich um einen Leitartikel aus einer Tageszeitung. Funktionalstilistisch liegt also ein Medientext, genauer: ein Printmedientext vor.

Die dominante Vertextungsstrategie ist das **Argumentieren**. So ist zu erwarten, dass in diesem Text eine Leitthese präsentiert wird, es ist die These „Die EU ist nicht handlungsfähig", genauer und als Modus ponens formuliert: „Wenn sich die EU-Kommission und ihr Vorsitzender nicht durchsetzen können (= A), dann ist die EU nicht handlungsfähig (= B)". A wird induktiv durch „Beobachtungen" (a_1, a_2, ...) belegt, dadurch soll der Rezipient auf die Gültigkeit von B schließen. Solche Beobachtungen, die in die Argumentation als Berichte oder Beschreibungen integriert werden, sind z.B.:

Der Chef der EU-Kommission hat nicht die Gabe des Ausgleiches (Absatz II); die „Affäre Buttiglione" hat den Präsidenten zu einem unfruchtbaren Machtkampf veranlasst (Absatz IV); es ist unklar, wer für Legitimation und Kontrolle zu sorgen hat (Absatz VII). Zur Belegung seines argumentativen Vorgehens führt der Autor (pseudo)logische Schablonen an: *in Wahrheit – die Schlüsselfrage – die ehrliche Antwort wäre.* Dazu treten Bewertungen und Behauptungen: *Das kann nicht gut gehen* (IV) – *Gewonnen haben lediglich die Regierungschefs* (X) – *Schon seit Monaten ist spürbar, dass ... die Bedeutung der Integration schwindet* (IX).

Dennoch ist es ziemlich offensichtlich, dass die Hauptthese durch die etwas willkürlich erscheinenden Aneinanderreihungen dieser Lagebeobachtungen diffus erscheint. So erklären sich die stilistischen Maßnahmen, die der Autor ergreift, um der These Nachdrücklichkeit zu verleihen. Diese sind vor allem die folgenden:

Starker Bezug auf umgangssprachliche Ausdrucksweisen, mit denen in dieser seriösen Textsorte Stileffekt erzielt werden: *Jetzt sind mal wieder alle Vorurteile ... bestätigt* (I) – *was geradezu nach Rauferei schreit* (III) – *wurde die Luft ganz schön dünn* (VI) – *der Name eines zauseligen Beinahe-Kommissars* (X).

Ad-hoc-Wortbildungen, teilweise mit pejorativen Konnotationen und abwertende Wortwahlen stützen diese Stilmittel: *Möchtegern-Parlament – Beinah-Kommissar – diese paneuropäische Truppe – im Bermuda-Dreieck aus Parlament, Kommission und Rat der Regierungen – Megabehörde.*

Sodann strotzt der Text vor Bildern und **Metaphern**, die teilweise verblasst, teilweise originell sind, teilweise an der Grenze zur Stilblüte liegen: *Ein Möchtegern-Parlament reitet genüsslich das bisschen Autorität ... zu Tode* (I) – *die Paten des Niedergangs* (II) – *im Lichte des sinkenden Euro-Schiffes* (II) – *den Moralin-getränkten Wurfmessern auszuweichen* (IV) – *der an einer Verträglichkeitsprüfung scheiterte* (X).

Alle diese Stilmittel geben Stileffekte, was in der Textsorte Leitartikel nichts Ungewöhnliches ist. Auch die Stilfiguren, zu denen bereits alle bildlichen Ausdrucksweisen gehören, sind in der Textsorte überaus häufig. Hier sind es, über die angeführten hinaus, die rhetorischen Fragen: *Wer eigentlich sorgt für Legitimation und Kontrolle? Wer ist der Souverän?* Weiter die Alliteration: *die Paten des Niedergangs, die Premiers und Präsidenten.* Schließlich die Anspielung in der Überschrift: Sie soll den ‚Kampf um Rom' (der 1876 erschienene Roman von Felix Dahn) assoziieren. Der Artikel ist ein typisches Beispiel für die ausufernde stilistische Gestaltung von argumentativen Texten in den Medien. Allerdings ist die Mischung aus gewichtiger politischer Stellungnahme und emotional engagierter Vermittlung aus funktionalstilistischer Perspektive durchaus erwartbar.

8.4.2 Feuilletontexte

Stilistische Mittel werden in besonders reichem Maße in den Feuilletons der Zeitungen eingesetzt. Dafür war etwa der Text ‚Wie die Alten sungen' in Kapitel 3 ein Beispiel. Effekterzielende Mittel, also solche, mit denen Wörter und Wendungen aus anderen Funktionalstilbereichen und Stilfiguren aller Art verwendet werden, lassen hier die Funktion, der übermittelten Nachricht oder der Beschreibung von Gegenständen und Sachverhalten größeren Nachdruck zu verleihen, besonders gut erkennen. Darin sind Feuilletontexte, Leitartikel und andere Kommentarformen in Zeitungen zu vergleichen, bei denen sich Ähnliches feststellen lässt.

Häufig unterstreichen die gewählten Stilmittel die polemischen, aggressiven Aussagen, die ein solcher Text enthält. Einige Sätze aus einem Artikel der Süddeutschen Zeitung, der sich mit der Wiedererrichtung des Braunschweiger Stadtschlosses befasst (Süddeutsche Zeitung vom 7. 5. 2007, S. 13), können das zeigen.

Der Artikel trägt die Überschrift „Der geschenkte Gaul" und spielt damit auf das bekannte Sprichwort an. Der Autor (Gottfried Knapp) macht aus seinem Ärger über die Verunstaltung dieser Stadt, wie so vieler anderer Städte, keinen Hehl. 1959 hatte die Stadt die im Krieg ausgebrannte Ruine abreißen lassen: „Seit dieser fatalen politischen Fehlentwicklung sind immer wieder Versuche unternommen worden, das Schloss als zentrales Monument der lokalen Geschichte wiederzugewinnen." Diese bleiben aber immer wieder stecken. „Bis der Herr ein Einsehen hatte, der Herr, der Deutschland mit gewaltigen Einkaufszentren beglückt und sich mit der bekannten Armada der Billiganbieter überall dort in die Städte hineindrängt, wo es am meisten wehtut: in die historischen Kerne." Die Anspielungen auf Formulierungen der **sakralen Sprache** prallen im weiteren Text auf **umgangssprachliche Ausdrücke**: „Statt einer städtischen Vorverkaufsstelle sitzt der Kaffeevermarkter Starbucks unter seinem fett leuchtenden Logo in der Pförtnerloge." Das Versprechen der Überschrift aber wird eingelöst mit Sätzen wie: „Nach außen hin hat die handwerklich geschickt rekonstruierte Figur des Schlosses trotz ihrer hässlichen rückwärtigen Geschwülste ihre alte Dominanz im Stadtbild mit einer Selbstverständlichkeit wiedererrungen, die begeistern muss." „Und wie in Dresden, wo die wiederaufgebaute Frauenkirche der ästhetisch verlotterten Umgebung einen hohen Qualitätsmaßstab aufgezwungen hat, ist auch in Braunschweig die plötzliche Aufwertung des Quartiers mit Händen zu greifen." In den kritischen Partien dieser Sätze findet sich einerseits eine Metapher, die Anleihen aus der medizinischen Fachsprache macht (*rückwärtige Geschwülste*), andererseits eine ungewöhnliche Adjektivkombination (*ästhetisch verlottert*), die das Engagement des Autors noch einmal drastisch zum Ausdruck bringt. Zu beachten ist, dass auch sonst die Sprache dieses Artikels sehr bildhaft ist: Es liegt eine Personifikation vor: die Frauenkirche habe der *Umgebung Qualitätsmaßstäbe aufgezwungen* und ein Phraseologismus, der ein Bild enthält: *ist mit Händen zu greifen.*

8.4.3 Interviews

Wie sich ein Fachmann in einer Telefonbefragungsaktion zum Vogelgrippe-Virus auf die unterschiedlichen Anrufer einstellt und seine Antworten stilistisch an die jeweilige Person anzupassen versucht, können die folgenden Ausschnitte zeigen.

Anruferin 1: *Haben die Vögel, die jetzt verendet sind, bei uns überwintert oder sind sie uns zugeflogen?*

R., Leiter des Vogelgrippe-Krisenstabs beim Bayerischen Gesundheitsministerium: *Unterschiedlich. Der Höckerschwan zum Beispiel gilt als ortsbeständig. Er hat zwar einen Flugradius von bis zu dreihundert Kilometern, aber gilt nicht als Zugvogel. [...] Die Reiher-Ente von Sachsenkam hingegen ist kein Stammvogel unserer Gegend. Sie könnte vom Herbstflug übrig geblieben sein.*

Fragerin 1: *Wäre ja schlimm, wenn die Vögel schon eine Zeit hier waren und die Krankheit dann erst ausgebrochen wäre.*

R.: *Es gibt verschiedene H-Virus-Typen. Vom milden Influenza-Typ, der nicht krank macht, bis zum H5N1-Virus, das gefährlich ist, weil es sich verändert. Sie breiten sich von Tier zu Tier aus – wir nennen das Tierpassagen. Wenn zudem wegen der Witterung das Immunsystem der Tiere angegriffen ist, kann sich ein gering krankmachendes Virus in einer Tierpassage zu einem schwer krank machenden Virus entwickeln. [...]*

Anruferin 2: *Ich bin hochschwanger und habe zwei Katzen, die in den Nachbargärten unterwegs sind, aber keinen Kontakt zu Wasservögeln haben. Wie soll ich mich verhalten?*

R.: *Sie brauchen sich keine Sorgen zu machen. Weder ist Ihre Region von der Vogelgrippe betroffen, noch haben Ihre Katzen Kontakt zu Vögeln aus der Risikogruppe. Sie sollten einfach nur für die ganz normale Basishygiene sorgen, also Hände waschen nach dem Kontakt mit den Tieren und die Pfoten sauber halten.*

(Süddeutsche Zeitung, 6. 3. 2006, S. 48)

Der Fachmann verwendet bei beiden Fragerinnen seine fachliche Ausdrucksweise, vor allem die Wörter des hier einschlägigen **Fachwortschatzes** (*ortsbeständig, Flugradius, H5N1-Virus, Tierpassagen* – dieses Wort erläutert er –, *Basishygiene*). Mit dieser Sprechhaltung legitimiert er u.a. seine Position als kompetenter Ansprechpartner. Er geht auf die Anruferinnen insofern in unterschiedlicher Weise ein, als er die erste nur mit fachlicher Information füttert, die zweite aber, von der er offensichtlich annimmt, dass sie als Schwangere sich besondere Sorgen macht, explizit beruhigt: *Sie brauchen sich keine Sorgen zu machen.* – In Rechnung zu stellen ist bei den sprachlichen Formulierungen, dass sie von der Redaktion von allen Kontaktsignalen, möglichen Versprechern etc. gereinigt worden sind. (Wobei einer aber doch stehengeblieben ist: Wer ist es, dessen *Pfoten* sauber gehalten werden sollen?) Allerdings lassen sich auch in dieser gereinigten Form die stilistischen Unterschiede noch erkennen.

8.4.4 Mediale Wissenschaftstexte

Die bei medialen Texten zu findenden stilistischen Merkmale begegnen auch bei populären Sachtexten. Auch sie weisen neben den textsortentypischen Stilwerten, mit denen der Funktionalstil der Wissenschaft aktiviert und stabilisiert wird, ein Arsenal von Stileffekten auf. Dieses ist durch Tagesaktualität und vor allem durch **Lockerheit** gekennzeichnet. Lockerheit ist der gegenwärtig bestimmende Stilzug. Er findet sich, wie im letzten Abschnitt zu zeigen sein wird, auch in der anspruchsvollen Sachprosa. Dort ist er allerdings nicht einfach aufgesetzt, sondern eingebunden in ausgefeilte stilistische Maßnahmen, die diesen Stilzug einschmelzen in eine bemerkenswerte Verbindung von sach- und autorbezogenen Aussageweisen.

Der folgende Text ist ein – leicht gekürzter – populärwissenschaftlicher Fachtext, der über das Internet verbreitet wird. Er setzt keine hohen Ansprüche, ist aber als prototypisch für die gegenwärtigen Formulierungsweisen in diesem Textsortenbereich anzusehen.

> HIGHTECH-WERKSTOFF
> Forscher bringen Bakterien zum Spinnen
> Von *Holger Dambeck*
>
> (1) Erstmals haben Forscher ein Verfahren entwickelt, das die industrielle Herstellung künstlicher Spinnenfäden ermöglicht.
>
> (2) Spinnenfäden haben das Zeug zum Hightech-Material. (3) Die extrem dünnen, über Jahrmillionen optimierten Eiweißketten sind so stabil, dass sie selbst den Aufprall eines vergleichsweise riesigen Käfers unbeschadet überstehen. (3) Synthetische Fasern können da kaum mithalten: (4) Sie sind entweder reißfest oder elastisch, Spinnenseide hat beide Eigenschaften zugleich.
>
> (5) Schon seit 30 Jahren versuchen Forscher, Spinnenseide industriell herzustellen – bislang vergeblich. (6) Für die großtechnische Produktion der Bio-Fasern in Spinnenfarmen sind die kleinen Krabbeltiere nicht geeignet, sie sind zu aggressiv und neigen zum Kannibalismus. (7) „Die Weibchen fressen die Männchen, und wenn keine mehr da sind, dann fressen sie sich gegenseitig“, erläutert Thomas Scheibel von der TU München. [...]
>
> (8) Dem Münchner Team von Scheibel und seinen Kollegen von der Hebrew University in Jerusalem gelang nun jedoch, woran Wissenschaftler bisher gescheitert waren: die Produktion von Spinnenseide in einem industriell anwendbaren Verfahren. (9) Sie entwickelten gleich zwei gentechnische Methoden, bei denen stabile Fäden erzeugt werden. [...]
>
> (10) Die in Jerusalem und München entwickelte Technologie wurde zum Patent angemeldet, die Wissenschaftler sehen gute Chancen für ihren Bio-Hightech-Werkstoff. (11) Als medizinische Anwendung bieten sich unter anderem besonders kleine chirurgische Fäden an, die bei Augenoperationen und in der Neurochirurgie benötigt werden. (12) Dort setzen Mediziner bislang auf Materialien wie Nylon oder Kevlar. (13) „Solche synthetischen Materialien sind biologisch nicht abbaubar und müssen in einer zweiten Operation entfernt werden“, erklärt Scheibel. (14) Spinnenfäden aus Eiweißen seien hingegen nach sechs Monaten verschwunden.
>
> (15) Auch künstliche Implantate wollen die Münchner Forscher mit ihrer Spinnenseide überziehen, weil diese dadurch „biokompatibel“ werden und eine Zellansiedlung möglich machen. (16) Immer wieder genannt wird auch der Einsatz in schusssicheren Westen, die unter anderem aus Kevlarfasern bestehen – auch wenn Scheibel dies eher für unwahrscheinlich hält.

(17) Im ersten, gemeinsam mit der Hebrew University entwickelten Verfahren schleusten die Forscher mit Hilfe eines Virus die Spinnenseiden-Gene in die Zellen einer Raupe ein. [...] (18) Die Raupentechnik hat jedoch ihre Grenzen. Der Seidenfaden wächst innerhalb der Zelle so lange, bis sie platzt. Höchstens 0,1 bis 0,5 Millimeter lang werden die Fäden auf diese Art. (19) Bakterien dürften sich zum „Spinnen" längerer Fäden wesentlich besser eignen, wie das zweite, in München entstandene Verfahren zeigt. Ein direkter Einbau des Spinnengens in Bakterien führte nicht zum Erfolg, weil die fremde Sequenz bei der Proteinproduktion ignoriert wird. (20) „Wir haben deshalb das Seidenprotein zurückübersetzt in ein Gen, das Bakterien lesen können", erklärt Scheibel. [...]

(21) Das Geheimnis der überragenden Eigenschaften von Spinnenseide ist die Existenz vieler, aber schwacher Wechselwirkungen zwischen den Molekülen der Eiweißkette. (22) Bedingt durch die molekulare Anordnung, die die Wechselwirkung maximiert, entsteht eine große Dehnbarkeit und extreme Belastbarkeit in Verbindung mit enormer Festigkeit.

(23) Auf der Welt gibt es über 30.000 bekannte Spinnen, von denen jede Art ihr spezielles „Rezept" für Fäden hat. (24) Spinnen erzeugen meist mehrere Fadenarten mit unterschiedlichen Eigenschaften, abhängig von der jeweiligen Funktion. (25) Spinnennetze widerstehen mikrobiologischen Angriffen und sind wasserfest. (26) Die Fäden können stärker als Stahl und elastischer als Gummi sein.

(www.spiegel.de/wissenschaft/mensch/0,1518,329671,00.html - 30. Apr. 2007)

Dieser Text zeigt die hier zu erwartenden funktionalstilistischen und textsortenspezifischen Bedingungen: Die Sätze sind relativ kurz. Es werden nur wenige Fachtermini verwendet, es sind vor allem solche, die gerade hochaktuell sind: *Hightech-Material* (2), *großtechnische Produktion* (6), *gentechnische Methoden* (9), *Technologie, Bio-Hightech-Werkstoff* (10), *Neurochirurgie* (11), *Implantate* (15), *Gene* (17), *mikrobiologische Angriffe* (25) und eine Reihe anderer Begriffe. Diese Ausdrücke sind geradezu **Versatzstücke** der gegenwärtigen Technologie-Diskurse. Die Thematik „Spinnenfäden *stärker als Stahl und elastischer als Gummi*", wie sie im letzten Satz zusammengefasst wird, ist ein Beispiel für die Vermittlung von Entwicklungen der Bio-Technologie für das breite Publikum.

Was die Vertextungsstrategien betrifft, so wird hier, wie in Fachtexten üblich, vor allem **beschrieben**. Dies zeigt der zweite Absatz besonders gut: Alle Sätze sind im Präsens abgefasst, sie sind kurz und prägnant. Aber der Absatz lässt bereits die spezifischen stilistischen Mittel aktueller populärer Sachtexte erkennen: die „sachlichen" Aussagen werden mit Sprachmaterial vermittelt, das aus anderen Funktionalstilen übernommen ist: Neutral wäre in Satz (2): *eignen sich für*, es steht aber: *haben das Zeug zum*, statt des in einem reinen Sachtext zu erwartenden Ausdrucks *sind etwa vergleichbar* steht: *können da kaum mithalten*. Die Ausdrucksweise ist bildhaft: *Aufprall eines vergleichsweise riesigen Käfers* (3), was in den folgenden Absätzen weitergeführt wird, in denen die Vermenschlichung, Dramatisierung und Ironisierung von Geschehnissen und Vorgängen vorgenommen wird: *die kleinen Krabbeltiere* (6) als Synonym für *Spinnen*, der *Kannibalismus* (6) für die arttypischen Verhaltensweisen der Spinnen. Es finden sich aber auch ganz sachliche Beschreibungen, etwa in den Sätzen 17-26, also im zweiten Teil des Artikels, bei dem die Schreiber davon ausgehen können, dass sich die Leser nach dem populären Einstieg auf die Lektüre eines Fachtextes eingelassen haben. Aber auch hier finden sich die aus anderen Sachtexten und aus der gesamten aktuellen populären Wissenschaftssprache bekannten Fügungen, die Bilder, Metaphern und Vergleiche in Sätzen („*Wir haben deshalb das Seidenprotein zurückübersetzt in ein Gen, das Bakterien lesen können.*" [20]), Syntagmen („*Rezept" für Fäden*, [23], *mikrobiologische Angriffe*, [25]) oder in Einzelwörtern (*Geheimnis* [21]) aufweisen.

Insgesamt ist der Text stilistisch durchaus gelungen: Die Thematik wird zwar etwas reißerisch begonnen. Im Verlauf des Textes nimmt die sachliche Ausdrucksweise aber zu. Der Satzbau ist sehr übersichtlich. Zur Verlebendigung dienen die eingestreuten direkten Zitate aus dem Munde der Wissenschaftler. Damit werden gleichzeitig Authentizitätssignale gesetzt.

8.5 Werbungstexte

Werbetexte sind in noch höherem Grade als Medientexte auf die Verwendung aktueller Formulierungen angewiesen. Denn bei ihnen soll mit der sprachlichen Gestaltung auch immer das Produkt als **hochaktuell** gekennzeichnet werden. Insofern sind Texte der Werbung noch besser geeignet, die „ikonische" Funktion des Stils zum Ausdruck zu bringen, auch wenn sich das auf einen generellen Zug beschränkt: Das beworbene Produkt, der „Inhalt" der Werbe-Nachricht wird mit den gewählten sprachlichen Mitteln als „auf der Höhe der Zeit" stehend charakterisiert. Die in den früheren Kapiteln herangezogenen Werbetexte können das gut belegen, etwa wenn die Uhrenwerbung „Oris" sich der Gleichsetzung mit der Prestigesportart des Autorennens bedient (Kapitel 5.4.8). Die Zeitgebundenheit stilistischer Merkmale lässt sich gut mit dem Aufgreifen aktueller Ausdrucksweisen belegen, die wiederum auf aktuelle gesellschaftliche oder öffentliche Trends Bezug nehmen.

So werden hier **umgangssprachliche Wendungen** eingesetzt, die gerade im Schwange sind (*ich bin doch nicht blöd*). Damit wird bereits durch den Ausgriff in ein anderes funktionales Sprachregister ein Stileffekt erzielt. Vor allem, wenn es sich um fehlerhafte Konstruktionen handelt (*ich habe fertig*; *da werden Sie geholfen*, was etwa die Deutsche Telekom einsetzt), zeigt sich, wie stark hier stilistische Maßnahmen greifen oder besser gesagt, greifen sollen. Denn ob sie bei den Umworbenen letztlich ankommen, ist mit ihrer Verwendung noch nicht entschieden. Solche Formen sind doch nur Einsprengsel, punktuelle Effekte, die dann auch vielfach aufgesetzt erscheinen. Erst wenn ein Werbungsakt auch den stilistischen Anforderungen der Einheitlichkeit genügt, wenn ein Aspekt konsequent durchgehalten wird, kann er als gelungen gelten.

Dies wird verschiedentlich von den Werbeagenturen unternommen. Dass die beworbenen Produkte in „Geschichten" eingebunden werden, ist die eine Möglichkeit. Die andere ist die Verwendung von Formen, in denen sprachlich aktuelle Bezüge aufgebaut und vor allem durchgehalten werden. Dafür ein Beispiel: Im Frühjahr 2006 ließen sich allenthalben Bezugnahmen auf die Fußballweltmeisterschaft oder auf die sportliche Wettkampfsprache feststellen.

Ein Prospekt des Schulbuchverlags Cornelsen enthält die folgenden Belege:

> Wir wollen ins Finale! – Bestleistungen im 2. Halbjahr mit Lernhilfen und Lernsoftware
>
> Training ohne Stress – Fitnesskurse für viele Fächer
>
> Steilvorlagen für bessere Noten – Gut drauf – besser in …
>
> Rote Karte für schlechte Noten!
>
> Sicher an die Tabellenspitze *Cornelsens Abiturwissen kompakt*
>
> Ich habe einen Coach ganz für mich allein!
>
> Aufbautraining: Lernvitamine auf CD-ROM
>
> Gegen die Abseitsfalle – 199 Tests Diktate und Grammatik

In den Printmedien sind es vor allem die Artikelüberschriften, die diese Trends aufnehmen: „Ein Heimspiel für Barbara Clear. Zwerg Sam und das Lebewesen Oper" (Passauer Neue Presse, 17. 2. 2006, S. 28).

Auch hier wirken nach einiger Zeit diese stilistischen Effekte nicht mehr, sie sind abgestanden. Im Rückblick geben sie jedoch ein auffälliges **Zeitkolorit**.

8.6 Autobiographien

In dieser Textgattung erwartet man ganz besonders **individuelle Stilzüge**. Die Verfasser von Autobiographien sind in den meisten Fällen bekannte Persönlichkeiten; wenn sie Schriftsteller sind oder sonstigen schreibenden Berufen angehören, ist es verlockend zu prüfen, ob ihre individualstilistischen Besonderheiten auch in den von ihnen selbst verfassten Lebensbeschreibungen durchschlagen. Dies ist nicht immer der Fall, worauf hier nicht genauer eingegangen werden kann. Oft wählen die Verfasser eine distanzierende Außensicht, wie sie sich bereits bei Goethe in ‚Dichtung und Wahrheit' findet, oder sie projizieren die eigene Person verfremdet als Handlungsfigur in einen Roman oder eine Erzählung. So geht etwa Martin Walser in seiner Autobiographie ‚Ein springender Brunnen' vor[2]. Anders steht es um die Autobiographie Marcel Reich-Ranickis. Der Autor verwendet darin durchaus die sprachlichen Formulierungsweisen, die aus seinen Essays und vor allem aus seinen Fernsehauftritten bekannt sind. Doch zeigt erst die schriftliche Fixierung die stilistische Formulierungskunst in vollem Ausmaß. Das folgende Stück thematisiert ein Schlüsselerlebnis des jungen Marcel Reich-Ranicki, seine Hinwendung zur Literatur:

> Wann hat meine Leidenschaft für die Literatur angefangen? Genau weiß ich es nicht, aber meine Mutter muß sie schon sehr früh bemerkt haben. Denn als ich zwölf Jahre alt war, bekam ich von ihr aus irgendeinem Anlaß ein Geschenk, ein ungewöhnliches: eine Eintrittskarte für die Aufführung des „Wilhelm Tell" im Staatlichen Schauspielhaus am Gendarmenmarkt. […]

2 Frankfurt: Suhrkamp 1998.

> Die „Tell“-Aufführung am Gendarmenmarkt veränderte sofort meine Lektüre. Im eher bescheidenen Bücherschrank meiner Eltern suchte und fand ich eine Schiller-Ausgabe. Ich begann, im Bett liegend, da ich etwas erkältet war und deshalb nicht zur Schule gehen mußte, ganz einfach mit den ersten Seiten des Bandes, mit dem Schauspiel, das diese Ausgabe eröffnete: „Die Räuber“. Kaum hatte ich die Worte „Aber ist Euch auch wohl, Vater?“ gelesen, da konnte ich mich von dem Buch nicht mehr losreißen. Nichts anderes interessierte mich als die eine einzige Frage: Was wird mit diesen Räubern geschehen, wie wird die Sache ausgehen? Ich empfand das Stück als unerhört spannend, es regte mich auf, ich las es mit roten Backen und roten Ohren. Und ich konnte nicht aufhören zu lesen – bis ich bei dem Satz „Dem Mann kann geholfen werden“ angekommen war. Und ich war glücklich. Karl Moor faszinierte mich ungleich mehr als Old Shatterhand, seine Räuber mehr als alle Indianer Karl Mays.
>
> (Marcel Reich-Ranicki, Mein Leben, S. 82–84)

In diesem Passus, wie in der ganzen Autobiographie Marcel Reich-Ranickis, wird der Leser von der lebendigen, autorbezogenen Schreibweise fasziniert. Wie wird dieser Eindruck hervorgerufen? Gleich der erste Satz zeigt die hier angewandte Schreibtechnik: Der Autor stellt eine Frage, die er sogleich beantwortet, wobei der Leser oder die Leserin ihn begleitet. Das heißt, der gesamte Abschnitt wird in eine gleichsam **dialogische Form** gebracht, und die Entwicklung des Autors wird als sich entfaltender Prozess begriffen. Wird so makrostrukturell – der Abschnitt zieht sich insgesamt über mehr als zehn Seiten hin und wiederholt die Selbstfragen noch des öfteren – die monologische Erzählung in ein Frage-Antwort-Gespräch umgepolt, so ist im mikrostrukturellen Bereich diese Technik gespiegelt. Der Autor berichtet jetzt von den ihn bei seiner ersten Lektüre bewegenden Fragen: *Was wird mit diesen Räubern geschehen, wie wird die Sache ausgehen?* Weiter ist zu registrieren, und auch das gilt durchgängig für das umfangreiche Buch, dass die Sätze zumeist kurz sind; Erfahrungen und Empfindungen, von denen berichtet wird, werden in Abschnitte zerlegt, die nacheinander und meist mit Steigerung erzählt werden: *ich...suchte und fand*; *Ich empfand das Stück als unerhört spannend, es regte mich auf, ich las es mit roten Backen und roten Ohren*. Die Wiederholungsfiguren wirken dabei steigernd und führen vom Abstrakten (*unerhört spannend*) zum Konkreten (*ich las es mit roten Backen und roten Ohren*), das dadurch nachdrücklicher wird. Dabei wird der Satz durch den Rhythmus in der Steigerung unterstützt. Auch anderes wird mit Teilwiederholungen gesteigert: *die eine einzige Frage* und im letzten Satz die Aussage über die Faszination, die Schiller auf den jungen Reich-Ranicki ausübt, wobei auch hier wieder das konkrete Element (*Räuber* versus *Indianer*) am Schluss genannt wird. Viele andere Stilzüge unterstützen die bewusste Gestaltung: Die Verwendung von Hyperbeln: *Nichts anderes als*; *die eine einzige Frage* oder die Nachstellung im zweiten Satz: *ein Geschenk, ein ungewöhnliches*. Diese wiederum wird kataphorisch für die Nennung des Geschenks verwendet – das so ungewöhnlich nun auch nicht ist. Parallelismen finden sich an mehreren Stellen im Text: *Ich empfand ... ich las es* oder *Und ich konnte nicht aufhören zu lesen. Und ich war glücklich.*

Erst die eingehende Analyse zeigt, mit welchen Mitteln der Autor den Eindruck des leicht Formulierten und Lebendigen erreicht. Auf eine Formel gebracht, lässt sich hier sagen: Es ist zunächst die **Zentrierung** der Erzählung auf den Autor, die das Geschriebene so lebendig macht. Aber dabei werden die Leser und Leserinnen einbezogen. Weiter werden nicht einfach Elemente des mündlichen Sprachgebrauchs eingesetzt, sondern der Text ist im Mikro- wie im Makrobereich kunstvoll gestaltet und bezieht seine Wirkung aus der Übereinstimmung von Formmitteln und Erzählinhalt, was die Leser und Leserinnen zum engagierten **Mitgehen** führt.

Zusammenfassung

Makrostilistische Analysemethoden setzen bei der konkreten Textgestalt ihrer Untersuchungsobjekte an. Die stilistische Analyse kann nicht alle lexikalischen, grammatischen und textuellen Einzelheiten verifizieren. Sie muss sie voraussetzen. Nur in Fällen, wo der sprachliche Kernbestand tangiert wird, ist ein bewusst oder unbewusst beabsichtigter Stileffekt zu vermuten und in die Analyse einzubeziehen. Diese konzentriert sich darauf, die Korrespondenzen der Ausdrucksmittel mit dem Textinhalt und den Bezug auf die Intention des Autors zu prüfen.

Die Methoden der stilistischen Analyse haben stets die Schichtung der Stilmittel in Rechnung zu stellen. Das stilistische Potential eines Textes setzt sich aus den Stilwerten und Stileffekten des Textes zusammen und ruht auf der Folie neutraler Ausdrucksweisen. Die Stilwerte ergeben sich aus den gewählten archetypischen Vertextungsstrategien, dem Erzählen, dem Beschreiben, dem Argumentieren und dem Anweisen. Diese Modi sind an die Textsorten geknüpft, in denen sie dominieren. Die Textsorten wiederum gewinnen ihre Bedeutung aus den Funktionalstilen, denen sie zugehören. Halten sich die Sprecher oder Schreiber an die herkömmlichen Normen, erzielen sie unauffällige Stilwerte. Erst in der Verknüpfung mit stilistischen Maßnahmen, die in Stileffekte münden, können sie besondere Wirkungen erzielen. Diese werden umso nachdrücklicher, je einheitlicher sie sind. Die Gefahr dabei ist, dass diese Effekte aufgesetzt erscheinen und nicht in die Stilwerte eingebunden sind. Texte von Rang zeigen, dass nicht nur die Dosierung der Mittel von Belang ist, sondern dass die Wirkung umso größer ist, je ungewöhnlicher die Mittel, aber auch je genauer sie auf den Inhalt abgestellt sind.

Weiterführende Literatur: Über die in Kapitel 7 genannte Literatur hinaus lässt sich als aktuellste Arbeit auf die bei **Sandig (2006)** vorgenommenen stilistischen Analysen verweisen. Sie sind theoretisch gegründet, auf Texte als Ganzes bezogen und prüfen insbesondere, ob die Mittel konsequent eingesetzt werden. Sigmund Freuds Prosa behandelt **Schönau (2006)**.

Literaturverzeichnis

Abraham, Ulf (1996): StilGestalten. Geschichte und Systematik der Rede vom Stil in der Deutschdidaktik. Tübingen: Niemeyer.

Adamzik, Kirsten (2000): Textsorten. Reflexionen und Analysen. Tübingen: Stauffenburg.

Adelung, Johann Christoph (1785): Ueber den deutschen Styl. Berlin: Voß.

Admoni, Wladimir G. (1973): Die Entwicklungstendenzen des deutschen Satzbaus von heute. München: Hueber.

Androutsopoulos, Jannis K. (1998): Deutsche Jugendsprache. Untersuchungen zu ihren Strukturen und Funktionen. Frankfurt u.a.: Lang.

Ágel, Vilmos/Hennig, Mathilde (Hrsg.) (2006): Grammatik aus Nähe und Distanz. Theorie und Praxis am Beispiel von Nähetexten 1650–2000. Tübingen: Niemeyer.

Agricola, Erhard (1972): Semantische Relationen im Text und im System. Den Haag: Mouton.

Anderegg, Johannes (1977): Literaturwissenschaftliche Stiltheorie. Göttingen: Vandenhoeck und Ruprecht.

Antos, Gerd (1982): Grundlagen einer Theorie des Formulierens. Textherstellung in geschriebener und gesprochener Sprache. Tübingen: Niemeyer.

Antos, Gerd (1984): Textuelle Planbildung. Ein Beitrag zu einer Textlinguistik zwischen Kognitionspsychologie und Handlungstheorie. In: Rosengren, Inger (Hrsg.): Sprache und Pragmatik. Lunder Symposion 1984. Stockholm: Almqvist und Wiksell International, S. 169–205.

Arbusow, Leonid (1948): Colores rhetorici. Eine Auswahl rhetorischer Figuren und Gemeinplätze als Hilfsmittel für akademische Übungen an mittelalterlichen Texten. Göttingen: Vandenhoeck und Ruprecht.

Bally, Charles (1970): Traité de stylistique française. Genf: Librairie de l'Université.

Beckmann, Jürgen (1984): Kognitive Dissonanz. Eine handlungstheoretische Perspektive. Berlin: Springer.

Beckmann, Susanne (1997): Die Grammatik der Metapher. Eine gebrauchstheoretische Untersuchung des metaphorischen Sprechens. Tübingen: Niemeyer.

Besch, Werner (1998): Duzen, Siezen, Titulieren. Zur Anrede im Deutschen heute und gestern. 2. Aufl. Göttingen: Vandenhoeck und Ruprecht.

Betten, Anne (1976): Ellipsen, Anakoluthe und Parenthesen. Fälle für Grammatik, Stilistik, Sprechakttheorie oder Konversationsanalyse? In: Deutsche Sprache 4, S. 207–230.

Betten, Anne (1987): Grundzüge der Prosasyntax. Stilprägende Entwicklungen vom Althochdeutschen zum Neuhochdeutschen. Tübingen: Niemeyer.

Betten, Anne (1998): Thomas Bernhards Syntax: keine Wiederholung des immer Gleichen. In: Donhauser, Karin/Eichinger, Ludwig M. (Hrsg.): Deutsche Grammatik – Thema in Variationen. Festschrift für Hans-Werner Eroms zum 60. Geburtstag. Heidelberg: Winter, S. 169–190.

Betten, Anne (2001): Gesprächsstile. In: Brinker/Antos/Heinemann/Sager (Hrsg.), S. 1394–1406.

Braun, Peter (1998): Tendenzen in der deutschen Gegenwartssprache. Sprachvarietäten. 4. Aufl. Stuttgart/Berlin/Köln/Mainz: Kohlhammer.

Brinker, Klaus (1971): Das Passiv im heutigen Deutsch. Form und Funktion. München: Hueber/Düsseldorf: Schwann.

Brinker, Klaus (2006): Linguistische Textanalyse. Eine Einführung in Grundbegriffe und Methoden. 6. Aufl. Berlin: Schmidt.

Brinker, Klaus/Antos, Gerd/Heinemann, Wolfgang/Sager, Sven F. (Hrsg.) (2000): Text- und Gesprächslinguistik. Ein internationales Handbuch zeitgenössischer Forschung. Band 1. Berlin/New York: de Gruyter.

Brinker, Klaus/Antos, Gerd/Heinemann, Wolfgang/Sager, Sven F. (Hrsg.) (2001): Text- und Gesprächslinguistik. Ein internationales Handbuch zeitgenössischer Forschung. Band 2. Berlin/New York: de Gruyter.

Christl, Astrid (2004): Scharniere, Schalter, Brücken. Widerspruchstechniken mit syntaktisch hervorgehobenen Konnektoren. Berlin: Logos.

Coseriu, Eugenio (1974): Synchronie, Diachronie und Geschichte: Das Problem des Sprachwandels. München: Fink.

Coseriu, Eugenio (2006): Textlinguistik. Eine Einführung. 4. Aufl. Tübingen: Narr.

Daneš, František [1970] (1996): Zur linguistischen Analyse der Textstruktur. In: Hoffman (Hrsg.), S. 591–597.

De Beaugrande, Robert-Alain/Dressler, Ulrich (1981): Einführung in die Textlinguistik. Tübingen: Niemeyer.

Duden (1998): Grammatik der deutschen Gegenwartssprache. 6. neu bearbeitete Aufl. Mannheim/Leipzig/Wien/Zürich: Dudenverlag.

Duden (2005): Die Grammatik. 7., völlig neu bearbeitete und erweiterte Aufl. Hrsg. von der Dudenredaktion. Mannheim/Leipzig/Wien/Zürich: Dudenverlag.

Duden (2007): Richtiges und gutes Deutsch. Wörterbuch der sprachlichen Zweifelsfälle. Mannheim/Leipzig/Wien/Zürich: Dudenverlag.

Dürscheid, Christa (2002): „Polemik statt Wahlkampf pur": Das postnominale Adjektiv im Deutschen. In: Zeitschrift für Sprachwissenschaft 21, S. 57–81.

Eco, Umberto (1992): Die Grenzen der Interpretation. Wien: Hanser.

Eggs, Ekkehard (2000): Vertextungsmuster Argumentation: Logische Grundlagen. In: Brinker/Antos/Heinemann/Sager (Hrsg.), S. 391–414.

Eichinger, Ludwig M. (1991): Ganz natürlich – aber im Rahmen bleiben. Zur Reihenfolge gestufter Adjektivattribute. In: Deutsche Sprache 19, S. 321–329.

Eisenberg, Peter (1994): Grundriss der deutschen Grammatik Band 2: Der Satz 3. Aufl. Stuttgart: Metzler.

Eisenberg, Peter (1993): Der Kausalsatz ist nicht zu retten. In: Praxis Deutsch 118, S. 10 f.

Eller, Nicole (2006): Syntax des bairischen Basisdialekts im Böhmerwald. Regensburg: edition vulpes.

Engel, Eduard (1914): Deutsche Stilkunst. 22. Aufl. Wien: Tempsky/Leipzig: Freytag.

Engel, Ulrich (2004): Deutsche Grammatik. Neubearbeitung. München: iudicium.

Enkvist, Nils Erik (1972): Versuche zu einer Bestimmung des Sprachstils: Ein Essay in angewandter Sprachwissenschaft. In: Spencer, John (Hrsg.): Linguistik und Stil. Heidelberg: Quelle und Meyer, S. 8–54.

Enkvist, Nils Erik (1973): Linguistic Stylistics. Den Haag/Paris: Mouton.

Erben, Johannes (1980): Deutsche Grammatik. Ein Abriß. 12. Aufl. München: Hueber.

Ermert, Karl (1979): Briefsorten. Untersuchungen zu Theorie und Empirie der Textklassifikation. Tübingen: Niemeyer.

Eroms, Hans-Werner (1980): Be-Verb und Präpositionalphrase. Heidelberg: Winter.

Eroms, Hans-Werner (1980a): Funktionskonstanz und Systemstabilisierung bei den begründenden Konjunktionen im Deutschen. In: Sprachwissenschaft 5 (1980), S. 73–115.

Eroms, Hans-Werner (1983): Stilistik. In: Gorschenek, Margareta/Rucktäschel, Annamaria (Hrsg.): Kritische Stichwörter zur Sprachdidaktik. München: Fink, S. 235–246.

Eroms, Hans-Werner (1986): Textlinguistik und Stiltheorie. In: Akten des VII. IVG-Kongresses 1985 in Göttingen, Band 3. Tübingen 1986, S. 10–21.

Eroms, Hans-Werner (1998): Ansätze zu einer linguistischen Analyse der ‚Unkenrufe' von Günter Grass. In: Wellmann (Hrsg.), S. 67–83.

Eroms, Hans-Werner (2000): Syntax der deutschen Sprache. Berlin/New York: de Gruyter.

Eroms, Hans-Werner (2000a): ‚Anschauung' und ‚Bildlichkeit' in der Bilderflut. In: Fix/Wellmann (Hrsg.), S. 31–51.

Eroms, Hans-Werner (2007): Zum System und zum Gebrauch des Konjunktivs I in literarischen Texten der deutschen Gegenwartssprache. In: Wich-Reif, Claudia (Hrsg.): Strukturen und Funktionen in Gegenwart und Geschichte. Festschrift für Franz Simmler zum 65. Geburtstag. Berlin: Weidler, S. 291–311.

Eroms, Hans-Werner (2007a): Grammatisch gutes Deutsch – mehr als nur richtiges Deutsch. In: Burkhardt, Armin (Hrsg.): Gutes Deutsch heute. Mannheim/Leipzig/Wien/Zürich: Dudenverlag, S. 93–110.

Feilke, Helmuth (2000): Die pragmatische Wende in der Textlinguistik. In: Brinker/Antos/Heinemann/Sager (Hrsg.), S. 64–82.

Fix, Ulla (1992): Stil als komplexes Zeichen im Wandel. Überlegungen zu einem erweiterten Stilbegriff. In: Zeitschrift für germanistische Linguistik 20, S. 193–209.

Fix, Ulla (1996): Textstil und KonTextstile. Stil in der Kommunikation als umfassende Semiose von Sprachlichem, Parasprachlichem und Außersprachlichem. In: Fix/Lerchner (Hrsg.), S. 11–132.

Fix, Ulla (2001): Grundzüge der Textlinguistik. In: Fleischer/Helbig/Lerchner (Hrsg.), S. 470–511.

Fix, Ulla/Lerchner, Gotthard (Hrsg.) (1996): Stil und Stilwandel. Bernhard Sowinski zum 65. Geburtstag gewidmet. Frankfurt u. a.: Lang.

Fix, Ulla/Wellmann, Hans (Hrsg.) (1997): Stile, Stilprägungen, Stilgeschichte. Über Epochen-, Gattungs- und Autorenstile. Sprachliche Analysen und didaktische Aspekte. Heidelberg: Winter.

Fix, Ulla/Wellmann, Hans (Hrsg.) (2000): Text im Bild – Bild und Text. Heidelberg: Winter.

Fix, Ulla/Poethe, Hannelore/Yos, Gabriele (2001): Textlinguistik und Stilistik für Einsteiger. Ein Lehr- und Arbeitsbuch. Frankfurt u. a.: Lang.

Fleischer, Wolfgang/Barz, Irmhild (1992): Wortbildung der deutschen Gegenwartssprache. Unter Mitarbeit von Marianne Schröder. Tübingen: Niemeyer.

Fleischer, Wolfgang/Helbig, Gerhard/Lerchner, Gotthard (Hrsg.) (2001): Kleine Enzyklopädie Deutsche Sprache. Frankfurt u. a.: Lang.

Fleischer, Wolfgang/Michel, Georg (Hrsg.) (1975): Stilistik der deutschen Gegenwartssprache. Leipzig: VEB Bibliographisches Institut.

Fleischer, Wolfgang/Michel, Georg/Starke, Günter (1993): Stilistik der deutschen Gegenwartssprache. Frankfurt u. a.: Lang.

Fritz, Thomas (1994): Die Botschaft der Markenartikel. Vertextungsstrategien in der Werbung. Tübingen: Stauffenburg.

Fritz, Thomas A. (2005): Der Text. In: Duden (2005), S. 1067–1174.

Glück, Helmut (Hrsg.) (2005): Metzler Lexikon Sprache. 3. Aufl. Stuttgart/Weimar: Metzler.

Glück, Helmut/Sauer, Wolfgang Werner (1990): Gegenwartsdeutsch. Stuttgart: Metzler.

Gobyn, Luc (1984): Textsorten. Brüssel: Paleis der Academiën.

Göttert, Karl-Heinz/Jungen, Oliver (2004): Einführung in die Stilistik. München: Fink.

Greimas, Algirdas Julien (1986): Sémantique structurale. Recherche de méthode. Paris: Presse univ. de France.

Greule, Albrecht/Ahlvers-Liebel, Elisabeth (1986): Germanistische Sprachpflege. Geschichte, Praxis und Zielsetzung. Darmstadt: Wissenschaftliche Buchgesellschaft.

Grice, Herbert Paul (1975): Logic and Conversation. In: Syntax and Semantics, Band 3, Speech Acts, ed. by Peter Cole and Jerry L. Morgan. New York: Academic Press , S. 41–58.

Guiraud, Pierre/Kuentz, Pierre (1975): La Stylistique. Paris: Klincksieck.

Gumbrecht, Hans Ulrich/Pfeiffer, K. Ludwig (Hrsg.) (1986): Stil. Geschichten und Funktionen eines kulturwissenschaftlichen Diskurselements. Frankfurt am Main: Suhrkamp.

Günthner, Susanne (1999): Entwickelt sich der Konzessivkonnektor *obwohl* zum Diskursmarker? Grammatikalisierungstendenzen im gesprochenen Deutsch. In: Linguistische Berichte 180, S. 409–446.

Habermas, Jürgen (1988): Theorie des kommunikativen Handelns. 2 Bände. Frankfurt: Suhrkamp.

Halliday, M. A. K. (1985): An Introduction to Functional Grammar. London: Arnold.

Harweg, Roland (1968): Pronomina und Textkonstitution. München: Fink.

Hausendorf, Heiko (2000): Vertextungsmuster Narration. In: Brinker/Antos/Heinemann/Sager (Hrsg.) (2000), S. 369–385.

Havránek, Bohuslav [1932] (1976): Die funktionale Schichtung der Literatursprache. In: Grundlagen der Sprachkultur. Beiträge der Prager Linguistik zur Sprachtheorie und Sprachpflege, Teil 1. Hrsg. von Jürgen Scharnhorst u.a. Berlin: Akademie-Verlag, S. 150–161.

Heinemann, Wolfgang (1975): Das Problem der Darstellungsarten. In: Fleischer/Michel (Hrsg.), S. 268–300.

Heinemann, Wolfgang (2000): Vertextungsmuster Deskription. In: Brinker u.a. (Hrsg.) (2000), S. 356–369.

Heinemann, Wolfgang (2000a): Textsorte – Textmuster – Texttyp. In: Brinker/Antos/Heinemann/Sager (Hrsg.), S. 507–523.

Helbig, Gerhard (1974): Geschichte der neueren Sprachwissenschaft. Reinbek: Rowohlt.

Hennig, Mathilde (2000): Tempus und Temporalität in geschriebenen und gesprochenen Texten. Tübingen: Niemeyer.

Hennig, Mathilde (2006): Grammatik der gesprochenen Sprache in Theorie und Praxis. Kassel: University Press.

Herberg, Dieter/Kinne, Michael/Steffens, Doris (2004): Neuer Wortschatz. Neologismen der 90er Jahre im Deutschen. Berlin/New York: de Gruyter.

Heringer, Hans Jürgen (1989): Grammatik und Stil. Praktische Grammatik des Deutschen. Frankfurt: Cornelsen/Hirschgraben.

Hoffmann, Ludger (2000): Thema, Themenentfaltung, Makrostruktur. In: Brinker/Antos/Heinemann/Sager (Hrsg.), S. 344–356.

Hoffmann, Ludger (Hrsg.) (1996): Sprachwissenschaft. Ein Reader. Berlin/New York: de Gruyter.

Jacobs, Roderick A./Rosenbaum, Peter S. (1971): Transformations, Style and Meaning. Waltham, Massachusetts/Toronto: Xerox College Publishing.

Jahr, Silke (2000): Vertextungsmuster Explikation. In: Brinker/Antos/Heinemann/Sager (Hrsg.), S. 385–397.

Jakobs, Eva-Maria/Rothkegel, Annely (Hrsg.) (2001): Perspektiven auf Stil. Tübingen: Niemeyer.

Janich, Nina (2005): Werbesprache. Ein Arbeitsbuch. 4. Aufl. Tübingen: Narr.

Klein, Josef (2001): Erklären und Argumentieren als interaktive Gesprächsstrukturen. In: Brinker/Antos/Heinemann/Sager (Hrsg.), S. 1309–1329.

Klein, Wolfgang (1980): Argumentation und Argumentieren. In: Zeitschrift für Literaturwissenschaft und Linguistik 38/39, S. 9–57.

Kolb, Herbert (1960): Der inhumane Akkusativ. In: Zeitschrift für deutsche Wortforschung 16, S. 168–177.

Koller, Erwin (1998): Peter Handke: Das Umfallen der Kegel von einer bäuerlichen Kegelbahn. In: Wellmann (Hrsg.), S. 85–119.

Kotin, Michail L. (2005): Die Sprache in statu movendi. Sprachentwicklung zwischen Kontinuität und Wandel. Band 1. Einführung – Nomination – Deixis. Heidelberg: Winter.

Kotin, Michail L. (2007): Die Sprache in statu movendi. Sprachentwicklung zwischen Kontinuität und Wandel. Band 2. Kategorie – Prädikation – Diskurs. Heidelberg: Winter.

Krieg, Ulrike (2005): Wortbildungsstrategien in der Werbung. Hamburg: Buske.

Lakoff, George/Johnson, Mark (1980): Metaphors We Live By. Chicago: University of Chicago Press.

Lausberg, Heinrich (1973): Handbuch der literarischen Rhetorik. 2 Bände. München: Hueber.

Lerchner, Gotthard (1981): Stilistisches und Stil. Ansätze für eine kommunikative Stiltheorie. In: Beiträge zur Erforschung der deutschen Sprache 1, S. 85–109. Abgedruckt in: Lerchner (2002), S. 80–118.

Lerchner, Gotthard (1986): Sprachform von Dichtung. Linguistische Untersuchungen zu Funktion und Wirkung literarischer Texte. Berlin/Weimar: Aufbau-Verlag.

Lerchner, Gotthard (2002): Schriften zum Stil. Hrsg. von Irmhild Barz, Ulla Fix und Marianne Schröder. Leipzig: Leipziger Universitätsverlag.

Leska, Christel (1965): Vergleichende Untersuchungen zur Syntax gesprochener und geschriebener deutscher Gegenwartssprache. In: Beiträge zur Geschichte der deutschen Sprache und Literatur 87, S. 427–464.

Liedtke, Frank/Wengeler, Martin/Böke, Karin (Hrsg.) (1991): Begriffe besetzen. Opladen: Westdeutscher Verlag.

Linke, Angelika/Nussbaumer, Markus (2000): Konzepte des Impliziten. In: Brinker/Antos/Heinemann/Sager (Hrsg.), S. 435–448.

Linke, Angelika/Nussbaumer, Markus/Portmann, Paul R. (2004): Studienbuch Linguistik. 5., erweiterte Aufl. Tübingen: Niemeyer.

Lübbe, Herrmann (1967): Der Streit um Worte. Sprache und Politik. Bochum: Bochumer Universitätsreden.

Luukainen, Matti (1997): These, Antithese, Synthese. Zu Wandel und Beständigkeit des Sprachstils im Werk von Christa Wolf 1961–1996. Hamburg: Buske.

Meder, Katarzyna (2005): Anglizismen in der deutschen Werbesprache. Untersucht anhand ausgewählter Frauen- und Männerzeitschriften. Berlin: Logos.

Meurer, Siegfried (Hrsg.) (1985): Die neue Lutherbibel. Beiträge zum revidierten Text. Stuttgart: Deutsche Bibelgesellschaft.

Meyer, Richard M. (1906): Deutsche Stilistik. München: Beck.

Michel, Georg (2001): Stilistische Differenzierung. In: Fleischer/Helbig/Lerchner (Hrsg.), S. 423–458.

Mittelberg, Ekkehart (1967): Wortschatz und Syntax der Bild-Zeitung. Marburg: Elwert.

Moritz, Karl Philipp (1793 f.): ‚Vorlesungen über den Styl'. Berlin.

Munske, Horst Haider (2001): Fremdwörter in deutscher Sprachgeschichte: Integration oder Stigmatisierung? In: Stickel, Gerhard (Hrsg.): Neues und Fremdes im deutschen Wortschatz. Aktueller lexikalischer Wandel. Berlin/New York: de Gruyter, S. 7–29.

Neuland, Eva (Hrsg.) (2003): Jugendsprache – Jugendliteratur – Jugendkultur. Interdisziplinäre Beiträge zu sprachkulturellen Ausdrucksformen Jugendlicher. Frankfurt u.a.: Lang.

Ohmann, Richard (1964): Generative Grammars and the Concept of Literary Style. In: Word 20, S. 423–439.

Paul, Hermann (2002): Deutsches Wörterbuch. 10., überarbeitete und erweiterte Aufl. von Helmut Henne, Heidrun Kämper und Georg Objartel. Tübingen: Niemeyer.

Porsch, Antje (1981): Die funktionalstilistische Theorie und ihr Verhältnis zur Differenziertheit der Sprache. In: Kommunikation und Sprachvariation. Hrsg. von Wolfdietrich Hartung u.a. Berlin: Akademie-Verlag, S. 280–307.

Püschel, Ulrich (1982): Die Bedeutung von Textsortenstilen. In: Zeitschrift für germanistische Linguistik 10, S. 28–37.

Püschel, Ulrich (1985): Das Stilmuster „Abweichen". Sprachpragmatische Überlegungen zur Abweichungsstilistik. In: Sprache und Literatur in Wissenschaft und Unterricht 16, S. 9–24.

Püschel, Ulrich (1995): Stilpragmatik – Vom praktischen Umgang mit Stil. In: Stickel (Hrsg.), S. 303–328.

Püschel, Ulrich (2000): Text und Stil. In: Brinker/Antos/Heinemann/Sager (Hrsg.), S. 473–489.

Quasthoff, Uta M. (2001): Erzählen als interaktive Gesprächsstruktur. In: Brinker/Antos/Heinemann/Sager (Hrsg.), S. 1293–1309.

Rath, Reiner (2001): Mediale Differenzierung. In: Fleischer/Helbig/Lerchner (Hrsg.) (2001), S. 363–385.

Rehbein, Jochen (1977): Komplexes Handeln. Elemente zur Handlungstheorie der Sprache. Stuttgart: Metzler.

Reiners, Ludwig (1976): Stilkunst. Ein Lehrbuch deutscher Prosa. München: Beck (Erstauflage 1943).

Reiners, Ludwig (1991): Stilkunst. Ein Lehrbuch deutscher Prosa. Neubearbeitung von Stephan Meyer und Jürgen Schiewe. München: Beck.

Reiners, Ludwig (1970): Stilfibel. Der sichere Weg zum guten Deutsch. 13. Aufl. München: Deutscher Taschenbuch Verlag.

Riesel, Elise (1970): Der Stil der deutschen Alltagsrede. Leipzig: Reclam.

Riesel, Elise/Schendels, E. (1975): Deutsche Stilistik. Moskau: Verlag Hochschule.

Riffaterre, Michael (1973): Strukturale Stilistik. München: List.

Rolf, Eckard (2005): Metapherntheorien. Typologie – Darstellung – Bibliographie. Berlin/New York: de Gruyter.

Ruprecht, Robert (2001): Subtile Signale. Beobachtungen zur Syntax bei Adalbert Stifter. Bern u.a.: Lang.

Sanders, Willy (1973): Linguistische Stiltheorie. Göttingen: Vandenhoeck und Ruprecht.

Sanders, Willy (1977): Linguistische Stilistik. Göttingen: Vandenhoeck und Ruprecht.

Sanders, Willy (1986): Gutes Deutsch. Besseres Deutsch. Praktische Stillehre der deutschen Gegenwartssprache. Darmstadt: Wissenschaftliche Buchgesellschaft.

Sanders, Willy (2000): Vorläufer der Textlinguistik: die Stilistik. In: Brinker/Antos/Heinemann/Sager (Hrsg.), S. 17–28.

Sandig, Barbara (1970): Probleme einer linguistischen Stilistik. In: Linguistik und Didaktik 1. S. 177–194.

Sandig, Barbara (1978): Stilistik. Sprachpragmatische Grundlegung der Stilbeschreibung. Berlin/New York: de Gruyter.

Sandig, Barbara (Hrsg.) (1983): Stilistik. Bd. 1. Probleme der Stilistik. Bd. 2. Gesprächsstile. Hildesheim/Zürich/New York: Olms.

Sandig, Barbara (1984): Ziele und Methoden einer pragmatischen Stilistik. In: Spillner (Hrsg.), S. 137–161.

Sandig, Barbara (1986): Stilistik der deutschen Sprache. Berlin/New York: de Gruyter.

Sandig, Barbara (2006): Textstilistik des Deutschen. 2., völlig neu bearbeitete und erweiterte Aufl. Berlin/New York: de Gruyter.

Schiewe, Jürgen (1998): Die Macht der Sprache. Eine Geschichte der Sprachkritik von der Antike bis zur Gegenwart. München: Beck.

Schneider, Wilhelm (1969): Stilistische deutsche Grammatik. 5. Aufl. Freiburg/Basel/Wien: Herder.

Schoenke, Eva (2000): Textlinguistik im deutschsprachigen Raum. In: Brinker/Antos/Heinemann/Sager (Hrsg.), S. 123–131.

Schönau, Walter (2006): Sigmund Freuds Prosa. Literarische Elemente seines Stils. Gießen: Psycho-Sozialverlag.

Schönemann, Axel (1983): Analyse, Synthese und Umgestaltung. Praktisch-rezeptive Methoden der Untersuchung von Bildern und Objekten im Unterricht. In: Kunst und Unterricht 77, S. 37–45.

Schopenhauer, Arthur (1851): Parerga und Paralipomena. Berlin: Hayn.

Schumacher, Helmut (Hrsg.) (2004): VALBU. Valenzwörterbuch deutscher Verben. Tübingen: Narr.

Schwitalla, Johannes (1995): Kommunikation in der Stadt. Teil 4. Kommunikative Stilistik zweier sozialer Welten in Mannheim-Vogelstang. Berlin/New York: de Gruyter.

Schwitalla, Johannes (2001): Gesprochene-Sprache-Forschung und ihre Entwicklung zu einer Gesprächsanalyse. In: Brinker/Antos/Heinemann/Sager (Hrsg.), S. 896–903.

Schwitalla, Johannes (2006): Gesprochenes Deutsch. Eine Einführung. 3. neubearbeitete Aufl. Berlin: Schmidt.

Searle, John R. (1976/1982): Eine Taxonomie illokutionärer Akte. In: Searle, John R.: Ausdruck und Bedeutung. Untersuchungen zur Sprechakttheorie. Frankfurt: Suhrkamp, S. 17–50.

Seidler, Herbert (1953): Allgemeine Stilistik. Göttingen: Vandenhoeck und Ruprecht.

Selting, Margret (1997): Interaktionale Stilistik. Methodologische Aspekte der Analyse von Sprechstilen. In: Selting/Sandig (Hrsg.), S. 9–43.

Selting, Margret/Sandig, Barbara (Hrsg.) (1997): Sprech- und Gesprächsstile. Berlin/New York: de Gruyter.

Sick, Bastian (2005): Der Dativ ist dem Genitiv sein Tod. Ein Wegweiser durch den Irrgarten der deutschen Sprache. 16. Aufl. Köln: Kiepenheuer und Witsch.

Sick, Bastian (2006): Der Dativ ist dem Genitiv sein Tod. Folge 2. Neues aus dem Irrgarten der deutschen Sprache. 11. Aufl. Köln: Kiepenheuer und Witsch.

Sick, Bastian (2006a): Der Dativ ist dem Genitiv sein Tod. Folge 3. Köln: Kiepenheuer und Witsch.

Simmler, Franz (1986): Syntaktische Strukturen in Kunstmärchen der Romantik. In: Akten des VII. Internationalen Germanisten-Kongresses Göttingen 1985, S. 66–96.

Simmler, Franz (2000): Textsorten des religiösen und kirchlichen Bereichs. In: Brinker/Antos/Heinemann/Sager (Hrsg.), S. 676–690.

Simon, Horst J. (2003): Für eine grammatische Kategorie ‚Respekt' im Deutschen. Synchronie, Diachronie und Typologie der deutschen Anredepronomina. Tübingen: Niemeyer.

Sisák, Ladislav (2003): Lexikalisches Wissen und Textverstehen. Eine Einführung zur fremdsprachlichen Rezeption deutscher Texte. Prešov: Filozofická fakulta Prešovskej univerzity.

Sommerfeldt, Karl Ernst (Hrsg.) (1988): Entwicklungstendenzen in der deutschen Gegenwartssprache. Leipzig: Bibliographisches Institut.
Sowinski, Bernhard (1988): Deutsche Stilistik. 6. Aufl. Frankfurt am Main: Fischer Taschenbuch Verlag.
Sowinski, Bernhard (1991): Stilistik. Stiltheorien und Stilanalysen. Stuttgart: Metzler.
Sowinski, Bernhard (1998): Werbung. Tübingen: Niemeyer.
Spillner, Bernd (1974): Linguistik und Literaturwissenschaft. Stilforschung, Rhetorik, Textlinguistik. Stuttgart/Berlin/Köln/Mainz: Kohlhammer.
Spillner, Bernd (Hrsg.) (1984): Methoden der Stilanalyse. Tübingen: Narr.
Spillner, Bernd (Hrsg.) (1996): Stil in Fachsprachen. Frankfurt: Lang.
Spitzer, Leo [1964] (1975): Amerikanische Werbung als Volkskunst verstanden. In: Nusser, Peter, Anzeigenwerbung. München: Fink, S. 180–205.
Spitzer, Leo [1926] (1961): Stilstudien. 2 Bände. München: Hueber.
Starke, Günter (1969/70): Konkurrierende syntaktische Konstruktionen in der deutschen Sprache der Gegenwart. Untersuchungen im Funktionsbereich des Objekts. Teil 1–5. In: Zeitschrift für Phonetik und Kommunikationswissenschaft 22, S. 25–65; S. 154–195; 23, S. 53–84; S. 232–260; S. 573–589.
Stickel, Gerhard (Hrsg.) (1995): Stilfragen. Berlin/New York: de Gruyter.
Stolt, Birgit (1984): Pragmatische Stilanalyse. In: Spillner (Hrsg.), S. 163–173.
Stolt, Birgit (2001): Problematik der Übersetzung biblischer Erzählstrukturen. In: Jakobs/ Rothkegel (Hrsg.), S. 479–488.
Straßner, Erich (2000): Journalistische Texte. Grundlagen der Massenkommunikation. Tübingen: Niemeyer.
Sucharowski, Wolfgang (2001): Gespräche in Schule, Hochschule und Ausbildung. In: Brinker/Antos/Heinemann/Sager (Hrsg.), S. 1566–1576.
Trabant, Jürgen (1986): Der Totaleindruck. Stil der Texte und Charakter der Sprachen. In: Gumbrecht/Pfeiffer (Hrsg.), S. 169–188.
Traeger, Jörg (1980): Die Walhalla. Idee, Architektur. Landschaft. 2. Aufl. Regensburg: Bosse.
Trost, Igor (2006): Das deutsche Adjektiv. Untersuchungen zur Semantik, Komparation, Wortbildung und Syntax. Hamburg: Buske.
Ueding, Gert (Hrsg.) (1994): Historisches Wörterbuch der Rhetorik. Band 2, Darmstadt: Wissenschaftliche Buchgesellschaft.
Van Pottelberge, Jeroen (2001): Verbonominale Konstruktionen, Funktionsverbgefüge. Vom Sinn und Unsinn eines Untersuchungsgegenstandes. Heidelberg: Winter.
von Polenz, Peter (1968): Ableitungsstrukturen deutscher Verben. In: Zeitschrift für deutsche Sprache 24, S. 1–15 und S. 129–160.
von Polenz, Peter (1988): „Binnendeutsch" oder Plurizentrische Sprachkultur? Ein Plädoyer für Normalisierung in der Frage der „nationalen" Varianten. In: Zeitschrift für germanistische Linguistik 16, S. 198–218.
Vater, Heinz (2001): Einführung in die Textlinguistik. Struktur und Verstehen von Texten. 3. Aufl. München: Fink.
Wagner, Hildegard (1972): Die deutsche Verwaltungssprache der Gegenwart. Düsseldorf: Schwann.
Wegera, Klaus-Peter (1997): Das Genus. Ein Beitrag zur Didaktik des DaF-Unterrichts. München: iudicium.
Weinrich, Harald (1963): Semantik der kühnen Metapher. In: Weinrich (1976), S. 295–316.
Weinrich, Harald (1964): Tempus. Besprochene und erzählte Welt. Stuttgart: Kohlhammer.

Weinrich, Harald (1976): Sprache in Texten. Stuttgart: Klett.

Weisgerber, Leo (1958): Verschiebungen in der sprachlichen Einschätzung von Menschen und Sachen. Köln: Westdeutscher Verlag.

Wellmann, Hans (Hrsg.) (1998): Grammatik, Wortschatz und Bauformen der Poesie in der stilistischen Analyse ausgewählter Texte. 2. Aufl. Heidelberg.

Werlich, Egon (1979): Typologie der Texte. 2. Aufl. Heidelberg: Quelle und Meyer.

Wetzel, Christoph (Hrsg.) (1999): Belser Stilgeschichte. Studienausgabe in 3 Bänden. Stuttgart: Belser.

Winter, Werner (1961): Relative Häufigkeit syntaktischer Erscheinungen als Mittel zur Abgrenzung von Stilarten. In: Phonetica 7, S. 193–216.

Wolf, Norbert Richard (2000): Texte als Bilder. In: Fix/Wellmann (Hrsg.), S. 289–305.

Wustmann, Gustav (1904): Allerhand Sprachdummheiten. 3. Aufl. Leipzig: Grunow.

Zifonun, Gisela (2000): Textkonstitutive Funktionen von Tempus, Modus und Genus Verbi. In: Brinker/Antos/Heinemann/Sager (Hrsg.), S. 315–330.

Zifonun, Gisela (2002): Überfremdung des Deutschen: Panikmache oder echte Gefahr? In: Sprachreport 18, Heft 3, S. 2–9.

Zifonun, Gisela/Hoffmann, Ludger/Strecker, Bruno (1997): Grammatik der deutschen Sprache. Berlin/New York: de Gruyter.

Zimmer, Dieter E. (1997): Deutsch und anders. Die Sprache im Modernisierungsfieber. Reinbek: Rowohlt.

Quellen

Aristoteles, Poetik. Herausgegeben und übersetzt von Manfred Fuhrmann. Stuttgart: Reclam 1994.

Karl Baedeker, Passau. Kurzer Stadtführer. Freiburg: Baedeker 1975.

Das Zeitalter des Barock. Texte und Zeugnisse. Hrsg. von **Albrecht Schöne**. München: Beck 1988.

Brockhaus Enzyklopädie, Band 6. Wiesbaden: Brockhaus 1968.

bsv Deutsch 7N. Sprachbuch. München: Bayerischer Schulbuch-Verlag 1988.

Jacob Burckhardt, Die Kunst der Betrachtung. Aufsätze und Vorträge zur Bildenden Kunst. Hrsg. von Henning Ritter. Köln: DuMont 1984.

Utta Danella, Der Maulbeerbaum. Roman. München: Heyne 1977.

Johann Peter Eckermann, Gespräche mit Goethe in den letzten Jahren seines Lebens. Hrsg. von Richard Müller-Freienfels. Band 1. Berlin: Wegweiser-Verlag o.J.

Sigmund Freud, Die Traumdeutung. Frankfurt am Main: Fischer 1977.

Arno Geiger, Es geht uns gut. Roman. München/Wien: Hanser 2005.

Robert Gernhardt, Gedichte 1954–1997. Zürich: Haffmann.

Rüdiger Glaser/Hans Gebhardt/Winfried Schenk, Geographie Deutschlands. Darmstadt: Wissenschaftliche Buchgesellschaft 2007.

Günter Grass, Das Treffen in Telgte. Eine Erzählung. Darmstadt und Neuwied: Luchterhand 1979.

Günter Grass, Im Krebsgang. Eine Novelle. Göttingen: Steidl 2002.

Brüder Grimm, Kinder- und Hausmärchen. 3 Bände. Stuttgart: Reclam 1984.

Wolf Haas, Auferstehung der Toten. Reinbek: Rowohlt 2001.

Wolf Haas, Der Knochenmann. Roman. 12. Aufl. Reinbek: Rowohlt 2006.

Ludwig Harig, Weh dem der aus der Reihe tanzt. München/Wien: Hanser 1990.

Heinrich Heine, Sämtliche Werke. Band 3. Reisebilder. Hrsg. von Ernst Elster. Leipzig und Wien: Bibliographisches Institut o.J.

Ernst Jünger, Eine gefährliche Begegnung. Stuttgart: Cotta-Klett 1985.

Walter Kempowski, Aus großer Zeit. Roman. 51.–75. Tsd. Hamburg: Knaus 1978.

Walter Kempowski, Bloomsday '97. München: Knaus 1997.

Walter Kempowski, Alles umsonst. Roman. München: Knaus 2006.

Bodo Kirchhoff, Parlando. Roman. 2. Aufl. Frankfurt: Fischer Taschenbuch Verlag 2004.

Victor Klemperer, Leben sammeln, nicht fragen wozu und warum. Tagebücher 1918–1924. Hrsg. von Walter Nowojski. Berlin: Aufbau 1996.

Ursula Krechel, Umsturz. Aus: Nach Mainz! Gedichte. Darmstadt: Luchterhand 1971. Abgedruckt in: Deutschstunden. Lesebuch 10. Berlin: Cornelsen. 2. Aufl. 1991, S. 30.

Horst Lange, Tagebücher aus dem Zweiten Weltkrieg. Hrsg. von Hans Dieter Schäfer. Mainz: v. Hase und Köhler 1979.

Hartmut Laufhütte (Hrsg.), Deutsche Balladen. Stuttgart: Reclam 1991.

Wilhelm Leidl, Passau. In den Schatten einer alten Stadt. Passau: Ablaßmayer und Penniger 1950.

Gotthold Ephraim Lessing, Minna von Barnhelm. In: Lessings Werke in sechs Bänden. 3. Band. Leipzig: Knaur o.J., S. 83–168.

Gotthold Ephraim Lessing, Gesammelte Werke, Band 8. Berlin: Bong. o.J.

Lyrik des expressionistischen Jahrzehnts. Von den Wegbereitern bis zum Dada. Eingeleitet von **Gottfried Benn**. Wiesbaden: Limes 1955.

Pascal Mercier, Nachtzug nach Lissabon. Roman. 13. Aufl. München: btb/Berlin: Cornelsen 2006.

Pascal Mercier, Der Klavierstimmer. Roman. 10. Aufl. München: btb 2000.

Erika Mann und ihr politisches Kabarett „Die Pfeffermühle" 1933–1937. Hrsg. von **Helga Keiser-Hayne**. Reinbek: Rowohlt 1955.

Thomas Mann, Doktor Faustus. Das Leben des deutschen Tonsetzers Adrian Leverkühn erzählt von einem Freunde. Frankfurt: Fischer 1965.

Thomas Mann, Sämtliche Erzählungen. Frankfurt: Fischer 1963 (daraus die Zitate aus: Tristan, Die vertauschten Köpfe, Das Gesetz, Beim Propheten).

Thomas Mann, Lotte in Weimar. Roman. Frankfurt: Fischer 1982.

Das neue Märchenbuch. München 1967.

Münster in alten Ansichten. Zaltbommel: Europäische Bibliothek 1976.

Münstersche Zeitung. Münster.

Passauer Neue Presse. Passau.

Jean Paul, Siebenkäs. München/Wien: Hanser 1959.

Marcel Reich-Ranicki, Mein Leben. Stuttgart: Deutsche Verlagsanstalt 1999.

Frank Schätzing, Lautlos. Köln: Emons 2002.

Frank Schätzing, Der Schwarm. Köln: Emons 2006.

Sonntagsblatt. Evangelische Wochenzeitung für Bayern. München.

Süddeutsche Zeitung. München.

Theodor Storm, Sämtliche Werke in fünf Bänden. Neue Ausgabe. Braunschweig: Westermann 1917.

Das große Thaddäus Troll-Lesebuch. Mit einem Nachwort von Walter Jens. Hamburg: Hoffmann und Campe 1981.

Martin Walser, Angstblüte. Roman. Reinbek: Rowohlt 2006.

Christa Wolf, Sommerstück. Frankfurt am Main: Luchterhand 1989.

Sachregister

Personenregister